Adam von Trott zu Solz

Clarita von Trott zu Solz

Adam von Trott zu Solz

Eine Lebensbeschreibung

mit einer Einleitung von Peter Steinbach

Lukas Verlag

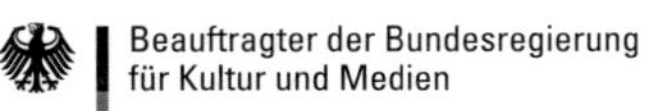

Gefördert vom Beauftragten der Bundesregierung für Kultur und Medien aufgrund eines Beschlusses des Deutschen Bundestages

Erstausgabe
1. Auflage 2009
2., unveränderte Auflage 2016

Lukas Verlag für Kunst- und Geistesgeschichte
Kollwitzstraße 57
D–10405 Berlin
www.lukasverlag.com

Satz und Umschlag: Susanne Werner
Druck: Elbe-Druckerei Wittenberg
Bindung: Stein + Lehmann, Berlin

Printed in Germany
ISBN 978–3–86732–063–4

Inhalt

Vorwort zur Neuausgabe

Adam von Trott zu Solz wurde vor hundert Jahren geboren. Im deutschen Selbstbefreiungsversuchs des 20. Juli 1944 vertrat er im inneren Kreis um Stauffenberg den zivilen Widerstand als außenpolitischer Experte. Außerdem war er jahrelang im Kreisauer Kreis maßgeblich beteiligt an dem Bemühen um einen politischen und ethischen Neuaufbau von Staat und Gesellschaft aus den Trümmern der erwarteten militärischen und mehr noch der moralischen Katastrophe. Und als überzeugter Europäer warb er von 1938 bis 1944 in England und Amerika um Verständnis und Unterstützung für den deutschen Widerstand.

Aus guten Gründen ist deshalb über wenige deutsche Widerstandskämpfer so viel geschrieben worden wie über Trott. Keiner hat so viel Interesse bei den englischen und amerikanischen Biographen gefunden. Die vorliegende »Lebensbeschreibung« ist die älteste zusammenfassende Darstellung, aufgezeichnet von Clarita von Trott zu Solz vor mehr als einem halben Jahrhundert und von der Gedenkstätte Deutscher Widerstand erstmals veröffentlicht im Jahre 1994.

Dieses Buch mit seiner Fülle von im großen internationalen Freundeskreis zusammengetragenem und mit eigenem Einblick in die damalige Zeit interpretiertem Material aus dem Nachlass Adam von Trotts und den Berichten von Zeugen seines Wirkens hat für Generationen von Historikern eine wichtige Forschungsgrundlage geboten. Die Bedeutung Trotts rechtfertigt es, dieses Werk in dem Jahr erneut zugänglich zu machen, in dem er hundert geworden wäre und die Autorin im zweiundneunzigsten Lebensjahr steht.

Neu hinzukommt ein Anhang mit Dokumenten, die weitere Schlaglichter auf Adam von Trotts Gedanken- und Gefühlswelt werfen. Für seine vielfältigen Interessen, die bis zur Rezension eines zeitgenössischen englischen Gedichtbandes reichten, stehen hier ein Artikel und eine Buchbesprechung. Der Artikel »Zwischengeneration« ist eine Art Selbstporträt der Alterskohorte des Autors und behandelt ein Thema, mit dem sich heute die Lebenslauf-Soziologie beschäftigt. In der Besprechung des Buches »Politics and the Younger Generation« von A.L. Rowse in den »Neuen Blättern für den Sozialismus« geht es um die Strategie der Arbeiterbewegung, der Trott sich verbunden fühlte. Er war mit zweiundzwanzig schon promoviert und schrieb diese Artikel im Alter zwischen vierundzwanzig und siebenundzwanzig.

Vor allem aber war Trott ein großer Briefschreiber. Der Anhang dokumentiert Briefstellen aus den zehn Jahren zwischen seinem fünfundzwanzigsten und fünfunddreißigsten, dem letzten Lebensjahr. Die Auszüge sprechen von seiner tiefverwurzelten Heimatliebe, seinem begeisterten Naturerleben, von der Lektüre großer Dichter, die er parallel mit einer Korrespondentin unternahm und besprach, und schließlich – sehr behutsam, denn der Zensor konnte jederzeit mitlesen – von Politik und den Existenzbedingungen des Andersdenkenden im nationalsozialistischen Staat. Schließlich dokumentiert der Anhang als Beispiel für Trotts Wirken in der Außenpolitik des Widerstandes: eine längere politische Stellungnahme von 1943 zu einer Friedensinitiative der amerikanischen Kirchen. Hier wirbt er für einen Neuaufbau Europas nach dem Kriege auf der Grundlage nicht von vorübergehenden Machtverhältnissen, sondern eines auf Ausgleich bedachten stabilen Rechtsverhältnisses auf Gegenseitigkeit.

Weiter enthält der Anhang Clarita von Trotts persönlichen »Rückblick auf mein Leben mit Adam«. Und zuletzt eine Zeitzeugenaussage über die Mission, die Trott im Auftrage des deutschen Widerstandes im Kriege gegenüber den Westalliierten unternahm und die an der Intransigenz der »Unconditional Surrender«-Doktrin scheiterte. Willem A. Visser 't Hooft, der Generalsekretär des Weltrates der Kirchen in Genf, ist ein allseits hochgeachteter neutraler Zeuge für diese verpasste Chance, für die er selbst damals, Trotts Initiative unterstützend, in London und Washington eingetreten war.

Trotts Freund Stauffenberg nimmt in der Erinnerung an den deutschen Widerstand national und zunehmend auch international eine herausragende Stellung ein – als »Mann der Tat«. Aber Trott, der im Gegensatz zu Stauffenberg und vielen anderen seiner Mitverschwörer des 20. Juli schon 1933 wusste, in welches Unheil sich Deutschland gestürzt hatte, war, mit seinen begrenzten diplomatischen Mitteln, ebenfalls ein Mann der Tat: Auf jeder Auslandsreise verwirkte er sein Leben im Sinne des Regimes mit »Hoch- und Landesverrat«. Äußerlich ist er damit ebenso gescheitert wie Stauffenberg. Aber beide haben zu Deutschlands Zukunftsfähigkeit einen unverlierbaren Beitrag geleistet.

Ekkehard Klausa
Forschungsstelle Widerstandsgeschichte
(Gedenkstätte Deutscher Widerstand und FU Berlin)

Vorwort

Die Geschichte dieser Lebensbeschreibung

Im Elternhaus Adam von Trotts gab es eine große alte Truhe, die allen Gefahren durch Verfolgung und Krieg widerstanden hatte. In ihr lag in buntem Durcheinander, aber wohlverwahrt, alles, wovon mein Mann sich nicht hatte trennen mögen. Es waren vor allem Hunderte von Briefen, aber auch Photographien, chinesische Schriftrollen, Notizbücher voller Einfälle und Einsichten, Aufsätze und Entwürfe, Kollegmitschriften, Exzerpte u.a.m. Er hatte wohl gehofft, mit Hilfe dieser Erinnerungsstücke im Alter seinen spannungs- und erfahrungsreichen Jugendjahren nachsinnen zu können. Aber mit dem Scheitern des Staatsstreichversuchs 1944, dem Höhe- und Endpunkt seines intensiven, nur fünfunddreißigjährigen Lebens, fiel diese Rekonstruktion als Aufgabe mir zu.

Es vergingen zwölf Jahre, bis mir diese Notwendigkeit bewusst wurde. Zunächst hatte David Astor, in England Adams treuster Freund, unaufhörlich gemahnt: »You must appoint a biographer!« Aber wo hätte ich einen Menschen suchen sollen, der intuitiv begreifen und verständlich hätte machen können, was mein Mann seit Januar 1933 nicht mehr oder nur noch verkürzt oder indirekt mitteilen konnte. Seine Fähigkeit zu fruchtbaren Problemlösungsgesprächen war nirgends festgehalten. Und wer würde sich für einen jungen Politiker interessieren, der niemals öffentlich tätig werden konnte? Das Problem schien unlösbar. Ich studierte und promovierte in dieser Zeit. Doch dann kam das Jahr 1956 mit der Freigabe der Akten des Auswärtigen Amtes. Nun wurde auch mir das Ausmaß von Misstrauen und Missverständnissen deutlich, das Adams Oxforder Studien- und Dozentenfreunde – ungeachtet seines Todes – noch immer beherrschte. David hatte mir einen Artikel aus einer großen englischen Zeitung geschickt, der betitelt war »A Spy at the Astors«. Jetzt stand fest, dass ich selbst etwas zur Aufklärung beitragen musste. So gab das angelsächsische Misstrauen den Anstoß zu einer Kettenreaktion biographischer Bemühungen. Erst als das geleistet war, viele Jahre danach, habe ich mich meinerseits in die Reaktionen der Engländer hineinversetzen können: die Vorstellung, dass ein Patriot schließlich in den Staatsdienst des dämonischen Diktators eintritt, weil der Sturz der verhassten Regierung nur noch in eben diesem Staatsapparat selbst vorbereitet werden kann – eine solche Vorstellung lag außerhalb von Phantasie und Einfühlungsfähigkeit von Menschen, die seit Jahrhunderten an den Errungenschaften der Magna Charta festgehalten hatten.

Ich hatte nicht vor, selbst eine Biographie zu schreiben, erst recht habe ich bis vor einigen Jahren nie an eine Veröffentlichung gedacht. Ich wusste, dass ich als Witwe nicht den nötigen Abstand hätte, um Adam Trotts Leben als Ganzes darzustellen. Auch fehlten mir die Voraussetzungen, um die Entwicklung eines leidenschaftlich politischen Menschen im Zusammenhang mit den sozialen, wirtschaftlichen und weltanschaulichen Herausforderungen seiner Zeit aufzuzeigen. Und es fehlte natürlich der Rückgriff auf seine Erfahrungen und seine Weltkenntnis. Schließlich konnte ich über persönliche Beziehungen, soweit ich sie übersah, nur das aussagen, was die Überlebenden nicht kränkte. Was ich 1958 mit dem Untertitel versah: »Eine erste Materialsammlung, Sichtung und Zusammenstellung« sollte lediglich die Freunde zu eigenen Niederschriften anregen und den zukünftigen Biographen eine Übersicht über das Vorhandene liefern und auf diese Weise deren eigene Recherchen erleichtern und beschleunigen.

Bei meiner Arbeit, die der Wiederherstellung eines Mosaiks aus einem Haufen ungeordneter Steine glich, halfen mir nicht nur die Erinnerungen aus vier Ehejahren, der zugleich letzten, dramatischen Zeit im Leben meines Mannes. Auch war ich nicht nur auf die eigene Intuition angewiesen, die sich durch das jahrelange Zusammenleben mit der Trottschen Großfamilie in Imshausen vertieft hatte. Ich durfte mich darüber hinaus nicht nur gesichert fühlen durch die liebevolle und großzügige Wiederaufnahme meiner kleinen Familie in meinem Elternhaus, sondern auch gestärkt durch die Verbundenheit vor allem mit David Astor und Chris und Peter Bielenberg.

Wichtig für das Vorhaben wurden besonders einzelne Beiträge, auf die ich damals schon zurückgreifen konnte. An erster Stelle ist Diana Hopkinsons umfangreiches Manuskript zu erwähnen, das ihre Erinnerungen an meinen Mann und Auszüge aus seinen Briefen enthielt. Sie hatte auch bereits 1946 den ersten Beitrag von Charles E. Collins erbeten, der den eigentlichen Adam am eindrucksvollsten vermittelt hat. Sehr wichtig war die Unterstützung durch Margret Boveri für mich, die immer bereit war, mir unverständliche Zusammenhänge mit Hilfe ihrer reichen zeitgeschichtlichen Kenntnisse zu erklären. Ähnliches gilt für Helmut Conrad, den treuen Freund und Berater auch meiner heranwachsenden Töchter, der mir sein profundes Wissen über die Geschichte des Sozialismus gern zur Verfügung stellte. Viel verdanke ich den Erinnerungen des unvergesslichen Franz Josef Furtwängler und von Alexander Werth, zumal dieser in der gemeinsamen Arbeit im Auswärtigen Amt ein idealer Kollege und ein unersetzlicher Freund gewesen war. Die ehemaligen Stipendiaten der Cecil-Rhodes-Stiftung, Fritz Caspari und Alexander Böker, beide lebten als Emigranten in den USA, berichteten über ihre damaligen Erfahrungen mit meinem Mann, und der Botschafter Wilhelm Melchers hatte schon 1946 einen langen Bericht über den Ablauf des 20. Juli in der Wilhelmstraße verfasst. Ich denke auch an die Beiträge von Jugendfreunden wie Helmut Boehncke, Freunden aus Trotts erster Berliner Zeit wie Albrecht von Kessel und Gottfried von Nostitz, späten Freundinnen und Freunden wie Inga Kempe und Hans-Werner von Oppen, von Freunden und Mentoren wie Gustav Ecke und Götz von Selle und auch von Julie Braun-Vogelstein. All dies stand mir damals schon zur Verfügung, und dazu kamen journalistische Beiträge von Friedrich Stampfer und Paul Schwarz aus den USA und viele kleine Beiträge, die im Vorübergehen aufgegriffen wurden, wie z. B. von Lotte Cornelius, der Pächterstochter aus Solz, besonders aber von Adams Schwestern Vera und Monika. Und schließlich muss ich in großer Dankbarkeit erwähnen, wie viel das Interesse von Professor Hans Rothfels seit 1950 an Ermutigung für mich bedeutet hat.

So habe ich 1958 dieses erste, umrisshafte und deutlich unfertige Lebensbild Adam von Trotts – auf Matrize geschrieben und abgezogen – binden lassen können und in etwa dreißig Exemplaren an Freunde und Familie verteilt.

Inzwischen sind 35 Jahre vergangen, in denen meine »Materialsammlung« sich in mehrfacher Hinsicht als nützlich erwiesen hat. 1960 begleitete sie Christabel Bielenberg bei ihren Interviews in England und Schweden. Etwa zur gleichen Zeit diente sie einer Stipendiatin von Professor Rothfels als Unterlage für derartige Explorationen in Deutschland und in der Schweiz. Sie wurde nach allen Richtungen ausgeschöpft für Seminar-, Diplom- und Promotionsarbeiten, für Monographien, Vorträge und Rundfunksendungen; und sie lag auch Recherchen für mehrere, später nicht realisierte Filmvorhaben in Deutschland und England zugrunde. 1968 erschien bei Collins in London die erste Biographie »Troubled Loyalty« von Christopher Sykes, die leider, wie der Titel zeigt, wenn auch untergründig, noch vom Geist des Misstrauens durchwirkt war. Sie löste eine lebhafte Kontroverse in der Zeitschrift »Encounter« von Dezember 1968 bis in das nächste Frühjahr aus. 1969 erschien die Übersetzung bei Eugen Diederichs. 1985 folgte im Siedler Verlag die Übersetzung einer hervorragend recherchierten, leider nur bis in die Vorkriegszeit reichenden Dissertation von Henry O. Malone »Adam von Trott zu Solz« mit dem Untertitel »Werdegang eines Verschwörers«. 1989 verlegte Quartet Books London die zügig geschriebene Biographie »A Good German« von Giles MacDonogh, die vom politischen Temperament Adam Trotts inspiriert scheint, bisher aber leider noch nicht ins Deutsche übersetzt wurde. Und schließlich enthält Klemens von Klemperers Opus Magnum »German Resistance against Hitler« (1994 unter dem Titel »Die verlassenen Verschwörer« bei Siedler erschienen) viele Hinweise auf die Widerstandstätigkeit meines Mannes.

Es ist ein befriedigender Gedanke, dass meine Vorarbeit zu all diesen Darstellungen beigetragen hat und dass sie damit ihren Zweck erfüllte – mit einer Ausnahme: Was mich an meinem Mann vor allem anderen beeindruckt und angezogen hat, war die Verbindung von unverfälschter Natürlichkeit mit rastlosem Nachdenken und Hinterfragen von Phänomenen, Problemen, Konflikten und Ideologien, mit denen er und seine Generation konfrontiert waren. Er selbst bezeichnete es als eine seiner Leitvorstellungen, die »vita activa« mit der »vita meditativa« zu verbinden. Dieser Grundakkord seines Lebens ist aus den bisherigen Veröffentlichungen für die, die ihn kannten, gewiss herauszuhören. Ich wünsche mir aber, dass eben dieser kreative Wesensgrund den Ausgangspunkt einer künftigen Untersuchung abgeben würde.

Einem solchen Vorhaben steht allerdings ein Hindernis entgegen. Margret Boveri hat einmal gesagt: »Über Adam muss jemand schreiben, der ihn gekannt hat. Schriftlich kommt er nicht herüber.« Das zeigten auch die Arbeitsverläufe der verschiedenen Autoren, die mit Elan und Freude ans Werk gingen, solange es sich um Interviews mit Zeitzeugen handelte. Aber unweigerlich folgte eine Phase der Stagnation, wenn aus den faszinierenden persönlichen Erinnerungen der Überlebenden und dem schriftlichen Nachlass ein Gesamtbild hergestellt werden sollte. Klemens von Klemperer hat dies in einem leider unveröffentlichten Aufsatz, den Stil betreffend, u.a. so erklärt: »Er neigte zu der Ansicht, dass Sprache wesentlich dialogisch sei und dass Worte ihre Bedeutung daraus ableiteten, dass sie anderen einen bestimmten Gehalt eines Satzes vermitteln.« Eine Ursache für dieses Ausdrucksverhalten sah er in der »wesensmäßig einsamen Aufgabe des isolierten Individuums, das das richtige Wort für Situationen finden muss, die von anderen nicht wahrgenommen werden« (Übers. aus dem Englischen Cl.v.T.). Vergegenwärtigt man sich überdies, wie verschlüsselt die Sprache wegen der Briefzensur sein musste und bedenkt man die Unmöglichkeit öffentlicher Äußerungen, dann verwundert es nicht mehr, dass der schriftliche Nachlass kein Abbild des fruchtbaren, lebendigen Gedankenaustausches sein konnte.

Ich verbinde mit der Veröffentlichung meiner anspruchslosen »Materialsammlung« die Hoffnung, dass es die Fülle der Zitate sein könnte, die dazu anregt, allen Hindernissen zum Trotz den Bedingungen nachzuspüren, die eine so reiche und zielbewusste Persönlichkeit geformt haben. Ich denke da besonders an die Chancen und Gefährdungen, die sich aus dem familiären Beziehungsgeflecht ergaben, und an die grundverschiedenen sozialen und politischen Umwelten, in denen sich Adam Trotts ganzes Leben abspielte. Um nur ein Beispiel zu nennen: Wie soll man sich die frühe menschliche und intellektuelle Reife und unabhängige ideologische Standortsuche erklären, ohne die Zwangslage zu berücksichtigen, in die er durch die Konfrontation zwischen Vater und Bruder geriet? Auf der einen Seite der alte, verehrte, konservative Vater, auf der anderen der um sieben Jahre ältere, revolutionäre, hochintelligente und imponierende Bruder. Um sich zu behaupten, musste er beide verstehen, ohne dass er die von beiden erhoffte volle Gefolgschaft leisten konnte oder durfte. Es wäre auch wichtig zu verstehen, woher der Mut kam, schon sehr früh unangenehmen und erschreckenden Tatsachen ins Auge zu sehen, und wie der Mut zu unabhängigem moralischem Urteil sich entwickelte, so dass ihm schließlich gar keine Wahl blieb, als das Leben gegen die Verderber seiner Heimat einzusetzen.

Für das angedeutete Fernziel sind in dem vorliegenden Bericht nur Fingerzeige enthalten. Ich habe keine inhaltlichen Veränderungen vorgenommen, weil diese Arbeit nun selbst zu einem Zeitdokument geworden ist. Ohne das Interesse meines Schwiegersohnes Urs Müller-Plantenberg und sein unentwegtes Insistieren: »Du kannst dem heutigen Leser das Schriftbild Deiner auf Matrizen geschriebenen Biographie nicht mehr zumuten« wäre wohl immer noch alles beim alten geblieben. So aber bat ich eines Tages meinen Enkel Nikolas Adam Müller-Plantenberg, das Buch auf Diskette zu schreiben, was mit großer Sorgfalt und zahllosen formalen Korrekturen dann auch geschah. Ursprünglich war vage geplant, allen mit Zeitgeschichte befassten Institutionen ein Exemplar zuzuleiten, doch in diesem Augenblick setzte eine Kette von Glücksfällen ein. Die Edition Hentrich interessierte sich für eine Veröffentlichung, Prof. Peter Steinbach nahm sich des Plans in der denkbar freundlichsten Weise an, Dr. Johannes Tuchel sagte zu, sie in eine Reihe der »Gedenkstätte Deutscher Widerstand« aufzunehmen; und Herrn Klaus-Peter Gerhardt danke ich für die verständnisvolle und hilfreiche Zusammenarbeit bei allen weiteren Fragen. Schließlich möchte ich auch an dieser Stelle meinen Töchtern und Schwiegersöhnen, Verena und Adam Onken und Clarita und Urs Müller-Plantenberg, sowie meinen vier Enkelinnen und meinem Enkel für ihr immerwährendes liebevolles Interesse, ihre Ermutigung und Unterstützung danken in allem, was das Andenken ihres Vaters und Großvaters betrifft.

Berlin, im Juli 1994 *Clarita von Trott zu Solz*

Einleitung

Peter Steinbach

Vor etwa sieben Jahren hatte ich erstmals das Glück, eine bereits Ende der fünfziger Jahre entstandene hektographierte »Materialsammlung« über Adam von Trott zu Solz lesen zu dürfen, die in der einschlägigen allgemeinen wissenschaftlichen Literatur zum Kreisauer Kreis und über den 20. Juli 1944 mehrfach zitiert worden war, eigentlich aber nur für einen kleinen Freundes- und Verwandtenkreis bestimmt schien. Dieses Manuskript ergänzte auf eine besonders eindrucksvolle Weise die im Vergleich zu anderen Persönlichkeiten des Widerstands reichhaltige Literatur über den jungen Diplomaten Adam von Trott,[1] über seinen Werdegang,[2] über seine vielfältigen, nicht auf leichte, griffige Weise zu beschreibenden und deshalb zuweilen so widersprüchlich,[3] in der Regel eindeutig,[4] häufig aber auch rätselhaft und nicht selten höchst verwirrend[5]

1 Besonders schön Eberhard Bethge, Adam von Trott und der deutsche Widerstand, in: Vierteljahrshefte für Zeitgeschichte (=VjZ) 11, 1963, S. 213–223.

2 Henry O. Malone, Adam von Trott – Werdegang eines Verschwörers 1909–1938, Berlin 1986. – Rainer A. Blasius, Adam von Trott zu Solz, in: R. Lill u. H. Oberreuter (Hg.), 20. Juli: Portraits des Widerstandes, Düsseldorf 1994.

3 Vgl. vor allem das heftig diskutierte Buch Christopher Sykes, Adam von Trott: Eine deutsche Tragödie, Düsseldorf u. Köln 1969. Es erschien in einer englischen Ausgabe unter dem Titel: Troubled Loyalty: A Biography of Adam von Trott zu Solz, London 1968. – In einer amerikanischen Ausgabe unter dem Titel: Tormented Loyalty: The Story of a German Aristocrat Who Defied Hitler, New York u. Evanston 1969. Vgl. dazu die grundlegenden Besprechungen von Margret Boveri: Das englische Misstrauen oder Schwierigkeiten mit Hegel, in: Frankfurter Allgemeine Zeitung v. 3.3.1970. – Dies., Variation über die Treue, in: Merkur 23, 1969, S. 657–672 u. 761–775, Richard Crossmann, Third Man as Hero, in: Observer 24.11.1968, dazu unverzichtbar Isaiah Berlin, in: Observer v. 22.12.1968. Ferner Neal Asherson, German Honour, in: The Listener 2.1.1969, S. 21f. – Dazu ganz entgegengesetzt John W. Wheeler-Bennett, The Man Who Did not Kill Hitler, in: The New York Review 11.9.1969, S. 37ff., Hugh R. Trevor-Roper, The Man Who Tried to Use Hitler, in: The Sunday Times v. 24.11.1968. – Vgl. auch Troubled Resistance, in: The Times Literary Supplement v. 27.3.1969. – »The German Opposition to Hitler«, in: The Economist v. 30.11.1968, S. 55.

4 Hier sei an einen sehr frühen Aufsatz von Hans Rothfels erinnert: International Aspects of German Opposition to Hitler, in: Measure 2, 1950–51, S. 175ff. – Wichtig auch Sebastian Haffner, Beinahe: Die Geschichte des 20. Juli 1944, in: Neue Auslese 1947, H. 8, S. 1–12 sowie Franklin L. Ford, The Twentieth of July in the History of German Resistance, in: American Historical Review 51, 1945/46, S. 609–629.

5 Hier sei an eine kleinere und heute fast vergessene publizistische Debatte erinnert, die bereits Mitte der fünfziger Jahre in England, vor allem im »Manchester Guardian« (etwa 28.5.1956, 4.6.1956 [David Astor], 7.6.1956 und 7.7.1956), stattgefunden hatte. Sie zeigte, wie wichtig es war, dass sich Clarita von Trott an die Niederschrift der hier publizierten Erinnerungen wagte.

geschilderten außenpolitischen Aktivitäten.[6] Seine wichtigsten Denkschriften sind zu einem guten Teil bekannt und haben die Nachlebenden immer wieder beeindruckt.[7] Auch über seine ganz persönliche Korrespondenz[8] scheinen wir relativ gut unterrichtet – in der Tat ist so Klemens von Klemperer[9] zuzustimmen, wenn er die zur Verfügung stehende Literatur über Trott als »überaus reichhaltig« und die Gesamtquellenlage[10] als »sehr gut« bezeichnet. Trott hat so nicht nur jeden fasziniert, der sich mit ihm beschäftigt hat; vielfach klingt in den Erinnerungsskizzen an ihn auch seine persönliche Ausstrahlungskraft nach, die es für Deutsche kaum erklärlich macht, weshalb Ende der sechziger Jahre in England erneut eine in manchen Positionen sogar würdelose publizistische Auseinandersetzung[11] entfacht wurde, die sich am Handeln Trotts zu entzünden schien und dennoch nur – so scheint es aus dem Rückblick zu sein – die

6 Klemens von Klemperer, The German Resistance against Hitler: The Search for Allies Abroad 1938–1945, Oxford 1992 (dt. Bln. 1994). – Ders., Adam von Trott zu Solz and Resistance Foreign Policy, in: Central European History 14, 1981, S. 351–361. – Vgl. in diesem Zusammenhang auch Henrik Lindgren, Adam von Trotts Reisen nach Schweden, 1942–1944: Ein Beitrag zur Frage der Auslandsverbindungen des deutschen Widerstandes, in: Vierteljahrshefte für Zeitgeschichte 18, 1970, S. 274–291.

7 Hans Rothfels, Zwei außenpolitische Memoranden der deutschen Opposition, in: Vierteljahrshefte für Zeitgeschichte (VjZ) 5, 1957, S. 388–397. – Ders., Adam von Trott zu Solz und das State Department, in: VjZ 7, 1959, S. 318–332. – Ders., Dokumentation: Trott und die Außenpolitik des Widerstandes, in: VjZ 12, 1964, S. 300–323. – Vgl. auch den Bericht über die Englandreise des Adam von Trott zu Solz vom 1. bis 8. Juni 1939, in: Akten zur deutschen auswärtigen Politik 1918–1945, Serie D, Bd. 6, Baden-Baden 1961, S. 562ff.

8 Klemens von Klemperer (Hg.), A Noble Combat: The Letters of Shiela Grant Duff and Adam von Trott zu Solz 1932–1939, Oxford 1988. – Vgl. auch Shiela Grant Duff, Fünf Jahre bis zum Krieg (1934–1939): Eine Engländerin im Widerstand gegen Hitler, München 1978, mit allerdings vielen notwendigen Korrekturen. – Ferner Christabel Bielenberg, Als ich Deutsche war 1934–1945: Eine Engländerin erzählt, München 1969. – Ingrid Warburg-Spinelli, Die Dringlichkeit des Mitleids und die Einsamkeit, nein zu sagen: Lebenserinnerungen 1910–1989, Hamburg 1990. – Diana Hopkinson, The Incense Tree, London 1968.

9 Klemens von Klemperer, Adam von Trott zu Solz: Patriot und Weltbürger, in: ders. u.a. (Hg.), »Für Deutschland«: Die Männer des 20. Juli 1944, Berlin u.a., 1994, S. 311–327, die folgenden beiden Zitate S. 324 u. S. 326.

10 Bundesarchiv Koblenz N 1416. Weitere Nachweise bei Klemperer (wie Anm. 6), S. 325.

11 Christopher Sykes, Heroes and Suspects: The German Resistance in Perspective, in: Encounter 31 (December) 1968, S. 39–47, David Astor, Why the Revolt Against Hitler was Ignored, in: Encounter 33 (June) 1969, S. 3–13, Christopher Sykes, The Revolt Against Hitler: A Reply to David Astor, in: Encounter 33 (July) 1969, S. 90–94, W.A. Visser 't Hooft, The View from Geneva, in: Encounter 33 (Sept.) 1969, S. 92–94, John W. Wheeler-Bennett, Reply, in: Encounter 33 (August) 1969, S. 94–95, Peter Colvocoressi, On the Difficulties of Being an Anti-Nazi, in: Encounter 33 (August) 1969, S. 93–94, Hugh R. Trevor-Roper, Letter to the Editor, in: Encounter 33 (Sept.) 1969, S. 4, Harold C. Deutsch, Overlooking Historical Facts, in: Encounter 33 (Sept.) 1969, S. 4 u. 96, Harold Kurtz, Letter to the Editor, in: Encounter 33 (Sept.) 1969, S. 9f., J.H. van Roijen, Adam von Trott in Holland, in: Encounter 33 (Sept.) 1969, S. 91, David Astor, The German Opposition to Hitler. A Reply to Critics, in: Encounter 33 (Oct.) 1969, S. 67.

Schwierigkeiten deutlich machte, die manche seiner Zeitgenossen, vor allem aber britische Publizisten mit seinem Denken und seinem Handeln hatten. Diese Auseinandersetzung, die im Folgenden nur knapp angedeutet werden kann und soll, ohne sie im Detail nachzuzeichnen, ist auf die englische Öffentlichkeit beschränkt geblieben und hat das Bild Trotts in Deutschland nicht beeinflussen können. Deshalb kann sie hier auch vernachlässigt werden, um so mehr, als in Deutschland das Bild Trotts nicht umstritten ist.

Der Hinweis auf die in England geführte Auseinandersetzung scheint mir vor allem deshalb wichtig zu sein, weil sie exemplarisch deutlich werden lässt, welche Schwierigkeiten das Leben selbst eines aufrichtigen, nicht im Sog der Zeiten schwankenden und im Widerspruch festen Menschen, der auch unter den Lebensbedingungen einer Diktatur in der Wahrheit (Havel) leben wollte und konnte, den Zeitgenossen und auch den Nachgeborenen bereiten kann, vor allem dann, wenn sie sich die Zwänge und Belastungen eines Lebens an einer doppelten Front: »zwischen Bomben und Gestapo«, zwischen der von Trott in seinem letzten Brief so unvergleichlich ausgedrückten Liebe zur Heimat und zur eigenen Nation und dem Hass auf die Nationalsozialisten, kaum vorstellen können.

Trott leistete Widerstand im Innern, obwohl er ohne Not auch von außen hätte den Nationalsozialismus bekämpfen können; er handelte aus dem System heraus, weil er nur auf diese Weise zum Umsturz beitragen und die Neuordnung beeinflussen konnte, aber er ließ sich dabei nicht auf das NS-System ein. Dies erkannten jene nicht, die später in England über ihn stritten und durch diesen Streit fast sein Bild verdunkelt hätten – mit der großen Ausnahme von Trotts früherem Freund David Astor, der Trotts Handeln immer begriffen hatte und ihn auch noch nach Jahrzehnten verstand, machten die meisten der Kritiker nur deutlich, welche Probleme sie hatten, als Briten den deutschen Widerstand wahrzunehmen und selbstkritisch ihre Reaktion auf die Bestrebungen und Angebote, die Pläne und Hoffnungen der Regimegegner zu würdigen. Denn sie hatten das Dilemma des deutschen Widerstands nicht erkannt, der lange Zeit versuchen musste, von außen durch politischen Druck der europäischen Mächte, zuvörderst durch Großbritannien, Einfluss auf die riskanten deutschen Kriegsplanungen und außenpolitischen Entscheidungen zu nehmen, denn die Regimegegner wussten, dass Hitlers Revisionsbestrebungen in die rücksichtslos vertretenen Hegemonialvorstellungen münden mussten, die letztlich auf die Gefährdung des deutschen Nationalstaates hinausliefen und – wie sie sicher wussten – mit der Zerstörung des Deutschen Reiches enden mussten. Und weil man in der Konzentration auf die politischen Grundfragen die politisch-moralische Dimension des Lebens in der Wahrheit und des Handelns im Widerspruch übersah, verfehlte man nicht selten die ethischen Grundherausforderungen, welche Regimegegner zu bewältigen und zu bestehen hatten. Man fragte: »Wie konnte denn … ein anständiger Deutscher seinem Vaterland dienen, ohne moralisch vor Hitler zu kapitulieren?«[12] Das Verständnis für jene Regimegegner, die Deutschland von innen heraus vom Nationalsozialismus befreien wollten, fehlte weitgehend. Deshalb war es so schwer vorstellbar, dass zum Widerstand immer auch »ein gewisses Maß an Anpassung und Camouflage« gehörte, »um keinen Verdacht zu erwecken«[13]. Die spätere Einsicht in dieses Missverstehen war wohl ebenso schwer wie das Eingeständnis der Verantwortung für Verzeichnungen, die plakativ argumentierende englische Historiker, an der Spitze Wheeler-Bennett, auch Sykes, aufnahmen. So gesehen, ging es im Kern der englischen Debatte über Trott weniger um diesen jungen deutschen Diplomaten selbst als um die Frage des Umgangs der britischen Zeitgenossen, selbst der Freunde Trotts, mit deutschen Gegnern des NS-Staates in England.

Die hier publizierte Lebensskizze über Trott kann diesen Streit, so denke und hoffe ich, endgültig beenden. Denn sie bestätigt, dass der junge deutsche Diplomat zu jenen Regimegegnern zählte, die immer gegen den Nationalsozialismus waren und deshalb durch die zwielichtige Ambivalenz eines Widerstands, der das Dilemma von Opposition und Kooperation zu bewältigen hatte, nicht berührt wird und schon deshalb gar nicht belastet werden kann. Sie macht deutlich, dass Trott eine ganz besondere Ausstrahlungskraft besaß, die wir uns als Nachgeborene nur selten vorstellen können: Er hatte die Kraft zum Handeln aus Prinzipien, die sein Leben durchzogen. Auch Marion Gräfin Dönhoff, die in diesen Tagen ihre ganz persönlichen Erinnerungen an die Regimegegner des 20. Juli publizieren konnte, erschien der hochbegabte, sprachgewandte, ernsthafte, hochintelligente und weltoffene Diplomat geradezu das Beispiel eines »Lieblings der Götter« gewesen zu sein.[14]

Trott verkörperte auch für mich seit meinen Schülertagen, in denen ich begann, mich mit dem Widerstand gegen den Nationalsozialismus zu beschäftigen, jenen Regimegegner, der sich nicht auf seine Umwelt einließ und der seine Kraft aus seiner eigenen Entscheidung für ein Leben im Widerspruch und im Gegensatz zu den Strömungen seiner Zeit führen wollte. Dadurch verkörperte sein Leben die Möglichkeit, auch in einer Diktatur in jener Wahrheit zu leben, die Jahrzehnte später Vaclav Havel so unvergleichlich als wichtige Überlebensvoraussetzung des Individuums in diktatorisch geprägten Lebensverhältnissen benannt hat. Trott hatte auf eine wirklich unvergleichliche Weise diese Kraft zum Leben in der Wahrheit, und wohl deshalb hatte er in besonderer Weise auch die Fähigkeit zu einem Leben in der Diktatur. Er blieb in diesem Staatswesen,

12 Marion Gräfin Dönhoff, »Um der Ehre willen«: Erinnerungen an die Freunde vom 20. Juli, Berlin 1994, S. 156.

13 Ebd., S. 161.

14 Ebd., S. 154.

so schien es mir, mit sich im Einklang – deshalb konnte er sich kalkuliert und selbstbewusst auf die Machthaber einlassen, die ja nicht nur den Willen zur Unterdrückung und Vernichtung verkörperten, sondern die jeden schuldig zu machen drohten, der sich auf ihre Regeln, Bedingungen, Gewohnheiten und Funktionszwänge einließ.

Das Leben in der nationalsozialistischen Diktatur des 20. Jahrhunderts ist der Ausgangspunkt eines Dilemmas, welches die Regimegegner in der Regel auf vielfältige Weise lösten: durch das konsequente Einlassen auf einen Gegensatz, der tödliche Gefahr bedeutete. Dies riskante Leben im Gegensatz war der Preis für die Existenz in der Wahrheit. Gerade Trotts Leben macht spürbar, welch große Bedeutung dabei die Festigkeit des politischen Wollens, die Unerschütterlichkeit der moralischen Substanz für die Festigung und Behauptung der individuellen Autonomie hat, die gerade durch einen totalen Staat eingeschränkt zu werden droht und dadurch die Unversehrtheit der individuellen moralischen Integrität gefährdet. Dies zu verstehen bedeutet, das Dilemma des Menschen in der Diktatur zu begreifen. Wer sich hier behauptete, verwirklichte ein sehr gradliniges Leben. Er wird so zum Exempel einer Wahrhaftigkeit im Denken und Handeln, das über die Grenzen der nationalsozialistischen Zeit weit hinausweist.

Diese Fähigkeit zu einem kompromisslosen Leben aus dem Bewusstsein der Autonomie des Menschen auch gegenüber den Zumutungen einer Diktatur, die danach strebte, die ihr ausgelieferten Menschen schuldig werden zu lassen, prägte das Bild, das ich mir von Adam von Trott machte. Es wurde durch die Erinnerungen, die seine Frau in der zweiten Hälfte der fünfziger Jahre geschrieben hatte, in einer mich beeindruckenden Weise bestätigt. Trott – das war für mich der Regimegegner, der alles daran setzen wollte, die verhassten Nationalsozialisten von innen heraus zu bekämpfen und zu stürzen. Er entschied sich gegen den Kampf von außen, weil er im Innern seine Möglichkeiten nutzen wollte, das Regime zu überwinden – dies bedeutete zugleich, das Risiko des Missverständnisses einzugehen. Wer dieses Risiko eingeht, entscheidet sich für eine Vervielfachung der Gefahr, denn das gegen das NS-Regime gerichtete Verhalten wird missdeutbarer: Im Innern bedeutete das Leben an der inneren Front das Risiko der Entdeckung und der Verurteilung durch die Vertreter der Macht; außerhalb Deutschlands ging der NS-Gegner an der inneren Front aber die Gefahr ein, als Anhänger des verhassten Regimes verkannt und verzeichnet zu werden. Das Misstrauen wird spürbar in den Berichten, die das FBI über Trotts Aufenthalt in den USA anfertigte.[15] Nur, wer sich ganz sicher ist, kann diese Spannung aushalten. Und nur, wer ganz aus dem verpflichtenden

15 Vgl. Giles MacDonogh, A Good German: Adam von Trott zu Solz, London 1989, erweiterte Fassung 1994.

Bewusstsein seiner Autonomie lebt, kann die Spannungen bestehen, die unvermeidlich der Wille zum Leben, zum Überleben, aber auch zur moralischen Selbstbehauptung in einer Diktatur nach sich zog.

Um so überraschender schien es mir vor dem Hintergrund dieser so knappen Überlegungen und Überzeugungen immer, dass es über Trott, der als ein Regimegegner aus dem engsten Kreis um Helmuth James Graf von Moltke und Peter Graf Yorck von Wartenburg eindrucksvoll gewürdigt worden war[16] und in diesem Kreisauer Kreis als die überragende außenpolitische Begabung gilt, überhaupt die bereits erwähnte britische publizistische Debatte gab, die sich nach dem Erscheinen von Sykes' problematischer Darstellung über einen längeren Zeitraum 1968 und 1969 in der britischen Zeitschrift »Encounter« dokumentiert findet. Die Forschung spricht inzwischen sogar überhöhend von einer »Trott-Kontroverse«, als deren Hauptstreitpunkt ein amerikanischer Biograph die Frage benannte, »welche Motive Trott zu seinen Handlungen getrieben«[17] hätten. Malone drückt dabei den Kern der Debatte wie folgt aus und macht noch einmal ihre grundsätzlichen politisch-moralischen Dimensionen deutlich:

> Die Tatsache, dass er für seine Beteiligung an dem Umsturzversuch gegen Hitler hingerichtet worden war, bezweifelte niemand, und kaum einer ging so weit, ihn als Opportunisten darzustellen, der mit dem Hitlerregime zu Zeiten des Erfolges übereinstimmte und sich zu lösen suchte, bevor es zu spät war. Aber es gab genügend Zündstoff. Bestimmte Kritiker sahen in Trott einen deutschen Nationalisten, der trotz antinationalsozialistischer Gefühle der Versuchung nicht habe widerstehen können, seine Liebe zum Vaterland in Regierungstreue umzumünzen. Es gab auch die Andeutung eines wesentlichen Charakterfehlers: Trotts Moralempfinden habe sich verwischt und ihn bis in die letzten Monate seines Lebens den Unterschied zwischen Gut und Böse nicht klar erkennen lassen. Einige sahen ihn als verwirrten Hegelianer, dessen politische Ideen sich von der Realität getrennt hatten und dessen europäische oder gar ökumenische Einstellung verdrängt worden sei durch die mystische Vorstellung von einem einzigartigen germanischen Schicksal, wobei dem slawischen Osten ein niederer Stand zugeteilt wird. Trott sei durchaus daran interessiert gewesen, die Früchte von Hitlers Außenpolitik zu ernten. Wieder andere meldeten Bedenken gegen seine Einstellung zu Russland und zum Kommunismus. Sie unterstellten ihm die Hoffnung auf einen Sozialismus sowjetischer Prägung einschließlich einer außenpolitischen Orientierung nach Osten.[18]

16 Ger van Roon, Neuordnung im Widerstand: Der Kreisauer Kreis innerhalb der deutschen Widerstandsbewegung, München 1967, S. 141ff. sowie S. 295ff. und S. 448ff.

17 Malone, Trott (wie Anm. 2), S. 8.

18 Ebd., S. 8f.

Die Auseinandersetzungen schienen sich, wie in diesem Zitat ganz deutlich wird, weniger an der Person von Trott selbst, mehr hingegen an der angeblichen Vieldeutigkeit seines Verhaltens zu entzünden. Es handelt sich also bei dieser »Kontroverse« nicht um eine wissenschaftliche widerstandsgeschichtliche Auseinandersetzung, sondern um einen im Kern für die fünfziger und sechziger Jahre ganz typischen geschichtspolitischen Streit, der nicht nur auf die präzise Erfassung der Leistungen und der Grenzen eines bedeutenden Regimegegners zielte, sondern der Aufschluss über die Koordinaten und Wertvorstellungen einer durch die Erfahrung der Diktatur, aber auch des Kalten Krieges, geprägten europäischen Nachkriegsgesellschaft gab, die den beurteilenden Parteien dieser Kontroverse ihre Kriterien vermittelt hatte.

So lässt sich diese auf Großbritannien begrenzte Kontroverse um Trott geradezu exemplarisch analysieren: Kein Kritiker versuchte, seine Nähe zu Trott zu vergrößern oder gar zu vertiefen und so aus dem Verständnis seiner Persönlichkeit und seines Denkens die Voraussetzungen für die hermeneutisch angemessene Beurteilung seiner Motivationen zu gewinnen – jeder strebte vielmehr danach, seine eigenen politischen Wertvorstellungen auf seines Erachtens in der NS-Diktatur gegebene Handlungsalternativen zu beziehen und von daher Trott Motive zu unterstellen, die nicht zuletzt von zeittypischen britischen Fehleinschätzungen ablenkten und sich schließlich in eine Art Verhaltensvorschrift verwandelten, deren angebliche Verletzung man als Beurteilender dem Beurteilten anlastete. So wurde aus dem Urteilenden rasch ein Verurteilender, aus diesem ein Ankläger. Auf der Strecke blieb zu einem guten Teil die historische Persönlichkeit, denn sie wurde rasch zum publizistisch wirkungsvollen und auch dankbaren Anlass einer Auseinandersetzung, in der es nur um Positionen der Beteiligten, nicht aber um einen Zugang zum Verhalten des Menschen in der Vergangenheit – seiner früheren Gegenwart – ging. In Deutschland wurde die Debatte zunächst kaum verfolgt. Die Darstellung des britischen Publizisten Sykes wurde nur in Grenzen rezipiert. Erst durch die Arbeit von Henry O. Malone wurde die deutsche Öffentlichkeit mit der Kontroverse bekannter gemacht, was zu einem guten Teil Ergebnis des Versuches war, die Forschungsergebnisse des amerikanischen Zeithistorikers, der überdies die Zeit nach 1938 ausblendet, aufzuwerten.

Dieses Vorgehen der Kritiker ähnelte dabei eher dem eines Staatsanwaltes oder eines Richters, nicht aber dem eines Historikers, der seine Arbeit mit den Worten des großen französischen Historikers Marc Bloch[19] an dem Ziel auszurichten hat, Menschen in ihren zeitspezifischen Konstellationen vor allem verstehen zu wollen. Werten könne das Geschäft des Historikers hingegen er-

19 Marc Bloch, Apologie der Geschichte oder der Beruf des Historikers, Stuttgart 1974, S. 152.

schweren, weil Bewertungen den Zugang zu den Menschen der Vergangenheit verstellten. In Blochs Worten: »Um in ein fremdes Bewusstsein einzudringen, von dem uns der Abstand mehrerer Generationen trennt, muss man sich nahezu seines eigenen Ichs entledigen.« An dieser Fähigkeit zur Distanz und Selbstdistanz hat es in der Trott-Kontroverse ebenso gefehlt wie in anderen vergleichbaren widerstandshistorischen und -politischen Auseinandersetzungen, die von keinem Selbstzweifel der Art belastet war, die Bloch, der in der französischen Résistance sein Leben ließ, unvergleichlich ausgedrückt hat, als er fragte: »Sind wir denn unserer selbst und unserer Zeit so sicher, dass wir unsere Väter in Gerechte und Verdammte zu scheiden vermögen?«[20] So lässt sich nur in die klagende Bitte von Bloch einfallen und sinngemäß sagen: »Habt Erbarmen und sagt uns ganz einfach, wer ... (Trott) denn eigentlich war!«

Um die angesprochene Kontroverse zu entscheiden, hätte man zuvor sorgfältig vielfältige Überlegungen und Befunde prüfen müssen, ohne sich als beteiligter Kritiker oder als prüfender Historiker auf die Bestätigung des eigenen Vorurteils zu konzentrieren. Man hätte statt dessen vor allem nach Gegenargumenten zur eigenen Interpretation suchen müssen. Dies entspricht den Prinzipien einer kritischen Forschung, die Urteile nicht scheut, sich aber um eine fundierte Grundlage der Urteilsbildung zu bemühen hat. Sie sind keine Folge von vorab gesetzten Wertentscheidungen sondern von Prüfungen der Tatsachen, der Überlieferungen, der Hypothesen und Erklärungen. Dies ist um so wichtiger, wenn es um die Bestimmung von Handlungsspielräumen, von Verhaltensmöglichkeiten oder von Motiven geht, die in letzter Sicherheit niemals anzugeben sind und so in besonderer Weise auf das abwägende Urteil angewiesen bleiben.

In der Regel teilt der Historiker aber alle Schwächen des Menschen: Er strebt nach Sicherheit durch Bestätigung, nicht aber durch die Infragestellung seiner Positionen. Deshalb ist er nur schwer bereit, sich selbst um die Erschütterung seines eigenen Urteils zu bemühen; viel lieber sammelt er Indizien, die sein einmal gefälltes Urteil zu bestätigen scheinen. Eine Besinnung auf die Prinzipien eines kritischen Rationalismus, die in der Regel beschworen, aber nur selten konsequent praktiziert werden, hätte sich auf eine nachvollziehbare Widerlegung des einmal gefällten Urteils konzentrieren können. Dies wäre um so notwendiger gewesen, als Trott bei seinen vielfältigen Auslandsreisen stets die Gespräche mit Partnern gesucht hatte, auf deren Verständnis für das von ihm Vorgetragene und Begründete er angewiesen war. Wenn sie sein Anliegen missverstanden und ihn nicht selten, mit Ausnahme seiner alten und bewährten Freunde aus Oxforder Studienjahren, sogar für einen deutschen Einflussagenten gehalten hatten, wenn sie seine Informationen über die außenpolitischen Ziele der deutschen Opposition ausschlugen, wenn sie schließlich die Alternativen

20 Ebd., S. 148f.

verwarfen, die Trott zu entfalten versuchte und die sich mit der Veränderung der politischen und militärischen Gesamtsituation wandelten, dann wird darin nicht nur Trotts Problem sichtbar. Zu erklären haben sich auch jene, die sein Anliegen nicht verstehen wollten, weil sie selbst ihre politischen Optionen zu realisieren trachteten oder die ihn nicht verstehen konnten, weil ihnen die wesentlichen Voraussetzungen seines Denkens fremd blieben: jeweils in den Zielvorstellungen der anderen Seite auch die eigenen politischen Gestaltungs- und Verhaltensmöglichkeiten zu erfassen.

Dieses analytische Prinzip einer Bestimmung gegenseitiger Absichten, Ziele und Interessen ist uns heute bestens vertraut, denn wir haben akzeptiert, dass sich in den internationalen Beziehungen nur politische Kooperationen realisieren lassen, die unterschiedliche Interessenkonstellationen, aber auch Wahrnehmungen der jeweils anderen Seite spiegeln. Deshalb geht es realistischerweise nicht nur um Gut und Böse sondern immer auch um machbar und nicht machbar und dies nicht zuletzt auch im Hinblick auf die innenpolitischen Voraussetzungen nationaler Außenpolitik, die nur im Hinblick auf Wertmuster, Traditionen und Kräfteverhältnisse der Partner im internationalen Kräftefeld durchgesetzt werden können.

Erst allmählich wurde überdies deutlich, dass die Schwierigkeiten, welche die gleichzeitige Kooperation und Konfrontation des Einzelnen in einem belasteten politischen System aufwarfen, das Grunddilemma spiegeln, welches als ein das Individuum nicht selten bis in das Mark seiner politischen Existenz treffendes und entscheidendes Ergebnis der modernen Diktaturen im 20. Jahrhundert zu deuten ist. Mit der Aufhebung der Grenzen zwischen Staat und Gesellschaft, die Trott als Kenner der Philosophie Hegels[21] und der englischen Theorie der Civil Society ohne jeden Zweifel bestens bewusst waren, setzten sich die mächtigen Doppeltendenzen durch, welche die totalitären Lebensentwürfe politischer Bewegungen im 20. Jahrhundert gerade im politischen Raum zu prägen scheinen: Einerseits die Vergesellschaftung des Staates, andererseits die Durchstaatlichung der Gesellschaft. Beide Grundtendenzen einer Verschränkung der Sphären von Staat und Gesellschaft wirkten sich für das Individuum in der fatalen Weise aus, dass es seine individuelle Freiheit zu

21 Adam von Trott, Hegels Staatsphilosophie und das Internationale Recht, Neudruck 1967 mit einer Einleitung von Hans Rothfels, dazu Klaus Jürgen Gantzel, Adam von Trotts Dissertation, in: Frankfurter Allgemeine Zeitung v. 7.5.1969. – Margret Boveri, Das englische Misstrauen oder Schwierigkeiten mit Hegel, in: FAZ v. 3.3.1970, H. Kämpf, Wissenschaftlicher Literaturanzeiger Nr. 6 v. November 1967. – W. Kern, Besprechung, in: Theologie und Philosophie Nr. 3 v. 1968, W. Wegener, Besprechung, in: Philosophy and History 1, 1968, S. 48–52, vor allem Richard Schmid, Mann von Geist und Tat, in: Die Zeit v. 25.7.1969 und Livio Sichirollo, Hegel in una Prospettiva della Resistenza Tedesca, in: Il Pensiero – Rivista Quadrimestrale di Filosofia 13, 1968, S. 320–326.

verlieren drohte und andererseits mitschuldig an der Durchsetzung von Herrschaftsansprüchen zu werden schien, die eine Diktatur kennzeichneten.

Trott hat dieses Dilemma des Individuums im 20. Jahrhundert ohne Zweifel sehr früh empfunden, denn er schrieb seiner Mutter kurze Zeit nach der Regierungsübernahme durch Hitler, nicht »das Warten und Abseitsstehen« stelle das »Nervenaufreibende« dar, wie sie in einem Brief an ihren Sohn vermutet hatte »sondern eben dieses: gegen Dinge neutral zu bleiben, die allüberall mit dem Anspruch, den Braven und Überzeugten für sich zu haben, entstehen«. Totalitäre Lebensentwürfe politischer Bewegungen vertragen keine Neutralität, sondern fordern das Individuum zu seiner Entscheidung heraus. Ist diese Entscheidung gefallen, müssen alle Entwicklungen und Entscheidungen auf diese Grundlage politischen Wirkens und persönlicher Entfaltung bezogen werden. Trotts Entscheidung gegen den Nationalsozialismus war früh gefallen – sie war seinen Freunden bewusst. Insofern geht es nicht darum, seine innere Übereinstimmung mit nationalen Zielen der verhassten Regierung zu bestimmen, sondern sich zu vergegenwärtigen, wie er aus dem System heraus, dem er angehörte und in dem er Funktionen ausübte, handelte. Die neue Grundkonstellation seines Verhaltens lässt sich auch durch einen Blick auf andere Regimegegner erklären, die, wie Arvid Harnack und Fritz-Dietlof von der Schulenburg, ebenfalls der NSDAP beigetreten waren, um sie zu bekämpfen, die ebenfalls an Deutschlands Existenz gekettet schienen und deshalb die Spannung aushalten zu müssen glaubten, Deutschland dienen und zugleich die seine eigensten Interessen verratende und seine Existenz gefährdende Regierung bekämpfen zu müssen, im Innern des Reiches und von außen durch die Zusammenarbeit mit den gegnerischen Mächten – wie Josef Müller, Hans Oster, Dietrich Bonhoeffer, Goerdeler, von Herwarth, von Hassell, die Brüder Kordt, um eine Reihe von Regimegegnern zu nennen, die an der doppelten Front lebten und handelten.

Das dem frühen Brief Trotts an seine Mutter entnommene Zitat stellt m.E. einen wichtigen Schlüssel für das schwierige und umstrittene, zugleich aber für das im Kern wohl kaum endgültig zu klärende unterschiedliche Verständnis von Trotts Persönlichkeit, aber auch seinem Verhalten dar. Sah man einerseits Trott als denjenigen Regimegegner, der als Deutscher handelte und dabei in einer von ihm selbst als Belastung empfundenen Weise an dieses Land gekettet schien, die Jahrzehnte später Ralph Giordano als ein geradezu unlösbares Dilemma beschrieb, so musste andererseits erklärt werden, dass er sich konsequent gegen die Regierung dieser Nation stellte, der er angehörte und von der er nicht freikommen konnte. Aus dieser Zwiespältigkeit konnte Trott sich nicht befreien, indem er seinen Gegensatz zum NS-Staat weltanschaulich in jener Weise ideologisierte, die Boveri geradezu als ein Kennzeichen des »Verrats im 20. Jahrhundert« benannt hatte. Trott, der viele Gelegenheiten hatte ins Ausland zu gehen oder sogar leicht hätte im Ausland bleiben können, der unter den deutschen Regimegegnern geradezu den »Weltbürger« verkörperte und im Ausland eine glänzende Karriere hätte machen können, schlug gerade diese Möglichkeit aus, den Nationalsozialisten zu entkommen und so den Gefahren seiner Verstrickung in ein verbrecherisches Regime zu entgehen. Er wich dieser Verstrickung bewusst nicht aus und trat sogar zu einer Zeit der NSDAP bei, als seine Entscheidung zum Kampf gegen diesen Staat geradezu eine unausweichliche Konsequenz entfaltete. Deshalb habe ich es immer als besonders unredlich empfunden, wenn Trotts Beitritt zur Partei Hitlers uninterpretiert blieb.[22] Denn dieser Beitritt hatte keine grundsätzlichen Dimensionen.

Andererseits war unübersehbar, dass Trott, der nach Kriegsbeginn im Bruch mit seinem früheren Verhalten, das bemerkenswert bleibt, der NSDAP beigetreten war, sich in keiner Weise dem Anspruch der Nationalsozialisten beugte, die »deutschen Dinge« in ihrem Sinne zu bestimmen. Er suchte vielmehr nach Alternativen, und er vertrat diese auch selbstbewusst bei jeder Gelegenheit, weit über den Rahmen hinaus, den ihm bereits von seinem Dienstrang her sein begrenzter Berufskreis eröffnete. Dabei setzte er sich immer wieder der Gefahr aus, auch von denen missverstanden zu werden, die er zu überzeugen suchte – etwa auf seinen Auslandsreisen bei Kriegsausbruch, als der CIA Trott eher für einen Einflussagenten hielt als für einen berufenen Sprecher der deutschen Opposition. In seiner durch kein Misstrauen zu erschütternden Sicherheit des Planens und Werbens verkörperte Trott so gerade das Selbstbewusstsein eines Widerstands, der sich selbst zu seinem Handeln legitimierte und deshalb nicht in den herkömmlichen Kategorien von Rang und Stand, von Funktion und Auftrag, von äußerlicher Loyalität und Karriere denken durfte: So kam es, dass der in einem begrenzten Tätigkeitskreis handelnde Regierungsrat oder der einfache Oberstleutnant den jeweiligen Vorgesetzten mit großer Autorität gegenübertrat und in dieser sich aus der Sache, aus dem Blick, aus der Kompetenz und nicht zuletzt aus der Rigidität einer politisch-moralischen Position ergebenen Überlegenheit auch die Initiative zum Handeln und Anordnen ergreifen konnte. Überkommene Prinzipien militärischer und bürokratischer Hierarchie waren aufgehoben worden – der Mensch stand über den Prinzipien bürokratisch geregelter Verantwortung und setzte sich selbst so in sein Recht als Mensch und seine Pflicht zum stellvertretenden Handeln ein.

Nachlebende konnten sich angesichts der immer wieder zu beobachtenden Kompetenzüberschreitungen einzelner durchaus rangniederer Funktionsträger im Widerstand – hier ist an Moltke, vor allem aber an Fritz-Dietlof von der Schulenburg, Trott und Stauffenberg zu denken – das weit ausgreifende

22 Jüngst auf eine besonders unverbindliche Weise Wolfgang Benz u. Walther H. Pehle (Hg.), Lexikon des deutschen Widerstandes, Frankfurt/M. 1994, S. 402.

Deuten und Planen, Werben und Handeln einzelner Regimegegner nur durch die interpretatorische Hilfskonstruktion erklären, sie hätten im Auftrag oder zumindest mit dem Wissen der Vorgesetzten gehandelt.[23] Diese Erklärung traf auch Trott, dessen Verhaltensweise man nach dem Krieg dem Auswärtigen Amt und insbesondere auch dessen Staatssekretär Ernst von Weizsäcker zugute hielt. Ich denke, die Grenzen dieser Zuschreibung, die aus den Kontexten der Nachkriegszeit deutlich werden, sind heute sichtbarer als in der Nachkriegszeit. Trott handelte augenscheinlich in weit größerem Maße zumindest in den frühen vierziger Jahren ohne die Deckung, die andere hervorhoben, um sich durch den Hinweis auf Trott besser verteidigen und rechtfertigen zu können.

Gerade Trott zeigt so die Grenzen einer Deutung individuellen Verhaltens auf, die gleichzeitig den Überlebenden dienen sollte. Er warb im Ausland ohne ausdrückliche Rückversicherung für seine Vorstellungen und beanspruchte dennoch, als ein Vertreter der deutschen Opposition zu sprechen und die Vorstellungen der Regimegegner zu vertreten, die den Krieg zu beenden trachteten, ohne Deutschland bis zur militärischen und nationalen Katastrophe niedergekämpft sehen zu wollen. Und weil er in außenpolitischer Hinsicht nicht durch Bündniserwägungen festgelegt war, wurde er auch in den inneren Diskussionen des Freundeskreises, den die Nationalsozialisten als »Grafenrunde«[24] zu charakterisieren versuchten, und in den Kreisen des militärischen und bürgerlichen Widerstands zu einer wichtigen Kraft, die immer wieder den Kontakt zum Ausland brauchte und um so rastloser schien, je aussichtsloser die Lage geworden war. Diese Konsequenz ergänzte seine Ausstrahlung, die etwa sein Freund von Kessel[25] überliefert, seine Ruhe und Sicherheit, schließlich auch seine Gefasstheit in den letzten Tagen seines Lebens zwischen der Verurteilung durch Freisler und seiner Hinrichtung in Plötzensee.

Im Streit zwischen »Jungen« und »Alten« stand er entschieden auf der Seite derjenigen, die Deutschland aus den eingefahrenen Bindungen befreien wollten,[26] so sehr er sich, der vielen als blutjung erscheinende Diplomat, auch als

23 Dies zeigt sich etwa an der Deutung Trotts durch Margret Boveri, Der Verrat im 20. Jahrhundert, einbändige Neuausgabe Reinbek 1976, S. 207ff., die ihn in den Umkreis des Staatssekretärs Ernst von Weizsäcker rückt, ohne hinreichend zu prüfen, inwieweit Trott gerade in den frühen Kriegsmonaten seine Eigenständigkeit nutzte und sie sogar noch erweiterte, indem er von ihm entwickelte außenpolitische Alternativen vortrug, die über die sonst im Widerstand entwickelten Konstruktionen außenpolitischer Zwänge, die Hitlers Position gefährden und deshalb die Militärs zum Handeln zwingen sollten, weit hinausgingen.

24 Vgl. dazu Detlef Graf von Schwerin, Die Jungen des 20. Juli 1944, Berlin 1991. – Ders., »Dann sind's die besten Köpfe, die man henkt«: Die junge Generation im deutschen Widerstand, München und Zürich 1991.

25 Albrecht von Kessel, Verborgene Saat: Aufzeichnungen aus dem Widerstand 1933–1945, hg. v. Peter Steinbach, Berlin u. Frankfurt/M. 1992, etwa S. 248ff.

26 Vgl. dazu Klaus Hildebrand, Die ostpolitischen Vorstellungen im deutschen Widerstand, in: Geschichte in Wissenschaft und Unterricht (GWU) 29, 1978, S. 213ff. – Peter Hoffmann,

»alt« empfinden mochte. Er wurde schließlich zu einem wichtigen Freund und Vertrauten von Stauffenberg, der seine außerordentliche und meines Erachtens bis heute in der Forschung nicht recht gewürdigte große außenpolitische Bedeutung und Begabung erkannt und deshalb vor seinem Anschlag immer wieder Trotts Nähe gesucht hatte. Was machte, so fragte man sich als Außenstehender, die Besonderheit dieses Mannes aus, der vor dem Volksgerichtshof die auf die Substanz seines Selbstverständnisses zielenden Angriffe Freislers innerlich gefasst, voller Ruhe und würdig über sich ergehen ließ, der nicht schwankte und von dem man gerade wegen des in diesem Leben spürbaren Spannungsverhältnisses als Deutscher auf eine rätselhaft anmutende Weise sagte, er sei durch »die Hölle der Identifikation mit Deutschland gegangen«[27]?

Meine Annäherungen an Trott haben bis jetzt wohl vor allem einen Teil der Schwierigkeiten gespiegelt, die widerstandsgeschichtliche Forscher wohl stets mit Menschen hatten, die aus dem inneren Kreis der Macht heraus zur Überwindung einer Ordnung ansetzten, die sie als verbrecherisch erkannt hatten. Denn Umsturz aus dem Zentrum der Entscheidungen bedeutete immer, sich auch auf die Macht einzulassen, sich selbst zu decken und zu tarnen, nur konspirativ zu kooperieren, obwohl es um die Opposition, die Entwicklung von Alternativen, um die aktive Vorbereitung des Umsturzes ging.

Die Herausforderung der Widerstandsforschung hatte ihren Ursprung in der Vermengung von Kooperation und Konspiration, die wohl jeden Widerstand prägt und belastet, der aus Herrschaftsfunktionen und Machtpositionen erfolgen muss. Deshalb hatte Eberhard Bethge Recht, als er in einer viel beachteten und die Widerstandsforschung ungemein befruchtenden Ansprache Trott als Exempel für die Dynamik eines Widerstands nahm, der sich stufenweise radikalisierte, sich dabei immer stärker isolierte und schließlich ohne jegliche Deckung durch Institutionen und Vorgesetzte die Voraussetzungen für das Danach zu schaffen hatte.[28] Erst vor dem Hintergrund eines Gefühls für die auch biographisch festzumachende zeitliche Entwicklung und graduelle Steigerung des Widerstands gegen den Nationalsozialismus war es möglich geworden, Vielfältigkeiten und Widersprüchlichkeiten zu deuten, die nicht nur den Widerstand im Ganzen, sondern jeden einzelnen Regimegegner zu prägen schienen.

Durch die Aufzeichnungen über Trott, die ich in hektographierter Form lesen konnte und die hiermit auch einer weiteren Öffentlichkeit vorgestellt werden, wurden nicht nur neue Zusammenhänge des Denkens und Verhaltens deutlich,

The Question of Western Allied Co-operation with the German Anti-Nazi-Conspiracy 1938–1944, in: The Historical Journal 34, 1991, S. 437–464.

27 Ingrid Warburg-Spinelli, Die Reise nach Deutschland, MS., zitiert nach Klemperer, Trott (wie Anm. 6), S. 323f.

28 E. Bethge, Trott (wie Anm. 1).

sondern soll auch eine innere Entwicklung nachvollziehbar gemacht werden, die das Gespür der Nachgeborenen für die Ausstrahlung eines Menschen wachsen lässt, der eigentlich für die Verantwortung viel zu jung schien, die er für seine Familie und seine Freunde, für den Widerstand und die wagemutige Erschließung neuer Möglichkeiten der »deutschen Dinge« angesichts der klar erkannten nationalen Katastrophe zu tragen hatte.

Die mich vor einigen Jahren so bewegende Materialsammlung stammte aus der Feder von Clarita von Trott zu Solz, also von Adams Frau, die heute in Berlin lebt und als Psychotherapeutin praktiziert. Vielleicht ist die von ihr im Umgang mit Menschen immer wieder geforderte Mischung von Nähe und Distanz, von Engagement und bewahrter Fremdheit eine Erklärung für den besonderen Reiz, der die hier nach langen Jahren veröffentlichten Erinnerungen aus einer Vielzahl anderer Reflexionen heraushebt: Clarita will ihren Mann vor das Auge der Angehörigen, der Freunde und auch der Nachgeborenen außerhalb dieses engsten Kreises der Vertrauten rücken, aber sie will doch keine emotionsgeladene Identifikation schaffen. Sie vergewissert sich immer wieder der Erinnerungsstücke, ohne sich krampfhaft darauf zu konzentrieren, ein helles Bild zu zeichnen – unter Verletzung der Überlieferung. Gerade dadurch nehmen ihre Erinnerungen gefangen, um so mehr, als sie nicht belastet sind durch geschichtspolitische Auseinandersetzungen, die das Bild aus den Gräben unserer Gegenwart verstellen. Denn Gräben fixieren nicht nur die Positionen, sie engen auch für denjenigen, der sich in ihnen aufhält, das Blickfeld ein und lassen den Horizont nicht selten wenige Schritte hinter dem Blickfeld beginnen.

Ich rief Clarita von Trott jedenfalls unmittelbar nach der Lektüre des Textes an und bat sie dringend, diesen Text zu veröffentlichen. Ich war erstaunt über die Zurückhaltung gegenüber diesem Vorschlag, die sich vor allem auf die Vermutung zu stützen schien, es sei bereits soviel Richtiges und Zutreffendes, aber auch schmerzend Falsches über Adam von Trott erschienen, dass die aus den fünfziger Jahren stammende so persönliche Zusammenstellung kaum mehr einen besonderen wissenschaftlichen Wert haben könnte und überdies wohl als eine von vornherein Trott einseitig verzeichnende Darstellung aus der Feder seiner Frau abgetan werde.

Mich hat diese Reaktion mehr als überrascht, denn in der Widerstandsgeschichte treffen wir bei vielen Angehörigen eher ein ganz anderes Motiv ihrer Beschäftigung mit den ermordeten und verstorbenen Regimegegnern an. Sie wollen, was verständlich ist, ein ganz bestimmtes Bild ihrer Angehörigen schaffen, das nicht immer im Einklang mit den Bewertungen der Forschung steht. Um Kritik oder nur das Licht des Zweifels auszuschalten, werden vielfach biographische Quellen ausgewählt und durch die Angehörigen selbst interpretiert. Nicht selten werden auch die Historiker angegriffen, die dieses so geschaffene Bild nicht übernehmen, an dem die Angehörigen vielfach interessiert sind.

Clarita von Trott ist von ganz anderer Art. Ihr ging es gerade nicht um die massive Durchsetzung eigener Erinnerungsforderungen und -ansprüche, die, wie vielfach bekannt, nicht selten auf Kosten anderer Persönlichkeiten des Widerstands oder konspirativer Gruppen durchgesetzt werden sollen, die vermeintlich unverhältnismäßig breit gewürdigt worden seien,[29] sondern ihr ging es nur um ein Angebot, das ein besseres Verständnis der Persönlichkeit Adam von Trotts ermöglichen könnte. So hatte ich erstmals das Gefühl, die Frau eines Regimegegners, dessen historische Bedeutung in keiner Weise zweifelhaft war, davon überzeugen zu müssen, dass wir als Angehörige einer nachwachsenden Generation einen Anspruch auf die Erinnerungen an ihren Mann hätten, die so warmherzig und doch distanziert das Bild eines Menschen zeigten, der eine ungewöhnliche Ausstrahlung besaß. Aber so viel ich auch warb, ich schien Clarita von Trott nicht überzeugen zu können, dass gerade diese aus ihren Aufzeichnungen so spürbar werdende Ursprünglichkeit und Nähe, die diese Biographie so unvergleichlich und einmalig prägten, ihren ganz besonderen und nicht zu bestreitenden wissenschaftlichen Wert ausmachten. Um so größer war die Freude, als der Gedenkstätte Deutscher Widerstand schließlich angeboten wurde, diese Erinnerungen in ihrer neuen widerstandsgeschichtlichen Schriftenreihe erscheinen zu lassen.

Wir hegen die Hoffnung, durch die Veröffentlichung dieses Manuskripts könne das wissenschaftlich geprägte Trott-Bild auf persönliche Weise ergänzt und korrigiert werden. Dies ist um so wichtiger, als wissenschaftliche Positionen häufig so festgefahren schienen, weil Historiker nicht selten zu sehr aus ihren Vorurteilen leben und nicht die innere Größe haben, auch einmal eigene Positionen als falsch zu bezeichnen. Überdies kannten diejenigen, die sich für Trott interessierten, das hier publizierte Material und hatten die Positionen der »Trott-Kontroverse« geradezu im Rückgriff auf die nun nach fast vierzig Jahren publizierte Materialsammlung bezogen. Wir sind vielmehr der Ansicht, dass die Publikation dieser 1956 bis 1958 von Clarita von Trott verfassten Aufzeichnungen gerade die Begrenztheit der Bedeutung der erwähnten Auseinandersetzungen um Trott, sein Wirken, seine Belastungen und sein Denken belegen kann. Denn sie lassen – im Sinne von Marc Bloch – einen wirklichen Trott sichtbar werden, also keinen, der zu einem guten Teil nur durch die Meinungen der Kontrahenten in der akademischen Debatte entstanden ist.

29 Welche Auswirkungen derartige Interventionen haben können, zeigt sich etwa in der Herabwürdigung von Albrecht Mertz von Quirnheim durch Helena Page in ihrer Biographie des Generals Friedrich Olbricht; aber auch die Zurückweisung einer Deutung des Hassell-Bigraphen Gregor Schöllgen, die viel für das angemessene Verständnis des bedeutenden deutschen Diplomaten getan hat, durch dessen Sohn ist ein Beispiel für eine Reaktionsweise von Familienangehörigen, die vielfach erklärt, weshalb sich Widerstandshistoriker so selten ganz unbefangen auf neue biographiegeschichtliche Fragestellungen einlassen.

Diese Aufzeichnungen suchen nicht zu rechtfertigen, sondern sie wollen einen Menschen schildern.

Ihr besonderes Kennzeichen ist zugleich aber auch, dass nicht die Auseinandersetzungen innerhalb des Widerstandes noch einmal geführt werden sollen, sondern dass sie in ihren vielfältigen Aspekten verdeutlicht werden können. Clarita von Trott überschreitet in ihrer bescheiden als »Materialsammlung« bezeichneten Darstellung sehr weit die Grenzen einer engen Diskussion, die sich auf verfassungs- und außenpolitische Grundfragen konzentriert hat, indem sie an die Gegensätze zwischen den Generationen, an die Kontroversen über Lebensstile und weltanschauliche Grundorientierungen erinnerte. So macht sie deutlich, dass es Trott nicht um die Restitution einer sozialen Klasse ging, sondern um neue Grundlagen der Politik für eine Gesellschaft, die im Individualismus nicht nur eine Auflösungserscheinung, sondern den Ausgangspunkt neuer pluralistischer Verhältnisse erblickte. Er plädierte gegen die plakative Verwendung des Attributs christlich, um desto radikaler eine Orientierung an christlichen Wesensgehalten zu fordern. So lassen diese Aufzeichnungen Trotts Wertbezüge ebenso wie seine Wertentscheidungen deutlich werden, und dies ohne den bemühten Blick auf mögliche Einwände. Deshalb rückt Clarita von Trott nicht diejenigen Wertvorstellungen Trotts in den Mittelpunkt, die von anderen aus den Verengungen einer nationalen Perspektive in das Zwielicht des Zweifels oder in das Dunkel gerückt werden, welches das eigene Licht heller erstrahlen lassen soll, sondern sie zeichnet seine inneren Antriebskräfte. Ihre Erinnerungen vermitteln so den Eindruck einer Authentizität, die Geschichtsschreibung seit je erstrebt, die sie aber immer dann verfehlen muss, wenn der Historiker zum Zensor über die Vergangenheit oder gar zum Propagandisten wird, der Geschichte benutzt, um politische Begründungen historisch zu verbrämen, zum Geschichtspolitiker mithin.

Wir erhoffen uns von dieser Veröffentlichung so vor allem ein dem Menschen Adam von Trott angemesseneres menschliches Bild. Denn das von Wissenschaftlern erarbeitete Bild dieses Diplomaten hatte häufig einen großen Nachteil: Es ließ kaum die menschliche Ausstrahlung spürbar werden, durch welche gerade die Erinnerungen jener Menschen geprägt schien, die ihm begegnet waren. So wird deutlich, weshalb Trott immer Menschen in seinen Bann zog, trotz seiner dreißig Jahre, trotz seiner beruflichen Anfangsposition. Es wird aber auch spürbar, weshalb die Faszination, die von diesem Menschen ausging, so lange anhielt. Er, der die besondere Gabe besaß, immer neue Bekanntschaften zu schließen und Brücken zu Mitmenschen zu schlagen, konnte eine Grundtugend wecken: Freundschaft in Treue. Dadurch fragten seine englischen Freunde nicht nach seiner parteipolitischen Orientierung, sondern sie akzeptierten Trotts Absichten und Ziele, weil sie ihm vertrauten. Zuweilen ging diese Gemeinsamkeit so weit, dass bis heute nicht genau zu trennen ist, welchen Anteil Trott an den späteren Stellungnahmen und Memoranden hatte: Er integrierte und synthetisierte und verkörperte so eine Form vertrauensvoller Kooperation, die wohl auch Folge seiner begeisternden Aufgeschlossenheit für fremde Kulturkreise, seines großen Respekts vor der Vielfalt historischer Entwicklungen, seiner gleichzeitigen Prinzipienfestigkeit und Gradlinigkeit, seines Selbstbewusstseins und seiner Entschlossenheit war, den einmal eingeschlagenen und für richtig empfundenen Weg zu Ende zu gehen.

In dieser Aufgeschlossenheit für alle Erscheinungen seiner Umgebung, in seiner Freundschaft zu anderen und in der Treue, die andere ihm gegenüber empfanden und die sie ihm bewiesen, gründeten sich seine Festigkeit und seine nicht zu beirrende Unbeugsamkeit. In diesen Eigenschaften gründeten aber auch seine Konsequenz und sein Mut – beide Charaktermerkmale wurden in diesen biographischen Versuchen seiner Frau auf das menschliche Maß eines Regimegegners gehoben, der sich nicht anders entscheiden konnte, obwohl er jung war, eine glückliche Ehe führte und Kinder hatte, die ihn brauchten. Trott musste dennoch alles riskieren; er bezahlte mit dem, was ihm persönlich vielleicht nicht wichtig war und was seinen Angehörigen doch alles bedeutete: mit seinem Leben. Trott opferte es, obwohl er spürte und wusste, dass er damit den denkbar höchsten Preis einsetzte, den sich seine Angehörigen vorstellen konnten. Vielleicht war er sich so sicher, weil er wusste, dass seine Frau diese Entscheidung trotz des Schreckens und der Einsamkeit akzeptierte, die dieser Tod bedeutete.

Clarita von Trott hat Jahrzehnte später die Frage beantwortet, ob sie nach dem Krieg manchmal das Gefühl gehabt hätte, »dass alles umsonst gewesen sei«:

> Das hätte ich nicht ausgehalten. Ich habe mich tragen lassen von dem Gefühl, dass uns ein stellvertretendes Opfer abverlangt und dass es angenommen worden war. Als mir Poelchau in der Zelle den Tod meines Mannes mitteilte und ich ihn verzweifelt fragte, wie Gott zulassen könne, dass uns die Besten genommen würden, meinte er: »Es wäre kein Opfer, aus dem eine kräftige neue Saat keimen könnte, wenn Gott nur müde alte Männer zu sich rufen würde.« Das hat keine rationale Logik, und doch halte ich mich wahrscheinlich auch jetzt noch an solche Vorstellungen.[30]

Clarita von Trott, die ihre Kinder niemals unter die Last des 20. Juli 1944 stellte, lebt so bis heute im Einklang mit der Entscheidung ihres Mannes, Hitler nicht die Zukunft zu überlassen, und sie akzeptiert seinen Entschluss, sowenig sie feststellen kann, dass seine Entscheidung in den innenpolitischen Auseinandersetzungen tiefe Spuren hinterlassen hat. Sie müsse gestehen, deutet sie in dem Gespräch mit Dorothee von Meding an, »dass ich es immer noch nicht als

30 Vgl. Dorothee von Meding, Mit dem Mut des Herzens: Die Frauen des 20. Juli, Berlin 1992, S. 167ff., hier S. 187.

endgültig akzeptieren kann, dass ein Ereignis wie dieser Freundesbund im Bewusstsein unseres Volkes keinen Platz gefunden hat. Sie hatten es geschafft, ihre verschiedenen politischen Ideologien und ihre jeweiligen Traditionen zu reflektieren, um zu gemeinsamem Planen und Handeln zu kommen.« Wären sie auch erfolglos gewesen, so hätten sie doch politische Maßstäbe gesetzt. Erfolgreich hätten sich die Deutschen des Widerstands wohl vor allem im Ausland bedient, »aber nach innen haben Reeducation, besinnungsloser Wiederaufbau, Wirtschaftswunder, Wiederaufrüstung und der kalte Krieg dazu beigetragen, dass unser Volk den Schatz nicht erkannt hat, den ihm der Widerstand mit seiner Geschichte hinterlassen hat.«[31] Jede rechthaberische Kontroverse um die angeblich angemessene oder unangemessene Würdigung des Widerstands empfinde ich als eine Bestätigung dieser Feststellung.

Mich faszinierte diese Konsequenz ebenso wie die Ursprünglichkeit des Blickes, den seine Frau auf das Leben ihres Mannes warf, den sie verlor, ohne ihm diesen Verlust anzulasten, ohne zu hadern und zu rechten. So beeindrucken mich diese »Materialien« bis heute als die Vermittlung einer Ausstrahlung dieses Menschen Adam von Trott, den ich in seiner Entwicklung durch diese Erinnerungen begreifen lernte und dessen stereotype Charakterisierung, einer der führenden Köpfe in den teilweise heftig ausgetragenen außenpolitischen Auseinandersetzungen des Widerstandes zu sein, ich auf diese Weise überwand.

Meine Einleitung kann und will keine Ergänzungen zu einer Biographie liefern, die ich gern gelesen habe und die ich für ein wunderbares Zeugnis eines Lebens halte, das sich in einer Entscheidung gegen das NS-Regime vollendet – dies wäre vermessen. Ich will abschließend lediglich einige Punkte betonen, die Trotts grundsätzliche Bedeutung, sogar noch über die Tat und den Tag hinaus, noch einmal über den ganz persönlichen Rahmen hinaus akzentuieren können.

Ich konzentriere mich dabei auf drei Punkte.

- Für mich ist bis heute überraschend und bewegend die Konsequenz einer theoretisch reflektierten Entscheidung gegen die Diktatur, ganz unbeschadet von allen Verstrickungen, die sich möglicherweise aus Trotts dienstlichen Funktionen ergaben.
- Ich denke, Trott verkörpert auf eine besondere Weise einen außenpolitisch bedeutsamen Zugang der Deutschen zu einer Welt, die sich nicht mehr durch Machtansprüche, Interessen und Ideologien des 19. Jahrhunderts deuten lässt, sondern von der Vielheit der Nationen, ihrer Gesellschaften und Kulturen auszugehen hat.
- Schließlich denke ich, dass Trott auf eine besondere Weise deutlich macht, welche Konsequenzen das Bekenntnis zu einer nicht teilbaren politischen Verantwortung hat.

31 Ebd., S. 188.

Zum ersten Punkt: Im Jahre 1935 erschien in einem kleinen und heute fast vergessenen Potsdamer Verlag eine Sammlung mit schwer zugänglichen und bis in unsere Gegenwart hinein nicht besonders bekannten politischen und journalistischen Schriften des preußischen Dichters Heinrich von Kleist, die in ihrer Einleitung einen außerordentlich zeitkritischen Grundton anschlug. »Wenn eine Weltordnung«, so war dort in einer Weise zu lesen, die an die Wurzel politischer Existenz des Individuums in einer 1935 in den Grundzügen konsolidierten und zielbewusst ihre rassistischen Ziele verwirklichenden modernen Diktatur rührte, »der wir mit dem Glauben anhingen, nicht mehr auf zwingend erkennbarer und allgemein verbindlicher Richtigkeit beruht, bleibt dann nicht als alleiniger menschlicher Maßstab: dass der einzelne Mann in seinem eigenen verantwortlichen Bereich die Dinge des Lebens unangefochten und spontan ordnen kann?« Der Verfasser bezeichnete »die Möglichkeit der freien Gewissensentscheidung« als den »Kern aller politischen Existenz« und deutete »Freiheit« nicht nur als »inneres sondern als politisches Postulat, insofern die äußere Macht und ihr Eingriff jenen allein Recht schaffenden Ursprung echter menschlicher Ordnung zu gefährden vermag«. Diese Zitate hatten keinen unmittelbaren Bezug zu den Texten, die sie erschließen sollten; sie waren augenscheinlich das Ergebnis einer radikalen Zeitdiagnose und spiegelten eine individuelle Herausforderung angesichts der politischen Verwüstungen, die sich 1935 – im Jahr der Nürnberger Rassegesetze – abzeichneten. »Je unsicherer es mit der Welt überhaupt bestellt ist, desto sicherer ist es notwendig, für dieses Recht zu kämpfen.«

Kleist wurde für den Verfasser zum Symbol einer Herausforderung und einer Entscheidung. Er verkörperte den »Glauben an eine Bestimmung des Menschen, die zu allen Zeiten die gleiche bleibt«. Die »Proklamation der Menschenrechte« erschöpfe diesen Glauben nicht, sondern ziele auf eine konkrete Freiheitsvorstellung, auf einen Bereich »eigenständiger Verantwortung, in der sie sich tatsächlich auswirken kann«. Kleist, so steigerte der Herausgeber sein Urteil, »kämpfte nicht für die abstrakte Formel sondern für die tatsächliche Wiederherstellung dieser durch den Despotismus zerstörten Lebensverhältnisse seines Volkes. Dies Menschenrecht freimütiger, eigenständiger Lebensgestaltung verfocht der politische Kleist gegen den fremden Kaiser. Er drängte zur tatsächlichen Befreiung des Landes und nicht zur liberalen Formel.«[32]

Kleists Schriften sollten offensichtlich losgelöst werden von philologischen Bezügen, zum Kummer des Verlegers, wie diese Erinnerungen deutlich machen, der fast den Bruch mit seinem Herausgeber riskierte, weil er das hier gezeichnete Bild von Kleist zu unpolitisch fand. Der Dichter Preußens galt dem Herausgeber offensichtlich als ein grundsätzlicher politischer Denker und Deuter

32 Adam von Trott zu Solz, Einleitung, in: ders. (Hg.), Politische und journalistische Schriften von Heinrich von Kleist, Potsdam 1935, S. 8f.

des preußischen Staates. Deshalb hatte die Sammlung seiner Schriften auch die Distanzierung des Lesers von der Gegenwart des Jahres 1935 zu fördern. Der Herausgeber dieser Schriften bewahrte sich jedenfalls den Abstand von seiner eigenen Gegenwart und drang gerade dadurch zum Prinzipiellen einer entscheidenden Frage vor.

Manche seiner Formulierungen nahmen Thesen und Ziele vorweg, die sich später in den wichtigsten Überlegungen über das Verhältnis von Staat, Gesellschaft und Individuum fanden, die in den Zeiten der nationalsozialistischen Diktatur formuliert wurden: in den staatsphilosophischen und politikprogrammatischen Niederschriften des Kreisauer Kreises.

Zum zweiten Punkt: Er gründet sich auf die Überzeugung, in Trott einen wichtigen Vertreter einer realistischen Schule außenpolitischer Analyse sehen zu müssen. Damit wird in der Art seiner politischen Analyse und Argumentation ein neuer Zugang zur Konstellationsanalyse sichtbar, der in der Regel erst mit Versuchen in Verbindung gebracht wird, den kalten Krieg zu überwinden. Trott erscheint in vielen seiner Analysen und Denkschriften als ein Vorreiter dieser Richtung und sollte deshalb als einer der entscheidenden Diplomaten Deutschlands im 20. Jahrhundert gewürdigt werden. Dies wird bereits in einer seiner frühesten Abhandlungen sichtbar: Im Sommer 1939 konnte man in der angesehenen »Zeitschrift für ausländisches öffentliches Recht und Völkerrecht« eine historisch gesättigte Abhandlung über den »Kampf um die Herrschaftsgestaltung im Fernen Osten« lesen. Ihr Verfasser war Adam von Trott, der den Zusammenbruch der überkommenen internationalen Beziehungen im Fernen Osten als Folge der japanischen Expansion aus unmittelbarer Nähe miterlebt hatte. Er besuchte Ende der dreißiger Jahre China, Japan, Korea und die Mandschurei, wo es im Zuge der japanischen Expansion unvorstellbare Übergriffe der Militärs gegen die Zivilisten gegeben hatte. In Deutschland berichtete Trott in Vorträgen über seine Erfahrungen und stellte dabei den chinesischen Volkswillen dem japanischen Herrschaftswillen gegenüber. Er versuchte also, nicht nur machttheoretisch zu argumentieren und die außenpolitischen Interessen Deutschlands zum Ausgangspunkt seiner Bewertung des Konflikts zu machen, sondern den Konflikt zwischen China und Japan aus den unterschiedlichen Vorstellungen und Erfahrungen der Beteiligten zu interpretieren. In China hatte er sich übrigens auch sehr gründlich mit dem Konfuzianismus auseinandergesetzt, und es ist anzunehmen, dass er auch unter dem Einfluss dieser Lehre seine Anstellung im Auswärtigen Amt betrieben hat. Es ging ihm dabei nicht um seinen Broterwerb, sondern um die Möglichkeit, politische Wirklichkeit mitzugestalten: »Der Gedanke der Verantwortung des Menschen zum Mitmenschen, der gegenseitigen Verantwortung von Volk und Regierung und der waltenden Regierung dem waltenden Himmel gegenüber« prägten ihn entscheidend.

Außenpolitische Entscheidungen waren für Trott vor allem von der Notwendigkeit zum Interessenausgleich abhängig – Diplomaten könnten diesen Prozess aber nur in Kenntnis der komplexen und komplizierten Interessenkonstellationen befördern. Seine Aufgabe sah er deshalb auch darin, seinen Gesprächspartnern die deutschen Interessenkonstellationen deutlich zu machen; es ging ihm nicht um Macht durch Einflussnahme, sondern um die Stabilisierung ziviler Formen des internationalen Interessenausgleichs. Selbst nach dem militärischen Erfolg der deutschen Wehrmacht in Polen rechnete er deshalb nicht mit einem endgültigen deutschen Sieg und wollte deshalb die Voraussetzungen für einen stabilen Friedensschluss klären. Dabei orientierte er sich an den Realitäten und den ausdrücklichen Kriegszielen der Gegner Deutschlands. Die Beurteilung der Möglichkeiten deutscher Außenpolitik auch in den Vorstellungen seiner Partner war ein Merkmal seiner politischen Analysen, deren Besonderheit erstmals in seinem bereits erwähnten Aufsatz über die Konflikte in Ostasien deutlich wurde.

Diese Denkweise bestimmte natürlich seine Interpretation der deutschen Optionen. Indem er sie beschrieb, teilte er diese nicht, sondern versuchte lediglich, einen Überblick über bestehende und deshalb in Rechnung zu stellende außenpolitische Vorstellungen zu geben. Wer immer Trotts Vorgehensweise verstand, hatte damit keine Probleme und stand in keiner Weise in der Gefahr, ihn mit den skizzierten Optionen zu identifizieren. Lediglich derjenige, der mit seiner Vorgehensweise nicht vertraut war und seine Analyseebenen nicht von seinem Argumentationsziel zu unterscheiden wusste, lief Gefahr, ihn mit den Positionen zu identifizieren, die er referierte. So wollte er nicht für die Übernahme deutscher Ziele durch das amerikanische Außenministerium werben, nachdem Polen besiegt war, sondern wollte allein erreichen, dass seine Gesprächspartner in den USA verschiedene Friedensschlusskonzepte und Friedensvoraussetzungen unterscheiden lernten. Zugleich wollte er aber auch ermöglichen, dass seine Partner die deutschen Optionen auf die im eigenen Haus entwickelten Alternativen und Konzepte bezögen. Eine außenpolitische Denkrichtung sähe so im Angriff auf Polen den endgültigen Beweis, dass Deutschland nicht auf gleichberechtigter Ebene mit den Staaten Europas verkehren könne, skizzierte Trott. Deshalb müsste ihrer Meinung nach das Deutsche Reich geschwächt und in verschiedene Teile gespalten werden, um weitere Angriffe auf Nachbarstaaten auszuschließen. Die Versailler Friedensordnung hätte hingegen darauf abgezielt, mit der Angriffskraft auch die Angriffsbereitschaft Deutschlands zu verringern. Nach dem Sieg über Polen sei dieses Konzept allerdings gescheitert. Eine andere Denkschule setze stärker auf eine »konstruktive Lösung« der Grundfragen europäischen Zusammenlebens und erwarte, dass sich aus wirtschaftlichen und kulturellen Beziehungen neue Möglichkeiten ergäben, Deutschland in ein europäisches Beziehungsgefüge einzubinden.

Trott wandte sich gegen das Teilungskonzept, indem er bemerkte, die inneren Gegensätze zwischen Nord- und Süddeutschland würden Deutschland derart schwächen, dass sich eine Teilung des Landes vermeiden lasse. Aber selbst eine Teilung in einen Nord- und einen Südstaat sei denkbar als Möglichkeit politischer Veränderung. Zeigte sich hier die Flexibilität von Trott, so machte er andererseits deutlich, dass die Versailler Friedensregelung als wesentliche Voraussetzung für den begonnenen Krieg betrachtet werden müsste; deshalb sei die Überwindung dieser Ordnung eine Voraussetzung für eine neue stabile Friedensordnung und die Neuordnung der politischen Beziehungen innerhalb Europas. Nur nach einer Überwindung des Versailler Systems könnte ein neues Geflecht internationaler Beziehungen in Europa entstehen, welches sich von der »alten Vorstellung machtorientierter Politik« löste. Deutschland sei nicht grundsätzlich kriegerisch orientiert sondern könne in einer neuen europäischen Ordnung eine bedeutende stabilisierende Aufgabe erfüllen. Mit einem befreiten Deutschland gäbe es die Möglichkeit einer neuen politischen Kooperation und damit auch die Aussicht, insgesamt die irrationale Qualität der internationalen Beziehungen zu überwinden. In dieser Einschätzung Trotts wurden Grundvorstellungen einer realistischen Schule der amerikanischen Außenpolitik sichtbar, die sich an den jeweiligen politischen Interessen der Staaten und außenpolitischen »Akteure« orientiert.

Trott wollte seine Chance, zu Beginn des Krieges in den USA mit Vertretern der deutschen politischen Emigration und des Außenministeriums zu sprechen, nutzen, um über deutsche Positionen zu informieren, die über die nationalsozialistischen Kriegsziele hinauswiesen. Er wollte auf diese Weise dazu beitragen, dass die amerikanische Seite überhaupt die Differenzierungen erkannte, welche einen möglichen deutschen Rahmen für Friedensverhandlungen prägen konnten. Unter der Voraussetzung, dass sich das Deutsche Reich in die »Familie« der Staaten Europas einfügen wollte, ergaben sich nach Trott neue Chancen für einen Friedensschluss. Allerdings wurde zugleich deutlich, dass die Opposition sich nur auf eine Minderheit in der Bevölkerung stützen konnte und dass der Rückhalt der Nationalsozialisten in der deutschen Bevölkerung mit jedem Sieg größer zu werden schien. Trott setzte sich darum nachdrücklich für eine Erklärung der Alliierten ein, in der sie öffentlich die Abkehr von der Versailler Ordnung bestätigten und so auf eine möglichst rasche Beendigung des Krieges, auf eine Verringerung der Spannungen in Europa und die Unterstützung europäischer Zusammenarbeit abzielten. Trotts Vorstoß war somit weniger der Versuch, deutsche Interessen durchzusetzen, als vielmehr Ausdruck von Bestrebungen, die Konturen einer europäischen Zusammenarbeit neu zu begründen, die unterschiedliche außenpolitische Ziele und Interessen akzeptierte. Auch in dieser Hinsicht war er seiner Zeit Jahrzehnte voraus.

Weil er außenpolitische Grundlagen nicht aus den nationalen Zielen eines Staates ableiten wollte, der die Vormachtpositionen errungen hatte, sondern eine Vielzahl nationaler außenpolitischer Ansätze wirksam sah und zu dem System internationaler Beziehungen verband, konnte er die Formulierung eines Katalogs außenpolitischer Ziele anregen. Er sei geeignet, die Gegensätze zwischen den Staaten Europas zu mildern und die kriegerischen Konflikte in Europa zu beenden. Trott machte deutlich, dass vor allem die nationalsozialistische Regierung die deutsche Bevölkerung daran hinderte, die Motive der Westmächte für den Kriegseintritt zu erkennen. Deshalb wäre eine alliierte Erklärung unabdingbar, in welcher deutlich gemacht werden müsste, dass Deutschland keinesfalls als »junge und aufstrebende Nation« niedergerungen werden sollte, sondern dass es eine realistische Aussicht auf einen »konstruktiven und fairen Frieden« gäbe. Auf diese Weise könnte bewiesen werden, dass die Rechtfertigung des Krieges in der nationalsozialistischen Propaganda jeder politischen Grundlage entbehre. Da Hitler nicht fähig sei, einen derartigen Friedensvorschlag anzunehmen, werde sich unvermeidlich die Unzufriedenheit zahlreicher Deutscher vergrößern. Die genaue Kenntnis seiner Argumente, die in einem Memorandum des Assistant Secretary of State George S. Messersmith über zwei Gespräche mit Trott im Spätherbst 1939[33] niedergelegt sind, zeigt, dass Trott keineswegs aus den engen Grenzen nationaler Interessen heraus argumentierte, wie seine Kritiker in der »Trott-Kontroverse« behauptet haben. Ihm kam es vielmehr auf eine genaue Konstellations- und Rezeptionsanalyse an, und auch in dieser Hinsicht befindet er sich im Einklang mit den Ansätzen einer realistischen Schule der Analyse internationaler Politik.

Besonders deutlich wurde dies, als er auf die deutsche Arbeiterschaft verwies, die nach ihrer Niederlage im Jahre 1933 als wirksame Alternative zur politischen Entwicklung und eigenständige Kraft politischer Opposition ausgefallen sei, sich aber unter dem Eindruck einer verbindlich gehaltenen alliierten Erklärung neue »Ventile« schaffen werde, um ihre Unzufriedenheit in »Häusern und Straßen« ausdrücken zu können. Viele Illusionen seien durch den Pakt zwischen Hitler und Stalin zerstört worden: Kommunismus und Nationalsozialismus erschienen zunehmend vielen Gegnern des NS-Regimes als gleich machtbewusste und verwerfliche Systeme. Deshalb seien die politischen Vorstellungen der deutschen Arbeiterschaft durch den ausgeprägten Willen zum politischen Realismus gekennzeichnet. Indem Trott die Einstellung der deutschen Arbeiter mit denen der politischen Opposition von Militärs und höheren Beamten verknüpfte, wollte er den Eindruck erwecken, der Widerstand stütze sich auf eine breitere Basis.

33 GDW, Mappe Trott.

Zum dritten Punkt: Der Kern der »Trott-Kontroverse« berührt die Frage des umfassenden Pflichtbewusstseins dieses Regimegegners und damit die Einheit eines durch den Anspruch entschiedener Moralität gekennzeichneten Selbstverständnisses. Die Kritik an Trott konzentriert sich darauf, dass er sich nicht hinreichend das Dilemma verdeutlicht habe, welches aus der Verstrickung des Individuums in eine moderne Diktatur und insbesondere in das nationalsozialistische System resultierte. Diese Infragestellung des Kerns seiner Persönlichkeit ist um so überraschender, als nicht in Frage steht, in welcher Weise Trott gerade in der Distanz zum NS-Staat verharrte. Dies macht nicht nur der Hinweis auf die Ausführungen zum Rechts- und Gerechtigkeitsverständnis deutlich, die Trott als Herausgeber von Kleists politischen Schriften niedergeschrieben hat, sondern auch die Distanz, die aus seiner Konstellationsanalyse der deutschen Außenpolitik im Schatten des Versailler Systems spricht. Seine ganze Persönlichkeit war auf die Unteilbarkeit persönlicher Verantwortung angelegt, und dies wird aus Äußerungen deutlich, die immer wieder an Schnittpunkten persönlicher, beruflicher und politischer Entwicklung überliefert werden.

Am 9. August 1909 als fünftes von acht Kindern des damaligen preußischen Kultusministers August von Trott zu Solz geboren, war Adam von Trott zu Solz 1933 gerade 24 Jahre alt. Er hatte zu dieser Zeit sein Studium mit einer beachtlichen Dissertation über »Hegels Staatsphilosophie und das Internationale Recht«[34] abgeschlossen, verfügte über Auslandserfahrungen und lebte zugleich aus einem ganz bewussten Gefühl der Verantwortung für seine Familie. Sein Vater war von 1909 bis 1917 preußischer Kultusminister und bekleidete anschließend das Amt des Oberpräsidenten von Kurhessen in Kassel; seine Mutter entstammte einer angesehenen preußisch-deutschen Diplomatenfamilie, betonte zugleich aber ihre amerikanischen Wurzeln. Zeit seines Lebens war Adam von Trott sehr familienbewusst. Sein Vater verkörperte dabei eine liberalkonservative, seine Mutter eher eine liberal-angelsächsische Tradition.

Seit 1917 besuchte Trott das Wilhelmsgymnasium in Kassel, anschließend erhielt er Privatunterricht und wechselte 1922 auf ein Internat in Hannoversch-Münden, wo er 1927 die Hochschulreife erwarb. Seit 1927 studierte er in München Rechtswissenschaft. Dieses Studium schuf wichtige Voraussetzungen für die Weitung seines Blickes, durch Freundschaften, durch Auslandsaufenthalte, durch Auseinandersetzungen mit seiner Zeit. In diese Zeit fällt eine grundlegende Neuorientierung, die sich in der Stimmabgabe zugunsten der SPD bei den Reichstagswahlen des Jahres 1930 äußerte. Trott empfand sich immer bewusster als Sozialdemokrat und reflektierte diese innere Ent-

34 Diese Dissertation erschien 1932 bei Vandenhoeck & Ruprecht, Göttingen, in der von Herbert Kraus herausgegebenen Reihe »Abhandlungen aus dem Seminar für Völkerrecht und Diplomatie« der Universität Göttingen.

scheidung im Frühsommer 1932 in einem ausführlichen Brief an seinen ohne Zweifel konservativer gesonnenen Vater: »Was meine politischen Ansichten anbetrifft«, schrieb er, »so sind sie noch immer so wenig bestimmt und vollständig, dass ich zu irgendwie nennenswerten öffentlichen Äußerungen weder imstande noch gekommen bin«. Immerhin wichen sie aber »von der allgemein anerkannten Ordnung unseres gesellschaftlichen Lebens weit genug ab, dass ich mich immer wieder und, um nicht unehrlich zu sein, in offenem Konflikt mit anderen befinde und aus dem gleichen Grunde immer, auch äußerlich die Partei derjenigen ergriffen habe, mit denen meine Ansicht immer noch am meisten übereinstimmte.« Trott verbarg seine Einstellungen in einer Phase geforderter Entscheidungen nicht, sondern bekannte sich in der Endphase der Weimarer Republik sowohl gegenüber seinem Vater zu seinen ganz dezidiert »sozialistischen Anschauungen« als auch gegenüber seiner Mutter zu seinen ebenso entschiedenen antinationalsozialistischen Anschauungen.

Nach seiner Rückkehr aus England widersetzte er sich in einer den damals obligatorisch auszufüllenden Fragebogen »ergänzenden Erklärung« der als Zumutung empfundenen Aufforderung, der NSDAP beizutreten, mit den Worten, er halte sich nicht für berechtigt, »die überwiegenden Vorteile der Parteimitgliedschaft« für sich in Anspruch zu nehmen, solange er nicht »in allen Punkten des Parteiprogramms volle Gefolgschaft zu leisten imstande sei«. Listig und aufrichtig beschwor er in dieser »ergänzenden Erklärung« die Meinung der »maßgeblichen Führer«, die »mit Recht den Beitritt aus anderen Gründen als dem der persönlichen Überzeugung ablehnten« – und zog aus ihnen persönlich die Konsequenz, den Beitritt zur NSDAP zu verweigern. Die Grundlage für diese Distanz war bereits in der Weimarer Republik gelegt worden, in seiner Beschäftigung mit den Vorstellungen der Religiösen Sozialisten um Paul Tillich, in der Auseinandersetzung mit Hegel, aber auch mit Marx, in den Gesprächen mit Studienfreunden in Oxford, die der Labour Party nahe standen. Trott legte 1936 das Assessorexamen ab und verbrachte erneut ein Jahr als Cecil-Rhodes-Stipendiat im Ausland, vor allem in China. Dabei kreuzten sich die Wege mit Regimegegnern. Anfang 1933 traf er mit Hans-Bernd von Haeften zusammen, der wenig später tief beeindruckt wurde durch den Kirchenkampf zwischen Deutschen Christen und Bekennender Kirche; 1937 lernte Trott in Oxford Moltke, wenig später in den USA den Theologen Reinhold Niebuhr, einen der entscheidenden Köpfe der realistischen Schule der Außenpolitik, 1940 in Berlin dann auch Yorck kennen. Bei seinen Auslandsaufenthalten werden grundsätzliche Dimensionen des von Trott geahnten Weltkonflikts sichtbar: Er ahnt, dass die Auseinandersetzungen um die Menschenrechte dabei einen moralischen Kern ausmachen werden. Neben der realistischen Ausrichtung seiner außenpolitischen Analysen ist so stets eine ganz prinzipielle Orientierung seiner Optionen spürbar – niemals aber verführen ihn seine Prämissen dazu hinzunehmen, dass die Realität verzerrt wahrgenommen werden könnte. Viele, denen Trott bei seinen Auslandsreisen begegnet, begreifen sein doppeltes Ziel, Informationen zu sammeln und zugleich die zukünftigen Konstellationen der internationalen Politik zu beeinflussen.

Mit dem Eintritt in das Auswärtige Amt im Sommer 1940 beginnt ein neuer Abschnitt seiner Tätigkeit, die aber keinen Bruch zum vorhergehenden verkörpert. Zunächst einmal ist Trott nicht mit der Vorbereitung von Entscheidungen befasst, sondern er hat seine vielfältigen Studien- und Informationsreisen – 1939 auch nach Großbritannien und in die USA – wissenschaftlich aufzubereiten und politisch auszuwerten. Deshalb wurde er der Informationsabteilung zugeordnet, die sich auf die Sammlung und Analyse zur Vorbereitung politischer Entscheidungen konzentriert. Sein Vorgesetzter ist Hans-Bernd von Haeften. In Trotts Umkreis befinden sich alte Freunde und Vertraute, unter ihnen Albrecht von Kessel. In seiner neuen Aufgabe bekam Trott Gelegenheit, unauffällig mit den Dienststellen der Abwehr zusammenzuarbeiten, die ebenfalls Nachrichten aus dem Ausland zu sammeln und zu analysieren hatte, aber auch politische Entscheidungen zu beeinflussen versuchte. Unbestreitbar ist, dass Trott seine politischen Funktionen in der deutschen Oppositionsbewegung wahrnahm trotz des Risikos, das dies bedeutete und das durch die Eheschließung im Sommer 1940 nicht geringer wurde. Auch die Heirat mit Clarita Tiefenbacher markiert keinen Umschwung, sondern ist Ausdruck einer Konsequenz, die Trotts ganzes Leben prägt. Seiner Mutter schreibt er, seine Frau verstehe, »was mir im Leben am wichtigsten ist und wird mir helfen, darum zu kämpfen«. Hier wird eine Kontinuität sichtbar, die jene gar nicht ahnen konnten, die Trott aus den dreißiger Jahren kannten. Deshalb verfehlt ihr Trott-Bild den Kern seines Anliegens: Sie bezogen sich auf einen Trott, der Erwägungen anstellte, sich orientierte, vielfältige Entwicklungsmöglichkeiten zu reflektieren suchte; nun handelte ein Trott, der Klarheit gefunden hatte und wusste, was er tat. Der Beitritt zur NSDAP war die Voraussetzung für die neue Stufe seiner Tätigkeit – innerlich berührte sie ihn in keiner Weise und bot deshalb keinen Schlüssel zu seinem Selbstverständnis.

Die äußere Karriere war Trott nicht wichtig; seine Beförderungen fanden kaum Niederschlag in seinen Äußerungen; er strahlte augenscheinlich eine Autorität aus, die Ergebnis seiner hohen analytischen Kompetenz war. Er galt als außenpolitischer Kopf des Freundeskreises um Moltke und Yorck und veränderte damit sowohl den Rahmen seiner außenpolitischen Handlungsmöglichkeiten wie auch sein Selbstverständnis. Nun hatte er nicht mehr die Bedingungen des Möglichen realistisch zu reflektieren, sondern er konnte in Abstimmung mit den Vertretern der Konspiration einen grundsätzlichen Rahmen zukünftiger deutscher Außenpolitik formulieren. Seine Auslandsreisen, die er als eine Art Beauftragter des Kreisauer Kreises unternahm, dienten nicht dazu, nationalsozialistische Positionen zu markieren, sondern sie sollten den Rahmen zukünftiger Interessenkonstellationen europäischer Politik bestimmen und zugleich um Vertrauen für jene Gruppe deutscher Regimegegner werben, die sich auch durch die Forderung nach der bedingungslosen Kapitulation nicht davon abhalten ließen, deutsche Positionen selbstbewusst und innerlich souverän zu vertreten. Europa war das entscheidende Ziel und die grundlegende Bedingung seines Denkens: Deshalb musste er immer wieder von seinen ausländischen Partnern die Unterstützung seiner Freunde für den Sturz des NS-Regimes erbitten. Er warb in seinen eigenen Worten um die Anerkennung der sich von der deutschen Opposition gestellten und wohl »dringendsten und unmittelbaren Aufgabe«, eine »europäische Katastrophe« abzuwenden. Dies hatte aber nichts damit zu tun, dass er aus dem Zentrum der Macht heraus auch nur versuchte, für außenpolitische Ziele zu werben, die mit denen der NS-Führung übereinstimmten. Trott empfand zunehmend das Risiko seines Tuns, aber er wurde nicht unsicher, um so weniger, als jede Kontroverse mit den Vertretern der »älteren Generation« ihm deutlich machte, wie wichtig seine Überlegungen zu den Konturen neuer europäischer Politik waren.

Die Inhalte der außenpolitischen Kontroversen sind in der Forschung bekannt. Sie machen deutlich, dass alle Unterstellungen haltlos sind, die Trott in die Nähe nationalsozialistischer Vorstellungen rücken oder gar den Eindruck zu erwecken versuchen, er habe die Grundlagen eines festen politisch-moralischen Urteils verloren. Er stand zu der Verpflichtung, die er sich selbst auferlegt hatte, und er fühlte sich gezwungen, seinen Teil zur Vorbereitung auf »Europas schwerste Krise« zu leisten. Er wusste, dass kein »leichtfertiger alliierter Sieg ... die vor den Deutschen liegende Schicksalsfrage zu lösen« vermochte. Rückzug aus der Verantwortung, gar in den Kreis der jungen Familie – Clarita hatte 1942 und 1943 jeweils eine Tochter geboren –, kam für Trott nicht in Frage. »Die Trauer anderer«, schrieb er seiner Frau Mitte 1944, wenige Wochen vor dem Attentat, sei gewiss oft »herzzerreißend«, »aber sollen wir daraus nicht auch die *freudige* Bereitschaft zu eigenem Leiden lernen?«

Wenige Wochen vor der Trennung von seiner Familie, im Bewusstsein des Risikos, das er trug und unter dem Eindruck der Gespräche, die er in Stockholm mit Vertretern der deutschen Gegnermächte geführt hatte, bekannte sich Trott zu seiner Entscheidung und zu seinen Pflichten: »Als ich so über das Meer und die Wolken in das düster umdrohte Deutschland zurückflog, erfüllte mich von neuem eine tiefe Liebe und Freude, in dieser schweren Zeit gerade hierher gestellt zu sein und für unser Land mitzukämpfen. Ich glaube, dass mich keine Beziehung zu irgendeinem Menschen so tief bindet wie dieses und dass hierfür besser und brauchbarer zu werden meine erste Pflicht ist – das klingt vielleicht etwas bombastisch und verhüllt womöglich einen geheimen und gefährlichen Egoismus, aber es ist doch etwas Wahres und für Dich ist dies, glaube ich, noch anders. Die eigene, eigentliche Aufgabe zu erkennen befreit und gibt dem Leben Halt und klare Wahl in den mannigfach verwirrten Prinzipien und Werten, die die Horizonte des modernen Weltbürgers erfüllen.«

Trott lebte im Bewusstsein seiner Aufgabe im 20. Jahrhundert – er wollte durch »harte Prüfung und Arbeit ein neues Lebensgebäude« errichten helfen und so dazu beitragen, »die Last und seelenbedrängende Verengung des vorigen Jahrhunderts« zu überwinden. Aber er handelte nicht aus dem Dilemma, das denjenigen zeichnen konnte, der durch die Qual und das Feuer der modernen Diktaturen ging. Er oszillierte nicht zwischen Anpassung und Widerstand, sondern er entschied sich für ein Leben im Widerspruch, das sich zum Leben im Gegensatz steigerte. Er war nicht belastet durch die Schuld, die aus jeder Funktion resultierte, die man in einer Diktatur des 20. Jahrhunderts übernahm, denn er wurde nicht irre an seinem Ziel und an seinem Auftrag. Neben den Gedanken an seine Familie beschäftigte ihn, wie er seiner Frau am 15. August 1944 schrieb, in seinen letzten Stunden am meisten der Schmerz, dass er »unserm Land die besonderen Kräfte und Erfahrungen, die ich in fast zu einseitiger Konzentration auf seine außenpolitische Behauptung unter den Mächten in mir ausgebildet hatte, nun vielleicht nie mehr dienend zur Verfügung stellen kann«.

Adam von Trott muss gewiss als eine der größten außenpolitischen Begabungen seiner Zeit gelten: Er beherrschte die Methode der realistischen Schule, handelte aus festen Prinzipien und war deshalb in der Lage, neben der Konstellationsbestimmung auch eine Programmatik zu entfalten, die sich schließlich in die Hoffnung steigerte, die Grundlagen für eine tragfähige Nachkriegsordnung zu legen, in der auch das besiegte und so vom Nationalsozialismus befreite Deutschland wieder eine europäische Aufgabe erhielt. Es besteht kein Anlass, diesen Menschen in das Zwielicht des zwiespältig Handelnden zu rücken. Im Gegenteil: Trott gehörte zu den Deutschen, die ihre eigenen Gefährdungen kannten und gerade deshalb in jener Wahrheit zu leben wussten, die den Tod bedeuten konnte.

Mögen die Materialien von Clarita von Trott zu Solz dazu beitragen, dass wir als Nachgeborene, als Zeithistoriker und Zeitgenossen, die Feststellung von Marc Bloch begreifen:

»Um in ein fremdes Bewusstsein einzudringen, von dem uns der Abstand mehrerer Generationen trennt, muss man sich nahezu seines eigenen Ichs entledigen. Um jenem Bewusstsein ›die Meinung zu sagen‹, kann man bleiben wie man ist.«[35]

So gesehen, liegt eine neue Phase der Erforschung des Widerstands vor uns – im 50. Jahr nach dem Scheitern des Anschlags des 20. Juli 1944, der auch einen Generationssprung für die Nachgeborenen bedeutet.

35 Bloch, Apologie (wie Anm. 19), S. 149.

Adam von Trott zu Solz

Eine Lebensbeschreibung

Die im Text erscheinenden Ziffern in eckigen Klammern geben die Seitenzahlen des häufig zitierten Originalmanuskripts »Adam von Trott zu Solz – Eine erste Materialsammlung. Sichtung und Zusammenstellung« von 1958 an.

Kindheit (1909–1927)

Name und Vorfahren

Die Geburtsurkunde von Adam von Trott zu Solz, Sohn des Kultusministers August von Trott zu Solz und seiner Frau Eleonore, geb. von Schweinitz, ist datiert vom 10. August 1909, also vom Tage nach der Geburt. Aber erst ein Nachtrag vom 4. Oktober enthält den Vermerk, dass dem Kind der Name Friedrich Adam gegeben worden sei. Vielleicht entsprach es einer Sitte, den Namen erst vor der Taufe (am 7. Oktober) anzugeben. Hier lag es aber auch am Zögern der Mutter, ihren zweiten Sohn mit einem so auffälligen Namen zu bedenken. Im Kurhessischen allerdings, der Heimat der Trotten, ist er so alltäglich wie andernorts Hans und Fritz. Man fand den Ausweg, dem Kind einen Ausweichnamen mitzugeben, auf den es sich zurückziehen könne, falls der alte, bedeutungsvolle »Adam« ihm zu schwer werden sollte. In den 35 Jahren seines Lebens wurde dieser Austausch aber nur ein einziges Mal vorgenommen, und da ohne sein Wissen: Dem Reinbeker Standesbeamten erschien im achten Jahr des Tausendjährigen Reiches ein Aufgebot mit dem Namen Adam zu bedenklich. So ließ er ihn fallen und in der Bekanntmachung stand nur »Friedrich« zu lesen.

Es hat schon einen Adam von Trott gegeben. Ein Kupferstich des alten Recken hängt in den Wohnungen aller Solzer und Imshäuser Trotten. Adams Vater hat den alten Adam verehrt. Dieser, obwohl in voller Rüstung dargestellt, schaut eher besinnlich drein. Und in der Tat, obwohl er als Feldmarschall im Kampfe gegen die Türken mitgewirkt haben soll, lagen seine Verdienste doch offenbar vor allem auf dem Gebiet der Verhandlungen, die er als Consiliarius Intimus Joachims II., Kurfürsten von Brandenburg, mit seinem Herrn oder für ihn tätigte, so z. B. beim Abschluss [2] des Religionsfriedens von Passau 1552 und bei vielen anderen Gelegenheiten in Halle, Frankfurt und andernorts. Er wurde belehnt mit dem Gut Himmelpfordt in der Mark. Aber auch in dem Testament Landgraf Philipps des Großmütigen wird er rühmlich genannt. Es heißt da:

> Adam Trotten den elteren so in der Margk ist, sollen sie zu Diener behalten und immer die Bestellung so er itzo von uns hat folgen lassen, denn er in Kriegshändeln ein trefflicher geschickter Mentsch ist.

Die erste Nachricht über einen Trott findet sich in Urkunden, in denen sie als Burgmannen auf der Boyneburg im 13. Jahrhundert aufgeführt werden. Sie sind Burgmannen, Lehnsleute, Amtleute, Erbschenken gewesen, der letzte Fürst von Henneberg starb 1583 in Imshausen.

Der Großvater, Werner von Trott zu Solz, war kurfürstlich hessischer Legationsrat in Württemberg, starb aber schon mit 39 Jahren. Sein einziger Sohn, August Clemens Bodo, geb. 1855, weitete seinen Amtsbereich aus: denn nachdem er schon als junger Landrat mit seinem Prinzen eine Seereise bis zu den Philippinen unternommen hatte, stieg er auf der Stufenleiter der Verwaltungsposten vom Regierungspräsidium in Kassel zum Oberpräsidium in Potsdam auf und wurde im Jahre 1909 zum preußischen Kultusminister ernannt. In diesem Amt hat er ganz besondere Sorgfalt der Jugendgesetzgebung zugewandt – u.a. verfügte er, dass jede Gemeinde einen Sportplatz haben solle. Die Durchführung dieses Gesetzes in den kleinräumigen Pachtverhältnissen des eigenen hessischen Dorfes von knapp zweihundert Seelen war im übrigen gar nicht einfach. In all seinen Anliegen wurde [3] er in hohem Maße von seiner Frau gestützt. Während man vielleicht sagen könnte, dass seine Kraft ihre Nahrung aus der uralten hessischen Erde und dem Erbe der Familie sog, seine ganze Liebe dem heimatlichen Besitz halt, der, in Hügel und Wälder und Wiesen eingebettet, unter ewig wechselndem Himmel und tausendfältigen Stimmungen der Landschaft eine tiefgreifende Anziehung ausübt – so verband sich ihm in seiner um zwanzig Jahre jüngeren Frau ein ganz anderes, aber gleich starkes Element. Das Bild der mütterlichen Ahnen wäre für den, der es unternehmen wollte, wohl noch leichter zu zeichnen. Die Konturen werden sichtbar auf dem Hintergrund von Leistungen und Schicksalen in bewegten Zeiten. Von dem schlesischen und amerikanischen Anteil ihres Blutes hat, zumindest nach außen,

Kupferstich des Vorfahren Adam von Trott

Die Mutter Eleonore von Trott zu Solz, geb. von Schweinitz

Der Vater August von Trott zu Solz

der amerikanische sie stärker geprägt. Ihr Urgroßvater war John Jay, erster Chief Justice des Supreme Court und Freund Washingtons. Ein schöner großer Kupferstich, den Adam von den Verwandten in Bedford erhielt, zeigte ihn im Sessel, schlank, schön, Brauen, Augen, Nase und Mund großzügig geschwungen und in harmonischem Verhältnis. Die Ähnlichkeit mit seinem späten Nachfahren Adam war auffallend. Nur dass die eher undurchsichtige französische Eleganz des Ahnen bei ihm gelockert und durchwärmt erschien von Gemütskräften, wie man sie im wälderreichen Mitteldeutschland erwarten kann. John Jays Nachkommen, besonders William Jay, bekämpften unter persönlichen Opfern und Gefahren die Sklaverei. Der Enkel des Chief Justice war amerikanischer Gesandter am Wiener Hof zu eben dieser Zeit, als auch Lothar von Schweinitz dort als Militärattaché und später als preußischer Gesandter, dann als deutscher Botschafter akkreditiert war. Dieser hatte seine Laufbahn als [4] unbemittelter Leutnant ohne nennenswerte Beziehungen begonnen und stieg zuletzt zum Posten des deutschen Botschafters in St. Petersburg auf. Seine »Denkwürdigkeiten« fesseln auch den heutigen Leser noch und geben einen Eindruck von der seltenen Verbindung von Fähigkeiten und Überzeugungen, die ihn leiteten. Der Fünfzigjährige heiratete die dreiundzwanzigjährige, puritanisch sittenstrenge Tochter seines Wiener Kollegen, Anna Jay. Der Ehe entstammten acht Söhne und zwei Töchter. Eleonore war das zweite Kind, und vielleicht sagt man damit etwas über sie und ihre Geschwister aus, wenn man erwähnt, dass später nur sie und ihr älterer Bruder ihrerseits Nachkommen hatten, von denen ein einziger männlicher Namensträger überlebt. Es scheint, als seien die Spannungen, die sich für diese nächste Generation mit der Welt ergaben, zu groß geworden, um ein natürlich fruchtbares Leben zu ermöglichen.

Wenn man also den Eindruck gewinnen konnte, dass das Hauptgewicht der hessischen Ahnen im Dasein und verantwortlich tätigen Bewahren lag, so wäre für die amerikanische Linie und den schlesischen Großvater das Handeln und Wagen, der Einsatz für nationale und allgemeine Menschheitsziele als Kennzeichen zu nehmen. Und für Adams Mutter insbesondere ihr leidenschaftlicher Kampf um Gerechtigkeit.

Berlin

Adam kam als fünftes Kind dieser Ehe zur Welt, in einer besonders glücklichen Zeit im Leben der Mutter, und sie sagte, dass sie von ersten Augenblick an ein besonders nahes Verhältnis zu ihm hatte. Doch die vielen unumgänglichen Verpflichtungen als Frau des Kultusministers und die große Zahl caritativer Unternehmen, die sie leitete oder mitbestimmte, ließen ihr nur wenig Zeit für die Kinder. Warmen, bergenden, mütterlichen Schutz fand Adam in diesen ersten Jahren [5] bei »Nurse« Louisa Barrett. Obwohl sie auch für seine Geschwister zu sorgen hatte, zog sie den kleinen Adam doch sichtlich vor, und die Schwestern ließen es den kleinen Bruder nicht entgelten. Ja, sie sagen, dass

Eines der ersten Fotos
des jungen Adam von Trott

es ihnen nicht einmal verwunderlich vorgekommen sei. Photos aus dieser Zeit zeigen einen nachdenklich dreinschauenden kleinen Knaben, der freundlich und still beobachtend die Aufnahmen über sich ergehen lässt. Er hatte später nur zufriedene Erinnerungen an diese Zeit, und »Nurse« blieb für ihn der Inbegriff selbstloser Güte, mit der er auch später jederzeit vollständig zu gewinnen war. Der größte Schmerz seiner ersten Kindheit war daher auch der Abschied von der geliebten Kinderfrau, denn bei Kriegsausbruch musste diese in ihre englische Heimat, nach Tunbridge Wells, zurückkehren. Dort hat er sie später noch wiederholt besucht.

Das war im Jahre 1914. Bis zum Jahr 1917 blieb der Vater Kultusminister, und so fielen die ersten Schuljahre im Französischen Gymnasium noch in diese Zeit. Es wird erzählt, dass ihm auf dem Schulweg oft schlecht wurde. Doch weiß man nicht, dass er besonders ungern zur Schule gegangen sei. Er hatte guten Kontakt mit einigen Mitschülern und spielte am Nachmittag mit ihnen in der weiträumigen Wohnung des Kultusministeriums oder bei Freunden. Es wird auch erzählt, wie Adam den Sohn eines untergeordneten Beamten des Kultusministeriums, Veilchenfeld, mit Mutter zum Tee einlud und seiner Mutter genaueste Angaben machte, wie sie sich Frau Veilchenfeld gegenüber benehmen müsse. Und seine Mutter spielte die ihr zugedachte Rolle denn auch freundlich mit.

Alle Kinder Trott hatten eine Vorliebe für [6] jeweils ein anderes Mitglied der Familie des Reichskanzlers Michaelis, mit der zusammen man die Ferien in Saarow verbracht hatte. Adam, nach der seinen befragt, antwortete ohne zu zögern: »Meta«. Das war die rundliche Köchin des Haushalts. Warum denn Meta? – »Die hat so ein dickes Herz.«

Vom Kriege hatten die Kinder zunächst wohl am eigenen Leibe vor allem die zunehmende Hungersnot verspürt. Dass eine Beamtenfamilie des preußischen Staates sich auch nur das geringste »schwarz« nebenher beschaffte, war damals noch nicht vorzustellen. Vom heimatlichen Pachthof erhielten sie nichts. So sind die Kinder durch lange Jahre hindurch kümmerlich ernährt worden und haben wahrscheinlich ein gut Teil körperlicher Widerstandskraft dabei eingebüßt. Noch nach dem Kriege wünschte sich die älteste Tochter vor allem andern »ein ganzes Schwarzbrot« zum Geburtstag, und Adams Brotaufstrich aus gekochten Wintererbsen spielt in den Histörchen der Solzer Spiel- und Jugendgefährten eine unvergessliche Rolle.

Kassel 1917–1919

War der Krieg mit seinen Lasten und Entbehrungen kein eigentlicher Einschnitt gewesen, so wuchs sich die Übersiedlung aus dem Kultusministerium in Berlin in das Oberpräsidium in Kassel für die Kinder zu einer bedrohlichen Krise aus. Aus der behüteten Atmosphäre, in der sie bislang gelebt hatten, wurden sie von heut auf morgen in die unbarmherzige Wirklichkeit der Provinzstadt versetzt. Alles an ihnen erregte bei den Altersgenossen Spott und Ärgernis. Sie empfanden sich als Parias in einer Barbarenwelt, ständigen Bedrohungen und Erpressungen ausgesetzt. Vera erinnert zum Beispiel, wie die Gassenjungen Adam einsperrten, bis er versprach, ihnen sein Luftgewehr zu geben. Auf dem Wege, dieses Lösegeld zu holen, begegnete ihm glücklicherweise der Vater, der [7] die Angelegenheit regelte.

Jedes der Geschwister hat auf seine Weise Ähnliches erlebt. Hinzu kam, dass die Mutter, dreiundvierzigjährig, wieder ein Kind erwartete (zwei Jahre später noch einmal ein achtes und letztes) und dass sie durch Operationen und Krankheiten in jenen Jahren sehr elend war. Die Kinder waren in der feindlichen Umwelt sich selbst überlassen und gerieten außer Rand und Band. Aus dem Erleben dieser Zeit versteht man, dass Hesses »Demian« solch große Bedeutung für Adam gewann, als dieses Buch dem Sechzehnjährigen in die Hände fiel. Auch hier ist Ausgangspunkt das unverbundene Nebeneinander von Elternhaus und andersgesetzlicher und daher unheimlicher Außenwelt. Die Diskussion über den »Demian« hat er, wie sein Jugendfreund Boehncke berichtet, jahrelang immer wieder aufgenommen.

Das Elternhaus in Imshausen zur Zeit von Adams Kindheit

Imshausen

Aber der Schock der Kasseler Jahre wurde aufgefangen durch den Umzug auf den alten Wohnsitz der Familie in Imshausen, der bis dahin nur Ferienheimat gewesen war. Der Vater, vierundsechzigjährig, wurde 1920 in den Ruhestand versetzt. Er hat Imshausen seitdem nur noch selten zu kleinen Reisen in die nächste Umgebung verlassen, wenn es seine Pflichten als Vizemarschall der Althessischen Ritterschaft oder als Vorstand des Stiftes Kaufungen oder andere Obliegenheiten erforderten. Die Mutter hat ihm folgen müssen in das, was für sie in vieler Hinsicht einer Verbannung gleichkam, empfand sie doch nach überstandenen Krankheiten und Schwächezuständen noch genügend Kraft, um handelnd den vielen Missständen zu begegnen, die ihr immer waches Herz und ständig bewegter Geist überall entdeckten. Die stille Wirksamkeit in einem Landhaushalt ohne Aufgabenbereich, in einem Dorf von zweihundert Seelen, fern jeder Großstadt, umgeben von arbeitsamen aber verschlossenen, schwerbeweglichen [8] Menschen, entsprach ihren natürlichen Gaben nicht. Am 16. August 1930 schrieb sie ein einziges Mal etwas darüber an Adam:

> Wir haben beide, neben gutem deutschen Blut, etwas von den Bekämpfern der Sklaverei in Amerika geerbt ... Und so muss ich einiges sagen, was ich lieber Deiner Intuition überlassen hätte. Glaubst Du nicht, dass es mir leidenschaftlichem Menschen oft sehr schwer wird, mich auf die Aufgabe zu beschränken, die mir gestellt ist und ein so passives Leben zu führen? – Ich würde es für Unrecht halten, mich zu resignieren und zu all diesen Fragen auch nicht inner-

Dorfkern von Solz

Die sieben Geschwister, Adam hinten rechts

lich Stellung zu nehmen. Das wäre bequemer – würde abstumpfen und den Konflikten gegenüber gleichgültiger machen. Wenn man aber die Alkoholnot und die Wohnungsnot und all die andern Nöte tief empfindet und keinen Finger rühren kann …

Der Brief lässt ahnen, was Adams Mutter in den dreißig Jahren aufgezwungener Ruhe durchlitten hat. Die angeborene Leidenschaftlichkeit klärte sich zu einer tief bewegenden Verbindung von zartester Demut und königlicher Sicherheit.

Das also war der Hintergrund, von dem Adams Leben ausging: ein idyllisches, abgeschiedenes Tal im Herzen des alten, wälderreichen mitteldeutschen Landes; ein helles, großes Herrenhaus, dessen wohlgeglückte, einfache Gliederung an den Zeitpunkt seiner Erbauung gemahnt, das ausgehende 18. Jahrhundert. Und darin ein äußerlich ruhiges, genau geregeltes, aber unter der Oberfläche vibrierendes Leben voller bedrängender Anforderungen. Denn nicht nur die Eltern, auch der spannungsreiche, wenn auch liebevolle Geschwisterkreis, allen voran der älteste Bruder, bedeuteten eine ständige Nötigung zu bewusstem Auseinandersetzen. Doch drang durch alle Ritzen des alten Hauses nicht nur die köstliche kräftige Landluft, es drang auch der dörfliche [9] Rhythmus des Tages und der Jahreszeiten ein. Und diese Luft sog der kleine Adam mit vollen Zügen ein, diesem Rhythmus gab er sich hin, mochte Fräulein Wild, die gestrenge Hauslehrerin, ihm noch so viel Steine in den Weg legen.

Er hatte viele Freunde im Dorf. Für sie war er zwar »Ministersch Aden«, aber er gehörte irgendwie zu ihnen. Und noch mehr Freunde hatte er im benachbarten Solz bei den Vettern und Cousinen und Pächtersleuten, wo es sehr ungezwungen und natürlich herging und wo er – als einziger der Imshäuser – ohne Mühe mittat und wo er hoch im Kurse stand. An dieser Stelle muss auch der sogenannte »Binnes« erwähnt werden, Seelig, der Dorfjude, der das baufällige kleine Fachwerkhaus am Eingang des Dorfes bewohnte und bei dem Adam sich aufzuwärmen pflegte, wenn er durchfroren vom langen kalten Weg zur Lateinstunde beim Solzer Pfarrer dort vorbeikam. Der »Binnes« saß meist in der Hinterstube und war mit seinem langen Bart und seinem Verständnis für alle Arten von Anliegen eine Art Dorfweiser. Das Alltagsleben meisterte dafür seine resolute Frau. Zwei Geschichten gibt es von Adams Umgang mit den beiden:

Einmal hatte er mit dem Alten endlos besprochen, wie man ein Eichhörnchen ausstopfen sollte. Würde es sich besser laufend oder sitzend ausnehmen? Schließlich einigte man sich, dass es sitzen solle. Am Tage darauf schaut Adam wieder beim »Binnes« herein. Ob man es noch ändern könne? Er habe sich überlegt, es wäre doch besser, es laufend darzustellen. Der »Binnes« ist damit einverstanden, mahnt aber, das Eichhörnchen nun auch bald zu bringen, das sei für die Bearbeitung besser. – Ja, das sei doch noch gar nicht geschossen. – Wann er es denn schießen werde? – Er müsse doch erst das Tesching haben, das bekomme er zum Geburtstag.

Ein andermal kommt Adam ein wenig befangen von einer Geburtstagseinladung bei Frau Seelig zurück [10] und berichtet: Frau Seelig hat ihm Kuchen abgeschnitten mit dem gleichen Messer, mit dem sie vor seinen Augen eine Maus geköpft hatte, um es dann nur an der Schürze abzustreichen.

So war die Umgebung, in der die Erschütterungen der Kasseler Zeit ausschwangen und sogar fruchtbar werden konnten. Denn es ist doch ein Unterschied zwischen dem kleinen Ministerssohn, der an der Hand seiner Nurse auf dem Familienfriedhof einen neugierig folgenden Dorfjungen anweist, die Mütze abzunehmen, und dem »Ministersch Aden«, der ein paar Jahre später in den Dorfküchen das »Fettenbrot« mitessen darf als Freund eines andern »Aden« oder »Henner« oder wer es gerade war.

Kasseler Schulzeit

Es ist ihm denn auch bitter schwer geworden, der Schule wegen nach Kassel zurückkehren zu müssen. Dazu quartierte man ihn in der Altstadt bei einem Pfarrer ein, der selbst vermutet, dass er zu alt für ihn wurde. Er wohnt fern von Schulfreunden, die in der Wilhelmshöher Gegend zu Hause sind. Und so berichtet der Pfarrer denn von Äußerungen des Unmuts und der Gereiztheit, dass Adam nicht arbeiten könne, weil er in der Auffassung befangen sei, »der Lehrer macht mir die Sache lieb oder leid«, dass er nicht mehr kindlich spiele und seinen Vorschlägen mit einer etwas spöttischen Überlegenheit gegenüberstehe. So bliebe Adam nur die Vorfreude auf die Ferien. Dazu habe der Arzt alle körperlichen Betätigungen im Freien untersagt, und im Hause sei kein Altersgenosse. Adams Unzufriedenheit mit der Umgebung äußert sich bereits zu diesem Zeitpunkt (Mai 1921) ganz prinzipiell: Der Elfjährige schreibt seiner Mutter:

> Eine Frage will ich Dir schreiben, dass Du sie Dir überlegst und sie mir beantwortest ... Ich kann die Art des Christentums, die der Herr Pf. hat, nicht verstehen, dieses sozusagen Zittern und Beben. Wir sollen mutig sein, nicht immer gleich beten und beten (es klingt mir wie ein Winseln) sondern [11] es durch Taten gutzumachen suchen. Es steht in der Bibel: »Uns ist nicht ein knechtischer Geist gegeben, dass wir uns abermal fürchten sollen!« Luther, Arndt sind solche, die nicht immer in dieser Hinsicht knechtischen Sinn zeigen. Auch kann ich nicht leiden, wenn die Kirche indirekter Zwang ist. Nun bitte versteh' mich nicht falsch sondern denke Dich in mich hinein. Diese Gedanken beschäftigen mich sehr oft, wenn der Herr Pf. betet ...

Man kann sich nicht wundern, dass er dann über ein Gefühl von Verlassenheit klagt, darüber, dass sein Wahlspruch »Durch!« nicht mehr nütze und ist fast beruhigt zu hören, dass die Lehrer sich über »Unarten« bei »Seiner Exzellenz« beschweren. Eine solche »Unart« wird übrigens aus seinen ersten Lateinstunden erzählt. Er hatte seinem Nachbarn auf ein Zettelchen geschrieben: »Magister asinus est.« Der Lehrer findet den Zettel und beschwert sich persönlich bei »Seiner Exzellenz«. Der kann das Lachen kaum unterdrücken und macht dem Lehrer dann so freundliche Komplimente darüber, dass die Jungen bei ihm so blitzschnell bis zur eigenen Satzbildung vordringen, dass jener tief befriedigt vergisst, wozu er eigentlich gekommen war.

Von den Eindrücken der ersten Kasseler Zeit findet sich keine Erwähnung mehr. Sie klingen an bei dem Bericht über eine Theateraufführung, die die Schüler besuchten und wo neben ihnen in der Kaiserloge ein Lokomotivführer mit zerfetzter Jacke saß. »Unerhört!« ist sein einziger Kommentar.

Auf dieses graue Bild gehören jedoch einige Lichtflecke. Das sind nicht nur die Ferien, wo er Tage und später auch Nächte lang mit seinem Vetter Bobbi durch den Trottenwald pirschte, wo er dann glücklich, aber so todmüde nach Hause kam, dass er sich manches Mal beim Erklimmen der letzten Höhe vor dem Imshäuser Tal mit den Händen an den Grasbüscheln und Sträuchern halten musste, um hinaufzugelangen. Zu den Lichtseiten der Kasseler Zeit gehört vor allem der Nibelungenbund, in den er damals eintrat. Das Abzeichen war eine weiße [12] Rose. Sein Gründer war Gustav Ecke, Sohn eines Bonner

Theologieprofessors, junger Weltkriegsteilnehmer vom ersten bis zum letzten Tage, der dann Philosophie und Kunstgeschichte studierte und »magna cum laude« promovierte. In ihm verkörperten sich die besten Impulse der Jugendbewegung in so mitreißender Weise, dass die »Göstasche Idee« noch Jahre nach seiner Auswanderung einen Geheimbegriff von magischer Bedeutung für die Jungen darstellte. Er barg für sie die unklare, aber fest erwartete Hoffnung auf Rettung Deutschlands. Doch war es wohl bezeichnend für diese Bestrebungen, dass Ecke selbst an solcher Hoffnung verzweifelte und sich auf die Pilgerschaft nach einer heilen Kultur begab, die er in Ostasien suchte und fand. Sicherlich war sein Zuspruch später eins der treibenden Momente für Adams Ostasienreise.

Einstweilen aber blieb er dem Bunde treu und freute sich an der Gemeinschaft, dem Wandern, Singen, am Bundestag (1924 in der Rhön), an der Reise nach Schleswig-Holstein im Juli 1924. Wie befreiend es für ihn war, aus dem verstaubten Schulbetrieb in die kräftige Luft dieser Jungengemeinschaft zu kommen, zeigte sein körperliches Befinden. Wegen ständiger Anginen, Kopf-, Zahn-, Magenschmerzen und Furunkulosen sowie einer schweren Scharlacherkrankung hatten die Eltern große Bedenken hinsichtlich der Reise. Sie bekam ihm glänzend, aber mit der Schule stellten sich auch diese Unpässlichkeiten wieder ein. Der Nibelungenbund wurde 1927 erstmals, 1928 endgültig aufgelöst. Adam war schon 1925 aus der Kasseler Ortsgruppe ausgeschieden. Sein Freund Boehncke meinte später, er glaube, dass Adam die Irrealität des Ganzen schon damals zu stark gespürt habe. [13]

Hannoversch-Münden 1922–1927

Inzwischen war er zu Ostern 1922 im Alumnat des Klosters Loccum in Hannoversch-Münden aufgenommen worden. Fünf Jahre lang musste er dort aushalten. Er hat sich später manches Mal gefragt, warum seine Eltern ihn nicht auf ein gutes Landschulheim schickten, etwa in der Art Rosslebens, wo manche seiner Freunde waren. Es waren wohl finanzielle Gesichtspunkte ausschlaggebend, und überdies ist das Leben an einer solchen Schule durch den Wechsel der Lehrer und die verschiedenen Schülergenerationen starken Veränderungen unterworfen. So war es wohl nicht vorauszusehen, dass die Jahre, die Adam dort verbrachte, für ihn ein besonders unfreundliches Gesicht hatten. Es ist die einzige Zeit seines Lebens gewesen, wo er dem ständigen Druck einer mittelmäßigen Umgebung ohne Ausweichmöglichkeiten ausgesetzt war – und das während der Entwicklungsjahre, wo alles noch schwerer wiegt. Ein paar Schlaglichter aus Briefen, die allerdings nur die Oberfläche beleuchten:

Nach zwanzig Jahren schreibt er seiner Mutter, nachdem er eine Predigt von Pfarrer Herntrich in der Annenkirche hörte:

Adam von Trott mit seinem Bruder Werner

> Das ein klein wenig bürgerlich Gesättigte, Selbstsichere der Kirchenatmosphäre Mündens und des Alumnats stieg mit unwiderstehlicher Gewalt vor mir auf und richtete das Bollwerk von Ärgernis um mich auf, dem es mir noch heute außerordentlich schwer fällt zu entgehen …

Schon die Sprache verdeutlicht hier die Isolierung, in der er sich befand. Diese Isolierung war nicht zu beheben, allenfalls zu flicken. 1923 liest man den Satz:

> Ich bin mit keinem der Klosterbrüder mehr verkracht …

… und als Begründung für eine Pfingstreise zu einem Mitschüler:

> Und einen muss ich doch auch schließlich haben … [14]

1924:

> … Ich hatte neulich mit unserm Inspektor eine sehr interessante Unterhaltung darüber, ob man die Schule in der Form, wie sie jetzt wirklich ist, ernst nehmen müsse. Er war ehrlich genug, mir beizupflichten, dass das aus verschiedenen Gründen nicht möglich ist …

Mit diesem Inspektor, einem jungen und in einiger Hinsicht begabten Mann, aber »misstrauisch und manchmal kolossal anmaßend«, hatte er gleich zu Anfang einen Zusammenstoß, wobei Adam ganz ruhig blieb und alle Vorwürfe des im Gegensatz zu ihm wutroten Inspektors widerlegte.

... Dann sagte er, er habe nicht nur meine Schulsachen sondern auch meine Privatlektüre zu beaufsichtigen; ich könne froh sein, dass man sich so um mich kümmere, wozu ich denn überhaupt im Alumnat wäre? Darauf erwiderte ich: 1) dass ich immer das lesen würde, was ich für richtig hielte, 2) dass er das alles gar nicht beurteilen könne, weil er gar nicht wisse, wie ich zum Alumnat stände, es sei mein Wunsch, möglichst bald rauszukommen usw., 3) dass ich keineswegs gewillt sei, mich von ihm wie ein dummer Junge behandelt zu wissen ... Ich konnte aber nicht umhin, ihm recht grobe Unhöflichkeit vorzuwerfen, was er mir sehr übel nahm. Seitdem hat er aber, glaube ich, ein bisschen Achtung (oder Angst?) vor mir bekommen und ließ mich in Ruhe ...

Die beiden Brüder etwa zwanzig Jahre später

Diese Haltung Vorgesetzten gegenüber entsprach dem Eindruck, den auch die Mitalumnen von ihm haben mussten; einer schrieb mir später:

> Nie habe ich ihn aus der Schule über irgend etwas verärgert oder aufgebracht in Erinnerung, immer verhielt er sich überlegen, spielerisch ... [*Buchinger*].

Dafür schreibt er dann an seine Mutter:

> ... In anderer Beziehung muss ich so verflucht allein fertig werden! Ich lese augenblicklich sehr viele Bücher. Teils helfen sie mir, teils verwirren sie mich; denn ich bin zu leicht gewogen, dieselbe Ansicht zu haben wie der Schriftsteller. Und zwei Menschen können und dürfen doch nicht die gleichen Anschauungen haben ...

Sogar der Deutschlehrer, der ein gewisser Halt [15] gewesen war, enttäuscht ihn gegen Ende der Zeit. Obwohl er ihm in einem Klassenaufsatz, in dem es nicht auf Vorarbeit ankam, eine Eins gab, was Adam zur Entkräftung des Vorwurfs »jugendlicher Unreife« benutzt, wird er bei einem sorgfältig und mit seines Bruders Werner Hilfe vorbereiteten Vortrag vom Katheder geschickt mit der Begründung:

> ... Es könne mich niemand verstehen und ich schiene es auch selber nicht verstanden zu haben ... [*30. Januar 1927*].

Er erklärt es sich so (5. März 1927):

> Sie bleiben so, wie sie sind, und ich verändere mich.

Sicherlich hat ihm gefehlt, dass er wegen seines dem Wachstum nicht Schritt haltenden Herzens sich jedem Sport fernhalten musste. Es wäre ein kleiner Ausgleich gewesen. Gefreut hat ihn allerdings das Waldhornblasen im Schulorchester. Später erkämpfte er sich ein Arbeitszimmer, das er nur mit einem Kameraden zu teilen brauchte. In dem Lebenslauf, der der Meldung zum Abitur 1927 beigelegt werden musste, sagt er denn auch, dass ihn der Lernstoff von dem Zeitpunkt an mehr zu fesseln begann:

> ... Besonders hat mir immer der deutsche Unterricht viel gegeben. Einen Hang, über der äußeren Wohlgestaltung der Worte den Inhalt zu vergessen, hatte ich bald zu bekämpfen gelernt, und ich begann mit ernsteren Versuchen, eine Dichtung zu ergründen. Goethes »Iphigenie« war mein erstes Erlebnis dieser Art. ... Etwas ganz Neues ging mir in der Welt Hebbels und seiner Tragödien auf, und diese neue Welt beherrschte mich so sehr, dass ich durch Lesen seiner Tagebücher, seiner Werke, die wir in der Schule nicht gelesen hatten und Bücher über ihn immer tiefer in ihn einzudringen versuchte. Diese Aufgabe beschäftigte mich noch immer und ist eine der schönsten meiner Schulzeit ... [16]

Aus einem ganz anderen Bereich fällt das Licht, das aus der nachfolgenden Briefstelle widerscheint. Sie stammt aus den Tagen der vernichtenden Luftangriffe vom November oder Dezember 1943 auf Berlin. Er schrieb:

> ... Gestern, als ich in der Kurfürstenstraße Gegenstände rettete, fand ich in einem dunklen Zimmer, dessen Wände ich ableuchtete, ein wunderhübsches altertümliches Bild von Hannoversch-Münden – nach Merians Manier, nur größer und naiver –; es brachte mir in diesem merkwürdigen Moment die Erinnerung an die schönen, halb verhangenen, halb bedrohlichen, halb einfältigen Jugendjahre in dieser in unendliche Wälder und Flusstäler eingebetteten Stadt, die ich Dir später einmal zeigen will. Auch dort habe ich das Leben in seiner Art geliebt und bin zeitweilig sehr glücklich gewesen ... [17]

Studium (1927–1930)

Im Frühjahr 1927 bestand Adam die Reifeprüfung mit dem Prädikat »gut«. Dann ging er für das erste juristische Semester nach München.

Wenn er sich zu dem trockenen, umfangreichen Jurastudium entschloss, so war das zunächst wohl ein Ausdruck seiner engen Verbundenheit mit dem Elternhaus. Wie der Vater wünschte er, in die innere Verwaltung zu gehen und eine politische Laufbahn möglichst – wie dieser – als Landrat zu beginnen. Dazu kam, dass das, was wir »Sohnespflicht« nennen – was er später als »filial piety« in China verstehen lernte –, ihm immer gegenwärtig war. Der um sieben Jahre ältere Bruder hatte seine Überzeugungen in die Tat umgesetzt und einen revolutionären Weg eingeschlagen, als er vor dem Abitur die Schule verließ und zunächst Arbeiter in einer Maschinenfabrik wurde. Den alternden Vater erneut zu enttäuschen, wäre danach ein doppelt schwerer Entschluss gewesen. Und so ist auch der Eintritt in das Corps des Vaters, die »Göttinger Sachsen«, aus seinem Wunsch heraus zu verstehen, dem Vater so weit wie möglich entgegenzukommen. Dieser schreibt im Juni 1930 einmal ausdrücklich darüber:

> ... Ich hatte bei unseren Gesprächen die Empfindung, dass ich mit meinen Ansichten bei Dir Verständnis fände und Du meinen Grundanschauungen nahe ständest. Das jetzt von Dir bestätigt zu hören, ist mir eine große Freude und lässt mich zuversichtlicher auf die Erfüllung meines Wunsches hoffen, Dir mein geistiges Erbe zu hinterlassen, das Dir selbst als wertvoll erscheint und im Leben von Nutzen sein kann ...

und ein anderes Mal (4. Oktober 1930):

> ... Du hast, wie Du mir schreibst, diese Pflicht aus Liebe zu mir übernommen, das fühle ich wohl und höre ich gern ... [18]

Als diese letzten Sätze geschrieben wurden, waren die Briefe des Vaters freilich manches Mal durchwirkt von dem Kummer, dass auch Adam begonnen hatte, neue Wege zu suchen, und es ihm immer dringlicher wurde, nach neuen Formen zu suchen für die immer wesentlicher verstandenen Werte der Tradition.

München

Die Münchener Zeit verlief recht ereignislos. Er wohnte bei einer ihm sympathischen Familie Jank in der Georgenstraße, machte Radtouren in die Umgebung, nahm Fechtunterricht, vermisste aber, einen rechten Freund zu finden. Ein ehemaliger Koalumne ist häufig mit ihm zusammen. Dass ein

Adam von Trott als junger Student

anderer früherer Mitschüler, ein Jude, von seinen Wirtsleuten »furchtbar betrogen wurde«, empört ihn sehr. Aber von Adolf Hitler, den er einmal reden hört, schreibt der Siebzehnjährige noch in der heimischen Ausdrucksweise: »Er ist schon ein ganzer Kerl«, bemerkt aber gleich anschließend: »aber die Leute, die ihm zuhören, ungebildet und unfähig bis dorthinaus.« Er liest, während er längere Zeit offenbar recht heftig krank liegt, »ganze Stapel von Büchern«, erwähnt Gogols »Die toten Seelen«. Wie später aus einem Brief an Professor Ecke hervorgeht, hat er bis zu seiner Studienzeit in England vornehmlich die Russen und Hölderlin gelesen. Dann macht er seine erste große Reise – es ist nicht ganz auszumachen, auf wessen Einladung – über Wien nach Budapest. Der Grundton seiner Briefe an die Eltern wird nach dieser Reise frischer, lustiger. Er unternimmt noch eine Faltboottour mit dem Holländer aus seiner Pension, nimmt Reit- statt Fechtstunden, schreibt ein komisches deutsches Englisch übungshalber nach Hause, u.a.

> ... I saw the so-called Great-Life, but I don't think very high about it. Of course it was very interesting to be a week one of those rich people ... [19][1]

Er spricht viel Englisch, weil zwei Amerikanerinnen in seiner Pension wohnen, durch die er, wie er meint, »very good connections to America« bekommt. »The father of one is a very famous ›Pork-Swift‹ …« (!). Aber dann freut er sich über alles auf die »Blattzeit« zu Hause und ist nicht traurig, dass das Ende des Münchener Sommersemesters schnell da ist.

Göttingen 1927–1929

Im Herbst 1927 immatrikuliert er sich in Göttingen und wird »Göttinger Sachse«. Mühsam, aber erfolgreich gewöhnt er sich ein und schreibt nach einiger Zeit:

> … Ich stehe mich mit fast allen meinen Corpsbrüdern recht gut … Am Sonnabend war »Landwehr«, also erster ordentlicher Bestimmtag, wo das Blut in Strömen floss. Ich bin aber, trotz der Regel bei Crassfüchsen, nicht ohnmächtig geworden, obwohl ich alle unsere Sachsenpartien geschleppt habe. Ich betrachte das Fechten als die Grundlage und das Hauptpositivum des Corpsstudenten, weil es sich da wirklich zeigt, ob man sich zusammenreißen kann. – An das Trinken, das schlimmer aussieht wie es ist, habe ich mich schon ziemlich gewöhnt. – Das Fechten geht auch – wenn auch langsam – voran; es strengt eben im Anfang ziemlich an. Ich bin sehr froh, hier Selles zu haben, da ich dort jederzeit ein Asyl finde, wenn ich Ruhe haben will und lesen oder so etwas … Außerdem war ich gestern mit dem Motorrad und dem Mecklenburger Bodenhausen auf dem Arnstein …

Auf dem Arnstein ist Adam auch von der Schule aus sehr häufig gewesen.

Zunächst gefiel ihm das Leben im Corps zunehmend besser. Am 27. Januar 1928 schreibt er von einem Kostümfest, dessen Regisseur er ist, und meint: »Meine Zeit hier war bis jetzt geradezu unnatürlich glücklich«, allerdings in Anmerkung: »Dies ist doch nicht ganz der Fall.« Es wird auch von seinen Corpsbrüdern erzählt, dass er sich seiner Natur nach dort nie völlig heimisch fühlen konnte. Er macht die Reisen seines Corps nach Halle und Bonn mit und besucht dabei seinen Bruder Werner, der inzwischen in Köln studiert. In jener Zeit, auf einem der Feste, trifft er auch ein Mädchen, [20] das ihm, offenbar als erste, nachhaltigen Eindruck macht, A.v.B.-K. In einem ihrer Briefe (vom 30. September 1930) kommt sehr deutlich zum Ausdruck, was später in vielen Variationen immer wieder von ihm ausgesagt wurde: Sie spricht in dem Brief von den vielen Menschen, die ihre Zeit nehmen, dann von denen, die so viel geben, wie sie nehmen, und dann …

> … kommst Du, Adam, und bei uns kann man nicht von dem Stärkeren oder Schwächeren sprechen und auch nicht eigentlich von Geben und Nehmen.

Mit seinem Vater

Du bist eben da und Du bist ein Mensch. Ich kann das nicht besser definieren. Wenn ich an Dich denke, empfinde ich weder Kummer noch Not oder Aufregung sondern nur immer Freude. Die Freude hat gar nicht so sehr etwas mit Deinem persönlichen Leben und Tun sondern lediglich in der Tatsache, dass Du ein lebendiger Mensch bist, ihren Ursprung. Du bist eben da, Adam, und unsere Freundschaft ist da ...

Zu solchen Äußerungen kann man wohl nur dann ein Verhältnis gewinnen, wenn man auch die Spannung kennt, aus der diese Wirkung entstand. Adams Schwester Vera beschreibt, wie schwierig er seit der Kasseler Zeit sein konnte: spöttisch, abwertend, misstrauisch, bitter, deprimiert. Auch seine vereinzelten Tagebuchnotizen geben Kunde von einer quälenden Unzufriedenheit mit sich selbst. Adam selbst zog ein Passphoto aus dem Referendarlager, auf dem er eher grimmig aussieht, allen andern vor und gab dazu die paradox klingende Erklärung: »Damals war ich noch nett.« Und als depressive Verstimmungen nach seiner Heirat merklich nachließen und verschwanden, war er darüber mindestens so beunruhigt wie erleichtert. In seiner Jugend hat die Familie in solchen Zeiten wie selbstverständlich auf ihn Rücksicht genommen, und besonders der Vater hat ihm liebevolle Hilfestellung geleistet. [21]

Ferien in Genf

Wenn es ihm also auch zunächst gelang, sich mit seiner Umgebung weitgehend zu identifizieren, so drängt er doch gegen Semesterende schon wieder hinaus. Er hofft, seine Mutter werde die Fäden nach Genf für ihn fester ziehen, damit er solche Ferien, wo – wie Ostern – Jagen nicht möglich ist, zu neuen Erlebnissen nutzen kann. Das gelingt aber erst für die großen Semesterferien im Sommer, wo er eine Einladung von Mr. Strong, dem Generalsekretär des YMCA[2], nach Genf an den Chemin Lacombe erhält. Er ist dort den ganzen September, verbringt auf dem Rückweg noch einen Tag in Zürich mit seiner Cousine Barbara Schieffelin und einen weiteren in Stuttgart, wohin ihn vornehmlich eine Gemäldeausstellung lockt. Ende September ist er mit Tracy Strong auf einem Führertreffen des Schweizer YMCA in Luzern, im Übrigen lernt er zum ersten Mal eine amerikanische Atmosphäre kennen und die Freunde seiner Mutter von christlichen Konferenzen: Visser 't Hooft, Bob Abernathey, auch Joachim Müller und den Führer der amerikanischen pazifistischen Organisationen, Libby. Er ist erstaunt, all diese Vertreter christlicher Vereinigungen immerfort von Politik reden zu hören. Zum Abschied geriet er mit Visser 't Hooft in ein zweistündiges Gespräch, von dem er schrieb:

> Er gefällt mir gut und kommt mir dabei etwas vor wie ein Sonntagskind …

Bei einem Besuch am zweiten Weihnachtstag 1945 erzählte Visser 't Hooft, dass er sich an dieses Gespräch mit dem Siebzehnjährigen erinnere, der damals in einer »religiösen Krise« gewesen sei. Die Bibel sage ihm nichts, die Lektüre von Dostojewskis Romanen bedeute augenblicklich für ihn die indirekte Verbindung mit dem Christentum, habe er gesagt.

Wenn all dies auch außerordentlich interessant war, so nahm Adam doch den tiefsten Eindruck von [22] einem Abend mit, an dem ein Mr. Andrews, Freund Gandhis und Tagores, über Indien sprach. Die Welt, in der dieser Mann lebte und von der er berichtete, indem er Geist und Leben der großen Führer Indiens heraufbeschwor, sprach ihn viel stärker an als die amerikanische, so wie er sie damals in Genf erlebte.

Göttingen und Liverpool 1928/29

Adam erkrankte an einer Nierenentzündung, lag Anfang November erst in der Medizinischen Klinik, dann zur Mandeloperation in der HNO-Klinik und dann wieder in der Medizinischen Klinik in Göttingen. Es ist in seinen Briefen an den Vater von der Vertretung für den ersten Chargierten die Rede. Für diesen Posten war er damals ausersehen. Er hatte im Sommersemester häufiger Mensur gefochten. Adam berichtete von einer solchen Mensurkritik einmal dem Vater, dass es geheißen habe: »Trotz eines unschönen Ganges war Trotts Partie sehr gut und schneidig.« Aber schon leitet er auch wieder eine neue Reise mit viel Begeisterung und unter Überredung seiner Eltern ein und wird nach einigen Schwierigkeiten inaktiviert.

So fuhr er nach Weihnachten auf Einladung von Mr. Tatlow über Vermittlung von Conrad Hoffmann jr. (Genf) zur Konferenz des »Student Christian Movement of Great Britain and Ireland« vom 2. bis 8. Januar in Liverpool. Seit dreißig Jahren veranstaltete diese Vereinigung für jede Studentengeneration, also alle vier Jahre einmal, ein weltweites Treffen von Studenten und Professoren der Britischen Inseln, dazu aller Länder Europas und von Delegierten solcher Vereinigungen, die an internationalen Problemen von den verschiedensten Gesichtspunkten her interessiert waren. Das Thema war 1929 »Conference of Students on the Purpose of God in the Life of the World.« Die Konferenz war bis ins Detail vorbereitet, und vor allem war für die Begegnungsmöglichkeiten außerhalb der offiziellen Veranstaltungen gesorgt. [23]

Kurzsemester Oxford 1929

Adam verschaffte sich durch die freundlichen Sekretärinnen Miss Wrong und Miss Read die Möglichkeit, anschließend bei billigem Wohnen und Essen noch für ein Kurzsemester nach Oxford zu gehen. Dr. Selbie, einer der bekanntesten Theologen Englands und Führer der freikirchlichen Bewegung, lud ihn ein, im Fremdenzimmer des Mansfield College zu wohnen. Der alte, schon gebückt gehende kleine Herr hatte in Oxford den Spitznamen »the inspired mouse«, und die Unterhaltungen mit ihm, schreibt Adam am Ende seines Aufenthalts, seien wohl das Wertvollste in diesen Monaten gewesen. Dr. Selbie ermöglichte ihm auch die Teilnahme an staatspolitischen Vorlesungen, und nach dortiger Sitte machte Adam dem Professor nach einiger Zeit einen Besuch, um ihm persönliche Fragen vorzulegen. Von da an durfte er alle vierzehn Tage zu einer einstündigen Audienz zu ihm kommen und lernte dabei natürlich viel über England und das Wesen einer Demokratie. Sonst hörte und arbeitete er, seinem College und dem Geist der Einladung entsprechend, viel Theologisches: Dodd: Fundamental Ideas of the New Testament, Michlen: Psychology of Religion, Dr. Selbie: Comparative Religion etc.

Daneben erweitert sich sein Bekanntenkreis so schnell, wie die Kreise wachsen, wenn ein Stein ins Wasser fällt. Auch während der insgesamt vierzehn Tage auf der Hin- und Rückreise in London ist er ständig auf Besuchen oder folgt Einladungen. Eine Tante, Beatrix de Candolle, kümmert sich ebenfalls um ihn. Die Menge seiner Besuche und Besichtigungen ist schon aus der Höhe des täglich verbrauchten Fahrgeldes von mindestens vier Schillingen zu ersehen. Dabei lockt er dem Vater noch die Mithilfe zum Ankauf eines (zurückgegebenen) Fracks und zur Anfertigung eines neuen Anzugs mit viel Mühe aus der Tasche und lässt sich für die Rückreise für eine Woche vom WSM[3] in Holland einladen, wo er zuerst auf Wasserschloss Hardenbroek wohnt, anschließend Utrecht, [24] den Haag und Amsterdam sieht. Vorher verbringt er noch ein Wochenende bei Dr. Oldham:

> who is not only a very famous and important man in the missionary international council but one of the kindheartiest and friendliest men I met here.[4]

Offenbar gegen Ende dieser Zeit begegnet er einem noch sehr jungen englischen Gelehrten und Politiker, der alles das in sich zu vereinen scheint, was Adam Bewunderung einflößen muss: eine aus eigener Kraft aus schwierigsten Anfängen als kornischer Bergmannssohn heraus erworbene Position, aktive politische Betätigung als Sozialist, künstlerische Auffassung und Fähigkeiten, und das bewegt von einem weiten, reichen Geist. Die Sympathie, die A.L. Rowse ihm entgegenbrachte, bedeutete Adam mehr als alle bisherigen; wie er schreibt, fühlte er sich zum ersten Mal ernst genommen. Freilich erwies sich der Boden, aus dem diese Beziehung wuchs, als nicht tragfähig genug; denn zu Adams Schmerz riss die Korrespondenz nach einem Jahr von England aus plötzlich ab. Später führten die Studienjahre in Oxford allerdings erneut zu freundschaftlichem Umgang. Adams politisches Engagement scheint seit dieser Konferenz und dieser Freundschaft zu datieren.

Von der Fülle der neuen Erfahrungen und Freundschaften aus gesehen scheint es kaum verständlich, dass Adams Briefe an die Eltern und auch das schriftliche Resümee dieser Reise den Eindruck eines Menschen vermitteln, der sich mühsam, mit schweren Erdklumpen an den Füßen, den Weg durch ein frisch gepflügtes Ackerfeld bahnt. Der Aufenthalt hatte aber eines der Hauptthemen seines Lebens zum ersten Mal nachhaltig angeschlagen: die tiefe Verschiedenheit englischen und deutschen Wesens, ihrer Lebens- und politischen Haltung. Er erkannte sofort die Bedeutung und Berechtigung dieser ihm bisher fremden Welt, und in einer sprachlich und gedanklich noch recht jugendlichen und überkomplizierten Arbeit versucht er, sich darüber Rechenschaft zu geben und gleichzeitig [25] seinen Gastgebern eine Gegengabe anzubieten. Er ist sich dieser Unzulänglichkeit selbst sehr bewusst und zögert mit der Absendung, Dr. Selbie z.B. schickt er den Aufsatz nur indirekt. Das Thema klingt anspruchsloser, als der Inhalt sich gibt: »Impressions of a German Student in England«.

In diesem vierzehn Schreibmaschinenseiten füllenden Aufsatz stellt der nunmehr Neunzehnjährige die Ausgangslage des deutschen Studenten der des englischen Studenten gegenüber. Das Studium des Deutschen erfolgt in völliger Unsicherheit, er ist zu vollständiger Neuorientierung unter schwierigsten Verhältnissen gezwungen, das Studium des Engländers erfolgt auf dem sicheren

Fundament einer heilen Nationalgeschichte. So können die Engländer ihre Energien uneingeschränkt auf die Verwirklichung dessen richten, was sie als notwendig erkannt haben. Die Antwort auf Probleme ist das Handeln. Aus solcher gesunden Einstellung erwachsen seiner Ansicht nach »security of judgement, harmonious and joyful attitude to life« und aus diesen beiden wiederum »healthy simplicity and optimism«. Auch religiöse Erfahrung wird auf diese Weise möglich. Gerade auf diesen letzten Punkt geht Adam besonders ein; denn ihm scheint diese Offenheit dem Wunderbaren gegenüber und die Hilfestellung, die die jüngere Generation dabei von der älteren erfährt, wahrhaft beneidenswert. Die Kehrseite englischen Studiums, die Gefahr des Ausruhens auf den Errungenschaften früherer Generationen und den Snobismus, erkennt er neben allem Positiven sehr wohl.

Viel Mühe verwendet er auf einen bildlichen Vergleich. Er vergleicht das Feld der studentischen Bemühungen mit einer in Nebel gehüllten Ebene, aus welcher randwärts einige Hügel aufsteigen. Die deutschen Studenten sind die, die in diesem Nebelmeer nur schwer den richtigen Weg finden. Doch wenn die englischen Studenten, die denen verglichen werden, die am Rande die [26] Hügel erklimmen und damit aus dem Dunstkreis herauskommen, meinen sollten, sie seien damit dem Himmel näher gekommen, so ist das eine Täuschung; denn nach absoluten Maßstäben wiegt – meint Adam – dieser winzige relative Unterschied nicht.

Der Aufsatz schließt mit dem Wunsch nach zunehmendem Verständnis der Studenten füreinander im Interesse der gemeinsamen Aufgabe und dem Dank an das »Student Christian Movement« und Dr. Selbie.

Berlin 1929

Im anschließenden Sommersemester 1929 ist Adam in Berlin, offenbar konnte er nach allem Erlebten das Kleinstadtleben nicht mehr ertragen. Doch gewöhnt er sich an die Äußerlichkeiten des Großstadtlebens auch nur langsam. Seine Bekanntschaften verdankt er zunächst wohl noch englischen Freunden, so besonders die des dritten Sekretärs an der englischen Botschaft, Hugh Montgomery, einer russischen Bildhauerin, Dora Gordiné u.a. Er lernt, wahrscheinlich durch Montgomery, die Attachés Albrecht von Kessel und Josias von Rantzau kennen, deren Freundschaft ihm dann sein Leben lang wichtig blieb, und ein Corpsbruder Kleist wird in den Briefen häufig erwähnt, auch Hasso von Seebach lernte er in jener Zeit in einer von diesem begründeten politischen Vereinigung kennen. Kessel schrieb rückblickend, dass er damals ebenso außergewöhnlich wie sensibel und reizbar gewirkt habe, und keiner hätte den Umgang mit ihm leicht gefunden. Dennoch hätte sich die Freundschaft immer bewährt.

Ganz besonders beschäftigt ihn aber sein Verhältnis zu den jungen Sozialisten, bei denen er durch Hans Gaidies, einen Freund aus der Liverpoolzeit, eingeführt wird. Gaidies selbst ist Arbeitersohn und studiert unter schwierigsten wirtschaftlichen Verhältnissen. Er führt Adam in seinen »Sozialistischen Arbeitskreis« ein, an dessen grundsätzlichen Erwägungen und Diskussionen Adam offenbar ständig teilnahm. An die Eltern schreibt er: [27]

> ... Gestern war ich bei einem demokratischen Assessor des Handelsministeriums zu einem »Ausspracheabend« über das Thema »Arbeiter und Student«, der äußerst interessant war und bei dem ich zu meinem Erstaunen mich ganz natürlich auf die Seite der ersteren gedrängt sah und so – besonders in der Eigenschaft eines ehemaligen Corpsstudenten – einiges Erstaunen erregte. Wie dem auch sei, glaube ich, endlich hierin auf dem richtigen Wege zu sein und weiß es meinen Arbeiterfreunden zu danken, dass sie mir dazu geholfen haben ...

Auf den Tagungen, die er mit Gaidies besuchte, lernte er auch Helmut Conrad und Curt Bley kennen, deren Freundschaft im Politischen und Menschlichen ein wesentlicher Bestandteil seines Lebens wurde, während Gaidies offenbar später emigrierte und ich nicht erinnere, seinen Namen von Adam gehört zu haben. Namen wie: Gross, Hessner, Bartschmidt, Marquardt, Noerpel fand ich auf Konferenznotizen und bin sicher, dass sie zu dem genannten Arbeitskreis gehörten; auch Carlo Mierendorff und Theodor Haubach haben dort mitgewirkt (Mitteilung von Herrn Gross, der damals Vorsitzender des Sozialistischen Studentenbundes an der Berliner Universität war). Mit Hans Gaidies war Adam auf einer Tagung in Wernfels im Sommer 1929, die wahrscheinlich von Pfarrer Siegmund-Schultze organisiert war, und schrieb den Eltern:

> ... Die Tagung als solche war anspruchslos und dadurch für meine Begriffe enorm fruchtbar. Es war gut, dass wir dabei waren, konnten mein Arbeiterfreund und ich hinterher sagen, und wir taten das um so lieber, als die Gegenpartei der gleichen Ansicht war ...

Aus Gaidies' Briefen geht hervor, dass dessen Arbeit sich vor allem mit Parteiproblematik, Kontakt mit christlichen Studenten, Kampf gegen den Nationalsozialismus und Errichtung von Lagern für Arbeiter und Studenten durch Mithilfe von Institutionen des Auslands, vertreten durch Winthrop Young, befasste. Auch ergeben seine Briefe, dass Adam – seinem Grundbedürfnis folgend – versuchte, ihn und seine Freunde mit seinen anderen erprobten Freunden zusammenzubringen, so gewissen Corpsbrüdern und mit seinem [28] Bruder Werner. In Hinsicht auf Werner hoffte er, Gaidies könne ein Bindeglied zwischen ihnen werden; denn gerade das Leben, das beide in Berlin führten, »deren Grundsätze einander so widersprechen«, war von schmerzlichen Auseinandersetzungen begleitet.

Während dieser beiden Berliner Semester beteiligt Adam sich nebenher intensiv am gesellschaftlichen Leben. Kessel schildert, dass er »schön wie ein junger Gott« auf den Festen erschienen sei, und Gaidies fragt in Briefen nach Göttingen, ob er »auch in Göttingen so stark gesellschaftlich engagiert« sei wie in Berlin. »Und die Mädchen?« fragt er. Adam schreibt der Mutter im Februar 1930:

> … Yet I cannot complain, I am altogether happier than at any other time at this place and not regarding the depressing stand of my professional activities I am full of good hopes. That naturally comes from meeting with nice people and that I did mainly through and in Mrs. v. Wangenheim's house …[5]

Da aber die Arbeit unter diesen Umständen nicht gedeihen konnte, entschloss er sich, für das Examen nach Göttingen zurückzugehen.

Göttingen 1930

Eine Schwierigkeit bei der Rückkehr nach Göttingen schien die Gestaltung seiner Beziehung zum Corps. Sein Vater rät ihm, wie diese Beziehung distanziert gehalten werden kann, ohne zu unerfreulichen Spannungen zu führen, und Adam berichtet, dass ihm der Corpsbetrieb mehr als fremd geworden, der Umgang mit den Corpsbrüdern aber denkbar einfach sei.

Eine andere Schwierigkeit lag in der Bewältigung des enormen Stoffgebietes für das Examen. Zu diesem Zweck setzt er sich zum ersten Mal mit seinem Vetter Ada von Unruh in Verbindung in der Hoffnung, mit ihm gemeinsam arbeiten zu können. Das gelingt zwar nicht, aber Unruh gibt ihm den guten Rat, den Adam auch befolgt, in Hinsicht auf eine spätere Doktorarbeit Kraus-Schüler zu werden. In Alexander Werth, der ebenfalls später bei Herbert Kraus doktoriert, findet er einen guten Arbeitskameraden und späteren Mitarbeiter und Freund. [29]

Konnte aber die Juristerei seine gesammelte Aufmerksamkeit allein beanspruchen? In einer Tagebuchnotiz im Frühjahr 1930 heißt es:

> … Aber ich will es aufgeben, in einem Gebiet, in dem niemand sich um sie bemüht, einer Einheit nachzujagen, die ich nicht finden werde – sondern meine Aufmerksamkeit hier dem Einzelnen zuwenden, und wenn dies so zunächst in der Luft schweben bleiben muss, ohne an dem Puls meiner Gedanken stärkend und gestärkt teilzunehmen, so will ich gleichzeitig Sorge tragen, mir selbst zur Lösung dieser widrigen Aufgabe und Erhaltung meiner Wünsche die Kräfte daher zu holen, wo immer ich sie finde, ohne um die Richtung dieses anderen beschränkten Studienzwecks bekümmert zu sein …

So tritt denn gerade während dieses »Endspurts« eine vierzigjährige Amerikanerin in sein Leben, deren Freundschaft ihn viele Jahre hindurch innerlich stark beschäftigte und bereicherte. Miriam Dyer-Bennet war geschieden und lebte mit ihren fünf Kindern in Göttingen, um sich auf ein amerikanisches Examen in deutscher Philosophie vorzubereiten. Ihre Klarheit und Charakterstärke, ihre leidenschaftliche Anteilnahme an geistigen und politischen Problemen, ihre große Lebenstüchtigkeit – alles das musste Adam tief beeindrucken. Schon im August brachte er sie zu einem vierzehntägigen Aufenthalt nach Imshausen. Auch ihre Kinder waren später dort zu Gast.

Durch Miriam lernte Adam auch einen jungen Wiener Literatur- und Philosophiestudenten, Franz Golffing, kennen, den er später Diana Hopkinson als »the most remarkable intellect I know and the most tolerant and human«[6] schilderte. Durch Golffing wiederum knüpft er Beziehungen an u.a. zu dem Heidegger-Schüler Brock; auch Clemens Lugowski und Klaus Ziegler traf er wohl in dieser Zeit zuerst. Auch hier versucht er wieder Querverbindungen. Er interessiert Golffing für die Arbeiten seines Bruders Werner, und dieser berichtet später, wie er in Wien versucht, für ihn Verleger zu finden.

Auch die politische Auseinandersetzung geht in der Examenszeit weiter. Ein langer bekümmerter Brief des [30] Vaters vom 4. Oktober ist erhalten, als Adam seine Stimme der SPD gegeben hatte. Es stehen darin Sätze wie:

> Gewiss konnte ich aus früheren Gesprächen zwischen uns Deine Neigung zur SPD entnehmen, aber auch dabei Meinungen von Dir geäußert hören, die in vollem Gegensatz zu den Grundsätzen und Zielen dieser Partei stehen. ... Ein solcher junger Mann, wenn er sich von väterlicher Autorität, Abstammung, Familie und Tradition allein nach seinem Gewissen nicht bestimmen lassen kann, wird im tiefsten Grunde gewissenhafter handeln, wenn er der Wahl fern bleibt, als wenn er sich an ihr beteiligt. ... Du schreibst, ich habe in meiner Lebenstätigkeit den Staat zu verteidigen gehabt, jetzt aber handle es sich um seinen Aufbau ...

Dazu schreibt er, die Sozialdemokraten hätten in den vergangenen zwölf Jahren wenig Eignung zur Staatsbildung bewiesen, eine Revision des verschwommenen Naziprogramms durch vernünftige Politiker schiene ihm, dem Vater, mehr zu versprechen. Weiter schreibt er, Adam dürfe sich nicht wundern, in den Kreisen, »die wir die unsrigen zu nennen gewohnt sind«, auf Spott und Feindschaft zu stoßen beim Vertreten dieser politischen Überzeugungen. Ihre Verdächtigungen, abgeleitet von der üblichen Mentalität von Überläufern, dürfte ihn nicht kränken. Dass er sich jetzt ganz dem Examen widmen wolle, so schwer es ihm auch fiele, sei gut. Es sei gut, Pflichten auf sich zu nehmen und Schwierigkeiten zu bewältigen und nützlicher, als sich jetzt schon, Stellung beziehend, in politische Probleme zu stürzen.

Dieser Brief voll besorgtester väterlicher Ermahnungen trägt viel von dem Charakter der Korrespondenz des um 53 Jahre älteren Vaters. Jedem Brief zugrunde liegt aber das, womit dieser besondere Brief eingeleitet wurde:

Miriam Dyer-Bennet, die Freundin der späten Göttinger Zeit

> Dein Brief bestärkt mich in der tröstlichen Erwartung, dass das, was uns zur größten Freude meines Alters auf das innigste verbindet, stärker ist als das, was zur Zeit zwischen uns steht …

Und Adam schreibt dem Vater, der krank liegt, aus der Examensvorbereitung heraus: [31]

> … Ich habe gerade in letzter Zeit so oft an Dich und unsere letzten Gespräche und Briefe gedacht. Indem ich jetzt in einem festen Zweckzusammenhang des Handelns stehe, vertraue und spüre ich sehr den inneren Anschluss und die Hilfskräfte, die mir von Deinem Einverständnisse und Willen herkommen. Hegel nennt es den Geist des Penaten, die den Einzelnen Kraft und Eignung geben, tätig am Staatsleben teilzunehmen … Hierin sind sich Deine Söhne einig, wenn auch ihr Weg verschieden ist und der Dienst an dem Staat, wie er sein soll, wird das einigende und bleibende Prinzip sein …

Wie Adam die Entwicklung seiner politischen Überzeugungen dem Vater gegenüber verantwortet, gibt ein Brief wieder, der wahrscheinlich im Juni 1932 geschrieben wurde, als Exzellenz Schmidt-Ott nach einem Besuch in Oxford neben Lobendem berichtet hatte, Adam gelte dort als »rot«.

Lieber Vater! Auf Deinen Brief und seinen gewichtigen Inhalt habe ich so lange nicht geantwortet, weil ich die Muße und Sammlung noch nicht fand, mit der ich auf ihn eingehen möchte. Was meine politischen Ansichten anbetrifft, so sind sie noch immer so wenig bestimmt und vollständig, dass ich zu irgendwie nennenswerten öffentlichen Äußerungen weder imstande noch gekommen bin. Immerhin weichen sie von der allgemein anerkannten Ordnung unseres gesellschaftlichen Lebens weit genug ab, dass ich mich immer wieder und, um nicht unehrlich zu sein, in offenem Konflikt mit anderen befinde und aus dem gleichen Grunde immer – auch äußerlich – die Partei derjenigen ergriffen habe, mit denen meine Ansicht immer noch am meisten übereinstimmt. Beides tue ich nur in dem Maße, wie es mir falsch schiene, anders zu handeln – nicht um mich selbst oder meine, wie ich weiß, noch weitgehend zufällige Meinung zur Geltung zu bringen.

Rücksicht auf etwa schädliche Folgen meiner in vieler Hinsicht sozialistischen Auffassungen liegen mir nur allzu nahe – weil ich aus meiner eigenen Unsicherheit über diese Fragen auf die in diesem Stadium unverhältnismäßigen Opfer ihrer öffentlichen Äußerung reflektiere. Aber eine kleinliche Rücksicht auf die Wirkung dessen, was ich sage, würde ich für höchst unerfreulich und für mich in einem schlimmeren Sinne schädlich halten als Freimütigkeit, die schlimmstenfalls Torheit ist. Im übrigen bin ich seit mehreren Jahren meinen Freunden als ein Häretiker erschienen, und es würde jedes [32] Bestreben meinerseits, diese Haltung nun plötzlich zu verheimlichen oder unter den Tisch fallen lassen zu wollen, einen schlimmeren Bruch ihres Vertrauens bedeuten als eine Gesinnung, die angesichts der bevorstehenden Umwälzungen in Deutschland unopportun ist.

Ich erinnere mich, dass Du mir vor nicht allzu langer Zeit vorhieltest, man müsse mit der endgültigen Entscheidung seiner Gesinnungsrichtung nicht länger als bis zu einem bestimmten Punkt hinhalten, an dem man sich innerlich festlegen solle. Dieser Punkt ist für mich durch die Beschäftigung mit der politischen Philosophie einerseits aufgeschoben, durch mein Studium in England andererseits immer drängender nähergebracht worden. Diese von verschiedenen Seiten eindrängenden Anforderungen bedeuten zugleich einen intellektuellen und einen moralischen Konflikt, von dem es mir schwerfällt, auch nur eine Seite meines Lebens auszunehmen …

Er fährt fort, dass er in vielen Zweifelsfällen häufig das dem Vater Erfreuliche und herkömmlich Gegebene getan habe, dass man aber

die so unbedingt notwendige Folgerichtigkeit in seinem Denken und Handeln letztlich aus eigener Verantwortung aufrecht erhalten muss, wenn man nicht alle Selbstachtung und damit überhaupt die Möglichkeit, mit Gewicht und

Der Vater

> Sinn zu handeln, aufgeben will. Dir mögen dies ein wenig große Worte für meinen Fall zu sein scheinen ... während für mich von der richtigen Haltung in all diesem jetzt alles abhängt. Und ich kann Dir versichern, dass ich nicht so objektiv darüber schreiben könnte, wenn ich nicht schon einige Schritte aus der schlimmsten Befangenheit herausgetan hätte ...

So war die Zeit von Examensvorbereitung und Beginn reichlich durchwebt mit intensiven Begegnungen und Beziehungen, mit Politik und schließlich wieder mit neuen Plänen: Er bewarb sich um das Rhodes-Scholarship. In jedem Jahr wurden von dem deutschen Auswahlkomitee der Cecil-Rhodes-Stiftung zwei Studenten ausgesucht, die in den Genuss eines zweijährigen Studiums in Oxford kamen. Um in die engere Wahl zu kommen, musste man von sechs Fürsprechern vorgeschlagen werden, [33] drei davon mussten Professoren sein. Mit einiger Mühe fand Adam diese auch ohne die Unterstützung des ernstlich erkrankten Vaters, und es gelang ihm, trotz vieler Bewerber, gewählt zu werden. Und auch das Referendarexamen bestand er am 20. Dezember 1930 vor dem Oberlandesgericht in Celle mit dem Resultat »vollbefriedigend«. Am 15. Januar 1931 schreibt er den Eltern aus Göttingen, es sei ihm

> selten so schwer geworden, mich in die normalen Verhältnisse zurückzufinden, nach diesen beiden Anstrengungen und Glückstornados: Examen und Stipendium ...

Man kann den alternden Vater verstehen, dem es angesichts der immer neuen Ausbrüche seines Sohnes aus den sicheren Gleisen einer juristischen Ausbildung etwas angst wurde. »Du bist ein aufregender Sohn«, hatte er einmal geschrieben. Wäre Adam damals in Deutschland geblieben, wäre er sicher Regierungsreferendar geworden, und sein Leben hätte vielleicht einen in vielem anderen Gang genommen. Aber Adams Lage sah von innen her doch so aus, wie es in einer Tagebucheintragung vom 9. Januar 1930 über seine »juristische Unfähigkeit« heißt:

> ... Mag sein, dass ich überhaupt noch nicht die Hintergründe zur Auffassung dieser Dinge in mir ausgebildet habe. Und wahr ist es, dass meine wirklichen Pläne und Überlegungen in einer so verschiedenen Sphäre liegen, dass es immer ein Sprung über eine Kluft zwischen zweierlei Welten ist ...

Hegelarbeit

Der Verbindung dieser Welten, diesem Brückenschlagen, galt auch seine Doktorarbeit über »Hegels Staatsphilosophie und das internationale Recht«, die mit der »sehr gut« bestandenen mündlichen Doktorprüfung am 18. Juli 1931 ihren vorläufigen Abschluss fand. Sie erwuchs aus einem Seminar seines Doktorvaters Professor Herbert Kraus, in dem er ein sehr gründliches und eigenständiges Referat über Hegels Stellung zum Völkerrecht gehalten hatte.[7] In den Sonderanzeigen der Abhandlungen aus dem Seminar für Völkerrecht und Diplomatie hat er über das Grundsätzliche [34] seines Anliegens selbst ausgesagt:

> Hauptzweck dieser Schrift ist, Hegels Stellung zum Internationalen Recht, in der das Grundsätzliche seiner Rechts-, Staats- und Geschichtsauffassung mit besonderer Kraft und Entschiedenheit hervortritt, aus dem Zusammenhang seines politischen Weltbildes heraus darzustellen. Dabei erweist sich zunächst, dass die herkömmliche Behauptung, von Hegel gehe die Leugnung eines dogmatischen Völkerrechts aus, nicht stichhält. Gewonnen werden konnte diese Erkenntnis allerdings nicht aus einer buchstäblichen Auslegung der Äußerungen Hegels über das Völkerrecht, – denn sie weisen zunächst in die Richtung jenes herkömmlichen Missverständnisses –, sondern nur aus einer möglichst treuen Nachentwicklung des philosophischen Begriffszusammenhanges, aus dem diese Stellen ihren eigentlichen Sinn erhalten.
>
> Im zweiten Teil der Abhandlung (Seite 92ff.), der vom Standpunkt der Hegel-Forschung als der unbedingt wichtigere anzusehen sein dürfte, gilt es, den zunächst einfach nachentwickelten Sinn der Hegelschen Stellungnahme von einer neuen Fragestellung aus zu beleuchten und für gegenwärtige rechtliche und politische Gestaltung lebendig zu machen. Und da auf jeder Stufe des

philosophischen Begriffs bei Hegel die Ganzheit seines Weltbildes dialektisch mitschwingen soll und darum, wie er selbst einmal sagte, von jedem Punkt aus der Kreis des Gesamtsystems erschlossen werden kann, wird im zweiten Teile von der Stelle des eigentlich Praktischen in der Rechtsphilosophie, nämlich der subjektiven Willens- und Gewissensentscheidung ausgegangen und von hier aus das vorher lehrsätzlich entwickelte Ergebnis in seinem sinnfälligen Bezug auf die menschliche Tätigkeit nochmals zusammengefasst. Auch hierbei hatte die Darstellung einem herkömmlichen Missverständnisse, das Hegel vorwirft, seine Philosophie vernachlässige die individuelle Subjektivität, zu begegnen, ohne aber mit der Behauptung, dass eben von hier aus die politische Lehre Hegels recht eigentlich erst zu begreifen sei, in die andere Übertreibung zu verfallen, die in ihrer Vereinzelung ebenso unzutreffend ist. Die Lösung fand sich in Hegel selbst und seinem Begriff der Gewissenstätigkeit, die von einem historisch-politischen Aufgabenbereich untrennbar ist.

Den Hauptteil dieser Arbeit hat Adam als Einundzwanzigjähriger bewältigt. Es nimmt also nicht Wunder, dass seine ganze Kraft [35] und Aufmerksamkeit nach dem Referendarexamen davon mit Beschlag belegt wurde. Bis in die Träume hinein verfolgten ihn die Probleme, oft kamen ihm mitten in der Nacht Lösungen und Einfälle, die ihn zum Schreiben zwangen oder stundenlang wach hielten. Im März hatte er sich derart überarbeitet, dass er auf dringendes Anraten des Arztes für vierzehn Tage zur Erholung nach Oberitalien fahren musste. Aber in diesen Monaten erkämpfte er sich die gedankliche Grundlage, von der aus er die ihn bewegenden Fragen der politischen Philosophie angehen konnte und für die er in der Jurisprudenz keinen Ansatzpunkt gefunden hatte. Es konnte dabei kaum ausbleiben, dass seine intensive Befassung mit Hegels Denkweise ihren Niederschlag in seinem eigenen Stil fand. Seinem Streben nach Treffsicherheit des Ausdrucks, von dem seitenweise mit Synonymen gefüllte kleine Tagebuchblocks Auskunft geben, kam die Schulung an Hegel nur zu sehr entgegen; denn er war immer in Gefahr, durch die Bemühung um gedankliche Präzision die Durchsichtigkeit der Form zu beeinträchtigen. Das besagt auch die kleine Anekdote, die Adams Schwester Monika erzählt, die – selbst Studentin der Geschichte in Göttingen – ihm bei den Niederschriften treue Hilfe leistete. Professor Kraus stellte sie auf einer Geselligkeit scherzweise vor als »den einzigen Menschen, der außer Adam dessen Arbeit verstanden habe«.

Doch wogen diese äußeren Stilfragen wenig gegen die grundsätzlichen Schwierigkeiten, als er 1932 daran ging, den in Deutschland entstandenen ersten Teil in Einklang zu bringen mit dem zweiten Teil, der überwiegend in England entstanden war und inhaltlich durch die neuen Fragestellungen dort beeinflusst wurde. Er sagte später, er habe sich während seiner Semesterferien lange bemüht, beide Teile aneinander zu passen, es sei ihm nicht gelungen, und so habe er sie stehenlassen, wie sie waren. Die Arbeit erschien, dem Vater gewidmet, im Herbst 1932 bei Vandenhoeck und Ruprecht in Göttingen. [36]

Aus allem geht hervor, dass Adam mit ganz bestimmten Fragestellungen seine Hegelforschung begann. Helmut Conrad schrieb am 28. August 1934, er halte Adams Klarstellung des Hegelschen Souveränitätsbegriffs und damit der Grenzen staatlicher Macht für besonders wertvoll, gerade wo von Männern wie Carl Schmitt Hegel für die Theorie des totalen Staates in Anspruch genommen werde. Im Übrigen erwarte er von Adam eine Hegelkritik (mit der Adam sich auch – wie u.a. aus einem Brief an G. Ecke vom 19. Dezember 1935 hervorgeht – seit der Beendigung der Arbeit beschäftigt hat).

Professor von Selle schrieb:

> Deutlich aber trat in diesen Untersuchungen die Überzeugung Hegels zu Tage, die Trott zu seiner eigenen machen sollte, dass die »Existenz der sittlichen Substanz« zu wahren Sinn der äußeren Politik sein muss.[8]

Und an den Schluss gehört noch eine Briefstelle seiner Mutter aus dem November 1931, wo sie ihm über einen seiner Brüder schreibt:

> Das Wesentliche ist mir, dass ich glaube, er sucht den Willen Gottes zu erkennen und zu erfüllen – dasselbe, was ich hinter Deiner Auffassung von Hegel ahne ...[37]

Anmerkungen

1 »... Ich sah das Leben der sogenannten oberen Gesellschaftskreise, aber ich halte nicht viel davon. Gewiss, es war sehr interessant, eine Woche lang zu diesen reichen Leuten zu gehören ...«

2 Christlicher Verein junger Männer.

3 Weltstudentenbund.

4 »... der nicht nur ein sehr berühmter und wichtiger Mann im internationalen Missionsrat sondern einer der gütigsten und freundlichsten Menschen ist, die ich hier getroffen habe.«

5 »Doch kann ich mich nicht beschweren, insgesamt bin ich hier glücklicher denn je, und wenn ich den deprimierenden Stand meiner beruflichen Aktivitäten außer acht lasse, bin ich voller guter Hoffnungen. Das kommt natürlich von den Begegnungen mit netten Menschen und die durfte ich vorwiegend über Frau von Wangenheim oder in ihrem Hause erleben ...«

6 »... den bemerkenswertesten, tolerantesten und dazu menschlichsten Denker, den ich kenne.«

7 Götz von Selle: Adam von Trott zu Solz, Sonderdruck aus »Jahrbuch der Albertus-Universität zu Königsberg/Preußen«, 1954, Bd. 5, S. 164.

8 Ebd., S. 167.

Oxford (1931 – 1933)

Das Studium

Nach einer Referendarstation auf dem Amtsgericht in Nentershausen im Trottenwald trat Adam im Oktober 1931 sein Scholarship in Oxford an. All die Impulse, die ihn bisher auf die verschiedensten Gebiete und in die verschiedensten Bemühungen und Erfahrungen leiteten, scheinen nun zusammenzurücken: Studium und Politik, Tradition und Weltoffenheit, Freude an immer neuen und wichtigen Begegnungen und Freundschaften und – in Grenzen – an geselligem Leben und dazu die Möglichkeit, als Vertreter Deutschlands nützlich zu sein. Alles das schenkt ihm Oxford. Der Bericht über das erste Studienjahr für das deutsche Auswahlkomitee und den Rhodestrust selbst ist daher auch nach Form und Inhalt eine besonders geglückte Aufzeichnung, zumal er hier ohne Rücksicht auf inhaltsfremde Belange schreiben konnte – die nach 1933 doch fast immer deutlich spürbar sein werden.

Die Arbeit befasst sich einleitend mit den äußeren Schwierigkeiten der Lage eines deutschen Rhodesstipendiaten. Während der Krise habe sich Deutschland gegenüber ein pessimistisches Mitleid ausgebreitet, das einen schlechten Gesprächsausgangspunkt bilde. Außerdem sei die Nachrichtenübermittlung, dadurch auch die Information fern vom Zuhause, schlecht. Ausleitend erwähnt Adam die inneren Schwierigkeiten, die zwar für Ausländer in Oxford besonders groß wären, im Grunde aber für alle Studenten beständen. Es sei unbedingt notwendig, dass der Student, der ganz auf sich selbst angewiesen sei, in sich selbst ruhe und entweder sportlich oder geistig hervortrete, um anerkannt zu werden und echte freundschaftliche Bindungen eingehen zu können. In diesen sieht Adam den für sich und andere zentralen Sinn des Aufenthaltes in Oxford. Für den Deutschen sei es also erforderlich, dass er genug Heimatbewusstsein habe, um in der Fremde sich daran aufzurichten, und genügend persönliche Spannkraft, um über den ersten Elan hinaus auszuhalten und sich immer wieder seinen Spielraum zu verschaffen. [38]

Zu dem Studium selbst sagt er, dass es ihn mit einem gewissen Neid erfülle, wie hier nicht auf theoretische Gründlichkeit sondern auf guten Überblick hin gearbeitet und vor allem die eigene Urteilsbildung gefördert und gepflegt werde. Gerade die »Modern Greats« genannte Ausbildung, die Adam in der Abkürzung auf zwei Jahre erhielt wie alle solche, die schon promoviert hatten, und die einen nach dem Krieg eingeführten Zyklus von Philosophie, Wirtschaftswissenschaftsgeschichte und Politik darstellt, habe überall Bezug auf die eigene nationale Geschichte. Diese werde als Werk von Charakteren dargestellt. Charakterbildung aber sei eines jeden eigene Sache.

Adam von Trott vor dem New College in Oxford

In der Philosophie sei, im Gegensatz zu den andern Unterrichtszweigen, ein aktiveres theoretisches Interesse vorherrschend. Die politische Philosophie sei auch der Bereich, in dem er selbst das Schwergewicht seiner Beziehungen suche und in dem die ihr Aufgeschlossenen mit dem lebendigsten Interesse erfüllt seien. M.B. Foster, Tutor im Christ Church College, habe ihm wertvolle Hinweise, auch für seine Doktorarbeit, gegeben.

Abschließend betont er, dass es dem deutschen Stipendiaten, wenn er den unerlässlichen eigenen Standpunkt in Oxford erfolgreich vertreten will, nicht möglich sein wird, allen Anforderungen entgegengesetzter Art gerecht zu werden, die die verschiedenen deutschen Vertrauensleute an ihn stellen. Man möge den Stipendiaten doch etwas mehr Vertrauen schenken und den Gerüchten, den z. B. über ihn verbreiteten, dass er mit russischen und australischen Kommunisten in Verbindung getreten sei, etwas weniger.

Adam ist immer für »typisch deutsch« gehalten worden, und er meinte, dass sein Englisch deshalb nie die letzte Perfektion erreichte, weil das völliges Aufgehen in der dortigen Welt bedeutet hätte. Trotzdem heißt es bereits am Ende des ersten Semesters, dass die Collegeautoritäten seine Arbeit als »on the border line of really first class work«[1] betrachteten (Brief an die Eltern vom

Dezember 31), und im Bericht des Warden of Rhodes House vom Dezember 1932 heißt es:

> His College speaks very highly of him both with regard to his work which shows admirable and promising quality and his general standing as an individual. A scholar who is as charming as he is able and one who ought to do notable credit to the German [39] Rhodes Scholarship.[2]

Die Clubs

Adam selbst schreibt den Eltern schon nach zwei Monaten, er glaube, dass seine etwas abstrakten juristischen und philosophischen Begriffe schon viel Fleisch und Blut gewonnen hätten.

Bereits nach kurzer Zeit gehört Adam fünf verschiedenen Clubs an, die er im Bericht aufzählte. Sie verfolgen meist keine besonderen Ziele, wählen dafür aber ihre Mitglieder um so sorgfältiger aus und nehmen viel Zeit in Anspruch. Adam erwähnt:

1. die »Jowett-Society«; im Januar 1933 berichtet er nach Hause, er sei zum Präsidenten der Jowett-Society gewählt; es sei die älteste und beste philosophische Gesellschaft in Oxford, »die wohl bisher noch von keinem Deutschen geleitet worden sein dürfte ...«;
2. den »Bryce-Club«, der weltbürgerliche Tendenzen vertrat und dessen Präsident Fritz Schumacher war;
3. den »Labour-Club«, in dem wöchentlich von führenden Leuten Vorträge gehalten wurden; ein Hauptgrund für Adams Bewerbung nach Oxford war die geistige Kontaktaufnahme mit Führern der englischen Arbeiterpartei;
4. den »German-Club«, in dem Schumacher und Kölle präsidierten;
5. die »Oxford Union«, in der Adam nur zweimal über neutrale Themen sprach.

Für diese Vereinigungen hielt Adam offensichtlich verschiedene Vorträge, deren Manuskripte zum Teil vorliegen, so solche über verschiedene Aspekte des Marxismus, über »Politics and Aesthetics« (als den einzigen beiden Sphären, in denen sich unsere Erfahrungen verwirklichen können und die sich ergänzen), ferner sind massenhaft Notizen da zu einem Referat über Probleme deutsch-englischer Beziehungen seit der Reichsgründung. Auch Besprechungen hat Adam geschrieben, so über das Buch von A.L. Rowse »Politics and the Younger Generation«, in der er vor allem den Beitrag würdigt, den die sozialistische Bewegung Englands in Ergänzung zu den ähnlichen Bestrebungen in Deutschland und Frankreich liefert und über Stephen Spender (der sich – wie Diana schreibt – während des Krieges [40] bei der Veröffentlichung seines Tagebuchs im »Horizon« abfällig und offenbar unzutreffend über eine Begegnung 1935 geäußert haben soll).

Freundschaften in Oxford

Einer der Tutoren, dem Adam viel zu verdanken hatte, war Humphrey Sumner, der auch vom 17. bis 19. August 1933 in Imshausen war; die Collegehäupter von Balliol (Lord Lindsay), New College (Fisher), All Souls (Adams) und Wadham waren ihm freundschaftlich gewogen (Brief vom Februar 1939 an seine Mutter).

Sonst breitete sich sein Freundeskreis vor allem unter jungen Dozenten aus; es gehörte dazu der schon erwähnte A.L. Rowse, der tragisch früh verstorbene Charles Henderson, dessen Witwe Isobel 1934 in Imshausen war, Isaiah Berlin, R.H.S. Crossman u.a. Aber so stark ihn auch diese Beziehungen beschäftigten und bewegten, bewährt haben sich vor allem Freundschaften zu Mitstudenten, allen voran zu dem ebenfalls in Balliol studierenden David Astor, der Adam tiefer verstand und wesentlicher unterstützte als irgendein anderer. In ihm erfüllte sich für Adam einmal das, was er um die Welt herum mit unstillbarem Verlangen suchte: Menschen, die bewusst und ehrlich von den eigenen Voraussetzungen aus leben und gerade darum Verständnis für den andern aufbringen, zu absolutem Vertrauen und Zusammenarbeit bereit sind. Von einem anderen Mitstudenten, G.E. Collins, dessen Anschrift ich nirgends ermitteln konnte,

Das Ehepaar Cripps

Diana Hubback

stammt die anschaulichste und vielleicht schönste Aufzeichnung über Adam, die ich je bekam. Er war auch befreundet mit John Cripps, durch den er an der Jahreswende 1932/33 dessen Eltern, Sir Stafford und Lady Isobel Cripps, kennenlernte, deren Freundschaft für ihn so bedeutungsvoll war, und mit Bill Adams, dem Sohn des Warden von All Souls, mit Goronwy Rees und manchen andern, wie z. B. Bernard Alexander und J. Grimond, von denen Briefe erhalten sind. [41] Auch zu den deutschen Rhodesscholars, besonders Fritz Schumacher, bestanden freundschaftliche Beziehungen.

Noch fehlt dieser Aufzählung das Wichtigste. Die Freundschaft mit den untereinander seit langem befreundeten Studentinnen Diana Hubback und Shiela Grant Duff. Was Adam besonders durch Diana geschenkt wurde, ist mit den üblichen Maßen der Freundschaft nicht zu messen, und Adam hat bis zum Schluss das Bewusstsein ihres unerschütterlichen Vertrauens als tiefe, herzwärmende Stärkung in dem Meer der Unsicherheiten empfunden. In den einhundertdreißig Schreibmaschinenseiten füllenden Briefauszügen, die Diana gleich nach dem Kriege mit verbindendem Text zusammenstellte, erscheint der Reichtum an Verständnis, aufopferndem Helfen, Vermittlung besonders künstlerischer Erlebnisse, die Adam Diana verdankte, nur zwischen den Zeilen. Dafür zeigt sich in diesen Briefstellen vordringlich Adams Naturverbundenheit, die ihm mit den Jahren immer vollendetere Landschaftsschilderungen ermöglicht:

Shiela Grant Duff

alles Gedankliche fällt von ihm ab, statt dessen vermittelt er das Erlebnis von Tälern und Wäldern, Dörfern und Ebenen, zu allen Tageszeiten und Jahreszeiten, mit der inneren Beteiligung der von ihm so geliebten Romantiker. – Ganz anders wirken die Auszüge, die Shiela wiedergibt. Sie sind abgestimmt auf ihr politisches Temperament, das Adam genauso anzog, wie es sich später zwischen beide stellen musste. Ihre Freundschaft entwickelte sich intensiver erst nach den Oxforder Jahren.

Aus der erwähnten Aufzeichnung von C.E. Collins stammt die Beschreibung, wie Adam damals auf viele Mitstudenten wirkte:

> The impression which he made on meeting one was immediate; it was produced by his very tall figure, striking features, and a sense of power in his manner. But one came to like him for more important things than these: for his quick sympathy and understanding, his good humour, his great kindliness, his intelligence, and his complete integrity of purpose. He [42] was always good company. No one to my knowledge ever found any serious flaws in his sense of humour; he would equally readily joke at other people's expense and take a joke at his own ... it would have been easy for anyone with so much natural

dignity of appearance, as well as his other claims to distinction, to be conceited or pompous, but he never was. I always was impressed by the ease with which he got on with all classes of people, both in Germany and in England; and he had the same ease of manner with children, who at once took to him![3]

Dianas und Collins' Erinnerungen zeigen ganz deutlich und bewusst die Pole auf, zwischen denen Adams Leben in Oxford ausgespannt war. Diana spricht von »a wider sense of humour, a lighter, gayer and more intimate understanding of the pleasures of life than most Germans possess«[4] und Collins: »This period of his life was a happy one. He had expected, that it would be so, and had looked forward to enjoying it.«[5] Und dann berichtet er, dass Adam trotz seiner Reife »a youthful spontaneity and high spirits« hatte, die ihn »perfectly natural company for much younger students«[6] machten. Das ging so weit, dass Collins eines Abends spät eine von Adam aufgebaute Vogelscheuche in seinem Zimmer vorfand. – Und schließlich machte Oxford selbst einen guten Teil seiner Freude dort aus. An seinen Vater schrieb er zu Anfang:

... Du wirst mir voll und ganz nachfühlen können, wie erholend diese vorübergehende Atmosphäre von Continuierlichkeit für mich ist ...

... und gegen Ende der Zeit, im Juli 33:

... Gestern bin ich wieder nach Oxford zurückgekommen, von den meisten Studenten verlassen und in einer sommerlichen Stille ist es von einer nahezu wunderbaren Schönheit. Es hat mir mehr gegeben, als ich vielleicht je werde ausdrücken können – die edelsten Traditionen Europas, wenn auch teils kaum merklich und unbewusst, leben hier nebeneinander – fortgeführt von einer simplen, aber echt politischen Rasse. Aber davon lieber später ... [43]

Auf der anderen Seite beschreibt Collins:

Much as he enjoyed his time in England, he was never unmindful of the real business of his life, which was the future of Germany. He knew that even in the most favourable circumstances that future would be difficult; he feared that it would be tragic ... Consequently life in Oxford, which was on the whole carefree, seemed somewhat unreal to him, and the consciousness of this sometimes weighed on him, and depressed him, though never so as to mar the pleasure which his acquaintances took in his company.[7]

Politische Einstellung

Und nun geht er über zu dem mehr Inhaltlichen dieser politischen Vorbereitung:

> While at Oxford he faced the problem of whereabouts in the German political scene he should take his stand. None of the existing parties satisfied him, but the was resolved to avoid the danger of in ineffectualness and to join a party even though he had much to find fault with in it. Being both a socialist (by conviction) and a liberal (by upbringing, conviction and temperament) he chose the Social Democratic Party, and his first political article ever published was for an Oxford undergraduate socialist magazine. The writing of this article represented for him his taking up a definitive party position. [*Diana meint, und ich meine das gleiche zu erinnern, dass er der SPD offiziell nicht beigetreten ist.*] It was concerned with the German political situation as it related to the prospects of peace, and in it he wrote of the »fratricidal« war of 1914–18. This was how he thought of war; the belief that the men of all countries were brothers was one he took as beyond argument.[8]

Die gleichen Tatsachen berichtet Diana; außerdem, dass seine Oxforder Freunde manches Mal befürchtet hätten, seine politische Wirksamkeit könne durch theoretische Hemmnisse beeinträchtigt werden. (Ein Brief an die Eltern aus China später, 1938, [44] widerlegt diese Ansicht, wenn er schreibt, dass diejenigen auch dort die realistischste Einschätzung der Vorgänge zeigten, die sich am gründlichsten um die geschichtlichen und weltanschaulichen Hintergründe gemüht hätten.) Adam habe, schreibt Diana, immer gewusst, dass er noch eine lange Lehrzeit vor sich und daher auch besonders die Freundschaft solcher Männer gesucht habe, die ihm für die Zukunft auf dem Feld der internationalen Arbeit und des Sozialismus wichtig waren. Er habe in Oxford als Sozialist gegolten, sei auch in G.D.H. Coles Marxistischer Gruppe gewesen.

Stellung zum Nationalsozialismus

Schon im ersten Monat seiner Oxforder Zeit nimmt er gegen den Nationalsozialismus Stellung. Seine Mutter schreibt am 3. November 1931:

> ... Wenn Du mir schreibst, dass Du in Oxford gegen den Nationalsozialismus sprichst, so kann ich das nicht richtig finden. – Du weißt, ich lehne ihn, soweit ich ihn verstehe, ab. Aber es ist immerhin eine nationale Bewegung, die man im Ausland nicht herabziehen oder entwerten sollte ...

Adam versucht die Eltern zu beruhigen, indem er seinem Vater am 5. November 1931 schreibt:

> … Mutter schreibt in einem Brief, den ich heute bekam, sehr bedenklich über meinen Bericht, dass ich hier eine dem Nationalsozialismus ungünstige Rede gehalten habe. Es ist kein Anlass, denn es war in einer Debatte, die ganz sachlich versuchte, die innen- und außenpolitischen Möglichkeiten des NS zu diskutieren …

Am 2. Dezember muss er offenbar noch einmal darauf eingehen:

> … ich habe ganz unparteipolitisch und objektiv gesprochen. … Jetzt besteht allerdings die Gefahr, dass einige nationalsozialistische Deutsche und vor allem Engländer (!) versuchen, den deutschen Club ganz in ein nationalsozialistisches Fahrwasser zu bekommen, was sicher verfehlt wäre …

Die Nachrichten aus Deutschland werden immer schlechter. Ende Januar 1932 schreibt seine Mutter:

> … Dieser Hitler – man hört keinen andern Namen in der Bahn, in den Läden [45], auf der Straße (ich war 2 Tage in Kassel) – und ich habe das Gefühl, dass so viel Gutes dabei ist – fühle mich aber immer mehr abgestoßen durch die Vergötzung des Rassegedankens, der der letzte Maßstab für alle Fragen sein soll …

Der Vater schreibt um die gleiche Zeit, es könne notwendig werden, dass Adam sich nach beendigtem Stipendium eine Weile in England seinen Unterhalt verdienen müsse. Er sieht einen Bürgerkrieg drohen. Nach der Demission Brünings schreibt er, er verstünde Adams Depression, die ihn am Schreiben hindere, denn: »Wer mit warmem Herzen an seinem deutschen Vaterland und Volk hängt, der steht freilich bei ihrer gegenwärtigen Lage vor der Gefahr, in Trübsinn zu verfallen …« Aber, das wisse er aus eigner Erfahrung, gegen solche Depressionen müsse man ankämpfen wie gegen eine schmerzhafte Krankheit.

Der 30. Januar 1933

Die Sommerferien verbringt Adam wieder in Deutschland, nachdem er zunächst an einer »Reading Party« mit Canon Streeter im Familienhaus der Hubbacks in Trayamon Bay in Cornwall teilnahm und anschließend Charles Henderson in Penmount besuchte. Im August ist er zwei Wochen auf Sylt mit Frau Dyer-Bennet, die zu einem zweiten Studienjahr nach Deutschland zurückkehrte, und arbeitet, wie auch später in Berlin und Imshausen, intensiv daran, seine Hegelarbeit druckfertig zu machen. In Berlin trifft er auch Oxforder Freunde, u.a. Collins und macht mit ihnen unter der falschen Flagge einer Oxforder Phantasieorganisation einen Besuch im Nazihauptquartier. Vor allem aber stellt er den Kontakt mit alten Freunden wieder her und fühlt sich nun in der Hinsicht in Oxford nicht mehr so abgeschnitten.

Als dann das Unheil in der politischen Entwicklung Deutschlands in Gestalt der nationalsozialistischen Machtergreifung unabwendbar geworden ist, erkennt Adam die Tragweite dieses Ereignisses sofort:

> In January 1933, [46] *schreibt Collins*, when he read in an evening paper in the Junior Common Room at Balliol that Hitler had become Chancellor, he knew at once that a terrible disaster hat befallen his country; that the prospects for his own future had undergone a fundamental change; that it was a future in which a bitter struggle would be needed to achieve even the smallest result; that many of his friends and acquaintances were at once in personal danger. A number of things he was sure of immediately: that overt opposition to the new regime would be useless for a long time to come; that nevertheless he must oppose it by all the means in his power; that a common ground must be found for as many opponents of the regime as possible, and that he himself would try to find that ground in a struggle for the »liberal« rights. That, although it would certainly be at the cost of handicap to his own career, he would not join the Nazi Party unless it should ever become his clear duty to do so in furtherance of his anti-Nazi activity. All these things he expressed to me on the same night that he learned of Hitler's coming to power.[9]

Zu den Freunden in unmittelbarer Gefahr gehörte in erster Linie auch sein älterer Bruder, den er aber im März in Berlin in Freiheit antrifft. Zunächst kann er sich noch ohne Zensurrücksichten äußern. An den Vater schreibt er am 13. Februar 1933:

> ... So sehr ich mit Dir in fast allen Fragen verantwortlicher Staatsführung übereinzustimmen glaube – so sehr sind wir, glaube ich, in Bezug auf die positiven Rechte des Einzelnen und der Massen verschiedener Auffassung. Und jene wird eigentlich nur dann diskutabel, wenn diese letzteren heilig gehalten werden – dafür aber besteht weder bei Hitler noch bei Papen die geringste Garantie. Ihre Vernachlässigung aber wird eine schlimme Reaktion heraufführen, und es wird dann schöpferischer Kräfte bedürfen, die den berechtigten Impuls in dauerhafte Ordnungen leiten. Darauf werde ich mich vorbereiten [47] und einstweilen mit dem autoritären Nationalsozialismus keinerlei Bündnisse eingehen.

Es müsse sich noch herausstellen, ob er diesem Ziel als Richter, Beamter, Hochschullehrer oder Schriftsteller am besten werde dienen können.

> ... Der Dienst an den Rechten des Einzelnen – des »Menschen«, wie die Naturrechtler sagen – im Zusammenhang und im Konflikt mit all den äußerlichen Ordnungen und Hindernissen ist mir ungleich wichtiger als der Dienst am »Staat« (der zur Willkür geworden ist) ...

So sicher, wie dies klingt, so klar liegen die praktischen nächsten Schritte aber nicht vor ihm. Zunächst erwägt er, in »All Souls« ein Fellowship zu erstreben. Dafür ist Examensabschluss erster Klasse Voraussetzung. Und entgegen den Erwartungen aller seiner Freunde und Lehrer schließt Adam nur mit einem »second class« ab. Sein Stil soll daran Schuld gewesen sein. Und, wie Mr. Sumner schrieb:

> I always felt that you were really too mature to do these hour written papers up to your real standard. What would have suited you would have been a thesis and a very long oral examination ...[10]

So wird die Rückkehr unumgänglich. Aber wie schwierig war es vom Ausland aus, die völlig veränderten Umstände der Heimkehr zu beurteilen. Selbst die Briefe von zu Hause waren nicht ganz und gar eindeutig. So sucht er allenthalben Rat. Leider sind nur die Antworten erhalten, die er bekam, z.B. von George Lansbury, mit dem er vorher eine längere Unterhaltung hatte und der in seinem wunderschönen Brief sagt, Adams Fragen seien die, die jede Generation wieder lösen müsse, wie jede darum zu kämpfen habe, dass sie der Stimme des Rechtes und Gewissens folge. Die Frage seines Verhaltens wurde ja auch dadurch verwickelter, dass die Niederlage der Labour Party in England und das Versagen der Sozialdemokratie in Deutschland die Frage unumgänglich machten, ob der Sozialismus wirklich den drängenden Aufgaben der Zeit gewachsen sei (nach Diana). Und überdies kündigt sich jetzt schon ein Konflikt an, der sich später [48] immer verhängnisvoller auswuchs: dass auch Freunde im Ausland kein Verständnis dafür aufbringen konnten, dass man Nazigegner und doch zu gleicher Zeit deutscher Patriot sein konnte. Im März 1933 schrieb er an Diana aus Berlin:

> What personally I fear most in the world is that the development of things here – painful enough in itself will estrange my few friends in your country to an extent harmful to relations which are still very dear to me ...[11]

Das Werben um Verständnis für Deutschland wird nun verquickt mit dem Werben um Verständnis für die eigene Position und damit für die Lage und Aufgaben einer etwaigen Opposition. Gleichzeitig aber kann er den Versuch nicht unterlassen, nach der anderen Seite wenigstens die verheerendsten Auswirkungen der neuen deutschen Art der Propaganda zurückzudämmen. In dem Bericht über das zweite Studienjahr in Oxford versucht er, den neuen Machthabern in ihrer Denkart klarzumachen, dass die bisherige Propaganda sinnlos sei. Einzig der Hinweis auf Versailles und seine Folgen könne Eindruck machen. Er versucht darzulegen, warum man der englischen Linken Aufmerksamkeit zuwenden müsse, nicht den Konservativen und erst recht nicht den englischen Faschisten.

Im Mai wurde er durch eine Nachricht beunruhigt (deren genauer Inhalt noch geklärt werden muss), von der er an Diana schrieb:

> ... I have had a severe warning as to gossip about me in Socialist circles in ... Zürich! Isn't it awful? ...[12]

In dieser Zeit gingen auch zuerst Briefe an ihn verloren.

Im April verbrachte er eine kurze, schöne Zeit im Landhaus der Cripps.

> ... They were extremely kind to me and in him I find a person most helpful and encouraging to talk to. I am glad to know him, *schrieb er an Diana.* [49][13]

Nach dem Examen ist er eine Weile in London in Dianas Familie, besucht Bertrand Russell und seine Frau, Peter, Victor Gollancz u.a. und unternimmt anschließend mit seinem Freund David Astor eine Tour durch das englische Industriegebiet über Rugby, Birmingham und Manchester, die ihren Abschluss auf der Insel Jura findet, einem Besitztum der Astors vor der schottischen Küste. Mit diesen Tagen köstlicher Ungebundenheit mit einem wirklichen Freunde, auf der einsamen Insel jagend und umherstreifend, fand die für ihn bedeutsame Zeit des ersten Rhodes-Scholarships ihr Ende. [50]

1 »an der Grenze zu wirklich herausragender Arbeit.«

2 »Sein College spricht wegen seiner bewundernswerten und vielversprechenden Arbeit und seines allgemeinen Ansehens als Persönlichkeit nur in den höchsten Tönen von ihm. Ein so charmanter Student wie er ist auch einer, der den deutschen Rhodes-Stipendien alle Ehre macht.«

3 »Bei der Begegnung beeindruckte er auf Anhieb: Dies ergab sich aus seiner hochgewachsenen Gestalt, den markanten Gesichtszügen und einem selbstbewussten Auftreten. Aber man lernte ihn sofort wegen wichtigerer Eigenschaften schätzen: wegen seiner raschen Zuneigung und seines Einfühlungsvermögens, seiner guten Laune, seiner großen Freundlichkeit, seiner Intelligenz und der völligen Integrität seines Wollens. Das Zusammensein mit ihm war immer angenehm. Niemand aus meiner Bekanntschaft entdeckte je einen ernst zu nehmenden Makel in seinem Sinn für Humor; er machte gleichermaßen auf Kosten anderer Leute Witze wie er sich selbst zum Gegenstand von Witzen hergab ... Für jeden anderen mit einer so natürlich eindrucksvollen Erscheinung wie auch mit allem, was ihn im übrigen auszeichnete, wäre es leicht gewesen, eingebildet oder wichtigtuerisch zu sein, aber er war es nie. Ich war immer beeindruckt von der Leichtigkeit, mit der er mit Menschen, gleich welcher sozialen Herkunft, umgehen konnte, in Deutschland und in England; er hatte die gleiche Selbstverständlichkeit im Umgang mit Kindern, die ihn sofort mochten.«

4 »einem größeren Sinn für Humor, einem besseren, fröhlicheren und tieferen Verständnis für die Freuden des Lebens, als die meisten Deutschen haben.«

5 »Dies war ein glücklicher Lebensabschnitt für ihn. Er hatte dies erwartet und sich darauf gefreut, diese Zeit zu genießen.«

6 »eine jugendliche Spontaneität und äußerst gute Laune hatte«, was ihm »einen ganz ungezwungenen Umgang mit den viel jüngeren Studenten« ermöglichte.

7 »So sehr er seine Zeit in England auch genoss, niemals vergaß er die eigentliche Aufgabe seines Lebens, die er in Deutschlands Zukunft sah. Er wusste, dass sogar unter den günstigsten Umständen diese Zukunft schwierig werden würde; er fürchtete, sie würde tragisch ... Folglich erschien ihm das insgesamt sorgenfreie Leben in Oxford etwas Unwirkliches zu sein, und dieses Bewusstsein belastete ihn manchmal, deprimierte ihn, obwohl es niemals das Vergnügen trübte, das seine Bekannten in seiner Gesellschaft hatten.«

8 »Während seiner Zeit in Oxford stellte er sich die Frage, wo er sich in der deutschen politischen Landschaft ansiedeln sollte. Keine der existierenden Parteien befriedigte ihn, aber er war entschlossen, die Gefahr der Ineffektivität zu vermeiden und sich einer Partei anzuschließen, obwohl er vielem nicht zustimmte. Da er zugleich Sozialist (aus Überzeugung) und Liberaler (durch Kinderstube, Weltanschauung und Temperament) war, entschied er sich für die Sozialdemokratische Partei, und sein erster veröffentlichter Beitrag war für eine studentische sozialistische Oxforder Zeitschrift. Das Schreiben dieses Beitrages bedeutete für ihn, definitiv die Position einer Partei zu beziehen. [Diana meint, und ich meine das gleiche zu erinnern, dass er der SPD offiziell nicht beigetreten ist.] Er bezog sich darin auf die politische Lage Deutschlands im Hinblick auf die Aussichten auf Frieden und er schrieb darin von dem ›brudermörderischen‹ Krieg von 1914–18. So dachte er über den Krieg; der Glaube, dass die Menschen aller Länder Brüder seien, war eine seiner unumstößlichen Überzeugungen.«

9 »Im Januar 1933«, [46] schreibt Collins, »als er in einer Abendzeitung im Juniorenaufenthaltsraum in Balliol las, dass Hitler Reichskanzler geworden war, wusste er sofort, dass sein Land von einem schrecklichen Unglück betroffen war; dass die Aussichten für seine eigene Zukunft sich radikal verändert hatten; dass es eine Zukunft war, in der ein heftiger Kampf notwendig würde, um das allerkleinste Ergebnis zu erzielen; dass viele seiner Freunde und Bekannten ab sofort persönlich gefährdet waren. Eine Reihe von Dingen standen für ihn sofort fest: Offene Opposition dem neuen Regime gegenüber würde für lange Zeit nutzlos sein; nichtsdestotrotz wollte er mit all seinen Kräften dagegen angehen; dass ein

Konsens für so viele Gegner dieses Regimes wie möglich gefunden werden müsste und dass er selbst versuchen würde, diese Basis in einem Kampf für die ›liberalen‹ Rechte zu finden. Dass er, obwohl dies sicher auf Kosten seiner eigenen Karriere gehen würde, nicht in die Nazi-Partei eintrete, es sei denn, er würde es als seine klare Pflicht im Hinblick auf seine Anti-Nazi-Aktivitäten ansehen. All diese Dinge brachte er in derselben Nacht, als er von Hitlers Machtübernahme erfuhr, mir gegenüber zum Ausdruck.«

10 »Ich hatte immer das Gefühl, dass Sie eigentlich zu reif dazu waren, diese Klausuren auf Ihren wirklichen Standard zu bringen. Ihnen wäre eine Abhandlung und eine sehr lange mündliche Prüfung angemessen gewesen.«

11 »Was ich persönlich am meisten in dieser Welt fürchte ist, dass die Entwicklung der Dinge hier – die an sich schon qualvoll genug ist, meine wenigen Freunde in Deinem Land mir entfremden wird in einem Ausmaß, das die Beziehungen, die mir immer noch sehr wichtig sind, beschädigt ...«

12 »Ich erhielt eine ernst zu nehmende Warnung wegen Gerüchten über mich in ›sozialistischen Kreisen‹ in ... Zürich. Ist das nicht schrecklich? ...«

13 »... Sie waren äußerst nett zu mir und in ihm habe ich jemanden gefunden, mit dem zu sprechen für mich hilfreich und ermutigend ist. Ich bin glücklich ihn zu kennen«, schrieb er an Diana. [49]

Die Referendarstationen (1933–1936)

Auf der Rückreise nach Imshausen machte Adam in Hamburg Station, um Ingrid Warburg zu besuchen, mit der er sich in Oxford angefreundet hatte. Auf dem Umweg über Berlin erreichte er dann die Heimat. Vom 17. bis 19. August war Humphrey Sumner, sein Tutor aus Balliol, dort zu Gast, der dann zu einer Konferenz nach Warschau weiterreiste. Auch Diana besuchte ihn, und David sagte sich an. Aber da war er schon wieder fort, denn er hatte sich entschlossen, um seine prekäre Lage etwas zu verbessern, an einem Wehrsportlager in Marburg während der Septemberwochen teilzunehmen. Diana meint, er habe doch noch eine verborgene Hoffnung gehegt, bei dieser Gelegenheit verständlichere Seiten an jungen Nationalsozialisten zu entdecken. Doch schreibt er ihr von den »children«, seinem Deckwort für »Nazis«:

> It has been important for me to discover that children and grown-ups belong to different worlds ...[1]

Auf einer Gruppenphotographie von dort sitzt Adam in der zweiten Reihe der etwa achtzig Lehrgangsteilnehmer, als einziger unter allen mit Mütze ohne »Hoheitsabzeichen«. Die Augen liegen noch tiefer als sonst und der Gesichtsausdruck zeigt deutlich, wie er seine Verstörtheit vergeblich unter einem misslungenen Lächeln zu maskieren sucht.

Rotenburg an der Fulda

Dann begann er mit der Ableistung seiner Referendarstationen, wozu er sich, wieder weitgehend dem Vater zuliebe, entschlossen hatte. Von seinem Amtsgericht bis nach Imshausen waren es nur vierzehn Kilometer und nur wenig mehr bis in den Trottenwald. So war er endlich wieder daheim. Die Arbeit selbst gab ihm, wie Diana schreibt, einen neuen Begriff von der enormen Bedeutung des wirtschaftlichen Faktors im Leben. Dazu kam es ihm merkwürdig vor, oft sehr viel älteren und lebenserfahreneren Menschen Rat [51] geben zu müssen. Und es freute ihn zu spüren, dass viele der Einheimischen es würdigten, dass er kein Nazi war. Im Übrigen aber hatte er in dieser abgeschiedenen, malerischen alten Kleinstadt so viel Zeit wie noch nie für seine umfangreiche Korrespondenz. Und auch zum Lesen hatte er Muße. Damals war es »Krieg und Frieden« von Tolstoi, das ihn lange beschäftigte, dann »Anna Karenina«, »Jane Eyre« und andere.

Hanau – Ablehnung als Regierungsreferendar

Im Januar oder Februar trat er die nächste Station in Hanau an, wo er sich offensichtlich mit viel unerfreulichen Scheidungsklagen und dergleichen befassen musste. Im Februar bewarb er sich um die Einstellung als Regierungsreferendar in Kassel. Der Vater hatte ihm zugeraten, weil er einer Äußerung Hitlers Glauben schenkte, ehrliche Außenstehende seien ihm lieber als opportunistische Überläufer. Wochen und Monate vergingen, bis die Antwort kam. Inzwischen wurden fortwährend andere angenommen, so ein Anwärter aus Berlin, »der kleine bebrillte Referendar Pflaumer aus Rotenburg«, »der konkurrierende SS-Mann, von dem ich Dir erzählte« u.a.m. Adam antichambrierte zum ersten Mal in seinem Leben in Berlin. Es war nutzlos. Mitte Mai erfolgte die Ablehnung. Während und nach dieser Zeit nervenaufreibender Ungewissheit hatten die Eltern Mühe, ihn vor dem Ausbruch in eine nichtstaatliche Tätigkeit zurückzuhalten.

Kaum etwas ist schwerer als das Abseitsstehen und Warten, *schreibt die Mutter Ende Mai*, aber Du musst durchhalten; denn ich fürchte, es kommt die Zeit, wo

Adam von Trott, etwa 1935

es an einsichtigen, zielbewussten Männern noch mehr mangeln wird als bisher – und auf diese Zeit musst Du Dich in der Stille vorbereiten …

Adam antwortet:

… Das »Warten und Abseitsstehen« an sich ist nicht das »nervenaufreibende«, sondern eben dieses: gegen Dinge neutral zu bleiben, die allüberall mit dem Anspruch, den Braven und Überzeugten für sich zu haben, entstehen … [52]

Der Vater schreibt, es würde im totalen Staat überall solche Schwierigkeiten geben. Er könne nicht sein ganzes Leben nur Völkerrecht treiben, es würde ihn das Steckenbleiben in der Theorie nicht befriedigen. Mit dieser Überzeugung antwortet er auf einen langen, grundsätzlichen Brief Adams vom 22. April 1934, in dem es u.a. heißt:

… Ich habe nicht aufgehört, in dieser Richtung [*Anm.: seiner Doktorarbeit*] weiter zu denken oder vielmehr, diese ein wenig allgemeinen Gedanken näher zu bestimmen und vor allem auch mit den englischen Ideen über staatsbürgerliche Gesinnung und dem im Interesse aller wünschenswerten Ausbau internationaler Zusammenarbeit zu vergleichen. Ich habe nicht gefunden, dass diese Gedankenrichtung an einem Mangel an realistischer Auffassung dessen, was tatsächlich gespielt wird, leidet. Eher, dass sie in eine so breite Ebene von Erfahrungstatsachen hinausführt, dass ich sie zu übersehen nicht die Kraft habe. Andererseits aber glaube ich, dass ich meine Arbeitskraft dahin entwickeln könnte, dass aus ihr gerade von diesen Blickpunkten aus etwas wirklich Nützliches hervorgehen könnte.

… wenn einer sich für das Recht in umfassenderem Sinn … für das Recht, wo es auch die Politik lenken muss, einsetzen will, dann darf er, um seine Wirksamkeit nicht von vornherein zu zerstören, keinen moralischen Bruch in seiner Haltung aufweisen …

Man muss sich selbst kennen und prüfen, ehe man sich zur richtigen Entscheidung über irgendeine allgemeine Ordnung und zu einem Ablehnen eines gewissen Teils der bestehenden auch äußerlich als berufen ansehen darf. Dass ich dies nicht tue, folgt aus meinem Gefühl, dass ich noch eine gute Weile als Lehrling in der Staatspraxis zu tun haben sollte. – Wenn mich dies aber ernstlich zu hindern beginnen sollte an der späteren Ausübung dessen, was ich anfangs beschrieben habe, dann muss ich dies Lehrlingsverhältnis aufgeben, um jemals der anderen Aufgabe entsprechen zu können … [53]

Die Ablehnung bedeutete das Ende der im Stillen wohl immer noch genährten Hoffnung auf eine spätere Wirksamkeit in der inneren Verwaltung. Es kann niemanden verwundern, dass er nun recht ernsthaft noch einmal Ausschau hält nach einem sinnvolleren Arbeitsfeld.

Berufliche Umschau

Die erste sich bietende Möglichkeit schlägt er freilich aus:

> Was sagt ihr nun, *schreibt er seinen Eltern am 8. April 1934,* der »berühmte« Professor Binder, der mich erst seinem Thron erbittert fernhielt, dann mich an seinem Hofe schlecht behandelte und mir erst nach 1 1/2 Jahren für die Zusendung meiner Dissertation dankte, lässt mir durch einen ehemaligen Privatassistenten [*Anm.: durch Martin Busse am 5. April 1934*] eine Privatassistentenstelle antragen, damit ich die »große, vor ihm und seinem Kreis liegende wissenschaftliche Aufgabe«, für die ich mich durch meine bisherige selbstständige Arbeit befähigt habe, mit bewältigen helfe. Meiner Überweisung an das Landgericht Göttingen »würde dann nichts mehr im Wege stehen«. B. ist bekanntlich jetzt Hofphilosoph – leidenschaftliches Mitglied etc. ... Ich werde sehr höflich absagen. Zwar würde ich hiermit durch eine jetzt mächtige Professoren-Dynastie gestützt werden, aber ich schätze die Herren nicht ...

Warum er ihn nicht schätzte, geht u.a. aus einem Brief an den Vater hervor, der drei Jahre vorher, im März 1931, geschrieben wurde:

> ... Im Hintergrunde seiner – etwas robusten – staatspolitischen Bestrebungen steht ein völlig resignierter Patriot, was für mich immer ein sehr schmerzvoller Eindruck ist. »Er diene diesem (schlechten) Staat, weil der Staat trotz allem noch die Vernunft in der Welt (Hegel!) verkörpere und arbeite nach Kräften an einer Umgestaltung, welche Arbeit er aber für gänzlich aussichtslos halte und nur nicht daran mitschuldig sein wolle« usf. ... Es kann uns Jungen nicht schaden, recht eindringlich zu sehen, wie wir die Dinge zu übernehmen haben ... Im Zusammenhang solcher Gedankengänge graust mir förmlich vor dem Gedanken, noch dieses Jahr ins Ausland zu gehen und dort den »Vertreter« Deutschlands spielen zu müssen ... [54]

Adam erwägt aber, in Berlin auf dem Gebiet des Strafrechts weiterzuarbeiten. Vor allem spielt er mit dem Gedanken, sich als Journalist zu versuchen. Darüber sind nur Briefe an Adam, keine von ihm vorhanden. So schreibt Ingrid Warburg: »Es ist sehr schön, dass Dein Gespräch mit Reifenberg so gut verlaufen ist.« Zu dem Praktischen des Planes äußert sich J.P. Mayer, von dem Briefe von 1933 bis 1936 vorliegen. Er schreibt am 4. und 6. April nach Hanau, dass er zurate, trotz der Gegenargumente seitens Adams Vaters, zumal die Bedingungen ihm außerordentlich günstig schienen. Am Ende des Briefes findet sich der interessante Satz:

> Sie sind seit einigen Monaten wirklich gefährdet, weil Sie absolut sichergehen wollen, moralisch sichergehen, meine ich. Das kann man im Politischen überhaupt nicht ...

Ganz anders schreibt Adams Bruder Werner, der seine Argumente aus einer geschichtsphilosophischen Betrachtung über die Rolle des Journalismus herleitet, aus der (obwohl immer die Gefahr der Entstellung durch solche Auszüge besteht) einige Sätze zitiert seien. Er schreibt am 4. April 1934:

»... Die Kritik gewann ihre Freizügigkeit aus der wachsenden Loslösung von der Wirklichkeit, sie verlor um so mehr an Boden unter den Füßen, je breiter sie ihn im Publikum gewann. Ihre politische Isolation machte sie sich mehr als erträglich durch den Beifall der Untüchtigen und Unzufriedenen, so kam im Journalisten die Zweideutigkeit des Dichters ... zur Eindeutigkeit« – »Will man dem Journalisten früherer Tage ein klein wenig ethisches Pathos einräumen in Deutschland ... so kann man das heute gar nicht mehr tun.« – »Mein lieber Adam, mit diesem Plan bin ich ganz und gar nicht einverstanden. Dem ohne Frage ›Lockenden‹ dieses Angebots kannst Du nur so lange erliegen, wie Du Dich über den Ernst der Situation, so wie neulich zwischen uns darüber geredet wurde, hinwegsetzt ...«

Am 10. April schreibt er im P.S.:

Es freut mich sehr, dass diese Sache abgetan ist. [55]

Immerhin hat Adam sich auf diesem Gebiet noch eine Weile nebenher betätigt. So ist ein Brief von »BR« – offenbar, auch der Unterschrift nach, Benno Reifenberg – vom 16. Mai 1934 aus der Redaktion der »Frankfurter Zeitung« da, in dem ihm die Übersendung von drei Schriftenreihen angezeigt wird, die er wohl besprechen soll: Schriften der deutschen Hochschule für Politik, Schriften zur völkischen Bildung, Schriften an die Nation. Außerdem zwei Bücher von Moeller van den Bruck, wozu auch ein Aufsatz von Reifenberg (?) hierzu mitgeschickt wird. Und ein Werk von Kneip.

Reifenberg ist mit dem vorliegenden Referat »Erbschaften« nicht zufrieden, da es in Bausch und Bogen kritisch ist und die einzelnen Bände überhaupt nicht würdigt. Adams Schilderung aus der Hanauer Stadtbibliothek sei zu allgemein gehalten. Am 9. Juni schreibt Herr Zimmermann von der Feuilletonschriftleitung, es sei gut, dass er die Themen noch einmal fixiert habe, und gute Beiträge könnten sie immer gebrauchen. Der Aufsatz über Moeller van den Bruck ist am 15. Juni 1934 im Literaturblatt der »Frankfurter Zeitung« erschienen, mit »T« gezeichnet. Er ist anerkennend hinsichtlich Moellers Fähigkeit, bedeutende Menschen an Zeitwenden darzustellen. Bei allen philosophischen Fragen aber und sobald er nicht Künstler sondern Politiker darzustellen versuche, zeigten sich seine deutlichen Grenzen.

Mit diesem Ansatz zu einer journalistischen Laufbahn und mit den Überlegungen hinsichtlich seiner Spezialisierung im Staatsrecht sind offenbar noch nicht alle Gebiete erfasst, auf denen Adam damals Umschau hielt. U.a. findet sich in einem Brief von Werner vom 6. Februar 1934 die Erwähnung eines Planes, in der Freizeit eine »primitive Beschäftigung in der SA« – in Görings Ministerium – auszuüben. »Keinen Gedanken würde ich für gefährlicher ... halten als durch Erreichung höherer Stellungen zu [56] versuchen, dem Zwang zu entgehen«, schreibt Werner. So wie er war, kann Adam mit diesem Gedanken auch nur gespielt haben. Aber dieses Spiel mit Gedanken und Plänen gehört wesentlich zu ihm.

An Diana aber schickt er den Stoßseufzer:

> ... I should like to be a shepherd ...[2]

Der Fragebogen

Man muss sich vergegenwärtigen, dass während der ganzen Zeit, die er seit Oxford in Deutschland verbracht hatte, unablässig wiederkehrender Druck zum Eintritt in gewisse Naziorganisationen und in die Partei auf ihn ausgeübt wurde und dass auch die Konsequenzen seiner ablehnenden Haltung sehr wohl Anlass zum Gedanken an Berufswechsel geben konnten. In einem Brief vom 26. Juni 1934 an seinen Vater schreibt er:

> Vorgestern kam vom Oberlandesgerichtspräsidenten eine Verfügung, in der es mir mehr oder weniger zur Pflicht gemacht wird, gewissen Organisationen beizutreten, zugleich war mein bislang verneinender Fragebogen »zur Ergänzung« zurückgeschickt. Ich werde ihn nicht ergänzen mit dem Hinweis, dass ich Hanau demnächst verlasse und für 2 Monate (die auf meinen Vorbereitungsdienst angerechnet werden) in den freiwilligen Arbeitsdienst gehen werde. Gleichzeitig werde ich meine Überweisung an den Kammergerichtsbezirk Berlin beantragen mit der Begründung, dass ich im Kaiser-Wilhelm-Institut für Völkerrecht (Prof. Bruns) eine Arbeit vorbereiten will, die den Gegenstand des dritten mir in Oxford bewilligten Stipendienjahres bilden soll, etwa über »Gegensätze zwischen dem angelsächsischen und deutschen Völkerrechtsdenken«. ... Das Berliner Institut, das aus naheliegenden Gründen unbedrängt weiterarbeiten kann, ist mir auf den Rat eines Frankfurter Professors (Bonhoeffer) aufgestoßen und nach allem, was ich von Göttingen, Frankfurt und Kassel weiß, eine Rettung ...

Und am 6. Juli 1934:

> ... Ich habe meine Begründung, dass ich nicht noch nachträglich den fraglichen Organisationen beigetreten bin, nicht ausweichend sondern prinzipiell begründet. Es geht scharfe Luft ... [57]

Ein Entwurf zu dieser Antwort an das OLG-Präsidium ist erhalten:

> Ergänzende Erklärung zu dem anliegend zurückgereichten Fragebogen: Ich habe mich keiner der hiesigen Organisationen angeschlossen, weil ich meinen Aufenthalt in Folge einer anderweitigen Bewerbung für vorübergehend hielt. In Frage kommen für mich diejenigen Organisationen, die eine gleichzeitige Parteimitgliedschaft nicht zur sofortigen oder späteren Pflicht machen. Denn ich halte mich nicht für berechtigt, die überwiegenden Vorteile der Parteimitgliedschaft für mich in Anspruch zu nehmen, solange ich nicht allen Punkten des Parteiprogramms volle Gefolgschaft zu leisten imstande bin. Ich finde diese Auffassung durch Äußerungen der maßgeblichen Führer bestätigt, die mit Recht den Beitritt aus anderen Gründen als denen der persönlichen Überzeugung ablehnen. Dass ich an dem Wiederaufbau unserer Nation, vor allem in sozialer Hinsicht, mit allen Kräften mitarbeiten will, hoffe ich im Arbeitsdienst unter Beweis stellen zu können, zu dem ich mich gleichzeitig zu beurlauben beantragt habe. Ich halte meine auf weltanschaulichem Gebiet von dem offiziellen Parteiprogramm abweichende Auffassung mit meiner Tätigkeit im staatlichen Vorbereitungsdienst für voll vereinbar.

Während er so auf der einen Seite sein Gewissen freikämpft, beunruhigt ihn überschießende und unfruchtbare Kritik des Systems im Ausland. Er schreibt an Diana im März:

> I fundamentally disclaim the categories on which that English capacity of moral judgement is based. It is based on the untold and never fully articulated cruelty of social relationships, on the very inhumanity of a system that is at least being contested though as yet not very articulately over here ...[3]

So kommt es zu seinem Brief an den »Manchester Guardian«, der am 21. Februar abgedruckt wurde, von dem er den Eltern schrieb:

> Ich habe einen etwas törichten Brief an den Manchester Guardian geschrieben, der hoffentlich nicht abgedruckt wird ...

Und als er wirklich veröffentlicht und die Reaktion [58] darauf so schlecht wie möglich gewesen war:

> Suche die Wochenendausgabe vom Manchester Guardian zu bekommen, man hat mir übel mitgespielt...

Der Brief hatte gewisse Übertreibungen eines dortigen Korrespondenten über Judenverfolgungen richtigstellen sollen. Eine wesentliche Stelle wurde bei der Veröffentlichung ausgelassen und auch auf Adams Protest hin nicht wiedergegeben. Der Brief trug dazu bei, ihm einige Freunde in England zu entfremden. In Deutschland erleichterte es ihm im übrigen nichts, dafür war er viel zu »milde«.

Ergänzende Erklärung zu dem anliegend zurückgereichten Fragebogen: Ich habe mich keiner der hiesigen Organisationen angeschlossen, weil ich meinen Aufenthalt infolge einer anderweitigen Bewerbung für vorübergehend hielt. In Frage kommen für mich diejenigen Organisationen, die eine gleichzeitige Parteimitgliedschaft nicht zur sofortigen oder späteren Pflicht machen. Denn ich halte mich nicht für berechtigt die überwiegenden Vorteile der Parteimitgliedschaft für mich in Anspruch zu nehmen, solange ich nicht allen Punkten des Parteiprogramms volle Gefolgschaft zu leisten imstande bin. Ich finde diese Auffassung durch Äußerungen der maßgeblichen Führer bestätigt, die mit Recht den Beitritt aus anderen Gründen als denen der persönlichen Überzeugung ablehnen. Daß ich an dem Wiederaufbau unserer Nation, vor allem

Adam von Trotts Entwurf zur Erklärung an das OLG-Präsidium, warum er sich keiner Naziorganisation angeschlossen hat.

in sozialer Hinsicht mit allen Kräften mitarbeiten will, hoffe ich im Arbeitsdienst unter
Beweis stellen zu können, zu dem ich mich
gleichzeitig zu beurlauben beantragt habe.
~~[illegible]~~ Ich halte meine ~~[illegible]~~ auf weltanschaulichem Gebiet
von dem offiziellen Parteiprogramm ab-
weichende Auffassung, ~~die ich auf Verlangen~~
~~näher begründen werde, dürfte nicht~~
mit meiner Tätigkeit ~~meine Legal Mitarbeit~~ im staatlichen Verwaltungs-
dienst für voll vereinbar

Diana berichtet aus der damaligen Zeit:

> Adam contrasted the futility of the revolutionary struggle in England with the great possibilities in Germany. In Germany, for those who sought it, there was a livelier future and a greater stimulus to create a true European revolution ... and this was what indiscriminating critics of his confused with an admiration for the Nazi state ...[4]

Es ist nicht mehr möglich, alle die Menschen und Ereignisse festzustellen, die damals mit Adam und seinen Entschlüssen zu tun hatten, die ihm halfen durch Anhören, Rat, Vermittlungen, Informationen, vor allem aber durch Freundschaft; denen er half durch eben dasselbe, manchmal auch mit materiellen Mitteln zur Überbrückung von Verfolgungszeiten. Im April besuchte ihn der Buchhändler J.P. Mayer, in dessen Buchhandlung in Berlin sich sozialistische Intellektuelle zusammenfanden. Mit Mayer kam Adams Freund aus der frühesten Berliner Zeit, Hasso von Seebach. In den Briefen Mayers ist ständig von Schriftenreihen die Rede, an denen Adam mitarbeiten sollte. Eine Reihe »Europäische Schriften« soll ein emigrierter Verlag in der Schweiz herausbringen. Adam ist die Bearbeitung der mit England zusammenhängenden Themen zugedacht. Dann ist von einem Bibliographieplan die Rede. [59] Einleitende Fragmente sind da zu einer Auswahl von Hegels Schriften, die »ein Tor in die weite Sprach- und Wirklichkeitsfülle der historischen Weltansicht Hegels« aufstoßen sollten. Im Mai besuchten Seebach und Mayer zusammen Adams Freunde in Oxford und unterhielten sich auch mit Sir Stafford Cripps und Prof. Tawney.

Das Kleistbuch

Ende Mai ist dann erstmals die Rede von Adams Kleistbuch, über das Mayer mit dem Protte-Verlag verhandelt. Die Liebe zu Kleist teilte Adam mit einem anderen Freund, Clemens Lugowski, der auch über Kleist habilitierte. Adam hatte ihn Ende Januar in Göttingen besucht und schrieb über den zart und gebrechlich wirkenden jungen Gelehrten an Diana:

> ... He really leads the most monk-like existence I know of. He has the dignity of a Jesuit and the sensitiveness of St. Francis. He is catholic in fact and partly Polish in blood. I love him better every time ...[5]

Sicherlich hat Adam in seiner eigenen Befassung mit Kleist viel Anregung von Lugowski empfangen. Das, was die beiden verband, spürt man auch aus einem Brief von Lugowski vom 25. April 1934:

> ... am schönsten wäre eine kleine Reise gemeinsam, *schreibt er,* ... ich glaube, wir hätten uns viel zu erzählen. Außerdem prophezeie ich mir nach Abschluss

meines Buches eine unbändige Lust zum Symphilosophieren, ein Vergnügen, zu dem man heute nur noch unter Schwierigkeiten wirklich begabte Partner findet.

Adam hat ihn auch im Januar 1935 in Berlin wiedergesehen. Lugowski wurde später, wie alle berichten, Nationalsozialist. Der einzige, wie Mrs. Dyer-Bennet sagte, dem sie darum die Freundschaft nicht kündigen konnte. Aber es hat die Freundschaft zwischen den jungen Männern doch zumindest gelähmt. Am 31. August 1935 schrieb Lugowski:

... und jedenfalls mag ich Sie nicht mit Ihrem Schlusswort, das an einem »guten Widersehen« zweifelt, nach Hamburg lassen...

und etwas später:

... wenn Sie wüssten, wie arg Sie daneben hauen, wenn Sie sich mich als »erfolgreichen (oder nicht erfolgreichen) Drahtzieher« vorstellen ...

So wenig über diese Freundschaften auszumachen ist, so ist man doch versucht, eine Parallele [60] zu manchen Oxforder Freundschaften zu ziehen, wo die »unbändige Lust zum Symphilosophieren« vielleicht ähnlich hervortrat, aber dann der Bewährung im Kampf gegen den Nationalsozialismus – allerdings aus ganz anderen Gründen – nicht standhielt. Lugowski ist 1942 gefallen.

Für die Herausgabe der »Politischen und journalistischen Schriften« Heinrich von Kleists hatte Adam schon am 25. September den »Waschzettel« für den Verleger fertiggestellt. Aber dann kamen die Komplikationen. Am 14. Oktober schrieb Herr Protte, er sei enttäuscht, die Sammlung hätte nichts zur Problematik der Gegenwart zu sagen. Adam möge sich umgehend mit Michael Freund in Verbindung setzen, diesem die Manuskripte übersenden und die Herausgabe mit ihm zusammen übernehmen. Adam war empört, wies alle derartigen Ansinnen zurück und schrieb:

... Im übrigen ist ja wohl die »Problematik der Gegenwart« keine feste Größe, weshalb ich mich in dem Vertrag selbstverständlich nur für die von mir selbst eingeleitete und im Sinne meiner eigenen Kleistauffassung ausgewählte Herausgabe verpflichtet habe. Ihr Vorschlag einer »gemeinsamen Lösung der Aufgabe« ist für mich aus diesem Grunde unannehmbar ...

Er schob dieses Zurückziehen seines Verlegers auf die Sorge, das Vorwort sei zu ausgesprochen in der Kritik der Gegenwart, weil der Hinweis auf die so ähnliche Lage Kleists unüberhörbar sei. Er bot sein Buch dem Sozietätsverlag an, erhielt aber am 1. November 1934 eine Absage. So war es gut, dass der Protte-Verlag einlenkte und nach manch neuen Schwierigkeiten und Verzögerungen wegen der politischen Natur der Einleitung das Buch im Sommer 1935 herausbrachte.

Der schmale Band fand viel Zustimmung. Bei der Lektüre der Kritiken fragt man sich, ob diese teilweise bewusst der historischen Parallele galt, die hier so deutlich hervorgehoben wurde. Für das »Berliner Tageblatt« stammte die – allerdings nur wenige Zeilen umfassende – Besprechung von Scheffer (Auskunft von Paul Leverkühn). Die Bedeutung, die diese Arbeit für Adam selbst hatte, erwähnt Helmut Conrad in seinem Brief [61] vom 21. Juni 1936:

> ... Du hattest recht, *schreibt er*, wenn Du sagtest, dass nicht nur die Entwicklung Kleists in dieser Einleitung zu finden ist, sondern eine wichtige Etappe Deiner eigenen inneren Formung dort zur Darstellung gekommen ist ...

Und etwas weiter unten:

> ... Im gewissen Umfange sind sie der Versuch einer Selbstrechtfertigung in einer bedrückenden und widerwillig ertragenen Isolierung ...

Ausflüge von Hanau

Wenn diese Isolierung auch auf lange Zeit hinaus nicht eigentlich durchbrochen wurde, so wurde sie doch durch viele freundschaftliche Begegnungen immer wieder gemildert. Anfang Juni z. B. verbringt er ein Wochenende in Heidelberg bei einer alten Frau Noll und ihrer Tochter, Freunden von Ingrid Warburg, und er schreibt an Diana von einer Odenwaldwanderung und vom Baden im Neckar und

> ... It is strange how two people's grievances can cancel each other at times ...[6]

Im gleichen Monat verbringt er mit Diana eine Woche in Pépinière, wohin sie über Straßburg gelangen.

> ... It was for him a true holiday, *schreibt Diana*, from the haunting problems of Germany and the sense of frustration. He laughed more than I can remember, made jokes about our fellow guests, drew absurd pictures and teased me and enjoyed the good food. He ran through the woods and lay in the sun, he taught me names of wild flowers in German and learnt them in English. As always, he had a couple of Balzac's novels with him. I had a glimpse of his exceptional capacity to enjoy life ...[7]

Freilich, bei der Rückkehr gerieten sie bereits in Mainz in einen Naziparteitag, der sie höllisch anmutete nach den Eindrücken dieser Ferienwoche.

Aber nicht nur zu Freunden und mit Freunden entflieht Adam von Hanau aus – so häufig nach Frankfurt zu der Familie Heyder und zu dem Physiker Bonhoeffer und seiner Familie; er fährt und wandert auch allein in Hügeln und Wäldern um Hanau und macht Freunde, wo er sie findet:

Adam von Trott mit Diana Hopkinson-Hubback in Karlsruhe, 1934

... we soon came to the third inn where I was to stay for the night. My friend was pretty drunk by then; I spent a most delightful evening with him [62] and a young forester who all (after a good deal of preliminary reserve) accepted my company very naturally. I learnt a lot about the district and the political temper of these people ... We drank cider, which tasted of timber and grass from the woods. Afterwards I went for a walk by myself through the village up the valley to another village ... I just saw the moon first gild a little patch of the horizon, and then up like a big blazing bowl of light – when I got home she was high up and smaller and cold amongst the more distant spheres of the stars. The houses looked charming with their lights going out one after the other and remaining content and safe in the very pale light of the icy night.

My bed proved much too short, but the room was heated and I went to sleep hearing the little brook flow past, beneath the house (yes, my room was built over it in some strange mediaeval way). Next morning, I was to go to church with the old carpenter (he said I looked as if I didn't go too often), but I overslept. He was a delicious old man with a wicked smile in his eyes and a very benevolent general bearing ...[8]

Und ein anderes Mal, als er erst spät aufbrechen kann, schreibt er an Diana:

> ... It grew very dark indeed and I lost my way, trying to fix my direction vaguely by the stars ... I encountered strange sounds and touches in the wood – a branch of a beech stroking past me, or a trunk of peeled wood across the path or deep mud under my feet suddenly. The sounds of the wood at night – the stampede of frightened deer when you feel every nerve of their limb in the dark, and the owl or birds frightened out of their sleep, very occasionally a barking dog in the distance ...[9]

Schließlich erreicht er ein schlafendes kleines Dorf – über verwunschene Märchenwiesen, durch Dickicht und Ebene – und findet sich fünf Meilen von Hanau entfernt.

> ... But it was a happy expedition ...[10]

Trotzdem aber heißt es in einem Brief an Diana Ende Juni 1934:

> My health is no good at the moment. I cannot eat, sleep or work properly, and I have lost a good deal of weight ...[11]

Kassel

Die Hanauer Station beendete Adam zum 1. August. Sein Antrag, nach Berlin versetzt zu werden, war abgelehnt worden; er hatte aber erreichen können, statt dessen nach Kassel gehen zu dürfen. Von dort aus konnte er wieder viel nach Hause fahren. Anfang August war Helmut Conrad in Imshausen. Helmut war durch die nationalsozialistische Machtergreifung auch persönlich bitter betroffen [63] worden. Er hatte fliehen müssen, plante dann, in Lyon in den Buchhandel einzusteigen. Adam vermittelte auch deswegen einen Antrag an den »International Student Service«. Schließlich kehrte Helmut doch zurück, konnte der Reihe nach die gegen ihn eingeleiteten Verfahren beilegen; die Wiederzulassung zum Studium gelang aber erst, als er sich an Graf Dohna in Bonn wandte, an den Adam ihn empfohlen hatte. Aber dann scheiterte das Examen an der Unmöglichkeit, ein politisches Führungszeugnis zu bekommen. In den folgenden Jahren war Adam immer wieder erstaunt über die Klarheit seiner Ansichten und über seine große Informiertheit trotz der aufgezwungenen Isolation im Dörfchen Waldersee, und er legte viel Gewicht auf Helmuts Meinung, seine Kritik und seinen Rat. Im August 1934 besprach er mit ihm den Plan eines Vortrages über nationalsozialistische und russische Wirtschaftsprogramme. Conrad schlug als Lektüre Otto Hoetzschs »Lenin« vor. Tatsächlich hielt Adam den »heiklen Vortrag« (Conrad) in der letzten Woche seiner Kasseler Zeit vor einer Diskussionsgruppe von Rechtsanwälten.

Er schrieb darüber an Diana:

> ... My Paper on Russia went off quite well. I think I really conveyed something of this fascinating subject. I had notes but couldn't use them because I got absorbed and spoke freely for 1 1/2 hours ...[12]

Es sind ein paar Absätze vom Schlussteil erhalten. Als Antwort auf die offenbaren Missstände in der Sowjetunion genüge nur eine inhaltliche Bestimmung andersartiger Wege und Mittel, auf denen die Volksgemeinschaft angestrebt werde.

Auf den Besuch von Helmut folgten Besuche von Diana, Ingrid Warburg, Isobel Henderson, der Witwe seines verstorbenen Freundes Charles, und von Shiela Grant Duff, die eine Woche in Kassel blieb. Ihre Tagebuchaufzeichnungen enthalten Schilderungen wie die folgenden:

> ... He is the only Referendar in Kassel who has refused to join any Nazi organisation. He has been asked his reasons for not joining and answered that the leaders themselves had said none should join except from conviction ... Though his promotion to Berlin has been refused – probably on these grounds – he has not otherwise suffered [64] for his opinion ... It may perhaps be the strength of family prestige which has saved him. In a provincial town his name, and in Kassel his appearance are sufficient to promote respect for him ... He certainly seemed to think the end was not in sight and had given up all thought of organising an opposition. It is clear he does not think such a thing exists ...

Helmut Conrad

> We walked through the old quarter of Kassel, formerly communist, and there some of the election notices had been torn down. Adam was full of admiration, very glad ... With the Nazis he can do nothing but wait and perhaps influence his own village. But most of all he wants to make it into a real community – communism, almost, on the land ...[13]

Was immer an Überlegungen hinter diesem letztgenannten Wunsch gestanden haben mag: eine gewisse Neuverteilung des Landes in seiner Gemeinde hat Adam tatsächlich herbeigeführt. Der Zweck war, den kleinen Bauern das dem Dorf nächstgelegene Land zu geben im Austausch gegen das früher an der Peripherie verstreute. Übrigens hatte er sich schon als Dreizehnjähriger erfolgreich der Not der neunköpfigen Familie des Schweizers Braun angenommen und durchgesetzt, dass sie bleiben durften; etwas später sorgte er dafür, dass ein Förster fließendes Wasser bekam.

Shielas Vermutung, sein Äußeres genüge, um ihm Respekt zu verschaffen, war allerdings zu optimistisch. So friedlich die Kasseler Zeit im Ganzen gesehen war, so genussreich das Wohnen bei Nolls in Kassel-Mulang, wo sein riesiges Fenster den Blick auf Park und Felder und bewaldete Höhen unter dem endlos sich wölbenden Himmel freigab – so unerfreulich wirkte sich die dienstliche Tätigkeit dort aus. Sein Ausbildungsleiter, Gemeinschaftsleiter Dr. Kessler, schrieb ihm ein Jahr später ein so negatives, »nahezu ehrenrühriges« Zeugnis, dass ihm sein Corpsbruder Rumohr riet, es unbedingt zu beanstanden. Immer wieder hat Adam sich darüber bei Hans von Dohnanyi Rat erbeten. Schließlich wurde das Zeugnis [65] ersetzt durch ein anderes, das gewisse Punkte wie »Milieu-Voreingenommenheit, Fehlen kämpferischer Eigenschaften, Anempfehlung an künftige Vorgesetzte zu besonderer Beobachtung« nicht mehr enthielt. Doch durfte auf ausdrückliche Stellungnahme des OLG-Präsidenten hin das alte, nunmehr durchgestrichene Zeugnis aus der Akte nicht entfernt werden.

Womit Adam sich diese schlechte Beurteilung zuzog, ist im Einzelnen nicht ersichtlich. Es mag sein, dass der Bericht über einen jungen Strafgefangenen aus dem Wehlheider Zuchthaus vom November 1934 dazu beigetragen hat. In dieser »Charakteristik eines Strafgefangenen« versucht er, die Staatsgefährlichkeit des jungen Mannes zu minimalisieren, andererseits aufgrund seines Lebenslaufs eine Gesinnungsänderung als – unter günstigeren äußeren Umständen – durchaus möglich hinzustellen. Es handelte sich um Hans Siebert, um den Adam sich dann jahrelang gekümmert hat, für den er (nach der Freilassung im Januar 1935) seine Familie, seine englischen und YMCA-Freunde befragte und bemühte, den er – während des Assessorexamens – zum zweiten Mal aus dem Gefängnis holte und mit dem er in Hamburg versuchte, durch gemeinsames Studium der Volkswirtschaft und politischen Philosophie für beide verbindliche Grundlagen zu erarbeiten. Der Erfolg war nicht überzeugend;

vielleicht hat er in Siebert hineingesehen, was er von ihm für die Zukunft erhoffte. Siebert verbrachte den Krieg in England, und Diana sagt, dass er später nach Ostdeutschland zurückgekehrt sei.

Dass Adams Plädoyers das Missfallen des Ausbildungsleiters erregten, wenn es sich um politisch gefärbte Prozesse handelte, mag auch vorgekommen sein. Vielleicht gehört die erfolgreiche Strafverteidigung Sieberts dazu, von der er am 27. August 1935 nach Hause berichtete.

Berlin 1934/35

Zum Dezember gelang Adam endlich die Versetzung nach Berlin, und durch die Vermittlung von Graf Albrecht Bernstorff konnte er nun auf seinem besonderen Interessengebiet [66], dem internationalen Recht, in einer angesehenen Anwaltsfirma am Pariser Platz arbeiten. Sein Chef, Paul Leverkühn, »ein allgemein geachteter, ein wenig hartnäckiger, aber freundlicher und kluger Hanseat« (Brief vom 17. Dezember 1934), schlug ihm später vor, sich nach dem Assessorexamen mit ihm zu assoziieren. Er wohnte so bequem wie nie zuvor in der Meiningenallee 15; die Wohnung war ihm von Arnold von Borsig, den er flüchtig kannte, während dessen Abwesenheit überlassen worden. Er war jetzt seit anderthalb Jahren wieder in Deutschland und bemühte sich nun in den Berliner Monaten intensiv, aus der hessischen Abgeschlossenheit herauszufinden und neue, tragfähige Verbindungen anzuknüpfen. Wiederum von Diana stammt die Schilderung der sehr verschiedenen Umwelten, in denen sich diese Suche vollzog. Da waren zunächst die Bewohner der Laubenkolonie, die an seinen Mietsblock angrenzte. Diana hat dort politische Gespräche miterlebt, die sich manches Mal bis in die frühen Morgenstunden erstreckten, und sie war beeindruckt von der großen Gastfreundlichkeit, die sie in diesen elenden Wohnverhältnissen bei Kerzenbeleuchtung fanden: wie Schwarzbrot, Heringssauce und Nussfett, die eigne Nahrung, selbstverständlich mit ihnen geteilt wurde. Dann erlebte sie politische Gespräche in der diametral andersartigen Umwelt der reichen jüdischen Gemeinde Berlins. Wieder andere Menschen stellten sich in dem Buchladen von J.P. Mayer ein, und wieder anders war der Umgang mit den jüngeren Mitgliedern des diplomatischen Corps. Es fällt einmal der Name von Gerry Young, der später auch nach Peking versetzt wurde, ein andermal berichtet Adam, dass er auch den englischen Botschafter kennengelernt habe. Er lernt einen Kreis von Journalisten kennen, »darunter einen überragend bedeutenden« (Brief vom 8. Februar 1935 nach Hause). Er trifft sich aber auch häufiger mit Corpsbrüdern und Studenten, mit denen er guten Kontakt gehabt hatte. Hier erwähnt er Friedemann Münchhausen besonders, vor allem aber eine Weihnachtseinladung nach Groß-Tychow, der Heimat seines Corpsbruders Kleist. [67]

Hinterpommern war ungemein interessant – wirtschaftlich, sozial, politisch, *schrieb er am 28. Dezember dem Vater.* Gestern Abend traf ich bei einem Diner eines Herrn von Rekowski eine ganze Anzahl echter Junker, meist Kleists, die auf mich einen nachhaltigen Eindruck machten. Sie waren in ihrer Art ungemein lebensvoll, anteilnehmend und gesund vernünftig. Einer von ihnen, der »Schmenziner-Kleist« – ein Vorbild eines echten Landedelmanns. Du wirst wohl von ihm gehört haben. Ich unterhielt mich eingehendst mit ihm.

Mit Ewald von Kleist-Schmenzin verabredete er sich von da an in regelmäßigen Abständen in Berlin (Brief vom 8. Februar 1935 an den Vater). Auf dem Rückweg von dem erwähnten Diner sagte Adam zu P.C. von Kleist:

Ich wusste gar nicht, dass es bei euch so vernünftige Menschen gibt.

Diese Art Feststellungen, für die Angeredeten immerhin befremdlich, pflegte er völlig naiv zu treffen, und sie haben seine Freundschaften auch niemals ernsthaft gefährdet. Es zeigt sich in diesem Fall ein offenbar übernommenes Vorurteil gegen die so genannten »Ost-Elbier«, dem, zu seinem eignen Erstaunen, der Boden entzogen wurde.

Noch im Dezember 34 hatte er die Genugtuung, in den Vorstand der Trottenstiftung gewählt zu werden. Aus dem Rhodeskomitee dagegen, berichtet er am 17. Dezember 1934,

... sind Bernstorff und ich herausgeworfen worden. Onkel Eberhard [*von Schweinitz*] war an dem fraglichen Abend zwar anständigerweise durchaus bereit, dieser Maßnahme zu opponieren, aber aus anderen Gründen nicht ganz imstande, es erfolgreich zu tun ...

Er gibt für diese Entwicklung keine Gründe an, wahrscheinlich war es brieflich nicht möglich. Um so erstaunlicher ist die Wendung, von der er am Ostersonnabend 1935 berichtet:

... Du hast von meinem Bericht, dass ich in das Rhodesauswahlkomitee gewählt und zum Sekretär der deutschen Vereinigung gemacht wurde, keine Notiz genommen. Es hat aber vielleicht mancherlei nicht unbedeutende Folgen für mich. Es hat unter anderem in dem – freilich kleinen – Kreis von Respektspersonen, die damit etwas zu tun haben, dazu beigetragen, dass ich in meiner Art ernst und nicht als etwas phantastischer Außenseiter genommen werde ... Ich werde mir zu Ende meiner Berliner Zeit einen kurzen Urlaub erbitten, um in England die Sache selbst in das richtige Geleis zu bringen, denn an dieser Bestätigung ist mir natürlich äußerst gelegen ... [68]

In England bestünden, so müsse er annehmen, gewisse Hemmungen, die merkwürdigerweise auf Schmidt-Ott zurückzuführen seien.

Adam von Trott
etwa 1935

Allein die Aufzählung all dieser verschiedenen Umwelten strahlt Unruhe aus. Dabei könnte sie noch beträchtlich verlängert werden durch Nennung besonders von Werner, dann der übrigen Verwandtschaft und schließlich der großen Zahl alter und neuer Freunde, die er traf und besuchte. Das alles weist bereits darauf hin, dass (wie er seiner Mutter am 27. März auf einer Karte schrieb):

> ... Trotz meines Hierseins: I lack essential in connections, i.e. I find few permanent friends. Perhaps that is expecting too much of this place ...[14]

Und am Ostersonnabend:

> ... Ich kann gar nicht sagen, wie unsäglich ich mich auf Imshausen freue ... Eure Stille und Schönheit des Gartens und der Wälder muten mich – gerade wegen meiner Krankheit, die ich auf die vergiftete Atmosphäre dieser Stadt zurückführe – an wie ein verlorenes Paradies. Aber es ist ja nicht verloren, und bald

werde ich ja, übervoll von all dieser Weltbewegtheit, dort sein ... Schreib mir bitte ein paar Zeilen, sie helfen mir immer einen festen, klaren Kopf behalten, wie es in diesen Tagen besonders not tut ...

Zu den »permanent friends«, die er dennoch fand, gehörten Frau Julie Braun-Vogelstein, die zweite Frau und Witwe von Heinrich Braun, Stiefmutter von Otto Braun, sowie ihre Nichte Hertha Vogelstein. Frau Braun nahm sich nicht nur seiner an – so kurierte er in ihrem Haus am Erlenweg in Klein-Machnow bei fürsorglichster Pflege seine neue Furunkulose aus –, sie half auch in großzügigster Weise notleidenden Freunden Adams und Werners. Damals erlebte Adam dort eine Aktion gegen Hertha mit und konnte sie einmal geistesgegenwärtig vor Vertretern der Arbeitsfront, die sie mitnehmen wollten, schützen. Doch bewogen solche Erlebnisse seine neuen Freunde, nach Amerika auszuwandern. Mit ihnen ging Hasso von Seebach, den Adam am Erlenweg eingeführt hatte.

Und eine andere Begegnung bedeutete ihm viel: An der Wende 1934/35 lernte er Wilfried Israel kennen, von dem er an Diana schrieb [69]:

... I have met a wonderfully brave and noble man, of whom I will tell you when you come ...[15]

Obwohl durch seine englische Mutter im Besitz eines englischen Passes, war Israel mehrfach in Gestapo-Haft gewesen. Er war allen Ersuchen, sein großes Kaufhaus zu arisieren, entgegengetreten und unterhielt eine weit gespannte Hilfstätigkeit; u.a. unterstützte er die Ausbildung jüdischer Auswandererjugend für Palästina. Erst 1939 verließ er Deutschland. Auf einem Flug von Lissabon nach England 1943, als er von einer dieser Missionen zurückkehrte, wurde sein Flugzeug abgeschossen. Was Adam und ihn zueinander hinzog, war nicht nur diese menschliche Haltung, es war vor allem auch die gemeinsame Leidenschaft für die politische Philosophie und schließlich die Liebe zur Kunst.

Israels Liebe zu China mag zu Adams Plan, nach China zu gehen, beigetragen haben. Im Sommer 1935 findet sich die erste Erwähnung darüber in einem Brief an Diana. Wilfried Israels Vertrauen in Adam, seine Hoffnung auf Adams politischen Einfluss in der Zukunft und seine Anteilnahme waren unerschütterlich – so sehr, dass er damit auch Vertrauen und Hoffnung anderer englischer Freunde unterstützte. David Astor sagt, dass er unweigerlich einen Anruf von Israel bekam, wenn irgendein Ereignis in Deutschland oder den besetzten Ländern die Möglichkeit zuließ, dass Adam damit in Verbindung stehe. Auf die Frage nach Gründen für solch tiefes Vertrauen meint er, dazu beigetragen habe sicherlich, dass Adam sich mit ihm noch im Sommer 1939 in aller Öffentlichkeit in Berlin habe sehen lassen.

Anfang Mai verließ Adam Berlin. Nach den langen Jahren des Auslandsstudiums und provinzieller Abgeschiedenheit hatte er sich mit großen Erwartungen in den Wirbel dieses riesigen Umschlagplatzes für Menschen und Meinungen geworfen. Sicherlich bekam er ein ganz neues Fingerspitzengefühl für die Kräfte, die am Werk waren. Aber eine Gruppe, der er sich hätte anschließen können, einen Ansatzpunkt zu praktischer politischer Arbeit [70] fand er offenbar nicht in der Form, wie er es erhofft hatte.

An dieser Stelle kann nur angedeutet werden, dass in dem bisherigen Bericht das Wichtigste nicht herausgekommen zu sein scheint. Es soll hier erwähnt werden, weil so verschiedene Freunde wie Conrad und Diana, von Kessel und Bley es vermissen.

Kessel schreibt, dass zu ergänzen wäre:

> Eine noch stärkere Betonung des Genialischen, d.h. des Himmelstürmens wie der Zerrissenheit seiner Studentenzeit. In dem Briefwechsel mit den Eltern ist das durch beiderseitige Rücksichtnahme schön und nobel abgedämpft, ein Biograph müsste aber mehr über die Unter- und Hintergründe wissen. [*24. November 1957*]

Diana meint wohl etwas Ähnliches, wenn sie sagt:

> I too found it terribly hard to get the sparkle of life into my writing about Adam. And perhaps both of us, being too discreet, leave out the »devil« that was in him. I mean by this something mischievous and daring and experimental.[16]

Bei den sozialistischen Freunden wird eine Seite des Mangels deutlicher beim Namen genannt. Das wieder steht in Bezug zu dieser Berliner Zeit. Conrad schreibt (14. Juli 1957):

> Auch müsste wohl das Untergründige und Konspirative in seinen Jahren unmittelbar nach 1933 etwas stärker betont werden. Ich besinne mich noch deutlich auf eine intensive sonntägliche Diskussion mit einem illegalen Berliner KP-Funktionär, den Adam im Hinblick auf meinen Besuch in Berlin eingeladen hatte. In Kassel ging die Verbindung zu dem inhaftierten Siebert so weit, dass Adam mit ihm die bekannten Anmerkungen Lenins zur Hegelschen Dialektik hinter Gefängnismauern diskutierte, wozu die deutsche Ausgabe dieses Werkes mit einem besonderen Tarneinband versehen wurde. Auch muss Adam zu dieser Kasseler Zeit sehr enge persönliche Beziehungen zu einer anarchistischen Gruppe unterhalten habe. Jedenfalls hat er mir Andeutungen in diesem Sinne im Sommer 1936 in Kassel gemacht. Ich werde versuchen, noch Leute ausfindig zu machen, die die politischen Verhältnisse in Kassel in den Jahren nach der sog. Machtübernahme noch aus eigener Anschauung kennen ... [71/72]

Curt Bley meinte ebenfalls, dass die Berichterstattung einseitig sei. Sein Beitrag wird das einmal aufzeigen können. Die große illegale Organisation, die er mit Küstermeier ins Leben gerufen hatte und die Vertreter aller sozialistischen

Kreise nichtkommunistischer Prägung umfasste, war im November 1933 gesprengt worden. Adam konnte sich also erst dann in diese Arbeit einschalten, als es sich vornehmlich um Hilfsaktionen für die 81 Verurteilten und ihre Angehörigen handelte. Eine Briefstelle vor seiner Abreise aus Berlin zeigt, wie stark er unter dem Eindruck der Erfahrungen des Freundes mit dem »Roten Stoßtrupp« stand, dass ein Widerstand auf breiter Basis unter den Bedingungen im Hitlerdeutschland nicht möglich war; dass es der entschlossenen Zusammenarbeit von Männern in Machtpositionen bedürfen würde, um den Verbrecherstaat zu stürzen. Anders sind die folgenden Sätze an Diana nicht zu erklären:

> ... There is a terrible veil of disappointment over these last days in Berlin. There is no doubt that this illness has only confirmed a frustration in my efforts here from which I would have suffered anyhow. Only perhaps a little less with the feeling, that I had done my best. I have not, as it is – so I have to resume the Kassel trial once more. I am not sorry I am leaving Berlin, but I am sorry to have failed here ...[17]

Oxfordbesuch 1935

Bevor Adam nach Kassel zurückkehrte, verwirklichte er den lange geplanten Besuch in England. Er war in London und Oxford und die Befürchtungen hinsichtlich der Entfremdung ehemaliger Freunde lösten sich wie Nebel an der Sonne auf:

> ... Man hat mich allgemein auf das freundlichste wieder aufgenommen, *schrieb er seiner Mutter am 17. Mai aus Balliol.* Ich kenne hier doch eine große Reihe wirklich befreundeter guter Leute, deren Herzlichkeit auch echt ist ... Gesundheitlich geht es mir erstaunlich gut – der völlige Wechsel hat Wunder gewirkt ...

Diana berichtet, er habe bei dem Warden von All Souls gewohnt und später bei Cripps. Damals habe er bereits großen Wert auf ein Gespräch mit R.H. Tawney gelegt. [73]

Kassel 1935

Nach dieser vierzehntägigen Abwesenheit musste er in Kassel die viermonatige Station »Großes Amtsgericht« absolvieren. Einige Mitjuristen forderten ihn auf, einen Vortrag zu halten über seine Reiseeindrücke aus England. Er schrieb dazu an Diana:

> My main political impression seems after all England's indecision in international affairs, fear of war, ultimate readiness to gratify the French and

change of attitude towards Russia. I shall find a few subtle reasons before I describe the internal position as a satirical contrasts to ours – I mean »Jubilee« and Conservative authoritarianism. It is very difficult to be inspired by English politics at the moment …[18]

Mit der Bemerkung über die veränderte englische Haltung Russland gegenüber bezog er sich auf den Französisch-Sowjetischen Pakt von 1935, meint Diana.

Während dieses Sommers erwähnt er wieder allerlei Besuche in den verschiedenen Briefen. Mitte Juli taucht Dick Crossman unerwartet bei ihm auf, am 27. Juli ist Hans Muhle bei ihm in Imshausen, der sich inzwischen in das Bank-Fach zurückgezogen hatte und dort recht erfolgreich war. Im August besucht ihn Diana, die bei dieser Gelegenheit auch die erste Begegnung mit Siebert erwähnt. Anschließend sind Diana und Jane Rendell (die von allen, auch Shiela und Miriam, besonders hoch geachtete und verehrte Freundin, die ein tragisches Geschick im Frühjahr 1939 zum Opfer einer unheilbaren Geisteskrankheit machte) in Imshausen. Im Juni erwähnt Adam, dass er mit dem Landeshauptmann von Pappenheim in Corpsangelegenheiten nach Göttingen fahren müsse. Aber auch von seiner Arbeit schreibt er in diesen Monaten etwas mehr. Sie bringt ihn in Berührung mit den Asylen für die Ärmsten der Armen und vermittelt dadurch Eindrücke, die ihn nachhaltig beschäftigen.

Anfang September schreibt er an Diana:

… The chief in charge of my ideological and political education read to me the statement he had handed in about me to the authorities. He stated that not only was my attitude to the ruling tendency a sceptical one, but also that this was due to my weakness in not being able to arrive at a new departure about events, and to the fact that I was scholarly rather than a fighting nature, lacking – though gifted in various respects – fundamental integration. [74]

No use, rising in protest against this charge – actually it will form the most important document in the exam next year. I hope to demonstrate to him one day what I consider a fighting nature to be …[19]

Nur wer ihn kannte, weiß, wie tief ihn solche Ungerechtigkeiten kränkten, ganz abgesehen von dem Element der Gefährdung, das sie enthielten. Auch Frau Braun erinnert aus jener Zeit: »He still considered renown and a high position as indicative of a man's merit.«[20] Und noch acht Jahre später, im Mai 1943, wo er endlich – aber »gegenüber definitiven anderweitigen Zusagen« nur als Legationssekretär – ins Amt übernommen wurde, wird er sich durch den »Gesichtsverlust« wie vor den Kopf gestoßen fühlen.

… Mein gestriger Brief klang gewiss allzu betrüblich, *wird er da seiner Frau schreiben*. Du weißt es sicher, ich schäme mich dieser Titelgeschichte durchaus, aber es steckt mir offenbar so im Blut und Nerven, dass ich die empörende Empfindung nicht los werde, man habe mit mir Schindluder getrieben – dabei ist doch nichts natürlicher als der ganze Vorgang mit Drum und Dran ...

Bei der Levantelinie im Hamburg

Wieso er auf den Gedanken kam, die vorgeschriebene Verwaltungsstation bei der Levantelinie in Hamburg zu absolvieren, ist nicht ganz klar. In Göttingen jedenfalls waren die Stellen schon vergeben, als er sich – zu spät – bewarb. In Hamburg verschaffte ihm ein ehemaliger Rhodesscholar, Dr. Harald Mandt, diese Stellung, und es mag sein, dass der Lebensstil und die Umgangsformen der weltoffenen Hafenstadt, deren Charakter manchen Besucher angelsächsisch anmutet, nach Norddeutschland gezogen haben. Auch waren alte Freunde dort: Warburgs z. B. und Helmut Boehncke und sein Schützling, Hans Siebert, der gleichzeitig dort in einer kaufmännischen Lehre stand. Auch Collins plante, ein halbes Jahr in Hamburg zu verbringen.

Es war wieder eine ganz andere Welt, und sein zunächst so zufriedener Bericht vom 22. September an die Eltern wirkt dadurch ein wenig wie ein Reisebericht über den Aufenthalt bei einem fremden Volksstamm:

> ... Es ist interessant, wie schnell man lernt, unter [75] dem Lärm zweier Schreibmaschinen und Telephone ungestört zu lesen und zu schreiben. Kaufleute sind ganz anders organisiert mit ihren Nerven – dabei sind sie (bis jetzt) freundlich, höflich und doch selbstbewusst. Ich könnte es mir schon ganz angenehm denken, hier in Hamburg, wenn auch nicht als Kaufmann, zu arbeiten ...

Am 28. Oktober heißt es bereits:

> ... On the whole I like the kind of people I met much better than the Berliners ...[21]

Natürlich zeigen sich auch Schattenseiten: Man gibt ihm keine lohnende Arbeit, wohl weil er eine Hälfte des Tages für Examensvorbereitungsarbeiten ausspart. So befolgt er die väterlichen Ratschläge:

> Such nur in Deinem Geschäft den Eindruck eines fleißigen jungen Mannes zu machen. Kaufleute neigen leicht zur Skepsis bei der Beurteilung von Fleiß bei andern ...

Und außerdem soll er möglichst gesellschaftliche Beziehungen zum Direktor der Linie herstellen. Daraufhin gewinnt die Tätigkeit denn auch wieder an Interesse, allerdings erlebt er seinen Sektor noch im November als »all one enormous mass of revolving commercial material with little relation to the actual making of it all ...«[22]

Fragen der Berufswahl

In den Briefen beginnen jetzt die Überlegungen über die engere Berufswahl nach dem Examen drängend zu werden und die Alternative: lehrend oder praktizierend? »Vita activa« und »vita contemplativa«, diese beiden in seiner Vorstellungswelt fest verankerten Begriffe, wollte und musste er in seinem Leben zur Synthese bringen. Und doch schien seit der Verweigerung eines politischen Berufs mit der Ablehnung als Regierungsreferendar die Alternative unumgänglich. Sah es nicht in der Wirtschaft so aus, als ob sie »unendliche Arbeitskraft ohne dauerhaftes Ziel und ohne wirkliche Bewährung verbraucht«? Andererseits schrieb er:

> Noch weniger freilich behagt mir ein kontemplatives Abseitsstehen – und am allerwenigsten der gegenwärtige Zustand eines dauernd weiter »lernen« Sollenden ohne Bewusstsein für welchen bestimmten späteren Einsatz ... [*an den Vater am 19. November 1935*]

Zunächst kristallisierte sich offenbar ein Plan stärker heraus, in die I.G. Farben als Wirtschaftsjurist einzutreten; durch den Syndikus, Ministerialrat Buhl, hatte er offenbar einige Beziehungen dorthin. Aber wie fern lag das seinen eigentlichen Interessen! [76]

In dieser Lage sucht er wieder nach einem

> ... Mentor, wie ich ihn mir in diesem modernen Gewirr von Tendenzen und Strömungen recht herzlich wünschte.

Der Vater sei sein Mentor »in allen grundlegenden, bleibenderen Dingen«, schreibt er ein Jahr später, solche, wie er sie jetzt brauche, kenne er nur in England. Unter diesen Umständen wird der Plan weitergekeimt sein, den er schon nebenher während der Berliner Zeit erwähnt hat, sich noch einmal ins Ausland, dieses Mal in den Fernen Osten, zurückzuziehen.

Freundschaften und Heiratswünsche

Unterdes lebte er auch das Hamburger Leben während der kurzen Monate intensiv mit. Er hatte viele maßgebliche Leute aus der Kaufmannschaft kennengelernt und auch Freundschaften geschlossen, von denen die zu einem hervorragenden jungen Juristen und seiner englisch-irischen Frau Chris ihm wirklich wichtig wurde. Peter Bielenberg ragte aus der Menge seiner Altersgenossen deutlich heraus und gehörte zu den Menschen, von denen man instinktiv viel für die Zukunft erwartet. Die Freundschaft der beiden jungen Männer sollte später, im Jahre 1939, zu Peters Berufswechsel führen, weil er – als Beamter des Wirtschaftsministeriums in Berlin – dem politischen Geschehen näher sein wollte. Peter gehört zu den Menschen, die eine Freundschaft unbedingt nehmen – man müsste zu Bildern aus dem alten Testament oder aus den klassischen Sagen greifen, um dafür einen Vergleich zu finden. Und mit Chris verband Adam die Liebe zu England und eine verwandte Art, politische und menschliche Möglichkeiten zu erfassen und zu nutzen. Bei ihnen hat er auch seine spätere Frau getroffen, die Tochter eines namhaften Hamburger Anwalts, die er auf einem Hamburger Fest im Winter 1935 flüchtig kennengelernt hatte, als sie noch Schulmädchen war.

Damals aber trug er sich noch mit ganz anderen Heiratsabsichten. Im Laufe der Jahre war die Faszination, die Shiela Grant Duff – die Freundin der Oxforder Jahre – auf ihn ausübte, immer stärker geworden. Wie ihn selbst, so beschäftigten politische Fragen auch sie leidenschaftlich. [77]

Als politische Journalistin war sie lange Zeit in Prag und kämpfte verzweifelt für die Unterstützung der Tschechen durch England; auch ihr Buch »Europe and the Czechs« diente diesem Ziel. Die eher männlich anmutende Wirksamkeit verband sich bei ihr mit großem weiblichen Charme und einer mitreißenden Vitalität. Eine Verbindung von zwei so starken und gegensätzlichen Persönlichkeiten zu diesem frühen Zeitpunkt wäre auch unter normalen Umständen problematisch gewesen. Das wird Shiela gespürt haben. Dazu kam, wie Adam ihr später aus Peking schrieb (20. Juli 1938):

> Neither of our characters makes it possible to base a permanent relation on mere emotional attachment ...[23]

Das, was sie trennte, wodurch Shielas Absage motiviert war, war die Politik. Für die Engländerin war, wie für fast alle Ausländer, »Deutschland« und »Naziherrschaft« zu einem Synonym geworden. Sie konnte nicht verstehen, wie sich Adam in Deutschland gegen die Nazis und doch für Deutschland einzusetzen bemühte. Sie sah die Dinge »schwarz oder weiß«, darin Adams Mutter sehr ähnlich. Zu den eigentlichen Schwierigkeiten gesellten sich überdies Verwirrungen, die durch Dritte entstanden waren. Er deutet sie seiner Mutter gegenüber an, die er ins Vertrauen gezogen hat (Ende Dezember 1935):

> ... What most worries me about Shiela at the moment is not so much her refusal but the fact that she has doubted my general honesty about things ... it hurts my pride and general peace to disappear in a cloud of confusion and suspicion. I must therefore remedy this before I can concentrate on any new difficulties ...[24]

Adam plante eine kurze Reise nach England mit einem Schiff der Levantelinie. Sie kam im allerletzten Augenblick nicht mehr zustande, offenbar weil die Einberufung ins Referendarenlager – entgegen seinem Antrag – nicht hinausgeschoben worden war. Das Werben um Shiela in seiner eigenartigen Ver-

Im Referendarenlager beim Essenholen, 1936

quickung mit den politischen Nöten und Aufgaben wird in späteren Briefstellen aus Peking 1938 uns noch einmal beschäftigen. [78]

Referendarlager

So zog Adam also als Längster unter ein paar Hundert Referendaren am 13. Januar 1936 in das Gemeinschaftslager »Hanns Kerrl« im Neuen Lager im Kreise Jüterbog ein. Er hatte Anlass, »new difficulties« mit gesammelter Aufmerksamkeit zu begegnen. Hinter ihm lag die schlechte Erfahrung mit dem Gemeinschaftsleiter Kessler in Kassel, mit dem er auch am 30. April noch eine »überaus unerfreuliche« Aussprache haben sollte. Außerdem hörte er am 28. Januar 1936, dass Siebert wieder verhaftet worden war. Entgegen aller Versprechen hatte sich dieser neuerlich politisch betätigt. Und auch in Imshausen hatte es im Spätherbst Aufregungen gegeben. Unvorsichtige Redereien eines Mitzöglings der jüngsten Schwester hatten zur Denunziation der Mutter geführt. Der Landrat konnte die Angelegenheit niederschlagen, aber es stellte doch eine Warnung dar. Adam bat seine Mutter daraufhin, die Bücher auffällig marxistischen oder jüdischen Ursprungs zu entfernen, aber gut aufzubewahren. Für den etwaigen Zensor fügt er die Erklärung hinzu: »They are indeed necessary for anybody who is seriously interested in their refutation.«[25]

(10. November 1935) Ein weiteres unangenehmes Auffallen hätte die übliche Beendigung seines Studiums praktisch unmöglich gemacht. Er hat sich also sicher sehr bemüht, im Lager einen »guten Eindruck« zu machen. Dabei half ihm zweifellos, dass er dieses Mal unter lauter Akademikern war, unter denen er sogar den späteren Examenskollegen Kohlstädt fand. Und es half ihm seine natürliche Kontaktfähigkeit, und ganz einfach (wie er an Diana schrieb):

> ... Sometimes it is not even a temptation but the obviously right expression of what one wants – to be happy like a child and to find others »really wanting« the same. But I do not fool myself and hope you don't misunderstand me. I am sure you don't ...[26]

Er schrieb hier einen Aufsatz von anderthalb Schreibmaschinenseiten über die »Zwischengeneration«, deren Beste er zu charakterisieren versucht. U.a. heißt es:

> Das Merkwürdige an ihrer Gemeinsamkeit scheint mir eine eigentümliche Ballung von Spott und Ernst in ihrem Wesen. [79] Und wer wollte ihnen die fast übertriebene Witterung für das Unechte, ihre Skepsis und Spottlust übelnehmen, die während all ihrer Jungenjahre so sehr am Platz war? ... Was nämlich verfängt bei ihnen, ist nichts anderes als der Bannkreis echter, sachgebundener Arbeit. Hier verstummt der Spott und man richtet sich auf den tragenden Zusammenhang ...

Der Aufsatz wirbt in jeder Zeile um Verständnis für diese Generation und um Achtung für ihre Haltung.

Während solche Überlegungen vielleicht auch von anderen Lagergenossen hätten angestellt werden können – und während er auch die physischen Anforderungen des Lagerlebens wie die andern absolviert (an einem Tag als Sechster von 56) –, so ist das, was über sein Verhältnis zu der Lagerleitung aus den Briefen sichtbar wird, gewiss für ihn eigentümlich. Zunächst einmal gelingt es ihm, Sympathie und Achtung zu erringen. Am 18. Mai (also später) berichtet er von der Juristentagung in Leipzig:

> ... The chiefs of the Jüterbog camp shook hands with me when we were all waiting in the demonstration which was a rather demonstrative gesture which I was pleased with as it happened in front of all my enemies in Kassel. This is a little childish ...[27]

Aber dann setzt er alles wieder aufs Spiel. Man erfährt aus zwei Briefen eines Georg Basner, offenbar des Schulungswartes des Lagers, dass Adam diesem irgendwie aufgeschlossenen und schriftstellernden Mann gleichzeitig mit einem Beitrag fürs Lagerbuch und einer Anfrage hinsichtlich seines Lagerzeugnisses den kleinen Aufsatz »Ein böser Traum« schickte. Das sieht nun allerdings nicht mehr nach Vorsicht sondern im Gegenteil nach einer Art Husarenstück aus; denn auf zwei Schreibmaschinenseiten gibt er hier getreulich einen eigenen Traum von einem Marsch zu einer Hinrichtung wieder. Er endet damit, dass er zwei Henker erblickt, von denen der eine, der jüngere, mit einer unbeschreiblichen Gebärde des Ekels an einer Flasche mit Menschenblut saugt. Die Erzählung erinnert an ähnlichen Szenen bei Ernst Jünger. Bei noch so gutem Kontakt mit diesem Schulungswart fragt man sich, wie er eine solche Darstellung in die »Höhle des Löwen« schicken konnte. Aber er wusste wohl, dass es gutgehen würde. Basner antwortet nur:

> »Der böse Traum«! [80] – Ja, lieber Trott, haben Sie sich da einen tollen Spaß mit sich geleistet oder was? Nach diesen Visionen müsste man für den Schreiber fürchten, oder – wenn er sich nicht zwischen Traum und Tag verrennt – gespannt sein, ob er noch mehr von solchem Spuk zusammengeträumt und geschrieben hat. Was soll denn der Kleist oder der E.T.A. Hoffmann dazu sagen? Ich schicke es Ihnen wieder, obgleich ich mir nicht einmal eine Abschrift machte, ich will es lieber lassen.

Und am 18. Juni 1936 endet ein weiterer Brief Basners mit den Worten:

> ... nachdem Sie nun schon mal mein Berater, Lektor und allerlei noch geworden sind ...

Assessorexamen

Nach dieser Lageretappe trennte ihn nur noch ein halbes Jahr vom Ausbildungsziel. Im März arbeitete er mit Kohlstädt in Göttingen für das Examen, dann musste er wieder nach Kassel. Im Mai findet man ihn auf der Juristentagung in Leipzig, er wohnt dort bei Bonhoeffers. Auf dem Rückweg bringt er den Vetter Ada von Unruh mit nach Imshausen, der inzwischen Professor für Luftrecht in Frankfurt am Main wurde. Er schickt eine Karte voraus, um den äußerlich unscheinbaren Verwandten, für den er selbst große Hochachtung empfindet, bei den Eltern anzumelden und für seine Anerkennung durch die Familie zu werben. Im Juni berichtet er von einem Besuch Helmut Conrads in Kassel. Beide machten dort ein YMCA-Essen mit. Wenig später sind auch Strongs wieder in Imshausen. Auch Shielas Besuch erwähnt er, und Kohlstädt bringt er mit nach Imshausen. Ende Juli schreibt er seine Klausurarbeiten. Aber gleich anschließend trifft er die eben Genannten noch einmal wieder: Shiela in Dresden, Helmut Conrad in Dessau und Diana auf der Durchreise in Leipzig. Dann aber kommt die große schriftliche Arbeit, die er in Kassel, im »Kurhaus Dr. Rohrbach« schreibt. Briefe an den Vater zeigen, dass er sich dessen Rat einholen muss. Anfang September ruht er dann ein paar Tage im

Trottenwald aus, wo der jüngere Bruder nach dem Abitur einige besinnliche Monate im Forsthaus Bellers verbringt. [81] So ungestört sind beide wohl nie wieder zusammen gewesen. Adam empfand eine warme, liebevolle Zuneigung zu diesem um neun Jahre jüngeren Bruder und hat sich oft Vorwürfe gemacht, ihm unter den schwierigen Verhältnissen, in die er hineinwuchs, nicht mehr Zeit zugewandt zu haben und ihn nicht spürbarer stützen zu können.

Dann aber musste er auch schon wieder nach Berlin, er brauchte den Repetitor dort. Anfang Oktober ist er noch einmal in Hamburg zu Fritz Schumachers Hochzeit und am 22. Oktober besteht er das Assessorexamen mit der Zensur »befriedigend«.

> ... I spent a wild night with a colleague and a carpenter in the north of Berlin and came home after four ..., *schreibt er an Diana, denn er empfand das Resultat als »bittere Enttäuschung«, die Bewertung seiner schriftlichen Arbeiten als ungerecht und berichtet dazu*: ... The examinors behaved very severely ... adding a lot of nasty and rude remarks before I quitted ...[28]

Einer der drei Beisitzer war ein Senatspräsident des neu gebildeten Volksgerichtshofes. Die guten Vorzeugnisse und das gute mündliche Examen hätten ihn vor dem »ausreichend« bewahrt. – Aber er wäre ja nicht unbedingt auf ein gutes Zeugnis angewiesen, meint er und die Hauptsache sei:

> ... dass ich nun endlich, endlich meinen eigenen Weg zur Arbeit finden will, muss, kann, darf und soll ... [*an den Vater am 23. Oktober 1936*]

und, wie die Mutter am 22. schreibt, dass der Vater »tief innerlich befriedigt« sei. »Darüber wirst Du Dich immer freuen«, schreibt sie, »wenn es auch ein großes Opfer war« – nämlich dies: dass er die juristische Ausbildung dem Vater zuliebe überhaupt beendete. [82]

Anmerkungen

1 »Es war wichtig für mich zu entdecken, dass Kinder und Erwachsene verschiedenen Welten angehören ...«

2 »... Ich wollte, ich wäre ein Schäfer ...«

3 Ich lehne grundsätzlich die Kategorien ab, auf denen diese englische Vorliebe für moralische Wertung aufbaut. Sie gründet sich auf die unerwähnte und nie offen ausgesprochene Grausamkeit in den sozialen Beziehungen, auf die große Inhumanität eines Systems, das hier immerhin infrage gestellt wird, wenn auch noch nicht sehr deutlich artikuliert.

4 »Adam stellte die Unzulänglichkeit des revolutionären Kampfes in England den großen Möglichkeiten in Deutschland [gegenüber]. In Deutschland lag für jene, die danach suchten, eine lebenswertere Zukunft und der größere Anreiz, eine echte europäische Revolution zu planen ... und genau das verwechselten seine voreingenommenen Kritiker mit einer Bewunderung für den Nazi-Staat ...«

5 »... Er führt wirklich das mönchischste Leben, das mir je begegnet ist. Er hat die Würde eines Jesuiten und die Empfindsamkeit des heiligen Franziskus. Er ist tatsächlich katholisch und hat teilweise polnisches Blut. Ich mag ihn jedesmal lieber ...«

6 »... Es ist merkwürdig, wie die schweren Sorgen von zwei Menschen sich gegenseitig manchmal aufheben können ...«

7 »... Für ihn waren das wirkliche Ferien«, schreibt Diana, »von den quälenden Problemen Deutschlands und dem Gefühl der Frustration. Er lachte mehr als je zuvor, machte Witze über unsere Mitgäste, zeichnete groteske Bilder, neckte mich und genoss das gute Essen. Er lief durch die Wälder und lag in der Sonne, er brachte mir die deutschen Namen von wilden Blumen bei und lernte sie auf Englisch. Wie immer hatte er einige Romane von Balzac bei sich. Ich bekam einen Einblick in seine außerordentliche Fähigkeit, das Leben zu genießen ...«

8 »... wir kamen bald zu dem dritten Gasthaus, wo ich die Nacht verbringen sollte. Mein Freund war da schon ziemlich betrunken. Ich verbrachte den schönsten Abend mit ihm und einem jungen Förster (der anfangs eine ziemlich große Zurückhaltung zeigte), die meine Gesellschaft ganz selbstverständlich akzeptierten. Ich lernte viel über die Gegend und das politische Naturell dieser Leute ... Wir tranken Apfelwein, der nach Holz und Waldgras schmeckte. Danach wanderte ich allein durch das Dorf und das Tal hinauf bis zu einem anderen Dorf ... Ich sah den Mond zuerst einen kleinen Flecken am Horizont vergolden und dann aufsteigen wie eine dicke funkelnde Lichtkugel; als ich zurückgekehrt war, stand er noch höher und war kleiner und kalt inmitten der noch ferneren Sternsphären. Die Häuser sahen anheimelnd aus mit ihren Lichtern, von denen eines nach dem anderen erlosch. Zufrieden und sicher blieben sie in dem sehr blassen Licht der eisigen Nacht zurück. Mein Bett war viel zu kurz, aber das Zimmer war beheizt, und ich schlief von Geräuschen des plätschernden Baches ein, der unter dem Haus verlief (ja, mein Zimmer war in einer seltsam mittelalterlichen Weise über ihn gebaut worden). Am nächsten Morgen sollte ich mit dem alten Zimmermann zur Kirche gehen (er sagte, ich sähe so aus, als ginge ich nicht allzu oft), aber ich verschlief. Er war ein netter alter Mann, mit einem spitzbübischen Lächeln in den Augen und von gutmütigem Wesen ...«

9 »... Es wurde wirklich ganz dunkel, und ich kam vom Weg ab, versuchte meine Richtung durch die Sterne vage zu bestimmen ... Ich erlebte seltsame Laute und Berührungen im Wald – hinter mir brach der Zweig einer Buche ab, oder ein entrindeter Holzstamm lag über dem Weg, oder ich hatte plötzlich tiefen Matsch unter meinen Füßen. Die Geräusche des Waldes bei Nacht – das Getrappel von aufgeschrecktem Wild, wenn Du jeden Nerv ihrer Glieder in der Dunkelheit spürst, wenn Du die Eule oder die Vögel, die aus ihrem Schlaf gerissen wurden und von Zeit zu Zeit auch das Bellen eines Hundes in der Ferne hörst ...«

10 »... Aber es war ein gelungener Ausflug ...«

11 »Meine Gesundheit ist zur Zeit in keinem guten Zustand. Ich kann nicht essen, schlafen oder richtig arbeiten, und ich habe eine gehörige Menge an Gewicht verloren ...«

12 »Mein Bericht über Russland ging ganz gut. Ich habe den Eindruck, dass ich wirklich etwas von diesem faszinierenden Thema vermittelte. Ich hatte Aufzeichnungen, aber ich konnte sie nicht benutzen, weil ich mich ganz aufsaugen ließ, und ich redete eineinhalb Stunden lang frei ...«

13 »... Er ist der einzige Referendar in Kassel, der sich geweigert hat, in eine Nazi-Organisation einzutreten. Er wurde nach seinen Gründen für sein Nicht-Eintreten gefragt und antwortete, dass die maßgeblichen Männer selbst gesagt hätten, dass niemand eintreten solle, wenn er es nicht aus Überzeugung täte ... Obwohl seine Versetzung nach Berlin abgelehnt worden war – vermutlich aus diesen Gründen –, hat er nicht auf andere Weise für seine Meinung leiden müssen ... Es mag vielleicht das hohe Prestige seiner Familie sein, das ihn gerettet hat. In einer Provinzstadt waren sein Name, in Kassel sein Auftreten ausreichend, um ihm Respekt zu verschaffen ... Gewiss schien er zu denken, dass ein Ende nicht abzusehen war, und er hatte jeden Gedanken daran, eine Opposition zu bilden, aufgegeben. Es ist klar, dass er nicht daran glaubte, dass so etwas existieren könne ... Wir gingen durch den älteren Stadtteil von Kassel, der ehemals kommunistisch gewesen war. Dort waren einige Wahlnachrichten von den Wänden herunter gerissen worden. Adam war voller Bewunderung und sehr froh ... Mit den Nazis kann er nichts machen, außer abzuwarten und vielleicht sein eigenes Dorf zu beeinflussen. Aber am allermeisten wünschte er sich, es in eine richtige, fast kommunistische Gemeinschaft auf dem Land zu verwandeln.«

14 »... Trotz meines Hierseins: Es mangelt mir entschieden an Beziehungen, d.h. ich finde wenig dauerhafte Freunde. Vielleicht hieße das auch, zuviel von diesem Ort zu erwarten ...«

15 »... Ich habe einen wundervollen, tapferen und selbstbewussten Mann getroffen, von dem ich Dir berichten werde, wenn Du kommst ...«

16 »... Ich fand es auch schrecklich schwer, in mein Schreiben über Adam einen Funken Lebendigkeit hineinzubekommen. Und vielleicht lassen wir beide, weil wir zu diskret sind, den Teufel aus, der in ihm war. Ich meine damit etwas Mutwilliges, Verwegenes und Experimentierendes ...«

17 »Da liegt ein schrecklicher Schleier der Enttäuschung über diesen letzten Tagen in Berlin. Kein Zweifel, diese Krankheit hat nur die Vergeblichkeit meiner Bemühungen hier bestätigt, unter denen ich so oder so zu leiden gehabt hätte. Nur vielleicht ein bisschen weniger, mit dem Gefühl, mein Bestes getan zu haben. Ich habe es nicht, das ist es. Nun muss ich die Kasseler Plage noch einmal auf mich nehmen. Es tut mir nicht leid, Berlin zu verlassen, aber es tut mir leid, hier versagt zu haben ...«

18 »Mein wichtigster politischer Eindruck besteht in Englands Zögern bei internationalen Angelegenheiten, seiner Angst vor Krieg, seiner letztendlichen Bereitschaft, die Franzosen zufrieden zu stellen und eine veränderte Haltung Russland gegenüber einzunehmen. Ich werde einige subtile Gründe finden, bevor ich die innere Haltung als satirischen Kontrast zu der unsrigen beschreibe – ich meine ›Jubiläum‹ und konservativen Autoritarismus. Es ist sehr schwierig, derzeit von der englischen Politik inspiriert zu werden ...«

19 »Der Hauptverantwortliche für meine ideologische und politische Erziehung las mir seine Beurteilung über mich vor, die er den Vorgesetzten übermittelt hatte. Er legte nicht nur dar, dass ich eine skeptische Haltung gegenüber der herrschenden Meinung habe, sondern auch, dass dies mit meiner Schwäche verknüpft sei, nicht imstande zu sein, zu einer neuen Einschätzung von Ereignissen zu gelangen. Dazu komme die Tatsache, dass ich mehr eine Gelehrten- als eine Kämpfernatur sei und – obgleich in mehrfacher Hinsicht begabt – zu einer vollständigen Integration nicht in der Lage.
Es hat keinen Sinn, Einspruch gegen diese Beurteilung zu erheben – de facto wird dies zum wichtigsten Dokument für das Examen im nächsten Jahr. Ich hoffe, ihm eines Tages zeigen zu können, was ich unter einer kämpferischen Natur verstehe ...«

20 »Ein guter Ruf und eine hohe Position galten ihm immer noch als bezeichnend für die Verdienste eines Mannes.«

21 »... Im ganzen mag ich diese Art Leute, die ich traf, viel lieber als die Berliner ...«

22 »eine riesige Masse rotierender Handelsware mit wenig Beziehung zur eigentlichen Herstellung ...«

23 »Beide unsere Charaktere machen es unmöglich, eine langfristige Beziehung auf bloßer emotionaler Zuneigung aufzubauen ...«

24 »... Was mich im Augenblick am meisten bei Shiela sorgt, ist nicht so sehr ihre Absage, als die Tatsache, dass sie meine generelle Ehrlichkeit über die Dinge anzweifelt ... es verletzt meinen Stolz und allgemein meinen Frieden, wenn ich so in einer Wolke von Verwirrung und Argwohn verschwinde. Ich muss das deshalb in Ordnung bringen, bevor ich mich auf neue Schwierigkeiten konzentrieren kann ...«

25 »Sie sind tatsächlich wichtig für jeden, der ernsthaft an ihrer Widerlegung interessiert ist.«

26 »... manchmal ist es nicht nur eine Versuchung sondern der offensichtlich treffende Ausdruck für das, was man will – so vergnügt zu sein wie ein Kind und andere zu finden, die ›eigentlich dasselbe wollen‹. Aber ich halte mich nicht zum Narren und ich hoffe, Du missverstehst mich nicht. Ich bin sicher, Du verstehst es nicht falsch ...«

27 »... Die Leiter des Jüterbog-Lagers schüttelten mir die Hand, als wir alle im Demonstrationszug warteten, was eine ziemlich eindeutige Geste war, über die ich mich freute, besonders weil es vor all meinen Feinden in Kassel geschah. Das ist ein bisschen kindisch ...«

28 »... ich verbrachte eine wilde Nacht im Norden Berlins mit einem Kollegen und einem Zimmermann und kam erst nach vier Uhr nach Hause ...« »... Die Prüfer benahmen sich sehr streng und fügten zahlreiche gehässige und grobe Bemerkungen hinzu, bevor ich wegging ...«

Reise um die Welt (1937–1938)

Vorbereitung

Die schwankenden Waagschalen, die sich einmal zugunsten einer juristischen Betätigung in der Wirtschaft und dann wieder zugunsten einer Lehrtätigkeit geneigt hatten, verharrten schließlich bei einem abgewandelten Plan der letztgenannten Art. Den Ausschlag hatte vielleicht eine Unterhaltung mit dem Staatssekretär von Simson gegeben, der gleichzeitig Aufsichtsratsmitglied bei den I.G. Farben war – dem Konzern also, den Adam besonders im Auge hatte. Seine Chancen seien nach etwas gereifterer internationalrechtlicher Erfahrung viel größer, meinte dieser. Zudem sei die Personalpolitik der Rechtsabteilung der I.G. alles andere als unpolitisch. Er würde daher den Eintritt in das Institut für Völkerrecht unter Prof. Bruns empfehlen (Brief an den Vater am 6. Oktober 1936).

Es ist nicht schwer zu verstehen, dass unter diesen Verhältnissen ein Start in Deutschland wenig Hoffnungsvolles barg und dass der lang gehegte und nebenher entwickelte Plan einer Studienreise in den Fernen Osten nun obsiegte, zumal völkerrechtliche Fragen im Mittelpunkt standen, die mit der Arbeit des genannten Instituts in Zusammenhang gebracht werden konnten. Mit der Gewährung eines Stipendiums in Gestalt des »postponed third year« durch den Rhodestrust rechnete er fest. In Peking bestanden ideale menschliche und arbeitsmäßige Voraussetzungen durch die Einladung von Gustav Ecke, in den Vereinigten Staaten wurde sein Aufenthalt teilweise durch Einladungen zu den Verwandten an der Ostküste ermöglicht und in Kalifornien durch die Einladung von Frau Julie Braun. So äußerte er sich über seine Zukunftspläne damals etwa folgendermaßen: Er wolle sich bei Prof. Bruns auf seine Arbeit in Ostasien vorbereiten – das vom Rhodestrust geforderte Buch solle möglichst als Habilitationsschrift in Deutschland später Verwendung finden –, und nach seiner Rückkehr werde er dann den Beruf eines Staatsrechtslehrers [83] anstreben, freilich die Möglichkeit offen halten, u.U. mit den neu gewonnenen Erfahrungen doch noch in die Wirtschaft einzusteigen. – Das aber schien in weiter Ferne zu liegen, und im Grunde hält er fest an seinem eigentlichen Beruf, wie es auch in einem Brief an den Vater aus dem Innern Chinas wieder zum Ausdruck kommen wird (7. September 1937):

> … Ob Du wohl das Gefühl hast, dass ich Dir mit diesem Reiseabenteuer ferner rücke? Ich würde das sehr bedauern, denn meine Meinung über unsere Verbundenheit, über die Tatsache, dass wir oder vielmehr dass ich es nach wie vor versuchen sollte, zu ähnlichem berufen zu sein – diese Meinung hat sich gegen früher vielleicht noch verstärkt, wenn ich auch praktisch nicht sehe, wo ich gebraucht werden kann …

Im November war er wieder drei Wochen lang in England, und bei seinem zweiten Besuch bei Lord Lothian gegen Ende der Zeit erfuhr er, dass sein Gesuch genehmigt worden sei. Dreihundertundfünfzig englische Pfund wurden ihm für die Weltreise zur Verfügung gestellt unter der Bedingung, dass er sich mindestens ein Jahr lang in China aufhalten würde und während des größeren Teils dieser Zeit einer chinesischen Universität angeschlossen sei.

Die verbleibenden Monate vergingen schnell mit Reisevorbereitungen. Er arbeitete am Institut für Völkerrecht und wohnte während der Zeit bei den Eltern seines Freundes Fritz Schumacher in Steglitz. Zweimal war er in Leipzig, um mit dem jungen Sinologen Eberhard, an den Prof. Ecke ihn verwiesen hatte, seine Reisepläne zu besprechen. Aus diesen Begegnungen erwuchs der Wunsch, später der Plan und endlich die Ausführung gemeinsamer Studien in China. Er suchte auch den früheren Botschafter in China an seinem Wohnsitz in Bayern auf und machte die verschiedensten Abschiedsbesuche: zwei Tage vor dessen Hochzeit war er z. B. noch bei dem von ihm so geschätzten Corpsbruder Ernst Friedemann von Münchhausen in Herrengosserstedt in Thüringen. Am wichtigsten waren ihm aber wohl die letzten Begegnungen mit Shiela. Im Sommer hatten sie sich in Kassel gesehen, ihretwegen war Adam im Juli nach Dresden gefahren. Einmal waren sie auch gemeinsam bei Albrecht Bernstorff [84] auf Schloss Stintenburg in Mecklenburg. Shiela erinnert, dass sie dort mit Bernstorff und seinem Freunde Wheeler-Bennett gemeinsam überlegten, ob und wie man den damaligen englischen Gesandten in Prag für die Widerstandsarbeit in der Tschechoslowakei einspannen könne (das Ergebnis war enttäuschend, da der Gesandte, Newton, außerordentlich vorsichtig und reserviert war). Nach dem Examen war Adam ihretwegen in Prag, und kurz vor der Abreise, im Februar, verbrachten sie einige Tage zusammen im Erzgebirge.

Abschied von den Eltern

Der einundachtzigjährige Vater ließ den Sohn ohne Klage ziehen, wenn es ihm auch bitter schwer wurde. Die Eltern sahen ein, dass es kaum eine andere Möglichkeit für ihn gab. Schon im Oktober hatte die Mutter geschrieben:

> Ich verstehe nicht, warum Du Vater so viele andere Möglichkeiten nennst, wenn Du sie eigentlich doch nicht ausnutzen möchtest …

und etwas später:

> Es ist merkwürdig, dass ich trotz aller Hemmungen und Bedenken doch unentwegt für den Reiseplan bin … Ich weiß, wie Du mir fehlen wirst – und trotzdem bin ich noch keinen Augenblick unsicher gewesen …

Die Beziehung zum Bruder Werner

Werners Bedenken gegen die Reise waren grundsätzlicher Art und wenn auch Adams Antwort nicht mehr vorliegt, so ist doch vielleicht hier der Ort, um an einem Beispiel zu zeigen, wie die Ratschläge (oder zu andern Gelegenheiten Forderungen) beschaffen waren, die Adam um die Welt und sein Leben hindurch begleitet haben.

> ... Ich glaube auch, dass im Rahmen Deiner bisherigen Lebensregelung ein zeitweiliger Ausbruch nicht zu vermeiden ist, *schreibt Werner am 10. Januar 1937.*
>
> ... Im übrigen wirst Du zugeben, dass ein Denken in großen politischen Zusammenhängen eine Wirklichkeit der Universalität Europas in einem übermechanischen Begriff voraussetzen muss, ja dass ein Denken in Analogien Deutschland-China absurd wäre, gäbe es jene nicht. Und es ist nun meine Meinung, dass diese Universalität nicht mehr in sondern nur noch gegen Europa gefunden werden kann, das aber bedeutet, dass es nicht möglich ist, sich in gesellschaftliche Gefüge einzureihen. Ist dieses also nicht möglich, dann – das [85] wirst Du mir zugeben – muss man sich vorerst auf einen möglichst kleinen Raum zurückziehen.
>
> Ich denke auch mit Sorge daran, dass Du die feudalistischen Momente, welche Du in Deutschland zur Zeit gefangen siehst und die Dir in England vielleicht schon zu erstarrt und leblos erscheinen und die ja zu Deinem Weltbild der Demokratie gehören, in der Verschlossenheit Chinas am ersten zu finden glaubst und zwar akkurat in einer solchen Dialektik zur Modernität stehend, wie Du sie brauchst, um im politischen Hause der Gegenwart leben zu können, ohne Deine Traditionen zu verraten. Hinzu kommt noch die vielversprechende Vitalität, die alles Fremde und Wilde an sich hat und zu der es alle zieht, die noch Ritterliches im Blut haben und die gerade Aristokraten in den Bann des Rousseauschen immer wieder gebracht hat.
>
> Aber da ich an dieses Land nüchterner Tiefe nicht mehr glaube, in ihm vielmehr einen romantischen Traum echter Solidarität erblicke, weil ich diesen Erdsturz von 33 für eine europäische Angelegenheit halte, für den Zusammenbruch des christlichen Europa, der christlichen Politik, folgenschwerer noch als die franz. Revolution, weil ich in ihm auch die durch die ihr vorausgehende englische Revolution versuchte Verzögerung der französischen Katastrophe endgültig gescheitert sehe, darum sehe ich mit größter Sorge in Deine Zukunft, die Zukunft eines modernen Don Quichote.
>
> Es ist mein Herzenswunsch, dass Du dieses in den nächsten zwei, drei Monaten noch einmal in der Stille bedenken mögest, wenn es in Marburg nicht sein kann, dann ganz in der Stille in Bellers. Auch bitte ich Dich dringend zu bedenken und zu prüfen, ob Deine privaten Motive schon genügend sich in die

> allgemeinen gebunden haben, dass Du aus beiden handeln kannst und sie nicht sich gegenseitig zum Lückenbüßer machen. Es ist das bei der Fragwürdigkeit Deiner politischen Position, die ja darum Deinem privaten Leben jene innere Fassung und Form nicht zu geben vermag, aus der man Privates als ein Vorläufiges [86] und sehr Bedingtes allein regeln kann, kaum anders möglich. Du musst so zwischen einer Über- und Unterschätzung des Privaten hin und her schwanken. Beides wird sich zu vergewaltigen versuchen ... Ich sehe wohl, dass Du diesen Antagonismus – der ja im Grunde der Antagonismus der christlichen Demokratie ist – nur in der Gesellschaft lösen kannst, die Du haben willst. Aber nimm es Dir bitte zu Herzen, dass ich an die potentielle (im Sinne Bismarcks: Politik ist die Kunst des Möglichen) Realität dieser Gesellschaft nicht mehr glaube.
>
> Ich weiß nicht, wie schwer meine aus meinem vierunddreißigjährigen Leben erwachsene Überzeugung Dir wiegt, wenn sie Dir nur so schwer sein möchte, dass sie es Dir unmöglich macht, allzu schnell und schon im nächsten Monat davonzufliegen.

Werner lebte damals jung verheiratet in Marbach bei Marburg und schrieb an seiner Dissertation. Der Brief lässt das ganze Gewicht seiner Argumentation spüren, die mit unfehlbarer Sicherheit die schwachen Stellen im Lebensbau des andern erfasste und leidenschaftlich von hier aus Umbruch und gemeinsamen Neuaufbau erstrebte. Doch da die Verwertung seiner Einsichten an das unbedingte Mittun von Freunden gebunden war, die sich in ihrer eben anderen Struktur und anderen Lebensverhältnissen in Wirklichkeit nicht akzeptiert fühlten, wurde die Brücke niemals so geschlagen und die Synthese nie so gefunden, wie es dem »Herzenswunsch« und dem sowohl innigen als auch von Werner so oft unduldsam und gewaltsam geführten Bemühen entsprochen hätte.

Der tragende Grund des Verhältnisses zum älteren Bruder scheint durch in einer Briefstelle an die Mutter aus Peking vom Sommer 1938:

> ... Mir ist es nicht gegeben – wie ich immer mehr sehe –, auf dem Feld der Ideen einen dauerhaften Beitrag zu liefern. Aber Du darfst nicht den schweren Fehler begehen zu meinen, dass ich, mit wenigen einfacheren Grundgedanken – mit denen Werner auch übereinstimmen dürfte – [87] bis in die Gestaltung der täglichen Erfahrungswelt vorzustoßen versuchend, eine an sich wertvollere Aufgabe vollbrächte als er, indem er diese Grundgedanken unseres Handelns und Glaubens zu einer umfassenden Klärung bringen will. Er versucht das Schwerere und hat darum ein Recht, jede vorläufig sich verfestigende Orientierung abzulehnen.

Aus diesen Sätzen, die aus konkretem Anlass geschrieben wurden, geht hervor, dass er Werner wie selbstverständlich den (beanspruchten) geistigen Vorrang zuerkannte. Das konnte aber nicht verhindern – wie Curt Bley betonte, der nächtelange Diskussionen der Brüder miterlebte –, dass sie in ihrer so verschiedenen Art mehr oder weniger unbewusst Rivalen waren. In der von Verantwortungsgefühl geladenen Atmosphäre des Elternhauses drängte sich ihnen – wie Bley meint – unausgesprochen der Wunsch auf, dem Vater gegenüber bestehen zu können, jeder auf seine besondere Weise und auch dann noch, wenn die politischen Überzeugungen des Familienoberhauptes längst nicht mehr die ihren waren. Wie hart dieser Kampf dem heranwachsenden jüngeren Bruder schien, zeigt die kleine Geschichte, die mit der jungen Tanne neben der jungen Buche verbunden ist, die eng aneinander gedrängt in gleicher Höhe am Rande des Eckardtberges oberhalb Imshausen zum Licht strebten. Adam identifizierte als Jüngling jeden von beiden mit einem dieser Bäumchen, und wessen Bäumchen dem andern im Wachstum voraneilen würde, der würde – dem Wahrzeichen zu Folge – sich auch im Leben durchsetzen. Als ich die Bäume sah, durchfuhr mich ein erstes Vorgefühl seines frühen Endes. Sein Baum drohte zurückzubleiben. Adam schien es damals nicht einmal mehr zu bemerken. Zu Anfang des Krieges gehörte die Geschichte mit ihrer Fragestellung längst der Vergangenheit an.

Wie sehr ihn dieser Umgang und diese Nötigung zur Behauptung geprägt haben, könnte man unschwer an seinem Verhalten und an zahllosen Situationen und Entschlüssen aufzeigen. Die Erlebnisse in China hatten dann etwas Lösendes und verhalfen ihm u.a. dazu, der eigenen Natur mit mehr Zutrauen zu folgen und zwischen sich und den Anforderungen und Theorien anderer mehr Distanz einzulegen. [88]

Auf die Argumente gegen die Chinareise findet man später indirekte Antworten in Briefen an die Mutter aus Peking (29. Juli 1938):

> … Wenn man nicht alleiniger Herr auf sicherem Besitz zu sein zufrieden ist, sondern wie Werner auf seine Mitmenschen einzuwirken bestrebt ist, so hat man die Pflicht bzw. ist man notwendig gezwungen, die eigenen Ideen auf eine mitteilbare, d.h. auf allgemeine Rücksichten bezogene Weise zu entwickeln und durchzukämpfen … Du hast recht, wir sind nicht in die Welt gestellt, um ihr den Rücken zu kehren, und die Welt besteht nicht nur aus der »heutigen Zeit«, die man in Grund und Boden zu verdammen das Recht erst hätte, wenn man in sich die positive Satzung einer besseren Zeit in wirklicher Auseinandersetzung mit den Dingen hervorzubilden begonnen hätte …

Und ungefähr zur gleichen Zeit schrieb er an den jüngeren Bruder Heinrich, der in die Wucht der Auseinandersetzung hineingeraten war. Adam befasst sich hier mit einem Aufsatz Heinrichs über das Ritterliche (der nebenher erwähnte »Sumpf« erinnert an die so benannte Zeitschrift, die Werner von Trott und Kütemeyer vor 1933 herausgaben):

> … Ebenso wie (wenn wir das etwas romantische Bild des Ritters auch für heute festhalten wollen) zu diesem auch »Tod und Teufel« gehören, und zwar nicht nur im heimatlichen Erleben, sondern in der Welt selbst – wie zu Siegfrieds, natürlich symbolischer, Unverletzlichkeit das Drachenblut (und nicht der Schlamm oder »Sumpf«) –, so ist die »Burg« nur für das Jünglingsalter auch die Welt. Hernach muss doch festgehalten werden, dass die eigentliche Arbeit draußen liegt und daheim nur die Rast davon, die Erziehung und Besinnung dazu in der Jugend und das Ausruhen im Alter gefunden werden kann …

An Diana betont er wieder ein anderes Element:

> … He does not understand the Anglo-Saxon part, the English, and thinks my attitude to them is one of self-indulgence and a dissipation of the spirit, which he now thinks ought to be cultivated in renewing the old ties to the land … but … it is reactionary to slacken one's grasp and evade responsibility for what goes on in the towns, which does determine our fate … as yet his way cannot be mine …[1]

Aufbruch: Paris und England

Am 19. Februar verließ er Imshausen, am Sonnabend, dem 20., traf er Heinrich, der dazu vom Arbeitsdienst beurlaubt war, in Frankfurt, besuchte noch Reifenberg, Welter, [89] Schotthöfer und Ada von Unruh und war am 21. in Paris. Dort schlenderte er allein durch Straßen und Museen, sah und sprach aber auch zahllose Menschen – von André Siegfried bis zu Josephine Baker –, fuhr mit Ulrich Schmidt-Ott durch den Bois de Boulogne bis nach Versailles, hörte an der Sorbonne eine Vorlesung über Taoismus und traf am 23. die verspätet aus Spanien eintreffende Shiela, die sich in Francos Machtbereich um Aufklärung des Schicksals politischer Gefangener bemüht hatte.

Dann ging es nach England. Als Adresse bis zum 27. hatte er »The End House«, die Wohnung seines Studienfreundes Werth angegeben. Das Wochenende verbrachte er bei dem gastfreundlichen Mr. H.N. Spalding in Oxford; gleichzeitig fand die offizielle Verleihung seines B.A. statt. Danach wohnte er, bis zur Abreise, bei Lady Astor in London, die ihn großzügig mit Mantel, Hut und Anzug ausrüstete und mit der er sich, wie immer, gut vertrug. Er hatte, wie Diana berichtet, lange Gespräche mit R.H. Tawney, erwähnt ein Mittagessen mit David Cecil an seine Eltern; im Übrigen aber spricht er nur von den vielen Freunden und Bekannten, die ihm, obwohl so beschäftigt, zum Teil nicht weniger als zwölf eigenhändige Einführungsschreiben mitgegeben hätten. Besonders diejenigen der Cripps, Lord Lothians und Astors haben ihm wertvollste Begegnungen ermöglicht und den Grundstein zu künftigen Freundschaften gelegt.

Über Sinn und Art seines Reisens

Im Grunde hatte Adams Reisen viel mit dem Reisen der Handwerksburschen gemein. War doch das Handwerk, dem er sich verschrieben wusste, allen Hemmnissen zum Trotz der Staatsdienst. Und wie ein »fahrender Gesell« sich durch die Ausübung seines Berufes ernährt, so öffneten sich ihm die Türen und die Menschen und flossen ihm die Informationen zu: nicht nur auf Grund seiner »Beziehungen« und seines »Auftretens« sondern vor allem, weil er richtig fragen konnte. Weil das, was er gelernt und sich erarbeitet hatte, als Grundlage für alles weitere taugte. Die Geschwindigkeit [90], mit der er die Zusammenhänge erfasst und die schwierigen staatspolitischen Probleme analysiert, fällt allgemein auf. Diese Fähigkeit lässt auch der Bericht über seine Amerikareise erkennen, den er allerdings seiner Mutter gegenüber »unangenehm journalistisch« nannte und der ihm viel Mühe machte, weil es nach den sieben Wochen an der Ostküste und knapp zwei weiteren in Kanada und dem Mittelwesten unmöglich war, etwas zu berichten, was den diplomatischen und sonstigen Vertretern etwa bisher entgangen wäre.

Doch der Gewinn der Wanderjahre liegt ja vor allem in dem, was er später so ausdrückte:

> ... Going round this world does something to one ...[2]

An Diana schrieb er aus dem Mittelwesten:

> ... Travelling really is a very good thing if properly done. It makes you grateful for living at all ... The wonder of life, pure and simple, going on all over the place while always different yet the same everywhere, tends to give you a better sense of the relative minuteness of your private pains and troubles ...[3]

... und über die dieser Reise zu Grunde liegende tiefste Erwartung:

> ... I have also read some Kierkegaard again on this trip. He answers some of my most profound dissatisfactions with Hegel. And he will enter into my final criticism of this philosophy that is taking so many years. You see I am substantially not versatile and there is one thing at the core of my mental jerks that must be worked out clearly before all the rest will emerge from the turmoil ...[4]

Und es konnte auch nicht ausbleiben, dass seine politischen Anschauungen auf dieser Weltreise sich klärten und zurechtrückten:

> ... One begins to see Europe as a whole from this detached angle in a curious sort of way – as if really the same problem is at stake in all our countries and all our governments inadequate to deal with it in a different degree rather than in substance ...[5]

Amerika: Menschen und Meinungen an der Ostküste

Adam erreichte New York etwa am 10. März; sein alter Freund Josias von Rantzau erwartete ihn zusammen mit Ingrid Warburg am Pier. [91] Er besuchte Frau Braun, wohnte bei den Verwandten seiner Mutter: William und Louise Schieffelin und später bei dem Vetter Theodore Taft. Sie alle nahmen sich seiner auf das freundlichste an. Durch Vermittlung des damaligen Generalsekretärs des YMCA, Dr. Visser 't Hooft, lernte er den Theologen Reinhold Niebuhr und den Führer der christlichen Weltstudentenbewegung, Francis Miller, kennen; durch Vermittlung Lord Lothians war er bereits im November an Mr. Edward (Ned) Carter verwiesen worden, den Direktor des »Institute of Pacific Relations« (IPR). Ihm hatte er bereits im Dezember 1936 einen langen Brief mit der Bitte um Beratung bei seinen Studienabsichten in China geschickt, und in ihm fand er einen ungewöhnlich wohlwollenden, gütigen Förderer und Berater, der ihm nicht nur in seinem Institut sondern – wie von Seebach berichtet – z. B. auch in Washington sonst unzugängliche Türen öffnete. Dem Ehepaar Cripps verdankte er die Begegnung mit Roger Baldwin:

> ... he is a really delightful person, *schrieb er an Diana*. He thinks one should live every minute of one's life to the full and acknowledge it as something original and experience it directly with no preconception. He has the eagerness of a wild animal in his eyes, and is the friendliest, most encouraging soul I have met for a long time ... I haven't been so nearly happy for a long time ...[6]

Und ein andermal, in anderem Zusammenhang, schreibt er über den Charakter der politischen Betätigung seines Freundes an Shiela:

> ... My friend Roger Baldwin who is the head of the civil liberties' union was put in prison and hounded like a public enemy on other occasions because he insisted on the reality rather than high flown quotations of human rights, liberty and justice ...[7]

Auch mit Baldwins Frau Evelyn, die – wie Diana – einmal Sekretärin Ellen Wilkinsons gewesen war, und mit den beiden kleinen Söhnen schloss er herzliche Freundschaft. Ein besonders schönes Wochenende verlebte er mit ihnen auf ihrem Besitz in einem alten Indianertal, inmitten bewaldeter Berge, zwischen Fluss und Bächen, merkwürdigen Tieren, seltsamen Siedlungen der »Jackson Whites« und unter den ersten Anzeichen des kommenden Frühlings. Alles ging dort fröhlich, einfach, urwüchsig zu [92].

Baldwins Eindruck von Adam zu jener Zeit ist in einem Brief festgehalten, den er seinem deutschen Freunde nach China schrieb:

> You are, I think, doing the only thing Westerner can do in China, cultivating your own outlook and loyalties in a world that demands the hardest kind of decision of any of us. And for a young man confronting a life in Germany of all places, your decisions are vastly more painful than ours here in a country where democracy and capitalism still function with enough power to give us what passes for freedom. We need have no reservations anyhow, however little any of us can do to affect historical processes. You have an unusual independence of thought and feeling and the courage to follow where your mind leads. Whatever you do, whatever direction you take I shall respect it and know it is right for you. Humour is a great asset in understanding, and you belong to that universal class, found in all lands, who see things whole, historically, with vision. Nationalism to us is an illusion for the masses, a tragic and terrible force, to be transformed one of these days into an internationalism of the sort we sense and live … [*4. August 1938*].[8]

Aber auch die Verwandten gefallen ihm zum Teil sehr gut. Vor anderen ist es Margery Osborn, bei deren Eltern auf dem Land am oberen Hudson er ein weiteres Wochenende verbringt. Margery ist fast so lang wie er, und er meint, dass er zu den ersten Menschen gehöre, mit denen sie außerhalb ihrer Familie Umgang gehabt habe. Als sie im Lokal zu Mittag essen, sagt sie auch dort das Tischgebet wie zu Haus. Sie zeichnet hübsch und eigenartig, und er schreibt über sie:

> … she has a very fine grasp of things though it is extraordinarily unsupported by experience. I confess I loved her at first sight …[9]

Er brauchte die Zuneigung und das Vertrauen all dieser Menschen, denn schon von dieser ersten Weltreise musste er berichten [93]:

> … I have sensed an awful distrust against me over here, which I suppose is only natural in the present international situation and which I was protected against to an enormous extent by my personal friends in England. More and more you are either an émigré or a Nazi, and as neither of them are you liked …[10]

Adams ungewöhnliches Interesse an staatspolitischen Vorgängen und Problemen im Gastland, das auch im Bericht die erste Stelle einnimmt, legte vielleicht die Frage nahe, zu welchem Zweck und Ziel er sich so intensiv zu informieren suchte. Dieses Misstrauen konnte nur im Ausland aufkommen, und neben herzlichster, freundschaftlicher Zustimmung musste er ihm überall begegnen. Ein Freund seiner zweiten Göttinger Zeit, Franz Golffing, den die Hitlerzeit in die angelsächsischen Länder verschlug, meinte zudem, dass Adams Unmittelbarkeit und rückhaltlose Offenheit und Zuwendung dort etwas so Ungewöhnliches seien, dass die für Deutsche überwältigende Integrität drüben nicht so leicht nachfühlbar sei (Gespräch in Berlin am 18. Juli 1957). Countess Patricia Russell (Peter Spence) schrieb Ähnliches im November 1945:

> In England clever young men affect a nil admirari attitude – are full of defensive attitudes. But Adam was so simple and frank and had such a gift for intimacy that, although I saw him so seldom, we talked without disguises and with complete sincerity …[11]

An Ada von Unruh verfasste er von Kalifornien aus seine Eindrücke von den bereisten Städten und Gebieten zusammen (Washington, Philadelphia, Boston, New York – über einen Monat –, Montreal, Ottawa, Toronto, Chicago, Kansas City, Los Angeles) und schrieb:

> … Obwohl sich unter Roosevelt eine sehr markante Tendenz zum Zentralismus angebahnt hat, darf man die Bedeutung Washingtons für die Gesamtstaaten nicht überschätzen, die in legislativer und administrativer Beziehung doch mit wenigen Ausnahmen ein starkes, vom »big business« gesteuertes Eigenleben führen – daher auch der leidenschaftliche Widerstand gegen Roosevelts Absicht, die auch für die Einzelstaaten maßgebliche richterliche Gewalt des »Supreme Court« unter seinen Einfluss zu bekommen. Es ist ungemein aufschlussreich zu beobachten, [94] wie an dieser alle Gemüter bewegenden Streitfrage die Grundfragen des hiesigen Verfassungslebens aufgerollt werden. Man bezeichnet es als die seit dem Bürgerkrieg kritischste Phase der amerikanischen Verfassungsgeschichte …

In dem schon erwähnten Bericht schildert er, wodurch diese Entwicklung eingeleitet wurde, besonders eben die lawinenartig anwachsende Gewerkschaftsbewegung unter Lewis mit den ihr innewohnenden politischen Gefahren, die aufgefangen werden mussten. In Hinsicht auf die Durchführung der Rooseveltschen Reformen mache sich das Fehlen eines ausgebildeten Berufsbeamtentums verhängnisvoll bemerkbar. Die besten der jungen Leute gingen in die Wirtschaft. Dem neuen Typ des Brain-Trust-Beamten ständen »beneidenswerte Chancen« offen (bemerkt Adam, dem solche in seiner Heimat versperrt sind). Aber auch sie wechseln von der Verwaltung häufig in Universität und Journalismus hinüber und herüber.

Die eigentliche »Ursache für eine durchgehende Unsicherheit und eine unverkennbare Verwirrung der Maßstäbe im öffentlichen Leben Amerikas« sah er jedoch im Fehlen einer neuen staatspolitischen Sinngebung:

> … Der hier instinktiv jedem zugebilligte, unbeschränkte Aufstieg zu Besitz und Macht bildet, mit einem gewissen wohlmeinenden Freibeutertum verbunden, den Maßstab der staatsbürgerlichen Tüchtigkeit. So vertrug sich mit der absoluten Herrschaft der wirtschaftlich Erfolgreichen ein primitiver Glaube an das

demokratische Prinzip, um das sich die moralischen, sozialen und politischen Begriffe kristallisierten. Heute dagegen ist man dabei, diese »Pionier«ethik über Bord zu werfen, ohne bisher eine andere an die Stelle gesetzt zu haben …

Ein paar Seiten weiter liest man:

… Ich hoffe aber, an den Universitäten die innere Richtung der zukünftigen amerikanischen Staatspolitik, als an der Lehrstätte ihrer wahrscheinlichen zukünftigen Leiter, noch deutlicher verstehen lernen zu können … Ich besuchte Columbia, Washington, Pennsylvania, Cornell, Harvard, Chicago, Los Angeles, Stanford und Berkeley University … Gegen früher wird zwar überall eine sehr viel stärkere Anteilnahme an den Fragen der politischen Entwicklung des Landes konstatiert … An statistischen Materialsammlungen, neuen Versuchen auf dem Gebiet der Soziologie und der Nationalökonomie fehlt es gewiss nicht. Aber was im gegenwärtigen Stadium Amerikas von wesentlicher Bedeutung wäre: eine Lehre, geeignet, [95] den Bruch zwischen dem alten Kolonialindividualismus und den an sich schon klar gefühlten, auch gesetzgeberisch schon gestalteten, modernen Verantwortungen in eine echte persönliche und politische Ethik umzuschmieden – eine solche Lehre gibt es an den amerikanischen Universitäten nicht … Außer bei den Juristen in Harvard habe ich aber fast überall den Eindruck von Pessimismus oder Gleichgültigkeit mitgenommen. Es ist nicht ganz abwegig zu vermuten, dass dies zum Teil auf die Abhängigkeit der Universitäten von Wirtschaftskreisen zurückzuführen ist …

Der vom Allgemeinen abweichende Eindruck von Harvard datiert von einem

very delightful weekend at Harvard, where I met Salvemini, the Italian anti-Fascist, whom I loved, and the Frankfurters (Roosevelt's adviser) whom I liked … [*an Diana*].[12]

Auch Elsa Brandström-Uhlig lernte er dort kennen. An Ada von Unruh berichtet er von einer Reihe von »lehrreichen Unterhaltungen« mit Prof. Frankfurter, dem gleichen, der ihn 1939 offenbar so verhängnisvoll missverstehen und seine Mission zunichte machen sollte.

Der Versuch in Chicago, in der Philosophie des Aristoteles ein Zentrum zu finden, leuchtete ihm nicht ein, weil er unter den Dozenten zu scharfe Meinungsverschiedenheiten darüber bei »fühlbarem Mangel an positiver Einstellung zum gegenwärtigen amerikanischen Geschehen« fand.

Auf dem Gebiet der Außenpolitik sammelte er ähnliche Eindrücke: Sie wurde vornehmlich als Funktion der Wirtschaftsverhältnisse aufgefasst. Im Ernstfall würde die öffentliche Meinung entscheidend sein und die, meinte Adam, läse man im Außenministerium zu sehr aus der Presse ab, die kein objektives Bild der Lage vermittele. Zum Beispiel seien 95 Prozent der Presse gegen Roosevelt,

95 Prozent der Bevölkerung aber für ihn. Dem Wirtschaftsberater des State Department stellte er die Frage:

> ob er angesichts des gegenwärtigen weltpolitischen Zustandes ernstlich an die amerikanische Parole »Befriedigung der Welt durch Handel« glaube – worauf er mir erwiderte, dass ohne konkrete Adaption diese Parole zweifellos nicht zulange. Leider ging er auf die europäische Nutzanwendung dieser Ansicht nicht näher ein ... [96]

Im Gegensatz zu diesem Eindruck fand Adam in vielen anderen Unterhaltungen, besonders auch mit früheren Rhodesscholars, lebhafte unmittelbare Anteilnahme an der weltpolitischen Situation. So bei Felix Morley, der damals Herausgeber der »Washington Post« war und ihn am 29. März zum Abendessen zu sich eingeladen hatte, wo er ohne andere Gäste lange mit ihm sprach. Morley gab ihm eine eindrucksvolle Übersicht über Amerikas Orientpolitik, über die er auch ein Buch verfasst hatte, und forderte ihn auf, aus Ostasien für seine Zeitung zu schreiben. In sein Tagebuch trug er am 31. März 1937 ein:

> Von Trott, Leverkuehn's German Rhodes Scholar friend, proved a thoroughly delightful young fellow and I was glad to pay back some of past hospitalities in that country. He spoke with exceeding frankness of the repressions of the Nazi regime and regards a popular uprising as by no means impossible. It will be ghastly business if it comes.[13]

Ebenso freundlich und unterrichtend waren Mr. B.B. Wallace, Chef der Abteilung für internationale Beziehungen der Tariff Commission, und der bereits erwähnte Mr. Miller.

Der damals siebenundzwanzigjährige Adam hatte im übrigen keine Bedenken, sich in Washington aus erster Hand über die amerikanischen Verhältnisse aufklären zu lassen. Mit Harry Hopkins, dem Vater der riesigen neuen Wohlfahrtsaktionen, dem engsten Vertrauten Roosevelts, und »dem sympathischen Senator Lafollette« (Anm.: richtig: La Follette), einem ebenfalls nahen Mitarbeiter des Präsidenten, sowie mit Francis Perkins, der Arbeitsministerin, führte er längere Gespräche. Der Onkel Schieffelin gab ihm eine Einführung an den Staatssekretär Cordell Hull, die aber in der einen Woche in Washington zu keinem Ergebnis führte. Ein Quartier in Washington hatte ihm Colonel Donovan besorgt, sein »schon in Wall Street hilfsbereiter Beschützer«. Er soll später der Gründer des ersten Secret Service der Vereinigten Staaten geworden sein.

Im Außenministerium beschränkte er seine Kontaktaufnahmen, »im Einverständnis mit dem deutschen Botschafter«, auf sein spezielles Arbeitsgebiet. Der Chef der Ostasienabteilung, Dr. Hornbeck [97], »war relativ am zurückhaltendsten«, schrieb er an Dr. Strewe, den Leiter der China-Studiengesellschaft in Berlin.

> ... Nachdem ich auch eine größere Anzahl der jüngeren Herren der Fernostabteilung des State Department gesprochen hatte, war man so freundlich, sie alle zusammen für mich zu einem Tee einzuladen, auf dem ich Fragen stellen konnte, die mit ziemlicher Offenheit beantwortet wurden ...

Außerdem erwähnt er in seinem Bericht noch eine

> Begegnung mit dem ehemaligen Staatssekretär Henry L. Stimson, dessen Buch über die unter seinem Regime gehandhabte mandschurische Krise in England so viel Aufsehen und Widerspruch ausgelöst hat. Ich hatte Zeit, ihm meine Studienabsicht in China darzulegen und sein Urteil darüber einzuholen. Er stimmte mir in der Richtung meiner Themenwahl zu, riet mir aber, mich erst drüben auf Einzelaspekte zu konzentrieren ...

Aufschlussreich waren auch die Gespräche mit den Mitarbeitern der »Foreign Policy Association«: »Ich habe an keiner Stelle eine solche Bereitwilligkeit zu sachlichem Studium der deutschen Lage gefunden ...« Das war durchaus nicht der Fall bei dem »Council of International Relations«, wo er mit dem Leiter des Instituts, Mr. Mallory, nur über fernöstliche Themen sprechen konnte. Die für die Zukunft so wichtige Verbindung mit dem »Institute of Pacific Relations« ist schon erwähnt worden.

Wieder einmal scheint die Menge der Namen in Bericht und Briefen verwirrend, und doch ist hier, wie durchgehend, nur ein Ausschnitt aus der Fülle der Begegnungen erwähnt worden. Einige Dutzend aufbewahrter Einführungsschreiben an Personen, deren Wohnort seine Reiseroute später doch nicht mehr erreichte, einige Adressen-, Besuchs- und Brieflisten, seine vielen verschiedenen Visitenkartenausführungen (allein drei mit den chinesischen Namenszeichen auf der Rückseite) – all das deutet den Umfang seiner Kontaktaufnahmen nur an. Es erfüllte – wie Hasso von Seebach sagte – seine Freunde manchmal mit Sorge, wohin dieser unstillbare Hunger und Durst nach Menschen führen sollte. Und genauso merkwürdig erschien die Stärke des Gegenpols: sein Bedürfnis nach einer gewissen Askese [98], nach Selbstzucht, nach dem Halt, den eine »vita contemplativa« gibt. Aus dieser Spannung entsprang seine unerschöpflich neugeborene Begegnungsfähigkeit. Er hat Hasso einmal geschildert, wie er eines Nachts an der sibirisch-mandschurischen Grenze, als die Weiterreise unerwartet aufgehalten wurde, stundenlang mit dem einheimischen Bahnwächter unter dem weiten Himmel auf und ab wanderte. »Der Mann war mein bester Freund«, sagte er.

Mit dem Aufenthalt in Washington verband er einen Besuch auf dem »hübschen Jay'schen Landsitz in der Nähe von Bedford«. Die dort wie in Washington aufbewahrten Familienandenken verlebendigten die Erinnerung an die »Welt dieser aristokratischen Revolutionäre«, die ihm so viel bedeutete.

Kanada und der Mittelwesten

Eine merkwürdige Welt aufrechterhaltener Traditionen umgab ihn in Ottawa, wo er sich vom 28. bis 30. April als Gast von Lord und Lady Tweedsmuir aufhielt. Er hatte den Generalgouverneur von Kanada, den früheren John Buchan, in seinen Oxforder Tagen kennengelernt. Jetzt wurde er von ihm zu einer langen Abendunterhaltung herangezogen und auf einen ebenfalls ausgedehnten Spaziergang mitgenommen, und er notiert, dass das Gespräch über Hegel, kanadische Probleme und gemeinsame Bekannte geführt worden sei. Bei dieser – wieder aus erster Hand erfolgenden – Unterrichtung über kanadische Fragen sah er, dass sie die amerikanischen in kleinerem Umfang widerspiegelten. Auch von der Mittlerstellung Kanadas zwischen den USA und dem Empire bekam er einen lebhaften Eindruck, weil sein Gastgeber gerade von einem Besuch bei Roosevelt zurückgekommen war: dem ersten offiziellen Besuch eines kanadischen Gouverneurs bei dem Präsidenten der USA.

Diana bekam eine ausführliche Schilderung, welche der Vorstellung von seiner Studienreise ein wenig mehr individuelle Farbe gibt: [99]

> ... I spent three days at Ottawa at Lord Tweedsmuir's house which though a bit constraining was an interesting experience. He is a lively, and if not very profound, doubtlessly a subtle and many-sided spirit. I had quite a lot of good instructive talk with him. I also saw David Lewis whom you may remember at the Cripps' and indeed my friend; with him I met Anne Louise Strong, the Russian-American writer whom I did not like much though, again, she is an accomplished and definite person. »His Excellency's« staff was interesting – officers, moaning under court duties. I made friends with some of them and you would never believe it if you saw them; blonde, heavy well-bred British stock, with so much »instinct« that little room for thought is left, but friendly to me for sheer boredom if for no other reason. The »Comptroller of the Household«, a beautiful, tall colonel, took me out dancing with his »real« girls the last evening and we had a grand time in the Chateau Laurier, the only big (station) hotel in provincial Ottawa. One of the girls was a »red« and knew all the other people I saw in Canada and told me the inside of everything. She was very nice and reckless, called Bobby, and promised to be a friend for life and invest my surplus money (!) in wildly lucrative goldmines in the north of Canada ...[14]

Adam erzählt Diana von der unterschiedlichen Art des Umgangs mit Männern, die er bei amerikanischen und kanadischen Mädchen beobachtet hat und fährt fort:

> ... But I have not been »womanizing« at all – just an observer and I have eaten in so many observations that I shall take quite a time to digest them. The girls are a good way of finding out about things indirectly in another country – because

they almost always feel things as well as see them, and convey that if they want to show they're alive, which I usually make them want …[15]

Von der Ostküste aus hatte er an Diana geschrieben:

… I have so far met the more refined ones and feel, that to love this country I will have to be friends with the common man, who is the true criterion of any place …[16]

Dieses theoriebeladene Gefühl füllt sich mit Inhalt auf der Reise, die von Montreal über Ottawa, Toronto, Kansas City und Chicago nach Los Angeles und San Francisco führt:

… Ich fand auch, dass der eigentliche Zauber Amerikas in diesen unbegrenzt weiten Räumen hier draußen mit seinen einfachen, unverbildeten Menschen liegt …

Und in Chicago imponiert ihm, dass der Amerikaner es offenbar versteht, [100]

… mit allen Fasern seines Daseins und mit wirklichem Vergnügen in den Ablauf dieses Maschinenzeitalters eingespannt zu sein …

und er ist bei Arbeitern und Angestellten erstaunt über

… die gute Laune und Gemütlichkeit, die von den allermeisten ausstrahlt …,

obwohl ihr Leben sich in solchem Tempo und innerhalb solcher Massenbetriebe vollzieht.

… Man hat keinen Respekt. Das Leben hat einen brutaleren, abenteuerlichen, aber auch ehrlicheren Charakter …

Es scheint ihm, wie er so durch das weite Land reist:

… Für die staatliche und kulturelle Zukunft Amerikas mag dieses ländliche Element noch einen entscheidenden Beitrag liefern …

Im Gedanken an die Erlebnisse mit den amerikanischen Menschen in Ost und West endet er den Bericht, indem er mit Verve versucht, ein Gewichtssteinchen auf der Waagschale der Vernunft unterzubringen:

… I ended it with the suggestion, *schreibt er an Lord Lothian*, that we should try and win the sympathies of the common man in America by adopting a more tolerant attitude all round and the educated man by at long last arriving at a better understanding with your country which is the unadmitted inspiration of American political idiosyncrasies …[17]

Eine unerwartete Wirkung der Reise zeigte sich beim Schreiben des Berichtes:

... A strange thing happened to me, *erfährt Diana,* I wrote a report in German on my time in America and promised Lord Lothian a translation. I haven't been able to put my same ideas into English which indicates to me clearly that I am breaking away from your ways and associations.[18]

Dazu passt, dass Hasso von Seebach sich erinnert, er habe ihn während dieses ersten Besuchs in Amerika davon sprechen hören, dass er dauernd in mehreren Schichten denken müsste.

Kalifornien

Der zweite Teil seines Aufenthalts in Nordamerika (ab 7. Mai 1937) unterschied sich in fast allem von dem ersten. Er verbrachte [101] ihn fast ausschließlich am schönsten Abschnitt der kalifornischen Küste, in Carmel, zuerst bei seiner gütigen Gastgeberin Frau Julie Braun, wo er sich ganz ungebunden fühlen und in ihrer, Herthas und Hassos Gesellschaft ganz zu Haus fühlen konnte. Aus seinem Fenster im »Beckwith House« sah er auf den Pazifischen Ozean hinaus, und in dieser Umgebung erholte er sich darum auch zunächst schnell und begann, die vielen Eindrücke und Informationen zu verarbeiten und die Vorbereitung auf China voranzutreiben. Doch hatte Werners Bedenken hinsichtlich der rechten Verschmelzung privater und allgemeiner Motive vielleicht das im Sinn, was das Ziel der Reise durch die Vereinigten Staaten und der Grund für den langen Aufenthalt in Kalifornien von Anfang an gewesen war: die Wiederbegegnung mit Frau Dyer-Bennett. Er sehnte sich nach einer Neugestaltung der Freundschaft auf dem Boden der Veränderungen, die in den verflossenen Jahren in ihm vorgegangen waren. Das erforderte von beiden Seiten viel, und die Wochen, die sie zusammen in Carmel in einem von Miriam gemieteten Häuschen verbrachten, waren für beide fast untragbar schwer. Das Vertrauen in den Wesenskern des andern war nicht zu erschüttern, aber die Wünsche, die jeder für sich darauf gebaut haben mochte, fielen übergroßen Widerständen zum Opfer. Eine Briefstelle an Shiela scheint mehr die Intensität als die Art dieser Erfahrungen anzudeuten (3. Januar 1938):

... The last 3 years in Germany my friendships seemed the most real part of my existence ... but something has changed since I was in California and I am beginning to find myself, not only outwardly, in a different universe ...[19]

Auch Wolfram Eberhard erreichte Carmel im Juni. Frau Braun hatte ihm zu einem Stipendium verholfen, das es ihm ermöglichte, die Reise durch China mit Adam zusammen zu unternehmen. Adam war dankbar, in ihm einen derart erfahrenen Sinologen als Freund und Begleiter zu gewinnen. »Wir bilden alle zusammen eine kleine Gelehrtenrepublik«, schrieb er seiner Mutter.

Einen Teil des Tages verbrachte diese »kleine Gelehrtenrepublik« am Strand. Seebach schrieb aus der Erinnerung: [102]

> In Kalifornien machte sich Adam einen Spaß daraus, mich mit den Seehunden zu vergleichen, welche es in den fischreichen Gewässern und auf den Felsen vor der Küste von Karmel scharenweise gibt.
>
> Damals war Adams Kritik immer freundlich und freundschaftlich, und wir lachten viel zusammen. Es lag ihm daran, alle seine Beziehungen zu Freunden und Bekannten so harmonisch wie möglich zu machen, wenn dies auch meist – fast wie von selbst; wie hätte es auch anders sein können? – zu seinen höchstpersönlichen Bedingungen geschehen sollte.
>
> Später wurde er härter und manchmal scharf. »Landgraf werde hart!« – war sein hessischer Wahlspruch. Und seine Mahnung!
>
> Wir lagen also am Strand von China Cove auf Point Lobos – auf dem nur wenige Schritte breiten und tiefen schneeweißen Strandstück auf dem Grunde der schönsten, hoch umschlossenen engen Felsenbucht am Pazifischen Ozean – er, Miriam, ihr Sohn Fred und ich, als er sich mitten im Hin und Her von Scherzen, Plänen und Gedanken so über mich lustig machte: »Man kann dich kaum noch von den Seehunden unterscheiden; du gehst ja völlig auf in Sonne, Wind und Strand und Wasser.« Und später, etwas vorwurfsvoll: »Bei mir ist der Kopf immer noch der wichtigste Körperteil.«...
>
> Wie er so mit uns sprach und vor uns den Strand entlang umherstolzierte, schien er und seine gotische Statur ein Fremdes inmitten der Schönheit der Natur. Ganz Geist. – Doch nie verlor er seine romantische Liebe zur Natur; sie war in den Bergen und Wäldern seiner angestammten hessischen Heimat verwurzelt, die ihn immer wieder zu sich rief ...

Im Anschluss an die Zeit in Carmel besuchte Adam mit Eberhard einen Sommerlehrgang über Sinologie in Berkeley. Die Leitung hatte Prof. Lessing, Lehrer Eberhards und ein Mann, den Gustav Ecke besonders hoch achtete. Zuletzt war er in Los Olivos, wo er seinen Bericht beendete. Es sah bedrohlich aus in der Welt, und der Gedanke, während eines ganzen Monats von allen und allem abgeschnitten zu sein [103] (auch von Eberhard, dessen Passage auf einem japanischen Dampfer über Japan gebucht war), bedrückte ihn. Was ihn besonders beunruhigte, findet man in einem Brief an Diana. Er hatte gerade ein Paket mit verschiedenen Nummern des »Spectator« und »New Statesman« erhalten.

> »... somehow I feel that what London thinks is reactive rather than originating in the affairs of Europe and that the economic development in my country with its political and social repercussions is at the back of the steps taken by those who have their chance of a free hand now. Events in Russia seem to have introduced

a new sinister potential and it is from those two fields that I am most bewildered about. What happens in Spain will depend on them too I think – though it horrifies me to think what abysmal hatred and harm for any possible future of Europe is being piled up by the day to day happenings down there. You must feel that very strongly and Goronwy's article in the Spectator (I imagine) is probably your kind of reaction – turning to the human side of it with horror of all that politics involves. Does it make you a pacifist I wonder?

Looking at it from a world political angle, the English opposition seems a rather miserable show and its turn of idealism a sterile and unreal affair. It is no use saying that national sovereignty is a wrong principle when the fate of Europe hinges on to that (indeed inadequate, if ›unrestricted and competitive‹) principle – it is the only tool by which at present a return to some international order can be achieved and the Labour Party should accept that – give up all vague internationalism for the time being – and argue that the present Government is not making the right use of that tool. If a man uses a wooden axe to rescue something from a fire (and, offering no other tool) somebody else argues that a wooden axe is not good enough – he has indeed no claim to be heard. Tell me if I'm wrong – I feel you and Jane will disagree with this – but it seems as if some of our mutual friends are making exactly that sort of a mistake. Shiela I think is making the opposite mistake (I take XYZ is her) in believing that this present government of yours is standing for justice and peace the world over, or will be in a crisis. One begins to see Europe as a whole from this detached angle in a curious sort of way – as if really the same problem is at stake in all our countries and all our governments inadequate to deal with it in a different degree rather than in substance. If this is so, one must not revert to the kind of argument which S. seems to imply, that the good cause is bound up with these and the bad one with the other colours. – I think that means surrendering to the philosophy of war (which naturally dominates Central Europe) instead of fighting constructively for an ordered relationship [104] between the existing powers and thereby creating a breathing space in which the peace element within each of them can change them from inside. That's why the internal situation in Germany seems to me of paramount importance.«

»I left Germany with the conviction that powerful processes making for peace were at work there – but that I could not substantially contribute anything to them myself. Considering them and the return of Europe to a more stable balance with your rearmament, there was no immediate prospect of war. I still think so, but I feel that neither pacifist idealism nor idealising your national policies will sustain the fragile European balance until the present essentially temporary social and economic crisis in Germany can work itself out. There ought to be a firm, self-confident bulwark against war and at the same time an attitude of solidarity to the desperate ferment in Germany. Very few people I have met seem to combine that, but I think you see what I mean. Nothing makes me feel my own unimportance more strongly than the fact that I am going away from this whole scene and still further into strange, if analogous fields ...«[20]

Am 17. Juli 1937 fuhr sein Schiff, die »M.V. Maron« der Blue Funnel Line, von San Pedro aus. Die Überfahrt war ihm von Sir Stafford und Lady Isobel Cripps geschenkt worden. Am 12. Juli schrieb er an die Eltern:

> ... Sowohl von Asien als von Europa kommen – wie aus weiter Ferne – bedrohliche Nachrichten und ich werde mich mit einem Gefühl ausgesprochenen Missbehagens für einen ganzen Monat auf ein möglicherweise »feindliches« Schiff begeben. Diese schwer bewölkten Horizonte nehmen einem doch sehr die Freude am Reisen. Vor allem weil man sehr stark empfinden muss, wie die Nöte und ungelösten Fragen Europas auch hier überall im Grunde noch ihrer Lösung warten – wie man insofern nur anscheinend sich von ihnen distanziert – und vor allem wie alles, was sich in Europa ereignen kann, das Signal für Ereignisse in aller Welt abgeben wird...

China

Seine bösen Ahnungen erwiesen sich als nur allzu begründet. Der japanische Überfall auf die Marco-Polo-Brücke von Lukoutschiao am 7. Juli 1937 hatte den japanisch-chinesischen Krieg erneut zum Aufflammen gebracht, und während seiner Überfahrt breiteten sich die kriegerischen Ereignisse über den ganzen Küstenstreifen aus. In Manila erfuhr er, dass Peking [105] durch kämpfende japanische Armeen von der übrigen Welt abgeschnitten war, und in Hongkong, wo sie am 12. August anliefen, wurde sein Frachter für Truppentransporte requiriert, anstatt ihn weiter nach Shanghai zu befördern. Alle Pläne erschienen mit einem Schlage durchkreuzt, zu denen doch durch die neu ermöglichte Zusammenarbeit mit einem Sinologen von Rang wie Wolfram Eberhard die Wege ideal geebnet worden waren. Sein Arbeitsziel, an Lord Lothian für den Rhodestrust am 25. November 1936 formuliert:

> ... I think I will choose some particular aspect of China's internal structure and demonstrate its bearing on her position in the international field. It will mean specialising on some economic, social and administrative conditions of her sovereignty and her capacity in view of them to conform to international treaties in the field I will have chosen ...[21]

... hatte ja damals auf die letzte Präzision verzichtet, eben weil diese von der Art der Assistenz abhängig war. Prof. Eberhard erinnert über das Zustandekommen und den Inhalt der gemeinsamen Arbeitsabsichten:

In China, aus einer Rikscha steigend

Adam bat mich, ihm als Spezialist zu helfen bei einer Arbeit, in der er das Funktionieren des chinesischen Staates in allen »levels« studieren wollte. Ich hatte viel über das chinesische Staatswesen der älteren Zeit gearbeitet und plante ein Buch über chinesische Geschichte ... sein Gedanke interessierte mich, da ich dadurch Einblick in die augenblicklichen Verhältnisse bekommen konnte und durch seine Political-Science-Bildung meinerseits profitieren konnte. Dazu kam, dass wir uns von Anfang an gut verstanden und befreundet fühlten ... Das Projekt hatte eine deutliche politische »Spitze«, und dies mag der Grund gewesen sein, dass er sich nicht klar auslassen wollte, bevor er in China war. Er hat mir oft auseinandergesetzt, dass Hitlers Staat und Alt-China-Kaiserreich beide »totalitär« waren, dass aber der eine Staat eine religiöse Ideologie als Unterlage hatte, der andere eine rassistisch/pseudoreligiöse. Was besagt das für die Frage: »Warum gehorchen die Untertanen?« Und worin liegt die Basis

Auf dem Kwei-Fluss in Kwangsi

für Loyalität in China in der Zeit um 1936? Die alte religiöse Basis [106] war zerbrochen; eine echte Demokratie existierte nicht. Was leitet den unteren Beamten in der Provinz – mit all den lokalen »pressures« – dazu, dem höheren Beamten in der Hauptstadt zu folgen und loyal zu bleiben? Adam mag noch weitere Pläne gehabt haben: ich hatte oft das deutliche Gefühl, dass er über manches nicht sprechen wollte; und ich drängte ihn nie dazu, zu mir zu sprechen, zumal ich das Gefühl hatte, dass, was er auch immer im Kopf hatte, gut und verantwortlich war. Es ist klar, dass er an diesem Projekt, was auch immer es war, nicht weiter arbeiten konnte, als Japan die chinesische Staatsstruktur durch Eroberung zerstörte ... [*Brief vom 19. November 1957*].

Wie aus diesem Bericht hervorgeht, war alles so gut vorbereitet, dass Adam seine Pläne nicht sofort aufgeben mochte. Er hielt Umschau, soweit das möglich war. So reiste er für das Wochenende nach Canton, wozu ihm der Präsident der Universität von Hongkong geraten hatte. In Canton wohnte er in der Lignam-Universität (es stellte sich heraus, dass sein Onkel Schieffelin dort Chairman des Komitees der Trustees war) und der Provost, Dr. Henry, beriet ihn über die trotz Krieges noch sinnvoll scheinenden Arbeitsmöglichkeiten. Daraus ergab sich die Absicht, wenn irgend möglich die Provinz Kwangsi zu bereisen. Er fuhr noch einmal für zehn Tage nach Hongkong, traf dort am 26. August den von Japan kommenden Eberhard, und es gelang dann beiden, von Canton aus durch Lord Lothians Einführungsschreiben und mit Hilfe der deutschen und englischen Konsuln, offizielle Beglaubigungsschreiben hoher chinesischer Würdenträger an den Gouverneur und Marschall von Kwangsi zu erhalten.

Im Augenblick des Aufbruchs traf dann allerdings noch eine energische Warnung im Werte einer Absage vom Gouverneur Wang aus der Provinzregierung ein: Die Cantoner Dienststelle des »Befriedungskommissars«, die sie weitergab, schrieb u.a.: »it is very inconvenient for foreigners to investigate and study anything in Kwangsi under time of emergency when no adequate protection can be assured and especially when [107] many cities such as Wuchow, Nanning and Lungchow and most highways and bridges are flooded.«[22] Herr Chen Yun-Pao schließt seinen Brief in der Hoffnung, sie würden den Besuch später nachholen, wenn die Bedingungen sich gebessert hätten. Dazu kam die Warnung des Generalkonsuls Kempe, als Deutscher sei man in Folge der japanfreundlichen Politik seiner Regierung besonderen Verdächtigungen ausgesetzt. Aber nun schien es ihnen für Warnungen zu spät.

Bei Wuchow, das eine Art Fort an der stark befestigten Provinzgrenze bildete, benutzten sie einen chinesischen Flussdampfer, die »Kwang Foon«. Nachdem die Flusspolizei sie durchsucht und die in einem ehemaligen Tempel befindliche Ortspolizei bei einer Tasse Tee ihre Reiseabsichten gebilligt hatte, erhielten sie wider Erwarten ein Visum für die gesamte Provinz.

> ... Eberhard hat eine sehr gute Art, mit den chinesischen Polizisten, Soldaten, Behörden umzugehen, wenn ich auch bei diesen mit viel Lachen und Witzen geführten Unterhaltungen etwas langweilig zusehen muss... *Und nach der Reise*: Manchmal war er mit mir sehr unzufrieden, weil meine angeborene Ungeduldigkeit ganz und gar nicht zu dem orientalischen Wesen passt ... [*schrieb er am 7. und 24. September nach Hause*].

Am Folgetag schifften sie sich auf der »Kwei Tak« nach Nanning ein. Sie hatten die »cabine de luxe«, ein kleines Holzzimmerchen in der Mitte des Schiffes. Bald ging es darin aus und ein wie in einem Taubenschlag, denn das Schiff war überfüllt durch mitreisende chinesische Mittelschüler und Studenten, die neugierig sich mit dem Fremden zu unterhalten wünschten.

In der ehemaligen Hauptstadt Nanning galt ihr Interesse zunächst der sachlichen Information, die sich aber als nicht so ergiebig erwies wie die andersartige auf einem typisch chinesischen Festessen, das ein junger Bankier aus Kwangsi ihnen gab. Tischmusik mit Cymbeln, Glocken und Pauken, Singsong-Girls, Reiswein und ein schmackhaftes Menu aus Haifischflossen, Schwalbennestern und Taubeneiern, die Fröhlichkeit der Tischgenossen – zum Teil wohl auf ihre Kosten – all das war amüsant und unwahrscheinlich wie ein Märchen.

Dann ging es mit dem Autobus weiter nach Liutschau [108], wo sie u.a. den Bekannten von der »Kwang Foon« einen Besuch machten, der der Etikette genau entsprach; wo sie – da es ein Kalenderglückstag war – die Hochzeitsbräuche beobachten konnten und allerlei über den Stand des Handwerks, Töpferei, Weberei, Holz-, Korb- und Papierarbeiten, erfuhren.

Wieder weiter ging es nach Kuilin, dem Sitz der Provinzregierung und ehemaligen Sitz der kaiserlichen Provinzverwaltung. Es war ein landschaftlich höchst reizvoll gelegener Ort, der auch sehr sehenswerte Stadtteile zeigte, aber die Atmosphäre dort war unheimlich gespannt, und das Verweilen schien nicht eben ratsam. Nur ein einziger Ausländer war am Ort, ein Missionar. Am Tage nach der Ankunft bedeuteten Schüsse im Morgengrauen, dass das Todesurteil an 72 Menschen vollstreckt wurde. In der ganzen Stadt war kaum ein nichtuniformierter Chinese anzutreffen. So begaben sie sich tunlichst bald auf die Rückreise, die auf einem Sampan den Fluss Kwei hinunterführte.

> ... Die letzten fünf Tage reisten wir auf einem winzigen Boot durch Landschaften, wie Ihr sie Euch kaum vorstellen könnt, wie eine erhabene Groteske anmutend. Ein Teil dieser Flussfahrt soll zu den schönsten Gegenden ganz Chinas gehören ... [*an die Mutter am 24. September*].

In dieser Landschaft schienen sich auch alte Kultstätten und Bräuche lebendiger erhalten zu haben als andernorts, wo so oft Tempel in Schulen verwandelt worden waren.

Die Ergebnisse dieser Reise fasste Adam in einem Bericht »Streifzug durch die Provinz Kwangsi« zusammen. Ohne viel Hoffnung auf Erfolg ließ er ihn durch seine Mutter u.a. Reifenberg anbieten, weil seine Reisekasse der Auffüllung dringend bedurfte. Die »viel bessere englische Version« (an seine Mutter am 4. Oktober 1937): »China's Southwestern Stronghold (A Trip to Kwangsi in September 1937)« ging an die Rhodes-Trustees ab.

Es gelang ihm in dieser Arbeit, das zu vermitteln, was ihn selbst gefesselt hatte: »Vielleicht wird Kwangsi für spätere Aufbauarbeit in China beispielhaft werden.« (Bericht, Seite 3). In einem Bericht aus dem Jahre 1908 sei es noch als völlig verwildert dargestellt worden. Seine Geschichte habe erst [109] recht eigentlich mit dem Marsch auf Peking unter Marschall Pai von Kwangsi aus begonnen. Als dieser nach erfolgreicher Beendigung des Feldzugs den höchsten militärischen Posten der Nanking-Regierung nicht erhalten habe, hätte er sich verbittert ganz auf Kwangsi zurückgezogen, es zu einer unabhängigen Musterprovinz entwickelt und auch gegen die Nationaltruppen befestigt. Erst der japanische Angriff hätte den Machthaber zur Aussöhnung mit einer nunmehr kompromissbereiten Zentralregierung bewogen und somit zur Auflösung eines Ringes feindlicher oder unzuverlässiger Provinzen um Nanking herum geführt, die von Kwangtung über Kwangsi nach Szechuan reichten. Über den Verwaltungsaufbau General Pais sagte er, dass er sich auf die Reformbestrebungen Sun-yat-sens zurückführen lasse, der überall verehrt werde, obwohl die Einstellung überall streng antikommunistisch sei. Familieneinheiten würden zu Dorf- oder Straßeneinheiten zusammengefasst, diese wiederum zu Landschafts- oder Stadteinheiten und über diesen stände der Bezirk. Die Vorsteher der einzelnen Einheiten seien gleichzeitig Vorsteher von Schulwesen und Miliz und sollten, sobald es die Entwicklung zuließe, stufenweise (Pagodenaufbau) gewählt werden. Wirtschaft und Handel des Landes würden durch kluge Planungsmaßnahmen entwickelt, Hygiene und Volksbildung rasch vorangetrieben, die militärische Ausbildung solle aus dem in China verachteten Soldatenstand ein angesehenes Militär machen, das außerhalb seiner eigentlichen Aufgaben noch zur Vertilgung des Räuberunwesens, zur Aufforstung und zum Straßenbau herangezogen werden sollte. Auch der Unterricht sollte nur zu einem Drittel militärisch sein, im übrigen würden Geschichte, Wirtschaft, Kultur, aber auch Schwimmen und Boxen gelehrt und wie überall gebe es Unterweisung in »Auswirkungen des Kapitalismus« und »Landesschmach«.

Nach dieser eindrücklichen ersten Befassung mit dem Gastlande, das sich ihm ohne den Begleiter nicht so schnell erschlossen hätte, verließ ihn Eberhard, weil er einen Ruf nach Ankara erhalten hatte und die Umwälzungen für vernichtend hinsichtlich des ursprünglichen Arbeitszieles hielt. [110]

Wohin sollte sich Adam nun wenden, welches Arbeitsziel sollte er sich stecken? Nach wie vor zog es ihn nach Peking. Prof. Ecke hatte ihm Anfang September kabeln lassen: »Welcome beginning October own risk.« Durfte er noch mehr Risiken eingehen? An Diana zählte er sie nach der Rückkehr auf:

> earthquake in Manila, epidemic of cholera here, bombing in Canton, shooting and arrest in Kwangsi, running into mines in the Canton river, and being shot by Japanese boats, when we passed them, and last but by no means least, the taiphoon here, which cost some ten thousand lives ...[23]

Doch er fährt fort:

> ... I had a beautiful and even placid trip through the interior of China, made almost in the old style with junks and sampans and tasted the profound peace of the East inspite of this upheaval ...[24]

Und an den Vater schreibt er am 6. Oktober:

> ... Und endlich soll man froh und dankbar sein, sich in diesen sicher nicht ruhiger werdenden Weltläufen mit Ruhe und Gleichmut zurechtzufinden. Das lerne ich jetzt allmählich, und dass ich meine ersehnte Studierstube in Peking nicht erreiche, ist vielleicht eine recht gesunde Lektion der Vorsehung ...

Dann aber findet er sie doch! Zwar ist die Passage bis Japan vorgesehen, aber die Hoffnung, in Tientsin über die Lage beruhigt zu werden und Peking wenigstens zu besuchen, erfüllt sich. Am 14. Oktober bricht er dorthin auf und bleibt dann mit Unterbrechungen ein Jahr lang dort.

Man spürt es aus den Briefen, dass er nun in Wahrheit das Ziel seiner Reise erreicht hat. Am 28. Oktober schreibt er dem Vater:

> … Trotz des fortdauernden Krieges strahlt diese Stadt eine Atmosphäre überlegener Ruhe aus, deren Ruhm mich ja hierher gelockt hat und nun auch nicht enttäuscht …

An Diana am 24. Oktober:

> … Yesterday we went to the Temple of Heaven, which is not open to any tourists at present, but accessible to us by special permit. It is situated in a huge half-wild park and you approach it through various gates and archways which impress on you the serenity and seclusion of the Emperor's Temple in the middle. We were fortunate in choosing the most beautiful sunny autumn afternoon which made the skyline of the Western Hills [111] stand out in superb clarity in the distance. Everything seemed to be nearest a perfection and natural sympathy of effects than I can ever remember having seen in the world before.
>
> I am only gradually entering into the spirit of Chinese art – you will understand why it seems very strange to me at first. Life is very different here, more coherent, permanent, contained. The sap of a tremendous natural passion and at the same time calm pulses in these old creations, which, as my friend says, »seem but a continuation of nature«. It is profoundly soothing and reassuring and seems alive still in the Chinese faces and especially in the eyes that you meet …[25]

An die Mutter am 20. November 1937:

> … die chinesische Landschaft um Peking ist ganz anders, als ich sie im Süden erlebte und Euch beschrieben habe. Sie ist ernster, härter, kälter, aber von einem kraftvollen, archaischen Charakter beseelt. Obschon man in den Tempeln noch die Schießscharten und Einschläge, ab und an auch noch Schützengräben sieht, scheint das bäuerliche Leben seinen alten friedlichen Gang längst wiedergefunden zu haben. Vorigen Sonntag bin ich draußen geritten – auch einmal von meinem Pony in den Sand befördert worden – und habe unter herrlichem, wolkenlosen Sonnenhimmel, der hier im Winter die Regel bilden soll, meine ersten Erkundungen gemacht. Am Dienstag haben wir dann noch, ehe der Winter ganz ins Land zieht, einen Ausflug zu Eckes Tempel gemacht, der in der Bergeinsamkeit liegt und in den man sich früher wochenlang zur Ruhe zurückziehen konnte. Ein anderer Tempel, dort aßen wir unsere mitgebrachten Sachen, lag auf einer freien Bergkuppe – eine dreifache Mauer schloss den Mönch, seine Contemplation zu schützen, von der profanen Außenwelt ab, und dort oben fanden sich noch unzerstörte Bildwerke und Figuren aus dem frühen Mittelalter. Wir schauten von einer Terrasse hinunter in das weite Tal, wo, wie kleine

Adam von Trott in Peking vor dem Gästeflügel des Eckeschen Hauses

schwarze Raupen, die Kamelkarawanen oder Eseltreiber stadtwärts Kohlen, Hanf oder andere Feldfrüchte brachten. Wie in alter Zeit zogen sie durch den Fluss, den man an zwei Stellen durchwaten kann. Einer ritt einen störrischen Esel, der andere trieb ein schwarzes Schwein durch dies Hindernis, ein dritter trug ein Kind wie Christopherus. Kamele und ihre Treiber bringen – wie schon mancher empfunden und erzählt hat – die Weite der asiatischen Steppe bis in die Straßen unserer Stadt hinein, die Ihr Euch übrigens rein äußerlich (bis auf die Tempel und Paläste) wie ein großes Dorf mit Vieh und Schmutz und Kindern in den Straßen vorstellen müsst. Sobald man freilich in eines der roten, messingbeschlagenen Haustore eintritt, befindet man sich in einer Welt friedlichster, abgemessenster Verfeinerung, die auf nichts anderes abgestellt zu sein scheint, als ihrem Bewohner alles Eindringen eines ungeformten, chaotischen Lebens fernzuhalten. Ecke ist, wie ich Euch wohl schon erzählte, besonders für chinesische Architekturen interessiert, und sein Haus ist bekannt dafür, dass es seinen äußeren [112] Stil bis in die letzte Einzelheit der Einrichtung bestätigt. Ihr könnt Euch denken, wie sehr dies von der bisherigen Umwelt meiner Reise absticht und wie der gesuchte Hafen erscheinen muss...

Und am 6. Dezember:

... Ecke meint auf Deine Frage, dass es jetzt manchmal fast besser wäre, wenn ich etwas »trauriger« wäre, weil das Gegenteil oft in unserm kleinen Dorfpalast über alle Dächer schallt ...

Dieses Lachen (!), hier ein einziges Mal erwähnt, im Grunde sollte es alle Seiten durchdringen. Ob es nun über die Dächer schallte, wenn die Freunde im Hof die gemeinsame Mahlzeit hielten oder ob nur »das Herz lachte« – es schwingt in allen Erinnerungen über ihn mit und wird dennoch über der Fülle der Probleme zu selten ausdrücklich erwähnt. Noch eine »Milieuschilderung« an Shiela:

... You know here one is outside that vicious circle of glamour, excitement and depression which one gets entangled in in our big cities – but there's no ready answer for what makes the people here superior to it. The decayed culture of China still lives in their heart, and it has a calm and big character. But I don't want to tear up this letter again.

The social life of Peking into which I plunge from time to time is rather unreal. I may make friends with one French girl who is just as nice, so it seems to me, as her general reputation is bad. She is rather barbaric, has a lot of blonde hair (like you) and an Irish mother. She is 19 and wants to teach me how to smoke opium. I think all this will make you approve of her. People can't make heads or tails of me, because I am invisible to them for most of the time – away in my northern house in the Manchu district of the city, where I work and talk to my beloved German professor friend Ecke who is also a somewhat mystifying recluse. Together we can laugh at all the world and discuss endlessly our rather different approach to it. He is a source of real joy and inspiration to me and he knows his China as very few people do ...[26]

Prof. Ecke, der Peking 1949 verlassen musste und Direktor der ostasiatischen Abteilung der »Honolulu Academy of Arts« wurde, meinte, es sei unmöglich, schriftlich von seinem Zusammensein mit Adam zu berichten. Man zerstöre das Beste damit.

Euer Vater, *sagte er 1956 zu den Töchtern*, das war vor allen Dingen ein echter Kerl. Wenn er im Zimmer war, da lachte das Herz.

Doch hat er über den allgemeineren Aspekt kurz berichtet. Es sei im Ganzen wiedergegeben: [113]

Gustav Eckes Skizze: Adam von Trott zu Solz in China

Meine politischen Beziehungen zu Adam von Trott gehen in die frühen zwanziger Jahre zurück, da Adam, noch ein Knabe, dem Jugendbund der

Ausflug mit Prof. Gustav (Gösta) Ecke

Nibelungen nahestand. Dieser Bund war gegründet und wurde geleitet von jungen Männern patriotischer Gesinnung, welche nach dem Zusammenbruch Deutschlands eine geistig-politische Erneuerung des Vaterlandes anstrebten. Karl-Werner von Jordans, weiland Herausgeber der Werke Friedrichs des Großen, war einer der weltanschaulichen Führer des Nibelungen-Bundes. Adams Verbindung mit den Nibelungen war, seinem jugendlichen Alter gemäß, zunächst mehr äußerer Art. Nach einem Treffen auf der Tannenburg bei Nentershausen im Sommer 1923 mag sich mein Name seinem Gedächtnis eingeprägt haben. Bald nach diesem Treffen siedelte ich nach China über, kehrte aber zehn Jahre später noch einmal kurz nach Deutschland zurück. Es wurde mir damals klar, welcher Richtung sich die Mehrzahl der Jugendbünde anschließen würde, und ich beschloss, mich endgültig nach China zurückzuziehen. Im Jahre 1936 erhielt ich von Adam einen Brief, in welchem er mich an unsere kurze Bekanntschaft erinnerte und beklagte, mich bei meinem Besuche in Deutschland nicht gesprochen zu haben. Es entspann sich ein Briefwechsel, durch welchen wir uns, allen Schwierigkeiten des Meinungsaustausches zum Trotz, unser beiderseitigen politischen Einstellung gewiss wurden. Nach einiger Zeit frug Adam bei mir an, ob ich meinen Erfahrungen gemäß einen Studienaufenthalt seinerseits in China für angebracht hielte. Der Gedanke der Berührung eines verantwortlichen jungen Deutschen und zukünftigen Staatsmannes mit Vertretern der konfuzianischen Staatsidee schien mir ausgezeichnet. Ich bestärkte Adam in seinem Plan, den er alsbald mit Hilfe der Rhodesstiftung verwirklichen konnte. Zunächst vermittelte ich Adams Bekanntwerden mit Wolfram Eberhard, dem jetzigen Professor der Soziologie an der Universität Berkeley in Kalifornien, einem hoch gebildeten, freiheitlich gesonnenen deutschen Gelehrten. Mit diesem bereiste Adam in längeren Monaten die südlichen Provinzen Chinas, wo er das Volksleben des Landes, damals noch wenig gestört, aus eigener Anschauung [114] kennenlernte. Nach Abschluss der Reise siedelte Adam nach Peking über und nahm in meinem Anwesen Wohnung. Er begann gleich nach seiner Ankunft, ernstlich zu arbeiten, lernte die hochchinesische Umgangssprache, las die Klassiker mit einem chinesischen Studenten und knüpfte Bekanntschaften mit einigen ausgezeichneten Chinesen an, die ihn bald in die Gedankenwelt des Konfuzianismus einführten. Seine Beziehung zu dem vortrefflichen alten Herrn Huang Po-ch'uan wurde im Laufe der Monate zu einer nahen Freundschaft, der Adam besonders viel verdanken sollte. Herr Huang, damals bereits über sechzig Jahre alt, war seiner Tätigkeit nach ein Altertumshändler mit dem Rufe eines der besten Kenner alter Nephrite und Bronzen, welche er nicht nur an die Museen des Auslandes vermittelte sondern auch in mustergültigen Bildwerken veröffentlichte. In diesem Sinne ist der inzwischen verstorbene Herr P.C. Huang auch als Huang Chün in den Kreisen der chinesischen Altertumsforscher berühmt. Seine Bücher bleiben Standardwerke für alle angehenden Archäologen. Herrn Huangs menschliche Qualitäten jedoch waren nur wenigen ausgewählten Freunden bekannt. Zum Unterschied von den so oft schwierigen, überempfindlichen und komplizierten chinesischen Gelehrten alten Schlags war Herr Huang ein Mensch männlicher Art, gerader Gesinnung, von praktischer langer Erfahrung in allen Belangen des chinesischen Lebens. Zur Zeit der ausländischen Besatzungen nach den Boxer-Wirren hatte er deutsches Militär kennengelernt und von der deutschen Art eine gute Meinung gewonnen. Adam aber lernte er bald über alles schätzen. Huang hatte ein intuitives Verständnis für das Zusammensein in Adams Persönlichkeit von der Natur eines Wald liebenden Landedelmannes und der Leidenschaft eines angehenden politisch-ethischen Reformators, während ihn Adams Egmont-artige Menschlichkeit und seine grenzenlose Großzügigkeit auf das höchste erfreute. Viele Stunden in jeder Woche verbrachte Adam in Gesprächen mit diesem ausgezeichneten Manne, und wir drei haben manchen langen Abend in irgendeiner der alten Weinstuben Pekings trinkend und plaudernd vergehen lassen oder gemeinsam einem Balladensänger zugehört. [115] So wurde Adam allmählich das praktische Verständnis für die chinesische Lebensart und die hinter ihr waltende konfuzianische Weltanschauung vermittelt, während er mit den ethischen Theorien dieser Weltanschauung durch das Lesen der Klassiker und ihrer abendländischen Exegeten bekannt wurde. Im Laufe der Monate formte sich bei Adam das chinesisch bestimmte Ideal eines zukünftigen deutschen Volks- und Staatslebens. Weit über Leibnizens philosophische Bekanntschaft mit dem Konfuzianismus hinausgehend wurde ihm der Gedanke der Verantwortung von Mensch zu Mit-Mensch, der gegenseitigen Verantwortung von Volk und Regierung und der waltenden Regierung dem waltenden Himmel gegenüber zum Prinzip einer von ihm ersehnten patriarchalisch-volkstümlichen (nicht »demokratischen«) Neugestaltung Deutschlands. Des alten Ludwig Uhland Forderung nach der Rückkehr des alten Deutschen Rechts führte er zudem oft im Munde, und der Gedanke einer patriarchalisch-verantwortlichen Planwirtschaft machte ihm viel zu schaffen. Gleichzeitig aber wurde er sich immer mehr bewusst des ständigen Zunehmens verbrecherischer Wahnideen im nationalsozialistischen Deutschland, und so entwickelte sich, neben dem genannten Idealismus, ein oft durchbrechender tiefer Kummer, alles in allem ein gemütsbestimmter tragischer Patriotismus, welcher in dieser irrationalen Art dem Engländer und Amerikaner völlig unverständlich, am besten durch das von Adam zitierte Wort des Freiherrn vom Stein gekennzeichnet wird, »sein Schmerz um Deutschland sei so tief, dass er nur mit dem Lieben Gott darüber reden könne«.

Mit seinen Bekannten in den Kreisen der abendländischen Diplomatie sprach Adam über diese Dinge nicht, zuweilen vielleicht im englischen Plaudertone mit ehemaligen Kommilitonen aus Oxford. Mit den Vertretern weltmännischer Eleganz war er selber Mann von Welt, nahm an Gesellschaften und sportlichen Veranstaltungen als Herrenreiter fröhlich teil, sein eigentliches Wesen nicht zur Schau tragend. Einmal jedoch entspann sich mit einem französischen Intellektuellen von der radikalen Art des Historikers Thiers ein politischer Meinungsaustausch, der damit endete, dass der aufgeregte Franzose auf Adams [116] Bemerkung, Deutschland habe nie eine echte Revolution durchgemacht, aufschrie: »Eh bien donc – faites-en une!« Das war nicht nach Adams Geschmack, und doch vermute ich, dass dieser gallische Kampfruf einen tiefen Eindruck hinterließ und mit dazu beigetragen hat, den damals erst aufkeimenden Gedanken an einen gewaltsamen Umsturz zu fördern. [*Honolulu im Juni 1957*].

Man sollte meinen, dass einer genug damit zu tun hätte, wenn er versuchte, die Dimensionen dieser neuen Umwelt mit Geist und Sinnen auszuloten, wie der vorstehende Bericht schilderte. Aber die Reisebedingung war ja eine Arbeit über einen staatsrechtlichen Gegenstand. In mancher Hinsicht traf sich das jedoch mit Adams eigenen Plänen, die ein Brief an Professor Ecke vom 19. Dezember 1935 wiedergibt, und zwar im Gesamtzusammenhang seiner geistigen Entwicklung:

Autobiographische Skizze

... Seit nunmehr fast drei Jahren sind meine Pläne etwas unter das Rad der (Hinter-)Weltgeschichte gekommen und ich muss Ihnen diese bedenkliche Unsicherheit in der Berufsfrage von Anfang an eingestehen, ehe ich Ihre freundliche Befassung mit meinen Schicksalen annehmen darf. Ein Teil Ihres Vorschlages scheint mir nämlich auf der falschen Prämisse zu beruhen, dass ich das Zeug zu einem kontemplativen, gelehrten Leben in mir habe. Es wäre das Schönste und gewiss Glücklichste, wenn ich es hätte.

Ehe ich nach England ging, befasste ich mich lange mit Hegel – vielleicht erzählte ich Ihnen das schon! – und in gewissem Sinne verband das in mir die besinnlichen mit den politischen, ja sogar den juristischen Dingen. Wie das kam, wird Sie vielleicht nicht interessieren. Sie werden, wenn Sie Hegels Bruch und zugleich Fortführung der platonischen Staatsphilosophie irgendwie mitvollziehen und an seine (H.s) Logik und etwa die Ihnen gewiss vertraute Ästhetik denken, – Sie werden diese »Verbindung« der äußeren und der inneren Dinge, so wie Sie diese und jene für sich für einen Nibelungen in der deutschen Situation von 1930 ungefähr vorstellen können, gewiss fragwürdig finden. (Sie wissen übrigens doch, dass ich seinerzeit dem Bund nur nahestand, weil ich in Hannoversch Münden einer Schule angehörte, der neben vielem anderen jegliche Voraussetzung für unseren Bund fehlte. Dann ging ich nach München, dann wurde ich in Göttingen auf ein Jahr Corpsstudent, ging dann zum ersten Mal nach England, studierte in Berlin weiter – endlich wieder in Göttingen, unterdessen freilich fern von Corps etc., kam dort erst eigentlich zu Hegel und zu den Dichtern, deren Platz vorher allzu ausschließlich von den [117] Russen und von Hölderlin eingenommen war. Das zweite Mal in Göttingen hatte ich reiche, friedliche Jahre, von denen ich Ihnen erzählen müsste, wenn ich eigentlich von Hegels Einbruch in meine Gedankenwelt reden wollte. Dies alles nur, um Sie vor falscher Einschätzung meines »Vorlebens« zu bewahren.)

Mein Wunsch war es, seit ich meine Arbeit über Hegels politische Philosophie abschloss, nunmehr eine wirkliche Kritik dieser Ethik zu schreiben. Hegels praktische Philosophie beunruhigt mich nach wie vor, ihre »dynamischen« Grundlagen spuken wohl auch kaum irgendwo so verderblich als gerade bei uns zu Lande und ihre subtile, kontemplative Seligsprechung einer imaginären europäischen Werteordnung ist wohl eine der Ursachen des tragischen Unvermögens unserer Intelligenz und eigentlich unseres ganzen »Staatsbürgertums«.

Lieber Gösta, ich setze Ihnen hier allerlei Vokabeln über meine Ressentiments gegen die Kontemplation vor, die Ihnen vielleicht höchst unsinnig und selbst gedankenbiographisch recht uninteressant vorkommen. Sie waren so freundlich, damals meine Kleist-Einleitung in die Kontinuität dessen, was Sie sich unter dem »Hort« für Nibelungen geschrieben denken könnten, zu stellen. Das ist alles, was ich bisher über meine Abwendung von Hegels Staat zu Papier habe bringen können. Seit England bin ich in die Ströme des unmittelbaren Lebens so stark zurückgerissen worden, dass mein Versuch, mich »explicite« zu dieser Philosophie zu stellen, in immer weitere Fernen gerückt ist. In England freilich füllte sich auch jene »dynamische« Begriffswelt mit der Anschauung echter politischer Lebendigkeit und die kontemplative Isolation mit einer Vielzahl von Freunden, die mich mehr oder weniger stark angingen.

Über die letzten nun fast drei Jahre seit meiner Rückkehr kann ich noch nicht recht reden. Eines ist sicher: sie haben mich nicht zu jener Auseinandersetzung mit Hegel kommen lassen, die mir vorschwebt. Damit habe ich das Hauptmotiv und zugleich das Hauptbedenken, sobald ich frei werde, zu Ihnen hinauszukommen, bezeichnet. Ich würde, wenn ich für mich arbeitete, in irgendeiner Form dieses weitertreiben wollen. Wenn ich aber den praktischen Beruf etwa des Wirtschaftsjuristen einschlage – materielle Gründe, das Alter meines Vaters, Verantwortungen zu Hause sprechen stark dafür – so ist mein nächster Schritt zweifellos nicht China.

Wollen Sie noch etwas Geduld mit mir haben? Im Juni werde ich möglicherweise hier fertig werden können, wenn es auch nach dem Stand meiner Dinge allen Ernstes nicht ausgeschlossen ist, dass man mir das Abschlussexamen (Assessor) nicht gibt. Ich würde dann wahrscheinlich noch zwei Monate dienen und mich dann auf meine neuen Wege machen.

Wenn es Ihnen nicht ganz abwegig erscheint, dass ich den Versuch einer Rückkehr zu meiner staatsphilosophischen Arbeit (nennen Sie sie ruhig einen politischen Versuch [118] der Entnebelung unserer »idealistischen« Entwirklichung unserer Geschicke) gerade in der östlichen Fremde mache, dann werde ich nicht, wie ich eine Zeitlang vorhatte, im Fall ich mich zum Schreiben durcharbeite, mich bei Oxford oder Paris niederlassen, sondern zu Ihnen nach Peking kommen.

Ich habe gerade jetzt einige sehr unruhige Monate hinter mir, die zu einem großen Teil auf das Konto meiner unbestimmten beruflichen Zukunft zu setzen sind – abgesehen von menschlichen Hindernissen, die oft ja wohl noch mehr für unsere Unzulänglichkeiten tun als die Unbilden der Zeit, die einem dann freilich um so schlimmer zusetzen. Auch diese menschlichen Dinge bedürfen der Klärung, ehe ich Ihnen eine klare Antwort geben kann.

Gott sei Dank fahre ich in wenigen Tagen nach unserem Hessen, das – wie immer abweisend die nasskalten Hügel zunächst erscheinen mögen – mich noch immer von den Kümmernissen, die nicht zu tief sitzen, befreit hat. Ich werde es von Ihnen grüßen, denn dorthin fällt auch unsere erste Begegnung.

Mir will es scheinen, als sei die Welt nicht mehr so groß – oder doch deutlicher ein gemeinsamer Aufenthaltsort, denn die großen Ereignisse um Sie, die Sie andeuteten, bewegen uns hier aufrichtig trotz der »abessinischen Konkurrenz«. Eben ist die große Enttäuschungswelle über die englische Verfehlung (Hoare-Laval), an der Ihr Weltteil wohl nicht ganz unschuldig ist, über Westeuropa hingegangen. In Deutschland freilich hatte der Völkerbund nicht mehr allzu viel Prestige zu verlieren. Ich möchte wohl ein Kenner der Weltlage sein, auf der es einmal möglich werden sollte, ein System legaler Völkerverhältnisse zu errichten. Hegel hielt dies u.a. für eine Utopie – aber ist das heute nicht gleichbedeutend damit, dass man das Ausbleiben der sonst notwendigen Selbstvernichtung der Nationen für eine Utopie hält? Oder fehlen meinem Denken noch die asiatischen Räume? ...

Die Verbindung dieses Anliegens mit der übernommenen Aufgabe bildet den Leitfaden, an dem entlang er in die fremde Welt vordrang. In einem langen Brief an seinen Vetter Ada von Unruh schildert er seine Überlegungen sehr lebendig (6. Februar 1938):

Studienpläne

... Unterdessen hat die allgemeine Entwicklung hier draußen die Auswahl lohnender Studienobjekte auf unserem Gebiete wesentlich reduziert. Eine Arbeit über laufende völker- oder staatsrechtliche Probleme steht ganz außer Frage – wenn auch ihre tagtägliche Beobachtung heute mehr als je von ihrer Hintergrunddynamik ans Licht fördert. Die Verdrängung jeglicher westlicher Ideenvorherrschaft scheint dabei zunächst als das hervorstechendste Beobachtungsresultat. Der Firnis westlicher Völkerrechtsideen [119] ist hier wohl überhaupt nie tiefer als in die äußerste Staatsfassade eingedrungen, und wie wenig diese in der Regel der eigentlichen Dynamik des politischen Geschehens entsprach, ist seit dem Eindringen der Westmächte in Ostasien und teilweise durch ihren Einfluss immer handgreiflicher geworden. Staatserkenntnis kann hier wohl weniger als irgendwo von dem Studium von Verfassungen ausgehen; aber wenn man sich nach brauchbaren Vorstudien irgendwelcher anderen Art umsieht, so findet man außer einer Menge philologischer Akribie und wirtschaftlicher oder allgemeinhistorischer Darstellungen sehr wenig. Nach langem Umsehen bin ich auf Folgendes geraten, wovon ich natürlich sehr gespannt bin, ob es Deine Zustimmung finden wird.

Das chinesische Kaiserreich hat bekanntlich durch eine Zeit von mehr als 2000 Jahren hindurch bis zu seinem Sturz von einer mehr oder weniger nur abgewandelten, niemals wirklich – auch von den Eroberern nicht – umgestürzten Staatsphilosophie gezehrt, deren Kern der Konfuzianismus bildet, die aber noch einige andere wesentliche Komponenten enthält, aus deren Zusammenwirken die erstaunliche historische Leistungsfähigkeit dieser Staatsidee begreiflich wird. Diese Staatsphilosophie ist in den sogenannten klassischen Schriften und einer ziemlich fest umgrenzten Reihe von philosophischen Werken niedergelegt, die bis auf ganz geringe Ausnahmen in westliche Sprachen (zumeist Englisch) übersetzt vorliegen. Vielleicht kennst Du de Groots »Universismus«, wo ein guter Teil dieses Gedankengebäudes von der kosmologischen Seite

> zusammenfassend dargestellt wird. Von staatstheoretischer Seite ist dies zulänglicherweise noch nicht versucht worden. Es ist auch nur insofern wirklich möglich, als man sich auf ein Problem einstellt, das für die chinesische Staatstheorie ebenso wie für die unsrige gestellt war und im Lichte dessen man so auf eine für uns kommensurable Ebene kommt. Ein großer Teil des chinesischen Staatsdenkens passt natürlich in unsere Kategorien schlechterdings nicht hinein, und das gilt auch für ein solches Spezialproblem. Aber wenn man auch von einer gänzlich anders aufgebauten Gedankenwelt auszugehen hat, so findet man doch in einem solchen Problem den Anschluss an unser besonderes Zeitinteresse ...

Hier kommt er nun auf den Kernpunkt seines – über den unmittelbaren Bereich der Aufgabe hinausgehenden – Anliegens:

> Was mir in dem heutigen Völkerrecht und in der heutigen Weltpolitik als das wesentlichste erscheint, ist die Frage, wie eigentlich die verschiedenen unabhängigen souveränen Mächte, die einander ohne Anerkennung eines gemeinsamen rechtlichen Maßstabes gegenübertreten, in sich selbst die Grundlage der letztinstanzlichen Rechtsetzung ihres Handelns legitimieren. Aus der Individualität des ihnen innewohnenden Souveränitätsanspruchs folgt der Charakter ihrer prinzipiellen Stellungnahme nach außen. Der individuelle [120] Gehalt der Souveränität einer Macht stammt aber aus der von ihr anerkannten (für sie) verbindlichen Staatsauffassung.

Er führt den Studienplan nun näher aus:

> In diesem Sinne hat es immer und überall Souveränität gegeben, und wenn man ihr in der klassischen Staatsauffassung Chinas nachspürt, so würde man damit nicht nur den damals verbindlich angesehenen Grundlagen von Autorität und Gehorsam, sondern dem Kern der politischen Psychologie des Orients nahekommen, wie er sich teils ganz elementar und atavistisch, teils in der Vermischung mit westlichen Einflüssen auch heute noch und gerade heute wieder geltend macht. Ich habe viel mit chinesischen Gelehrten (vor allem freilich Historikern) hierüber gesprochen und sie haben mich alle darin bestärkt, dass ich diesen Weg zum Verständnis der fernöstlichen Staatswelt einschlagen sollte.
>
> Mein Thema würde also etwa lauten: »Der klassische Souveränitätsbegriff in China«. Natürlich würden bei einer solchen Darstellung die für die Entwicklung unseres eigenen nationalstaatlichen Souveränitätsbegriffs maßgeblichen Ideenentwicklungen (vergleichend) mitschwingen – es wäre aber möglich, aus diesem Grundproblem heraus die Hauptlinien einer gänzlich anders gearteten politischen Welt zu entfalten, was als staatswissenschaftlicher Hintergrund

für ein Verstehen der laufenden Dinge hier draußen überhaupt erforderlich wäre. Der sehr bewanderte Botschaftsrat und Sinologe Dr. Bidder, der die hiesige Zweigstelle der Botschaft versieht, ist auch der Ansicht, dass gerade diese Arbeit heute geschrieben werden müsste, und auch Dr. Wilhelm, von dem Du wenigstens dem Namen nach wissen wirst, ist der gleichen Ansicht. Was wesentlicher ist, er meint, dass sie auch von einem Nichtsinologen – also wesentlich von dem staatspolitischen Gesichtswinkel aus – geschrieben werden könnte und sollte. Ich habe mich schon ziemlich tief in mein Material hineingearbeitet, dessen Fülle mir freilich manchmal den Mut nimmt. Vor allem macht mir die Frage der ideenmäßigen Zuordnung des Stoffes sehr große Schwierigkeiten, worin mir nur die dauernde Hilfe von chinesischen Gelehrten weiterhilft. Meine grobe Stoffordnung ist zunächst etwa folgende:

Die Herrschaftsgrundlage wird im alten China (d.h. durch die Klassiker und maßgeblichen Staatsphilosophen, deren formative Periode ziemlich fest umrissen werden kann) auf folgende Elemente gestützt:

I. a) Mythologie – alte Herrschermythen, Schöpfungslegenden und dergl.
   b) Metaphysik – Taoismus, kosmische Funktion des Kaisers etc.
   c) Religion – Volksglaube, Vergöttlichung des Kaisers [121]

II. a) machtpolitisch-strategische Argumentation für Universalherrscher gegen feudale Zersplitterung
   b) administrativ-legalistische Argumente
   c) als Garantie für eigenständige selbst verwaltete Bezirke

III. a) Moral-Appell an die individuelle Moral
   b) [*Anm.: übereinander gedruckt:*]
   Loyalität bestimmter Standesfunktionen
   Herrschertugenden

Abschließend würde ich eine zusammenfassende Typisierung des altchinesischen Herrschaftsbegriffs versuchen, in dem sich das relative Überwiegen dieser drei auf Glaube, Ratio und persönlicher Willenshaltung beruhenden Gesinnungselemente darstellen müsste.

Ich habe Dir dies heute aus dem Gedächtnis kurz aufgeschrieben und es fehlt manches, was die Sache erst vollständig machen würde. Voranzustellen wäre z. B. die Charakteristik des chinesischen Staatsphilosophen, der für sich eine sehr freie (mit unserem Vorurteil gegen die »orientalische Despotie« durchaus nicht vereinbare) Stellung in Anspruch nahm – im übrigen aber müsste ich unterhalb dieser sehr groben Überschriften ganz dem teilweise »unsubsumierbaren« chinesischen Stoff folgen.

Er erörtert dann die Frage, welche Möglichkeiten beständen, um eine solche Arbeit zur Habilitationsschrift zu machen, und fährt fort mit Bezug auf Europa:

Eine Seite, die bei diesen Dingen immer klarer hervortritt, ist die starke Gemeinsamkeit der politischen Grundideen in Europa, die gegenüber dem orientalischen Gegensatz hauptsächlich in ihrer gemeinsamen christlichen Wurzel aufleuchten, die hier immer ein Fremdkörper geblieben ist. Ich glaube, dass sich dies ganz besonders in der orientalischen Souveränitätsidee abzeichnen wird. Kaiser und Papst sind hier nie getrennt gewesen.

Dann erwähnt er ausführlich, wieviel es ihm in diesem – aber auch anderem – Zusammenhang bedeutet, bei Dr. Ecke zu wohnen, und streift dann den Zauber und die Gefahr der Pekinger Lebensweise für Europäer:

Es ist erstaunlich, wie man hier im Osten an einzelnen Persönlichkeiten, die sich hier ungebrochen und selbstständig erhalten haben, längst vergangene Phasen der europäischen Entwicklung nochmals nacherleben kann. Zum Beispiel gibt es deutsche Patres, die seit vor dem Kriege nicht mehr in der Heimat waren … Du kannst Dir denken, dass dies menschlich ebenso wie historisch ungemein interessant ist. Und doch liegt hier draußen auf den Europäern so etwas wie ein Mehltau, ihr Leben hat etwas Unwirkliches, [122] oft Trübes, dessen einziger tiefer Vorzug mir darin zu liegen scheint, dass wie zu Hause nirgends mehr eine tiefe Geruhsamkeit ausstrahlen kann, in der sich die eigentlichen Ordnungen des Lebens besser erkennen lassen als in unserer Überhastung. Andererseits aber entwöhnt die ganze hiesige Lebensweise die europäischen Menschen von dem Drang, ihre besseren Vorstellungen nun auch zu verwirklichen, und ohne irgendeinen solchen Willen werden sie eben zu Träumen.

Da ist er wieder angelangt bei dem Hauptthema seines Lebens: dem rechten Verwirklichen. Erst hier im Fernen Osten ermisst er die ganze Spannweite des Bogens, der von dem Suchen nach Erkenntnis des Rechten auf der einen Seite bis hin zum tatkräftigen Handeln im Hier und Jetzt reicht:

Die Chinesen werfen uns vor, dass wir mit unserem übereifrigen Verwirklichungsdrang die Wirklichkeit verfälschen und uns dadurch ins Unglück stürzen und dazu die andern von uns infizierten Erdteile – denn ihre Grundstimmungen von Naturanpassung, Menschenfreundlichkeit und archaischem Ordnungssinn sind den Problemen einer Maschinenzivilisation ohne wesentliche Übersetzung einfach nicht gewachsen. Tatsächlich liegt dies Problem tiefer als einfach Orient-Occident, denn der Konflikt lässt sich bis in alte Zeiten zurückverfolgen, in denen eben bewusst dem bäuerlichen Element der Vorrang vor dem kommerziellen und industriellen erzwungen wurde. Und wir arbeiten doch auch an der Überwindung der aus der Vorherrschaft des letzteren erwachsenen unhaltbaren Spannungen.

Deutlicher noch hat er diese Gedankengänge in einer Notiz über ein Gespräch mit Dr. Bidder am 12. August 1938 ausgesprochen:

> Was die psychische Kraft altchinesischen Ideengutes angeht, möchte ich ihm recht geben [*Anm.: dass diese durch alle modernen industriellen Entwicklungen nicht gebrochen werden könne*], was ihre heutige soziologische Realisierung anbetrifft, glaube ich an die Notwendigkeit radikaler Adaptierung, um Chinas agrarisches und militärisches Problem zu lösen, wonach dann allerdings die Möglichkeit eines organischeren Einbaus der Industrie, als wie sie dem Westen gelungen ist, sehr wohl denkbar scheint. Es gilt hier, eine moralische in eine politische Kraft umzuwandeln, während bei uns das Umgekehrte notwendig ist.

Die »vita activa« meldet auch bei ihm selbst ihre Ansprüche wieder an. Noch hofft er, die Befassung mit den praktischen Problemen dieses Weltteils mit den Erfordernissen der Arbeit in Einklang halten zu können. Sein Brief an den Vetter Ada [123] fährt fort mit der Darlegung eines solchen Programms:

> Im März werde ich wahrscheinlich für ein paar Monate nach Japan gehen, wo es ausgezeichnete Bibliotheken für meine Zwecke gibt, und von wo ich die hiesigen Umwälzungen einmal von ihrem Ursprung her zu beurteilen lernen könnte. Dann werde ich nochmals hierher zurückkehren, um mein Material, soweit es hier zu beschaffen ist, abzuschließen. Ich werde dann wohl im Herbst nach Europa zurückkehren und wenn möglich über Indien, Persien und Türkei kommen. Dort würde ich mir über die orientalische Seite der englischen Macht – und auch ihres Souveränitätsbegriffs! – unmittelbare Eindrücke verschaffen, was, wie ich gemerkt habe, die literarische Bekanntschaft mit solchen Problemen ganz wesentlich unterbaut. Sollte mir dies gelingen, so würde ich am liebsten einen Weg finden, meine chinesische Arbeit unter der Ägide von Maspiro, Granet und Escarra in Paris abzuschließen, was mir zugleich die Möglichkeit gäbe, die französische Ansicht von der europäischen Völkerrechtslage kennenzulernen und die mir unerhörterweise immer noch unbekannte Sprache.

Arbeitsverlauf

Aber dieser Plan wurde nur noch bruchstückweise verwirklicht. Von der Arbeit findet sich nur die erste Stoffordnung und dazu eine stilistisch durchsichtige und gehaltvolle Schriftseite der Einleitung. Auch eine Darlegung der Arbeitsabsicht für englische Leser, »Notes« betitelt, liegt vor, die sich mit der grundsätzlichen Schwierigkeit befasst,

> ... that our means of understanding and the full substance of what we are trying to understand belong to different worlds of experience ...[27]

Dazu sind ein paar Niederschriften seiner Unterhaltungen mit Prof. William Hung, Dr. Köhler und Dr. Bidder vorhanden und außerdem massenhaft Exzerpte aus Werken von Richard und Hellmut Wilhelm, Otto Franke (Geschichte des chinesischen Reichs) und eines mit dem Titel »Salt and Iron«. Er hat sich eingehende Auszüge aus den »Vier Büchern« gemacht (die er in einer chinesisch-englischen Ausgabe besaß und noch im Sommer 1939 ständig bei sich führte), ein chinesischer Gelehrter hatte ihm Abschriften aus alten Quellen (u.a. Ch'un Ts'ew und Feng Yu Lan) angefertigt; und im übrigen standen zu seiner Verfügung die Bibliothek der Yenching-Universität, Bibliothek und ein Arbeitszimmer in der Zweigstelle der Deutschen Botschaft, das er dem von ihm und Prof. Ecke [124] hochgeschätzten Botschaftsrat Dr. Bidder verdankte, sowie Privatbibliotheken wie die von Hellmut Wilhelm, die großzügig zu seiner Benutzung freigegeben war. Auch führte er in seinem Gepäck von Anfang an einen schweren Bücherkoffer mit. Man möchte meinen, dass er den Stoff damals schon weitgehend übersah, aber die Gestaltung und Ausarbeitung noch sehr viel Zeit beansprucht hätte. Schon am 25. November 1936 hatte er Lord Lothian geschrieben:

> It may prove impossible in one year to acquire a sufficiently intimate knowledge of Chinese affairs to do this ...[28]

Dazu musste er auch wieder feststellen, dass ihm

> ... zum wissenschaftlichen Kopf doch einige wesentliche Eigenschaften fehlen, vor allem eine gewisse Behäbigkeit und Emsigkeit und Ordentlichkeit, ohne die es beim richtigen Forschen nicht abgeht ... [*an den Vater am 27. Mai 1938*].

Dass ihm »Behäbigkeit« fehlt, zeigt sich auch daran, dass er nicht umhin konnte, auch im wissenschaftlichen Raum nebenher andere Themen zu bearbeiten: Am 21. Dezember 1937 berichtete er dem Vater von einer bereits seit längerer Zeit anstehenden Buchbesprechung, »die zwar nicht mehr als 9 Schreibmaschinenseiten beträgt, die mir aber viel Kopfzerbrechen verursachte. Sie behandelt das Verhältnis der englischen und deutschen Staatsphilosophie zueinander« (»B. Bosanquet und der Einfluss Hegels auf die Englische Staatsphilosophie«, vorhanden als Sonderdruck der »Zeitschrift für Deutsche Kulturphilosophie«, Band 4, Heft 2, 1938).

Und die nächste Ablenkung, ein Vortrag, der später den Titel »Deutscher und englischer Wille zur Macht« bekam und den er am Reichsgründungstag vor der deutschen Gemeinde in Peking hielt, stand bereits auf der Grenze von Kontemplation und aktiver Beteiligung.

> Wie wenig geläufig einem doch die Geschichte der letzten 70 Jahre ist, musste ich finden, als ich mich mit vielen Büchern etc. für 14 Tage auf diese Frage

konzentrierte. Der Vortrag wurde im allgemeinen anerkannt, aber ich sprach zu schnell und etwas unzusammenhängend – fühlte keinen Kontakt mit den Zuhörern –, hatte aber für mich selbst den Gewinn, auf diese Frage einmal wieder gründlicher [125] eingegangen zu sein … [*an den Vater am 19. Januar 1938*].

Und an Shiela am 26. Januar 1938:

> … I gave a lecture to the German club on Anglo-German relations since 1871 and told them that whereas we had an authoritarian patriotism you had a spontaneous though subconsciously imperialistic one and while Bismarck knew how to handle this profound difficulty, his successors muddled into a hopeless sequence of bluff contra bluff and that we both must not behave like that again …[29]

»We both must not behave like that again.«! Die Länder sind das Thema, und doch klingt es ganz persönlich. Es geht eine Linie von den Erfahrungen des neunzehnjährigen Studenten in Oxford zu den späteren, solide erarbeiteten Feststellungen auf staatsphilosophischem und zeitgeschichtlichem Gebiet: Es erweist sich ihm überall, wie Engländer und Deutsche ihre Probleme von den entgegengesetzten Enden her anpacken: die einen vom Persönlichen, die anderen vom Übergeordneten her. Und seine Arbeiten bemühen sich immer wieder um das gemeinsame Element, die Brücke und Ergänzung.

Japan

Wenn auch bis zum März die große Arbeit über den chinesischen Souveränitätsbegriff im Vordergrund stand, so drängten sich mit der Zeit die praktischen Belange Ostasiens immer stärker in den Vordergrund des Interesses. Auch der Vater bat ihn in seinen Briefen, doch ja das Studium der gegenwärtigen politischen und wirtschaftlichen Zustände nicht zu vernachlässigen. Das erleichterte den Entschluss zur Abreise nach Japan genauso wie das zu dieser Jahreszeit extrem trockene Pekinger Klima, das die Menschen und Dinge mit elektrischer Energie auflud. Schlechtes Befinden und Reizbarkeit waren die Folge.

Am 14. März 1938 nahm er ein Schiff von Tangku nach Moji und wandte sich dann zunächst dem Süden Japans zu. Kumamoto, über den Vulkan Aso nach Beppo, von da mit dem Schiff nach Miajima und von dort über Tomo nach Kobe und weiter nach Osaka und Kyoto; das waren die Stationen bis zu dem sechswöchigen Aufenthalt in Tokyo. In Tokyo blieb er [126] bis zum 8. April. Er erlebte dort die Ernennung des bisherigen Militärattachés Ott zum Botschafter – formal also der gleiche seltene Vorgang wie bei seinem Großvater Schweinitz 69 Jahre zuvor. Bis zum 26. April war er Kyoto, von wo aus er die heiligen Berge und buddhistischen Tempel besuchte und besonders von Nara

Adam von Trott in Japan, Zusammenkunft mit japanischen Gelehrten

einen tiefen Eindruck mitnahm. Von dort fuhr er nach Hiroshima, dann nach Korea und weiter nach Harbin, wo er eine für ihn wichtige und befriedigende Woche verbrachte und schließlich über Hsinking und Mukden nach Dairen, von wo aus er mit dem Schiff nach Tientsin fuhr, um von dort nach Peking zurückzukehren.

Am 23. März berichtete er seiner Mutter:

> Meine Reise durch Südjapan nahm den schon beschriebenen Verlauf, ich hatte wunderschönes Wetter und habe herrliche Gegenden gesehen. Gleich von Anfang habe ich in kleinen japanischen Hotels gewohnt, in denen man nur japanisch spricht, was beides amüsant, aber nicht ganz leicht ist. [*An Shiela drückte er es so aus*: »I have plunged into another extraordinary solitude«, *und an Diana*: »... for the first time I feel disliked by almost anyone who looks at me. My tallness seems to increase that dislike and one longs for the pleasant benevolent smiles of the Chinese ...«[30] *Er fährt fort*:] Die echten Häuser sind von einem zarten, vornehmen Geschmack, die Landschaft – wo nicht modern industriell – entweder vulkanisch zerklüftet oder idyllisch wie in manchen Teilen

Ausflug mit Prof. Bohner

Mitteldeutschlands. Die Inlandsee (von Beppo bis Miajima) erinnerte mich stark an den Lago Maggiore und sehr vieles natürlich an China, das wie ein Traum, aus dem man plötzlich aufgewacht ist, hinter einem liegt. In Kobe und Kyoto umfängt einen die moderne Großstadt ...

An Diana schreibt er aus Tokyo:

... In fact, coming out of the dream world of Peking into this americanised surface and the hard facts of our own ways of living brought back as a terrific shock the distance I had travelled. You see, in China it is not even just like going back to our own middle ages, it is a culture and empire that was built before Christ and without any of the subsequent revolutions of the mind and of society, which determine our reactions ... The intensity of Japan's technical civilisation, coming with fresh impressions from China, is staggering. With a demoniac dexterity they have learnt all our tricks – though the whole system seems like a volcano agitated not by social revolution within but by caprice on top. This in turn is not unconnected with [127] internal discontent which may be strong but remains inarticulate ...[31]

Sein Augenmerk ist verständlicherweise vor allem auf Orientierung im japanisch-chinesischen Konflikt und auf dessen Ursachen gerichtet:

> ... Typisch für die große Schwierigkeit, die Verhältnisse hier draußen richtig zu beurteilen, ist, wie selbst alte Kenner in ihrem Urteil schwanken und voneinander abweichen und es sind immer wieder diejenigen, die sich mit der älteren Geschichte befasst haben, die mit richtigem Abstand zu urteilen scheinen. Die andern dichten immer wieder unsere eigenen Voraussetzungen in das Ganze hinein. Trotzdem fand ich gerade unter unseren Landsleuten wenige, die für meine Arbeitsabsicht etwas übrig hatten. Sie war ihnen nicht aktuell genug. Überhaupt wusste man nicht recht, wo man mich einzuordnen hatte. Das geht mir leider überall so – aber man ist am Ende nicht nur zum Einordnen da ...

Europäische Krise 1938

Auch die politischen Ereignisse auf dem europäischen Schauplatz spielten unüberhörbar in seine Überlegungen hinein. Am Tage vor seiner Abreise aus Peking waren deutsche Truppen in Österreich einmarschiert. Bei der Auswertung dieses Ereignisses und der Zuspitzung der Krise im Sommer 1938 spürt er beunruhigt, wie fern ihm die Heimat gerückt ist. Hinsichtlich der Einschätzung der österreichischen Ereignisse muss man außerdem bedenken, dass über die Tatsache des Zusammenschlusses überall Zustimmung zu finden war, wenn auch keinesfalls über das Vorgehen, und dass diejenigen, die sich am entschiedensten für den Anschluss einsetzten, nachdem er durch die Alliierten nach 1918 verboten worden war, die österreichischen Sozialisten waren. An die Eltern schrieb er am 8. April aus Schuzenjian:

> ... Das österreichische Ereignis – der bisher größte Erfolg unserer neuen Politik – kommt einem von hier draußen gesehen als eine außerordentlich bedeutsame Veränderung vor. Das allgemeine Mächteverhältnis ist dadurch tief umgewälzt worden, was sich vielleicht bald schon zeigen kann. Jedenfalls scheint von hier aus die Kriegsgefahr durch diesen Machtzuwachs Deutschlands gemindert worden zu sein. – Aber je weiter man in die Welt hinausschaut, desto mehr beeindruckt einen die Unsicherheit der meisten in die Rechnung zu setzenden Faktoren und die Unmöglichkeit, die verschiedenen Mächte nach bestimmten Ausrichtungen zu erfassen – man kann nur ihre Bewegungsvoraussetzungen studieren und danach in bestimmten Lagen [128] die Möglichkeiten abschätzen. Dabei ist wohl in unserm Zeitabschnitt der psychologische und moralische Faktor wichtiger als der wirtschaftliche. Und zu ersteren gibt uns die bisherige – bei Politikern und Journalisten übliche – Betrachtungsweise wenig Aufschluss. Auch hieraus nehme ich meine Rechtfertigung dafür, dass man die in ihren typischen Grundlehren ausgeprägte Mentalität eines Volkes zuerst studieren sollte ...

Etwas später, am 15. Juni, schrieb er:

> ... Die europäischen Gewitterwolken scheinen mir finsterer auszusehen, als sie sind – ich glaube nicht, dass sie brechen werden. Du kannst Dir denken, was diese Frage für mich hier draußen bedeutet und wie gern ich wüsste, in welcher Form und wie stark sie Euch berührt. Auch würde ich gern etwas näher wissen, wie sich alles entwickelt – habe aber keinen Freund, der mir davon berichten könnte. Mein Glaube an die Erhaltung des Friedens in Europa beruht vor allem auf der gemeinsamen Gefährlichkeit, angesichts deren auch die uns feindlichen Regierungen alles nur Mögliche tun werden, den Krieg zu vermeiden. England befindet sich in einer schlimmen inneren Krise, die von einer Gefährdung ihrer äußeren Stellung in der ganzen Welt (hier, Indien, Mittelmeer, Europa) begleitet ist. Es wäre für sie an sich der richtige Zeitpunkt zu erkennen, dass nur im Zusammengehen mit Deutschland der Friede zu erhalten ist. – Soviel kann man, glaube ich, schon heute mit Gewissheit sagen: Sie werden sich nur mit dem größten Widerwillen in eine Kombination gegen uns in den Krieg ziehen lassen ...

Man muss sich seine Formulierungen aus dem Brief an Diana vergegenwärtigen, um zu verstehen, was er unter »Zusammengehen« verstand:

> There ought to be a firm, self-confident bulwark against war and at the same time an attitude of solidarity to the desperate ferment in Germany.[32]

Später schreibt er an Shiela (6. Oktober 1938):

> ... this whole extreme sharpening of the European conflict came as a complete surprise to me ... I confess that I failed to realise the intrinsic turning point which came about with the Anschluss and which opened up the path for a coercive settlement of the Central European problem which I had never considered possible with the power, prestige and commitments of the Western Democracies in that area ...[33]

Mandschurei

Vor der Abfahrt in die Mandschurei schrieb er:

> ... Diese Reise ist doch eine gewaltige Anstrengung, der meine Kräfte nur mit wechselndem Erfolg standhalten ... [129]

Aber der Aufenthalt dort entschädigt ihn für die Mühsalen:

> ... I was extraordinarily happy in Manchuria and the only reason I can find for it is that I found myself on the colonial soil of a rich undeveloped country where there's room to do things and where I met and made friends with the men who did them ... [*an Shiela am 4. Juni 1938*].[34]

In der Hauptsache lag dieser Eindruck wohl an der Woche, die er in dem halbrussischen Harbin verbrachte:

> ... als Gast einer weitverzweigten deutschen Firma [*Anm.: Tschurin Company*], in deren kaufmännischen Betrieb ich dabei etwas einblicken konnte. Vater wird sich freuen, dass ich so seinem Rat, »zwei Berufseisen im Feuer« zu halten, praktisch folge. Ich habe in diesen wenigen Tagen allerlei bisher ganz Fremdes kennenlernen können, vor allem in dem Leiter den besten Typ des tatkräftigen, ehrlichen Überseedeutschen, der unter schwierigen Verhältnissen eine bedeutende und wirklich gemeinnützige Leistung fertigbringt. Besonders interessant war dabei zu sehen, wie ein wirklich auf die Sache konzentriertes Arbeiten die schweren Gefühlshemmungen dieser Zeit und Gegend zu überwinden imstande ist ...

Shantung und Shanghai

Er hatte nunmehr einen Eindruck von Südchina, von der englischen Kronkolonie Hongkong, von Japan und der Mandschurei gewonnen. Bevor er sich aber – nach einem abermaligen monatelangen Aufenthalt in Peking – auf den Heimweg begab (wohl vornehmlich der versiegten Finanzen wegen), bereiste er die Provinz Shantung im Norden von Mitte bis Ende September. Die Fortsetzung der Fahrt war von Station zu Station ungewiss, weil er in Folge schlechterer Nachrichten aus Europa jederzeit in der Lage sein musste, so schnell wie möglich irgendwie zur Heimat und zu »allem Schützenswerten« zurückzugelangen.

> ... After a few days in Tientsin I travelled through Shantung, stayed at Tsinanfu and Yenchowfu [*Anm.: große katholische Missionsstation*] and visited Confucius' grave in the country near by. I now read that Chinese forces have retaken part of that ground – it was uncertain while I was there, but partly extremely remote and beautiful. If my stomach had not defaulted I would have climbed Taishan, China's holiest mountain, on the way back to the coast [35] [*an Diana aus Shanghai im Oktober*]. [130]

Nach der Rückkehr vom Tempel von Chüfu schildert er den Eltern die befremdenden Züge dieses chinesischen Landlebens im Norden:

> ... Der Schrecken von Armut und Schmutz, der auf den Straßen herrscht, ist mir noch nicht so gewohnt, als dass er mich nicht immer von neuem entsetzte. Die Mienen der Menschen hier sprechen im übrigen noch krasser von eben überstandener Gefahr und fortwährender Bedrückung durch Überfälle und dergleichen. Der Blick hat dann etwas Starres, Wildes – kein Lächeln wird erwidert, selbst die Kinder haben etwas Verkrampftes, wie mir schien. Dazu kommt natürlich, dass hier ein anderer Volksschlag zu finden ist als der um Peking, wo man auch mehr an Fremde gewöhnt ist. Der Shantungbauer gilt als besonders hart, störrig und arbeitsam. Vielleicht ist er der Hesse Chinas ... [*an die Mutter am 24. September 1938*].

Von Tsingtao fuhr er Ende September nach Shanghai, wo er »ganz besonders ermüdet« und mit einem »stark verdorbenen Magen« ankam. Wie immer reagierte er auch hier körperlich, wenn Herz und Geist passiv verhängnisvollen Entwicklungen in der Heimat zusehen mussten und wenn gar, wie in diesem Fall, der physische Anblick des Schreckens dazukam. Und wie so oft, wirkte es Wunder, wenn er durch einen Wechsel der Umstände das Gefühl bekommen konnte, nutzbringend in einem sinnvollen Zusammenhang zu arbeiten. Diese Empfindung hatte er in Shanghai. Am 12. Oktober schrieb er dem Vater, ohne zu ahnen, dass es der letzte Brief sein sollte:

... Mein hiesiger Aufenthalt von etwa 14 Tagen gehört mit zu meinen fruchtbarsten Zeitabschnitten auf der ganzen Reise. Ich habe wirklich verantwortliche Wirtschaftsleiter und amtliche Vertreter sowohl Deutschlands und Englands getroffen, die mich in meiner ganzen Gedankenrichtung bestätigt und belehrt haben. Mein Gutachten von damals wird von den meisten als durchaus zutreffend anerkannt, wenn auch von manchen als kaum durchführbar angesehen. Diese Einwände beziehen sich aber auf die europäische, nicht die hiesige Lage. Der englische Botschafter, mit dem ich zusammentraf, hat eine Abschrift des Gutachtens [*Anm.: Ostasiatische Möglichkeiten*], das ich seinerzeit Lord Lothian erstattete, nachdem er es gutgeheißen hatte, nach London geschickt. Da der rein kaufmännische Betrieb heute etwas stockt, sind die Beteiligten mehr dazu aufgelegt, die Lage als Ganzes zu besprechen und zu beurteilen ... [131]

Er schrieb auch, dass er über Hongkong nach Haiphong und von dort für einige Zeit an die Universität Kunming fahren werde und dass er Aussicht habe, von dort noch nach Chungking fliegen zu können. Erst im Februar sei er vermutlich wieder daheim.

Ob der Vater, der seine Rückkehr so sehnlich erwartete, von dieser Hinauszögerung noch erfuhr, ist nicht mehr festzustellen. Anstelle einer Antwort erreichte Adam am 28. Oktober in Hongkong die Nachricht vom Tode seines Vaters und die Bitte der Mutter, ihr beizustehen. Schon am 29. Oktober verließ er China. Eine großzügige Leihgabe von Lady Cripps ermöglichte die Überfahrt. Auf der »S.S. Ranchi« fuhr er in langen Wochen via Ceylon und Suez der Heimat zu.

Im Hinblick auf die Vervollständigung seiner Eindrücke und Studien war dieser Abbruch eine harte Enttäuschung, denn die geplanten, gut vorbereiteten Stationen hatten die Bedeutung des Schlusssteins, ohne den ein Gewölbe nicht gesichert ist. Trotzdem folgte er augenblicklich diesem letzten, unüberhörbaren Abruf. Später meinte er manchmal, er sei objektiv nicht ganz zu rechtfertigen gewesen.

Hier soll noch die Geschichte von der »Hausschlange« erwähnt werden. Sie erscheint, fernöstlichen Volksglaubens gemäß, nur bei besonderen Gelegenheiten. In dem Eckeschen Anwesen war noch niemals eine gesehen worden. Aber am 18. November 1938 schrieb er Adam:

Am Tage Deiner Abreise, als der Wanting von der Bahn zurückgekommen war, erschien plötzlich eine große Schlange mit brennend roten Flecken und rollte sich auf dem Gang in der Nähe Deines Hauses zusammen. Ich wurde von Angst für Shihchua [*Anm.: das dreijährige Töchterchen des Dieners*] erfasst und ließ sie töten. Im Sommer 36, als ich zum letzten Male in meinem alten Bergtempel weilte und im Flüsschen badete, erschien mir eine lange grüne Schlange, erst im Wasser schwimmend und dann plötzlich auf der Wiese vor meinen Füßen, als ich im Schatten ruhen wollte ... [132]

Arbeitsergebnisse

Was war nun in der Pekinger Zwischenzeit vom 27. Mai bis zum 16. September aus der großen Arbeit geworden? Zehn Wochen nach seiner Rückkehr in den Frieden seines »kleinen Dorfpalastes« in der Ta Hsiang Feng Nr. 21, in die ruhige Arbeitsatmosphäre seines kahlen Zimmers in der Botschaft oder des alten Lamatempels in der Nähe der Yenching-Universität, die ihn als »research-student« führte, schrieb er dem Vater:

> ... Zwar komme ich mehr und mehr zu der Überzeugung, dass mein ursprünglich auf eine Darstellung der chinesischen Staatsauffassung abgestelltes Bemühen ohne Kenntnis der chinesischen Schriftzeichen über das Niveau eines Versuchs mit unzulänglichen Mitteln nicht hinausgelangen wird. Andererseits aber bedeutet jeder Tag, den ich in dieser Stille – jetzt in völliger Einsamkeit in einem alten, ummauerten Lamatempel außerhalb der Stadt – bei meinen Studien zubringen darf, eine heilende und stärkende Vorbereitung, welchen Weg auch immer ich nach meiner Heimkehr werde einschlagen müssen ...

Seine Studien fanden einen gewissen Niederschlag in einem Vortrag, den er auf Einladung von Dr. Strewe 1939 in Berlin in der China-Studiengesellschaft halten sollte. Der Titel war zunächst: »Die staatspolitischen Hintergründe des Ostasienkonflikts«. Gedruckt wurde die Arbeit unter dem Titel »Der Kampf um die Herrschaftsgestaltung im Fernen Osten« und ist vorhanden als Sonderabdruck der »Zeitschrift für ausländisches öffentliches Recht und Völkerrecht«, Band IX Nr. 2, Walter de Gruyter & Co, Berlin 1939.

In dieser Arbeit versucht er zu zeigen, dass zum Verständnis des ostasiatischen Machtkampfes die Kenntnis der diesem zu Grunde liegenden Impulse erforderlich sei. Diese aber ließen sich nur aus den fernöstlichen Staatsvorstellungen verstehen. Rein wirtschaftliche Interessen könnten schon deswegen nicht ausschlaggebend sein, weil die jungen Offiziere, die die treibende Macht in Japan darstellten, gegen die liberal-kapitalistischen Interessen stünden. Diese letztgenannten Kreise wiederum würden eine friedliche Durchdringung des chinesischen Marktes der kriegerischen Auseinandersetzung vorziehen. (Eine noch eingehendere Schilderung des japanischen Kriegscharakters findet sich in einem Brief an Lord Lothian aus der Zeit der Berichtsabfassung.)

Was sich wirklich gegenüberstünde, sei einerseits die japanische Überzeugung von ihrer Sendung zur Verbreitung ihrer Kaiseridee, andererseits die uralte chinesische Staatsauffassung. Die erstgenannte bringe es mit sich, dass der Notstand [133] der tragenden japanischen Volksschicht, der Bauern, sich nicht nach innen revolutionär entlade, sondern nach außen in einer Art Missionskrieg. Denn das japanische Kaiserhaus sei göttlichen Ursprungs, die kaiserliche Autorität oberste Instanz für jeden Kabinetts- oder gar Parlamentsbeschluss. Die Verbindung des neu gegründeten Kaiserreichs Mandschukuo zum Japanischen bestehe darin, dass der mandschurische Kaiser moralisch in der Beziehung der Einheit zum japanischen Kaiser steht. Das stelle also eine Art »theokratischen Föderalismus« dar.

Dagegen sei in der Republik China noch eine ganz andere Herrschervorstellung lebendig. Hier war der Kaiser Vollstrecker des Auftrags des Himmels, seine Eignung oder Unwürdigkeit erwiesen sich darin, wie er diesen Auftrag erfüllte. Das letzte Urteil darüber stand dem Volk zu, denn: »Der Himmel hat nicht Augen und Ohren, und doch sieht und hört er durch das Volk.« (Shoo King). Weil dem so sei, könnten die Japaner ihre Kaiseridee in Mandschukuo, das überwiegend von Christen bevölkert sei, nur mit Mühe durchsetzen. Und weil Chiang Kai Shek beim Neuaufbau chinesischen Staatslebens an die alten Gesinnungselemente wieder anknüpfe, habe er das Volk in solcher Einheit und heldenhaften Entschlossenheit hinter sich, wie es kein Europäer – in Unkenntnis der tieferen Grundlagen – vorausgesehen habe. Auch die Rotarmisten, die vorwiegend in den Nordprovinzen zu finden seien, hätten ihren Frieden mit ihm gemacht, und auch ihre Reformen basierten auf den alten dörflichen Ordnungen; sie hätten lediglich der »gentry« politische Berater zugeteilt.

Wenn die Japaner das Hinterland nicht durchdringen könnten – oder sich der chinesischen Herrschaftsauffassung anschließen – sei mit einem friedlichen Ausgang der Kämpfe nicht zu rechnen. – Das war das Ergebnis seiner Untersuchungen.

Ostasiatische Möglichkeiten

Viel wichtiger aber war ihm der politische Bericht, in dem er das Fazit aus seinen Beobachtungen zog und die – wie ihm schien – im europäischen und fernöstlichen Interesse möglichen Vorschläge zur Befriedung unterbreitete. (Es handelt sich um das »Gutachten«, über das er am 12. Oktober noch seinem Vater berichtete.) Seinen englischen Trustees schickte er es unter dem Titel »First draft of a memorandum on the present situation in the Far East«. In Deutschland bat er seine Mutter um Verteilung. Während es sich mehr oder weniger um die Erfüllung einer Verpflichtung gehandelt hatte, als er seinen Amerika-Bericht schrieb, meint er, dass er sich

> in diesem eine ihm wirklich wesentlich erscheinende Sache nach bestem Wissen, aber leider in landläufiger Sprache auszudrücken bemüht habe. [134]
>
> Der so entstehende Stil ist leider immer noch nicht mein eigener, *schreibt er.* Aber vielleicht werde ich mich auch noch zu dem durcharbeiten.

Und an den Vater am 26. Juni 1938:

Mir scheint, dass der Friede Europas und der Welt sich nur durch eine deutsche und englische Verständigung erhalten lässt. Dies ist ein Ziel, für das ich meine geringen Kräfte mit einsetzen möchte. Du wirst in meinem Bericht einen ersten selbständigen Versuch in dieser Richtung erkennen. Aber ich fühle seine Unzulänglichkeit stark. Zu sehr habe ich den Zusammenhang mit den täglichen Sorgen Deutschlands und Europas verloren, wenn auch, glaube ich, eine vorübergehende Voreingenommenheit von den weiteren Weltzusammenhängen kein Schaden ist ...

In dieser Darlegung überprüft er zunächst die Interessen Deutschlands und Englands, die durch den ostasiatischen Konflikt berührt werden. Den Engländern müsse es seit den Kämpfen um Hankau klar geworden sein, wie bedrohlich jedes weitere Vordringen der Japaner ihren Handelsinteressen werden müsse, ebenso wie der unter diesen Umständen ständig wechselnde Einfluss Russlands auf China. Die Deutschen dagegen hätten alles Interesse an einer baldigen Einstellung der Feindseligkeiten, weil ihr Bundesgenosse Japan auf die Dauer zu sehr geschwächt würde und in China währenddessen die Gefahr kommunistischer Bewegungen zunähme, in jedem Fall der russische Einfluss dort zu stark würde. Daher müsse sowohl England als auch Deutschland an einer Friedensvermittlung liegen.

Dann geht er auf die Vorteile ein, die eine gemeinsame englisch-deutsche Aktion für beide Länder mit sich bringen würde. (Wegen der Vorrangstellung der Militärs in Japan und wegen ihrer Bundesgenossenschaft müsse Deutschland die Initiative ergreifen. Die Kreise, die stark mit England rechneten, seien die politischen und wirtschaftlichen.) Durch diese Aktion würde den Tendenzen in den USA und England, die für eine Vereinigung mit Russland gegen die »Have-nots« einträten, der Boden entzogen; sie würde dem deutschen Ansehen im angelsächsischen Raum aufhelfen, und den deutschen Handelsinteressen würde gleichzeitig stärker Rechnung getragen werden.

Aus diesen Gesichtspunkten heraus kommt er zu folgenden Vorschlägen:

Chiang Kai Shek muss anerkannt werden. Ohne ihn können weder die Armeen demobilisiert noch der russisch-kommunistische Einfluss zurückgedämmt werden. Außerordentlich erwünscht sind Zugeständnisse hinsichtlich der Souveränität einer von ihm geführten Regierung.

Die militärische Lage muss berücksichtigt werden in Gestalt einer erhöhten Beteiligung Japans an der Wirtschaftspolitik Chinas. Außerdem muss es vorläufig bei der Besetzung der strategischen Linien durch Japan bleiben.

Die Beteiligung der Westmächte an der Friedensregelung [135] ist für China eine Garantie dafür, dass die Unabhängigkeit ernst gemeint ist und dass die japanische Wirtschaftsbeteiligung nicht monopolistisch ausfällt. Gleichzeitig entspräche aber die Zurückstellung der westlichen Einflüsse der

Erkenntnis, dass eine rein finanzkapitalistische Beherrschung allein nicht mehr ausreiche.

Diese Vorschläge wie auch die späteren vom Sommer 1939 zeigen, dass er versucht, zu seinem Teil mitzuhelfen, dass die weltpolitischen Entwicklungen einen sinnvollen und friedlichen Verlauf nehmen. Er bemüht sich darum, wenn auch noch so geringe Aussicht auf die Durchsetzung von Vernunftgründen bei einer verbrecherischen Regierung besteht. Da er aber im Lande selbst zur Lösung der Kardinalfrage nichts beitragen kann, schlägt er den Weg über die Außenpolitik ein.

Die Orientierung an den positiven Möglichkeiten – bei genauer Kenntnis der Widerstände – war ihm nicht nur eigen, sondern auch bewusst. Die kleinen Taschenbücher, in denen er als junger Student seine Einfälle festhielt, enthalten auch den Satz des Zweiundzwanzigjährigen:

> Für den echten Politiker kommt gewiss alles darauf an, sich von dem kleingläubigen Pessimismus freizumachen und – ohne andererseits in die Illusion einer leichten und allgemeinen Besserung der Menschen zu verfallen – in all und jedem politischen Bereich das von ihm erstrebte Affirmative auffinden und integrieren zu können …

Der eigentliche Reisegewinn

Die schönste Frucht der Wanderjahre trug Adam mit sich. Er hat später manchmal gesagt, dass er sich vielleicht von Peking nicht mehr hätte losreißen können, wenn er noch länger geblieben wäre. Das war auch ein anderer Ausdruck dafür, wie schwer ihm der Abschied wurde und wie groß seine Dankbarkeit war. Seine Worte darüber erinnern an die, die er für Oxford fand, wo es auch die »Atmosphäre der Continuierlichkeit« war und damals die »edelsten Traditionen Europas«, die ihm Ruhe und Stärkung zuteil werden ließen. Jetzt schrieb er von der »herrlichen Kaiserstadt«, deren »erhabene Formen sich seinem Innern hoffentlich unverlierbar eingeprägt« hätten. Nicht nur, wie er Diana zur Jahreswende [136] 1937/38 schrieb, war »being in wildly foreign surroundings at the moment the only chance for him to be himself« (man meint, Werners Argument von der Wirkung des »Wilden und Fremden« durchzuhören). Wichtiger ist die Erfahrung des Ostens an sich:

> … It makes one very conscious of the peculiar character of our European approach to everything, and this process of self-realisation which comes in losing yourself in this different world is full of entirely new pains and joys …[36]

Der Leitsatz der chinesischen Kaiser, das »Wei-wu-wei« (Tun durch Nicht-Tun), war tief in seine Seele eingesunken; bei den verschiedensten Gelegenheiten sprach er ihn später aus, gleichzeitig helfend und mahnend. Auch auf das Verhältnis zum Mitmenschen wirkte sich das aus, wie aus einem aus konkretem Anlass geschriebenen Brief an seine Mutter hervorgeht (30. August 1938):

> … Außerdem scheint es mir von hier aus, dass wir zu Hause viel zu sehr Menschen aus einzelnen Äußerungen und Verhaltungsweisen zu beurteilen neigen, anstatt ihr Wesen selbst sympathisch zu erfassen und zu diesem durch ein inneres, dauerhafteres Urteil in Beziehung zu treten. – Wenn man etwas von der orientalischen Weisheit lernen kann, so sollte es das sein, dass die innere Welt des Menschen so weit und prekär ist wie die äußere und dass man nicht mit schnellfertigen Maßstäben, vor allem nicht von sich auf andere, zu richtigen Schlüssen kommen kann …

Die Begegnung mit dem Fernen Osten hat ihm eine ganz neue innere Ruhe geschenkt, die auch standhielt gegenüber den vollkommen ungeklärten Verhältnissen nach der Rückkehr und der lastenden Verantwortung gegenüber der rührenden Bitte des kranken alten Vaters, ihm vor seinem Tode noch die Beruhigung einer gesicherten Lebensstellung zu geben. Keiner der Söhne hatte bisher eine solche, und erst eine der Töchter hatte geheiratet.

> … What then? *schrieb er an Diana.* God alone knows. I try to give up worrying about it and go step for step in this complex world. One must keep close to the earth in these confused times and not get entangled in false constructions. One should deeply appreciate every moment of peace and preserve its seeds for the proper season … [137][37]

Diese neue Möglichkeit ist letzten Endes eine religiöse Verhaltensweise. Auf die Auseinandersetzung mit diesem Bereich weist auch eine Briefstelle über den Konfuzianismus, die sich in den letzten Briefen aus China an seine Mutter findet. Als er vom Grabestempel des Konfuzius am 24. September 1938 zurückkam, schrieb er:

> … An der Gestalt des Konfuzius und allem, was ihn umgibt, fehlt einem immer etwas, wenn es auch schwerfällt zu sagen, was. Vielleicht ist es, wie viele behauptet haben, die eigentliche persönliche Größe – oder das Religiöse in unserem christlichen Sinn. Es ist eine breite und mächtige Wirkung von ihm ausgegangen, und er muss doch eine geheimnisvoll resignierte und vielleicht deshalb zugleich gewaltige und nicht restlos befriedigende Persönlichkeit gewesen sein. In seinem Denken fehlt die Vorwegnahme eines gnädigen Gottes, wie sie unser abendländisches Denken zum Teil kennzeichnet. Der Glaube an die versöhnende Wirkung der Tugend ist verbunden mit der Forderung, diese durch harte Arbeit an sich, innere Lauterkeit, klares Wissen, Eltern, Bruder-, Freundesliebe und Befolgung eines edlen Wandels, den er in Riten und Musik symbolisiert

findet, erst zu erlangen. Jeder in China wirklich als »Edler« Geachtete hat seit Jahrtausenden diesen Kodex befolgt. … Die Macht dieser Morallehre ist – zum mindesten indirekt – in dem echten Chinesen zu spüren. Auch der Nihilismus, in den die neue Zeit stürzt, ist nur gegen diese alten Hintergründe seines Volksglaubens – im Gegensatz zu dem europäischen – zu verstehen. Auch der Osten wartet auf eine »Überwindung des Nihilismus«, wie ihn die Vermischung alter Kulturwerte mit industrialistischen Lebensformen heraufbeschworen hat. – Vom Konfuziustempel und -kult strahlt leider, außer auf ganz wenige hervorragende Einzelne, hier in China keine reformierende Kraft aus …

Vor der Abreise schrieb er Diana über diese Dinge, wie er es sonst nur selten und ungern tat:

… I believe that salvation fundamentally lies in the obedience to a higher order which reveals itself to us in our best moments through our conscience, love and ambition. The Christian idea that behind such revelation there is the person of God has, I think, always exercised a profound influence on my mental processes, although I cannot claim that I am a believer in the old Christian sense. Especially being in contact with the East and the deeper psychic background from which it lives has made me more deeply aware of the nature of such integration of one's life and will. [138]

Coming back to Europe, I am convinced I shall see it still more clearly. This will have been the most substantial gain of my voyage, although you who know me better than almost anyone I remember will find me least changed. Do you know the beautiful mediaeval book of prayers and meditations by Thomas a Kempis? »Imitatio Christi« – and have you read the prose poems of Changtse which I recommended to you? I think they are very near to each other and to the basic foothold which will make it possible for us to rise above our muddled frustrations … [139][38]

1 »... Er versteht den angelsächsischen Teil, die Engländer, nicht und denkt, dass meine Haltung ihnen gegenüber durch Bequemlichkeit und Zerstreuung des Geistes gekennzeichnet sei, der doch ihm zufolge für die Erneuerung der Beziehungen zu dem Land eingesetzt werden sollte ... aber ... es ist reaktionär, seinen Griff zu lockern und Verantwortung abzulehnen für das, was in den Städten geschieht und unser Schicksal bestimmt ... Vorläufig kann sein Weg nicht meiner sein ...«

2 »... Um diese Welt herumzufahren verändert einen irgendwie ...«

3 »... Reisen ist eine sehr gute Sache, wenn sie richtig betrieben wird. Es macht Dich dankbar für das Leben überhaupt ... Das reine und einfache Wunder des Lebens, das sich überall ereignet und allerorts unterschiedlich und doch wieder gleich ist, vermittelt Dir einen besseren Sinn für die relative Winzigkeit deiner privaten Schmerzen und Ärgernisse ...«

4 »... Ich habe auf dieser Reise auch wieder etwas Kierkegaard gelesen. Er beantwortet einige meiner tiefsten Unzufriedenheiten mit Hegel. Er wird in meine abschließende Kritik dieser Philosophie eingehen, die so viele Jahre braucht. Du siehst, von der Substanz her bin ich nicht sehr vielseitig, und da gibt es etwas im Kern meiner abrupten geistigen Bewegungen, das klar herausgearbeitet werden muss, bevor der ganze Rest aus dieser Unordnung heraus Gestalt gewinnen kann ...«

5 »... Man beginnt Europa aus diesem distanzierten Blickwinkel in einer ganz merkwürdigen Art als ein Ganzes zu sehen – als ob in allen unseren Ländern wirklich dasselbe Problem auf dem Spiel stünde und unsere Regierungen alle ungeeignet seien, weil in unterschiedlichem Maß, aber in der Sache ähnlich unfähig, damit umzugehen.«

6 »... er ist eine wirklich erfrischende Person«, schrieb er an Diana. »Er denkt, man sollte jede Minute seines Lebens gänzlich auskosten und wissen, dass sie etwas Einmaliges ist, und sie direkt ohne eine vorgefasste Meinung erleben. Er hat die Intensität eines wilden Tieres in den Augen, und er ist die freundlichste, ermutigendste Seele, die ich seit langer Zeit getroffen habe ... Schon lange bin ich nicht annähernd so glücklich gewesen ...«

7 »... Mein Freund Roger Baldwin, der Kopf der zivilen Freiheitsunion, wurde ins Gefängnis gesteckt und bei anderen Gelegenheiten wie ein Volksfeind verfolgt, weil er die realen Zustände anklagte, statt hochfliegende Bekenntnisse zu Menschenrechten, Freiheit und Gerechtigkeit abzugeben ...«

8 »Sie machen, denke ich, das einzig Richtige, das ein Westlicher in China tun kann, indem Sie Ihre eigenen Ansichten und Loyalitäten in einer Welt ausbilden, die jedem von uns die allerschwersten Entscheidungen abverlangt. Und für einen jungen Mann, der ausgerechnet in Deutschland sein Leben behaupten muss, sind Ihre Entscheidungen wesentlich mühsamer als die unsrigen in einem Land hier, wo Demokratie und Kapitalismus noch mit ausreichender Kraft funktionieren, um uns etwas wie Freiheit zu geben. Wir brauchen sowieso keine Vorbehalte bei dem wenigen, was einer von uns tun kann, um Einfluss auf den historischen Prozess zu nehmen. Sie verfügen über eine ungewöhnliche gedankliche und gefühlsmäßige Unabhängigkeit und den Mut, Ihrer Überzeugung zu folgen. Was immer Sie tun, welche Richtung auch immer Sie einschlagen werden, ich werde es respektieren und wissen, dass es für Sie das Richtige ist. Humor ist eine hervorragende Voraussetzung zum Verständnis, und Sie gehören zu dieser kosmopolitischen Gruppe, die in allen Ländern die Dinge ganzheitlich, historisch und mit Vision sieht. Uns erscheint der Nationalismus eine Illusion für die Massen, eine tragische und schreckliche Kraft zu sein, die es eines Tages in einen Internationalismus, wie wir ihn verstehen und leben, zu verwandeln gilt ...« (4. August 1938).

9 »... sie hat einen feinen Zugang zu den Dingen jenseits jeglicher Erfahrung. Ich gestehe, dass ich mich beim ersten Blick in sie verliebte ...«

10 »... Ich habe ein schreckliches Misstrauen mir gegenüber empfunden, von dem ich annehme, dass es angesichts der gegenwärtigen internationalen Lage nur natürlich ist und vor dem mich meine Freunde in England weitgehend beschützten. In zunehmendem Maße wirst Du zu einem Emigranten oder einem Nazi, und in beiden Fällen bist Du nicht erwünscht ...«

11 »In England geben sich intelligente junge Männer gleichgültig und verhalten sich auf unterschiedliche Weise defensiv. Aber Adam war so einfach und offen und konnte eine solche Vertrautheit herstellen, dass, obwohl ich ihn so selten sah, wir völlig offen und aufrichtig miteinander sprachen ...«

12 »sehr angenehmen Wochenende in Harvard, wo ich Selvemini traf, den italienischen Antifaschisten, den ich besonders mochte, und die Frankfurters (Roosevelts Berater), die mir gefielen ...« (an Diana).

13 »Von Trott, deutscher Rhodesstipendiat und Freund Leverkuehns, stellte sich als ein absolut erfreulicher junger Mann heraus, und ich war froh, etwas von der Gastfreundschaft, die mir in diesem Land zuteil wurde, erwidern zu können. Er sprach mit außergewöhnlicher Offenheit über die Repressionen des Naziregimes und hielt einen Volksaufstand in keiner Hinsicht für unmöglich. Es wird eine schreckliche Angelegenheit sein, wenn es dazu kommt.«

14 »Ich verbrachte drei Tage in Ottawa im Hause von Lord Tweedsmuir, was – obwohl etwas beengend – eine interessante Erfahrung war. Er ist ein lebhafter und, obgleich nicht sehr tiefsinniger, zweifelsohne feinfühliger und vielseitiger Geist. Ich führte eine Menge instruktiver Gespräche mit ihm. Auch sah ich David Lewis, an den Du Dich vielleicht von Cripps her erinnerst, einen meiner richtigen Freunde; mit ihm traf ich Anne-Louise Strong, die russisch-amerikanische Schriftstellerin wieder, die ich nicht so sehr mochte, obwohl sie eine gebildete und entschiedene Persönlichkeit ist. Der Stab ›Seiner Exzellenz‹ war interessant – es waren Offiziere, die unter den Pflichten bei Hof stöhnten. Ich schloss Freundschaft mit einigen von ihnen, und Du würdest das niemals glauben, wenn Du sie gesehen hättest; blonde, schwere hochgezüchtete britische Rasse, mit so viel ›Instinkt‹, dass nur wenig Platz fürs Denken blieb, aber aus bloßer Langeweile, wenn nicht aus anderen Gründen, waren sie freundlich zu mir. Der Haushofmeister der Residenz, ein schöner, hochgewachsener Oberst, nahm mich mit seinen ›richtigen Mädchen‹ am letzten Abend zum Tanzen mit, und wir hatten großen Spaß in Château Laurier, dem einzigen großen Hotel im provinziellen Ottawa. Eines der Mädchen war eine ›Rote‹ und kannte alle anderen Leute, die ich in Kanada getroffen hatte, und plauderte aus dem Nähkästchen. Sie war sehr hübsch und leichtsinnig, hieß Bobby und versprach mir eine lebenslange Freundschaft und mein überschüssiges Geld(!) in sagenhaft lukrativen Goldminen im Norden Kanadas zu investieren ...«

15 »Aber ich war überhaupt nicht auf Eroberungen aus sondern war nur ein Beobachter und nahm so viele Eindrücke in mich auf, dass ich erst einmal einige Zeit zum Verdauen brauchen werde. Der Umgang mit Mädchen ist eine gute Methode, Sachen indirekt über andere Länder zu erfahren – weil sie fast immer die Dinge ebenso fühlen, wie sie sie auch sehen, und weil sie das vermitteln, wenn sie zeigen wollen, dass sie lebendig sind. Unter normalen Umständen bringe ich sie dazu, das zu wollen ...«

16 »... ich habe bis jetzt die gebildeteren Menschen getroffen und fühle, dass ich, um dieses Land lieben zu können, Freundschaft mit den einfachen Menschen schließen muss, die überall das wahre Kriterium darstellen ...«

17 »... Ich beendete es mit dem Vorschlag«, schreibt er an Lord Lothian, »dass wir versuchen sollten, die Sympathie des einfachen Mannes in Amerika durch eine insgesamt tolerantere Einstellung zu gewinnen und die des Gebildeten, indem wir endlich zu einer besseren Verständigung mit Ihrem Land kommen, von dem die uneingestandene Inspiration der amerikanischen politischen Idiosynkrasien ausgeht.«

18 »... Mir ist etwas Seltsames widerfahren«, erfährt Diana, »Ich schrieb einen Bericht auf Deutsch über meine Zeit in Amerika und versprach Lord Lothian eine Übersetzung. Ich war nicht in der Lage, die selben Ideen ins Englische zu übertragen, was mir klar anzeigte, dass ich mich von Eurer Art und Euren Assoziationen löse.«

19 »... Während der letzten drei Jahre in Deutschland erschienen mir meine Freundschaften der realste Bestandteil meines Lebens zu sein ... aber seit ich in Kalifornien war, hat sich etwas geändert, und ich beginne, mich nicht nur äußerlich in einem anderen Universum zu finden ...«

20 »Irgendwie merke ich, dass das, was in London gedacht wird, eher reaktiv ist, als dass es sich aus den europäischen Angelegenheiten ergibt, und dass die wirtschaftliche Entwicklung in meinem Land mit ihren politischen und sozialen Auswirkungen den Hintergrund abgibt für das Vorgehen derjenigen, die im Augenblick die Möglichkeit der freien Hand haben. Die Ereignisse in Russland scheinen ein neues finsteres Potential zu eröffnen, und es sind diese beiden Bereiche, die mich am meisten beunruhigen. Was in Spanien passiert, wird auch von ihnen abhängen, glaube ich, obgleich der Gedanke mich erschreckt, welch ein entsetzlicher Hass und Schaden für jede erdenkliche Zukunft Europas sich Tag für Tag durch die Ereignisse dort unten ansammelt. Du musst das sehr stark fühlen, und Goronwys Bericht im ›Spectator‹ (denke ich) entspricht vermutlich Deiner Art zu reagieren –, Dich der menschlichen Seite zuwenden, voll Entsetzen über all das, was Politik mit sich bringt. Ich frage mich, ob Dich das zur Pazifistin macht? Wenn ich aus einem weltpolitischen Blickwinkel darauf sehe, gibt die englische Opposition ein ziemlich erbärmliches Bild ab und scheint ihr idealistisches Gebaren eine sterile und irreale Angelegenheit zu sein. Es ergibt keinen Sinn zu behaupten, dass nationale Souveränität ein falsches Prinzip ist, wenn das Schicksal Europas an diesem Prinzip hängt (das in der Tat unangemessen, wenn es ›unbegrenzt und kompetitiv‹ ist) – es ist gegenwärtig das einzige Instrument, mit dem die Rückkehr zu einer Art von internationaler Ordnung erreicht werden kann. Die Labour-Partei sollte das akzeptieren und den ganzen vagen Internationalismus aufgeben und argumentieren, dass die gegenwärtige Regierung dieses Instrument nicht richtig benutzt. Wenn ein Mann eine Holzaxt einsetzt, um etwas vor dem Feuer zu retten, und wenn dann jemand anderes (obwohl er kein anderes Werkzeug anbietet) argumentiert, dass eine Holzaxt nicht geeignet sei, so hat er in der Tat keinen Anspruch darauf, gehört zu werden. Sag mir, wenn ich falsch liege – ich habe das Gefühl, dass Jane und Du nicht damit einverstanden seid – aber es scheint, als ob einige unserer beiderseitigen Freunde genau diesen Fehler machen. Shiela macht, denke ich, genau den entgegengesetzten Fehler (ich nehme an, XYZ ist sie), indem sie glaubt, Eure gegenwärtige Regierung stünde für weltweite Gerechtigkeit und Frieden oder würde in eine Krise kommen. Aus diesem entfernten Blickwinkel beginnt man seltsamerweise, Europa als ein Ganzes zu sehen, so als ob es in allen unseren Ländern um dasselbe Problem ginge und alle unsere Regierungen unangemessen damit umgingen, unterschieden von einander mehr im Ausmaß als substanziell. Und wenn dem so ist, so muss man nicht in die Argumentation zurückfallen, die S. andeutet, dass nämlich die positiven Ziele auf der einen und die negativen auf der anderen Seite stehen. Ich glaube, das würde heißen, sich der Kriegsphilosophie zu ergeben (die natürlich Zentraleuropa beherrscht) anstatt konstruktiv für eine geordnete Beziehung zwischen den existierenden Mächten einzutreten, um dadurch eine Atempause zu schaffen, in der das Friedenselement in jeder von ihnen die Veränderung von innen heraus ermöglicht. Aus diesem Grunde, glaube ich, hat die deutsche innenpolitische Situation höchste Bedeutung.« »Ich verließ Deutschland in der Überzeugung, dass kraftvolle Friedensprozesse dort stattfänden, dass ich aber dazu keinen wesentlichen Beitrag leisten konnte. Angesichts dieser Prozesse und der Rückkehr Europas zu einem stabileren Gleichgewicht durch Eure Wiederbewaffnung drohte dort keine unmittelbare Kriegsgefahr. Ich denke immer noch so, aber ich fühle, dass weder pazifistischer Idealismus noch das Idealisieren Eurer nationalen politischen Praktiken das zerbrechliche europäische Gleichgewicht erhalten, bis sich die gegenwärtige und im Grunde vorübergehende soziale und ökonomische Krise in Deutschland gelöst haben wird. Es sollte ein starkes, selbstbewusstes Bollwerk gegen Krieg und gleichzeitig eine solidarische Haltung gegenüber dem verzweifelten Gären in Deutschland geben. Nur sehr wenige unter denen, die ich getroffen habe, scheinen das zusammenzubringen, aber ich denke, Du verstehst, was ich meine. Nichts macht mir meine eigene Unwichtigkeit deutlicher bewusst als die Tatsache, dass ich aus dieser ganzen Szene verschwinde und in noch weitere, fremdere, wenn auch analoge Bereiche ziehe …«

21 »Ich denke daran, einen besonderen Aspekt der inneren Struktur Chinas auszuwählen, um dessen Auswirkung auf seine internationale Position darzustellen. Das bedeutet, dass

man sich spezialisieren wird auf einige wirtschaftliche, soziale und administrative Voraussetzungen seiner Souveränität und seiner diesbezüglichen Fähigkeit, internationalen Abkommen in dem Bereich zu entsprechen, den ich wählen werde ...«

22 »es ist sehr unangenehm für Fremde in Kwangsi, irgend etwas während des Ausnahmezustandes zu erforschen oder zu studieren, wenn kein ausreichender Schutz zugesichert werden kann. Erst recht dann, wenn viele Städte wie Wuchow, Nanning und Lungchow und die meisten Verkehrsstraßen und Brücken überflutet sind.«

23 »Erdbeben in Manila, eine Choleraepidemie hier, Bombenabwürfe in Kanton, Schüsse und Gefangennahme in Kwangsi, Begegnung mit Minen im Kanton-Fluss und Beschuss aus japanischen Booten, als wir an ihnen vorbeifuhren, und das letzte, aber keineswegs geringste, der Taifun hier, der etwa zehntausend Menschenleben forderte ...«

24 »Ich hatte eine schöne und sogar beschauliche Reise durch das Landesinnere Chinas, die ich hauptsächlich in Dschunken und Sampanen machte und dabei den tiefen Frieden des Ostens trotz dieses Aufruhrs empfand...«

25 »... Gestern besuchten wir den Tempel des Himmels, der zur Zeit nicht für Touristen geöffnet ist, aber wir kamen mit einer Sondergenehmigung hinein. Er liegt in einem riesigen halb verwilderten Park, und man nähert sich ihm durch verschiedene Portale und Torbögen, durch welche sich Dir die Gelassenheit und Abgeschiedenheit des Kaisertempels in der Mitte eindrucksvoll mitteilt. Wir hatten Glück, weil wir den schönsten sonnigen Herbstnachmittag ausgewählt hatten, der die Silhouette der Hügel im Westen hervorragend scharf aus der Ferne sehen ließ. Alles schien der Perfektion nahe zu kommen, und ein so ungezwungenes Zusammenspiel von Effekten habe ich in dieser Weise noch nie zuvor auf der ganzen Welt gesehen. Ich tauche nur allmählich in den Geist der chinesischen Kunst ein – Du wirst verstehen, warum sie mir zunächst so sehr fremd vorkommt. Das Leben ist ganz anders hier, kohärenter, dauerhafter, zurückhaltender. Die Lebenskraft der starken natürlichen Leidenschaft und gleichzeitiger Gelassenheit pulsieren in diesen alten Schöpfungen, die, wie mein Freund zu sagen pflegt, ›nur eine Fortsetzung der Natur zu sein scheinen‹. Sie ist zutiefst beruhigend und besänftigend und scheint sogar in den Gesichtern und besonders in den Augen der Chinesen zu leben, denen man begegnet ...«

26 »Weißt Du, hier ist man außerhalb dieses Circulus Vitiosus von schönem Schein, Aufregung und Depression, in den man in unseren großen Städten verwickelt wird – aber es gibt keine fertige Antwort darauf, was die Leute hier überlegen erscheinen lässt. Die verfallene Kultur Chinas lebt immer noch in ihren Herzen, und sie hat einen ruhigen und großen Charakter. Aber ich möchte diesen Brief nicht wieder zerreißen. Das gesellschaftliche Leben Pekings, in das ich von Zeit zu Zeit eintauche, ist ziemlich unwirklich. Ich könnte mich vielleicht mit einem französischen Mädchen anfreunden, das genau so nett ist, wie sein allgemeiner Ruf schlecht ist, so scheint es mir. Diese junge Dame ist ziemlich barbarisch, hat dichtes blondes Haar (wie Du) und eine irische Mutter. Sie ist neunzehn und will mir beibringen, wie man Opium raucht. Ich denke, all das wird Dich dazu bringen, sie zu billigen. Die Leute werden nicht schlau aus mir, denn ich bin die meiste Zeit für sie unsichtbar, weit weg in meinem Haus im Norden, im Stadtteil Manchu, wo ich arbeite und mit meinem geliebten deutschen Professor-Freund Ecke plaudere, der auch ein etwas geheimnisvoller Einsiedler ist. Gemeinsam könnten wir über die ganze Welt lachen und über unseren ziemlich unterschiedlichen Umgang mit ihr endlos diskutieren. Er ist eine Quelle echter Freude und Anregung für mich, und er kennt sein China, wie nur wenige es tun.«

27 »... dass unsere Mittel des Verstehens und die ganze Substanz dessen, was wir zu verstehen suchen, verschiedenen Erfahrungswelten angehören ...«

28 »Es könnte sich als unmöglich herausstellen, in einem Jahr ein hinlängliches Verständnis der chinesischen Angelegenheiten zu erlangen, um das zu tun ...«

29 »... Ich habe im Deutschen Club einen Vortrag über deutsch-englische Beziehungen seit 1871 gehalten und erzählte ihnen, dass, während wir einen autoritären, Ihr einen spontanen, obwohl unbewusst imperialistischen Patriotismus hatten und während Bismarck wusste, wie er mit dieser tiefgreifenden Schwierigkeit umgehen musste, vermasselten seine Nach-

folger alles in einem hoffnungslosen Schlagabtausch von Bluff gegen Bluff, und dass wir beide uns nicht wieder so verhalten dürfen ...«

30 »Ich fiel in eine andere tiefe Einsamkeit«, und an Diana: »... zum ersten Mal fühle ich mich von fast jedem, der mich ansieht, nicht gemocht. Meine Größe scheint dieses Nicht-Mögen zu vergrößern, und man sehnt sich nach dem freundlichen, gutmütigen Lächeln der Chinesen ...«

31 »... Tatsächlich, kommt man aus der Traumwelt Pekings auf diese amerikanisierte Oberfläche und zu den harten Fakten unserer eigenen Lebensweise zurück, so wirkt die Distanz, die ich zurückgelegt habe, wie ein heftiger Schock. Du musst bedenken, dass man in China nicht nur so wie in unser eigenes Mittelalter zurückkehrt, es ist eine Kultur und ein Reich, die vor Christus entstanden, ohne irgend eine der nachfolgenden geistigen und gesellschaftlichen Revolutionen des Geistes und der Gesellschaft, die unser Verhalten bestimmen ... Die Intensität der technologischen Entwicklung Japans, wenn man mit frischen Eindrücken aus China kommt, ist überwältigend. Mit dämonischem Geschick haben sie alle unsere Tricks gelernt – obwohl das ganze System ein Vulkan zu sein scheint, der nicht durch eine soziale Revolution von innen sondern durch eine Laune von der Spitze aktiviert wird. Dies steht wiederum im Zusammenhang mit [127] innerer Unzufriedenheit, die stark sein kann, aber unausgesprochen bleibt ...«

32 »Es sollte ein unumstößliches, selbstsicheres Bollwerk gegen den Krieg geben und zugleich eine solidarische Haltung mit den verzweifelten Gärungsprozessen in Deutschland.«

33 »... diese ganze extreme Zuspitzung des europäischen Konflikts hat mich völlig überrascht ... Ich gestehe, dass ich den eigentlichen Wendepunkt nicht erkannt habe, der mit dem ›Anschluss‹ kam und den Weg freigab für eine Zwangsregelung des zentraleuropäischen Problems, wie ich es niemals für möglich gehalten hätte angesichts der Macht, des Ansehens und der Verpflichtungen der westlichen Demokratien in dieser Region ...«

34 »... Ich war außerordentlich glücklich in der Mandschurei, und der einzige Grund, den ich dafür finden kann, ist, dass ich mich auf dem kolonialen Boden eines reichen unentwickelten Landes befand, wo es Raum gibt, Dinge zu tun, und wo ich Freundschaft schloss mit den Männer, die sie taten ...« (an Shiela am 4. Juni 1938).

35 »... nach einigen Tagen in ›Tientsin‹ reiste ich durch ›Shantung‹, verweilte in ›Tsinanfu‹ und ›Yenchowfu‹ [Anm.: große katholische Missionsstation] und besuchte Konfuzius' Grab in der näheren Umgebung. Ich lese jetzt, dass chinesische Truppen einen Teil dieses Gebiets wieder zurückeroberten – es war noch unsicher, als ich dort war –, aber zum Teil extrem einsam und schön. Hätte mein Magen nicht gestreikt, wäre ich auf dem Weg zurück zur Küste auf den ›Taishan‹ gestiegen, Chinas heiligsten Berg ...« [an Diana aus Shanghai im Oktober].

36 »... Sie macht die besondere Art unserer europäischen Herangehensweise an alles deutlich, und dieser Prozess der Selbstverwirklichung, der dadurch einsetzt, dass man sich in dieser fremden Welt verliert, ist voller gänzlich neuer Schmerzen und Freuden ...«

37 »... Was dann?«, schrieb er an Diana, »Gott alleine weiß es. Ich versuche, mich nicht weiter darüber zu sorgen und in dieser komplexen Welt einen Schritt nach dem anderen zu tun. Man muss in diesen verrückten Zeiten auf dem Boden bleiben und sich nicht in falschen Konstruktionen verfangen. Man sollte jeden Moment des Friedens tief auskosten und seinen Samen für die richtige Jahreszeit aufbewahren ...«

38 »... ich glaube, dass das Heil grundsätzlich in dem Gehorsam gegenüber einer höheren Ordnung liegt, die sich uns in unseren besten Augenblicken durch unser Bewusstsein, durch Liebe und Wollen erschließt. Ich meine, dass der christliche Gedanke, dass hinter einer solchen Offenbarung ein persönlicher Gott sei, immer einen tiefen Einfluss auf meine Denkprozesse ausübte, obwohl ich mich nicht darauf berufen kann, ein Gläubiger im alten christlichen Sinn zu sein. Vor allem durch den Kontakt mit dem Osten und den tieferen psychischen Kräften, aus denen er lebt, bin ich mir des Wesens einer solchen Integration von unserem Leben und unserem Willen tiefer bewusst geworden. Ich bin überzeugt, dass ich es noch klarer sehen werde, wenn ich nach Europa zurückkomme. Dies wird der wesentlichste Gewinn meiner Reise gewesen sein, obwohl Du, die mich wohl besser kennt als jeder

andere, an den ich mich erinnere, mich am wenigsten verändert finden wirst. Kennst Du das schöne mittelalterliche Gebetbuch und die Meditationen von Thomas a Kempis? ›Imitatio Christi‹ – und hast Du die Prosagedichte von Changtse gelesen, die ich Dir empfohlen habe? Ich glaube, sie kommen sich sehr nahe sowie auch der grundlegenden Position, die es uns ermöglichen wird, über unsere enttäuschenden Ansätze hinauszuwachsen ...«

Versuch zur Rettung des Friedens (1939)

Über die Entwicklung seiner politischen Überzeugungen

Wahrscheinlich gehören die Frühsommer 1939 und 1944 zu den erfülltesten Zeiten in Adams Leben. Unter dem unerträglichen Druck der nahenden Katastrophe wurde es ihm 1939 zum ersten Mal möglich, einen eigenen Beitrag zu leisten zu den Versuchen, dem rasenden Zug in letzter Minute die Weichen zu verstellen. »Der Krieg löst kein Problem«, war eine Antwort, die man wiederholt von ihm hören konnte, und seine Bemühungen lagen daher in der Richtung der Kriegsverhinderung bei gleichzeitigem Umschauhalten nach Menschen und Mitteln, die die Hitlerdiktatur ablösen könnten.

Es ist vielleicht gut, an diesem Punkt des Berichtes kurz inne zu halten. Mit der Rückkehr aus China ist die Zeit der Vorbereitung für eine spätere Wirksamkeit beendet. Und bevor man ihm jetzt in die halsbrecherischen Bemühungen zwischen den Fronten folgt, von denen ein kleiner Ausschnitt durch die Aktenveröffentlichungen des Jahres 1956 sichtbar geworden ist, sollte man ausdrücklich die Frage stellen, wie die Position beschaffen war, von der aus er politisch tätig wurde. Denn seit den ersten großen politischen Erlebnissen der Liverpool-Konferenz und Oxfords waren nun zehn lange Jahre verstrichen.

Wenn man die Äußerungen liest, die von Adam selbst hinsichtlich seiner politischen Einstellung gemacht worden sind oder die von ihm berichtet werden, so wird man auf manche Sätze stoßen, die – herausgerissen aus ihren weiteren Zusammenhängen – nicht in das Bild hineinzupassen scheinen, das wir von ihm bewahrt haben. Hier fehlt eben einfach Adam selbst, um die Verständnislücke zu schließen, wie er es im Leben immer vermochte. Es zeigte sich dann, dass an der Oberfläche unverbundene, situationsbedingte Äußerungen in der Tiefe eine gemeinsame Wurzel hatten; häufig in Gestalt einer Problematik, deren Sowohl-Als-auch in der Wirklichkeit noch keinen umfassenden Ausdruck gefunden hatte. In einem Merkbüchlein des 22-Jährigen steht ja bereits [140] der nachdenkliche Satz:

> Fast immer ist dasjenige, was gemeinhin als Entweder-Oder von außen an uns herangetragen wird, ein ruhiges Sowohl-Als-auch; während das gemeine Sowohl-Als-auch im Innersten recht eigentlich ein Entweder-Oder ist.

Man muss sich wohl auch vergegenwärtigen, wie er sich von frühauf darauf angewiesen sah, scheinbar unauflösliche Gegensätze in sich zu vereinen. Die Imshäuser Welt mit ihren hohen ethischen und intellektuellen Anforderungen musste er in sich vereinen mit der ihr entgegengesetzten, ihm aber unentbehrlichen des Nachbardorfs Solz, wo er das Natürliche, Kreatürliche fand, was er brauchte (der Brief an die Mutter vom 24. September ging über eben diese Verwandten); die Werte der Tradition, für die Vater und Mutter und auch eigene Bedürfnisse standen, musste er verbinden mit den Überzeugungen seiner sozialistischen Freunde, zu denen ihn ebenfalls Neigung, Urteil und Verantwortung zogen; die tiefe Liebe zum Vater-Land Deutschland mit der Liebe und dem Gefühl der Dankbarkeit zu dem von Grund auf andersartigen Freundesland England; und schließlich das Wissen um und das Verlangen nach unbedingtem Opfer, das seinen Freunden sehr eindrücklich war (bei aller Fähigkeit und auch allem Bedürfnis, sich im täglichen Leben umsorgen zu lassen), mit der Heimatlosigkeit in seiner evangelisch-reformierten Kirche – so wie er sie vorfand – und dem Erlebnis der Philosophie Hegels, deren Durchdringung ihm (wie er später einmal erwähnte) vorübergehend das jugendlich übersteigerte Gefühl gab, Gottes Schöpfungsplan, ihm ähnlich, vom Zentrum her zu erfassen.

Bei dieser Polarität der Erlebnisinhalte, die er bewältigen musste, wollte er sich treu bleiben (er wurde krank, wenn wesentliche Anliegen keinen Ausdruck finden konnten), erstaunt es nicht, dass er selbst noch von »mental jerks« spricht, die bis zur Lösung der zentralen Fragen unvermeidlich seien. Eher ist es erstaunlich, dass auch während der Lehrjahre mit ihrem unvermeidlichen Suchen und Versuchen sein Tun innerhalb der ihm gestellten Situationen so kompromisslos war. Seine vielen, unter sich so verschiedenen Freunde [141] sind einmütig in dem spontanen Hervorheben der unbedingten, unwandelbaren Integrität und Lauterkeit, die sich gleichermaßen mitteilte wie die entwaffnende Offenheit und Wärme der Zuwendung und die ganz offenbar die Wirkung der »Prise ›Un-Menschlichkeit‹« übertraf, die von Kessel erwähnt und von der er meint, dass sie wohl allen wirklich bedeutenden Menschen eignet, wo diese »Un-Menschlichkeit« nicht etwas Negatives bedeutet sondern nur etwas Distanziertes. Man hat das Gefühl, dass Adam zwischen den Forderungen lebte, die er an zwei verschiedenen Stellen in einem Merkbüchlein schon 1931 festhielt:

> Die meisten bilden ihre politischen Überzeugungen, bevor sie auch nur den Versuch gemacht haben, die Problemkreise in ihrer Gesamtheit zu sehen, geschweige zu begreifen.

Und:

> Die beste und echteste persönliche Existenz ist gerade gut genug, um Rahmen und Exempel für eine (innere) theoretische Lösung zu bilden.

In dem gleichen Heft stehen auch ein paar stenographierte Worte, deren Verwirklichung man ihm schon zugetraut hätte:

> Ich will ein Bildner, nicht ein Diener von Meinungen sein.

Die sozialistischen Überzeugungen

Am Anfang und im Zentrum seiner innenpolitischen Betätigung stand die Auseinandersetzung mit dem Sozialismus.

Adams Stellung zum Sozialismus ist schon deshalb nicht leicht zu umreißen, weil er sich mit der damaligen SPD niemals ganz identifizieren konnte, obwohl er sich intensiv darum mühte. Er ist ihr auch offiziell nie beigetreten. Außerdem wird der Punkt, an dem er sich jeweils befand, erst deutlich, wenn man den ganzen Bogen der Entwicklung im Auge hat. Ich habe es Helmut Conrad zu danken, dass er mir in einem eingehenden Gespräch das Verständnis für so manche Zusammenhänge eröffnet hat.

Was Adam trieb, Kontakt mit Sozialisten zu suchen, ist aus seinem Wesen, seiner Umwelt und seinem Bildungsgang [142] leicht einzusehen. Die Geschichten über sein warmes Gefühl für den Mitmenschen gehen in die früheste Jugend zurück. Erlebnisse des Elends, das er z. B. auf einer Berliner Kirmes gewahrte (Geschichte von Vera) und der Not, wie er sie z. B. später bei der Gutsarbeiterfamilie Braun kennenlernte und ihr zu seinem Teil begegnen half (Seite 106), gehörten gewiss mit zu den entscheidenden Anstößen. Parallel damit wirkte der Einfluss seiner unermüdlich karitativ und organisatorisch tätigen Mutter und der ganz andersartige seines revolutionär denkenden und handelnden Bruders, dessen Argumente immer eine Beunruhigung zurückließen.

Diese Impulse wurden sich offenbar auf und nach der Liverpool-Konferenz Anfang 1929 (Seite 64ff.) zum ersten Mal ihrer selbst bewusst. In den Berichten aus Berlin 1929 und 1932 wird es immer deutlicher, dass er sich nun zur Politik, und zwar zu einer sozialistischen Politik, berufen weiß (Seite 68). Damals teilte sich diese Entwicklung bereits unmissverständlich seiner Umgebung mit. Teddy Kessel schildert in seinen Erinnerungen, wie er ihn 1929 in seiner Studentenbude in endlose Unterhaltungen mit politisch denkenden Arbeitern verstrickt fand und meint, er habe sich in solchen Augenblicken seiner Bekanntschaft mit ihm (dem jungen Attaché) geschämt. Helmut Conrad empfand ihn 1932 als »von der Politik geradezu besessen«.

Ein anderer Weg zum Sozialismus führte über die Philosophie. Göttingen war eine Hochburg des Hegelianismus. Adams Hegelarbeit machte ihn intensiv damit vertraut, seine Hegelkritik findet aber auch schon frühen Ausdruck. Im November 1931, kurz nach seiner Ankunft in Oxford, hat er folgende Sätze in sein kleines Notizbuch eingetragen:

> Es bedarf einer Philosophie, die nicht wie Hegels eine alt gewordene Gestalt der Welt prachtvoll nachdenkt – sondern eine, die mit gleichen Maßen und gleicher Kraft mit dem Aufrichten einer neuen Weltgestalt nicht nur, sondern mit der Verwirklichung einer neuen Idee von menschlicher Persönlichkeit beginnt.

Von der Zuwendung zum Marxismus erhoffte er – vielleicht – [143] die Erfüllung des Hegelschen Denkschemas mit neuem Inhalt. Wie wichtig ihm dieser Zusammenhang war, erhellt auch aus der Tatsache, dass er allen Risiken zum Trotz Lenins Randbemerkungen zu Hegels Philosophie mit dem jungen Kommunisten Siebert in der Zelle diskutierte (siehe auch Seite 106f.).

Bei den Wahlen 1931 gab er seine Stimme der SPD (Seite 49) und verantwortete seine Einstellung dem Vater und auch den Corpsbrüdern gegenüber. Es ist merkwürdig, dass Sozialisten und Corpsbrüder in seinem besonderen Fall – von Ausnahmen abgesehen – an seiner Zugehörigkeit zu beiden Bereichen keinen Anstoß nahmen (Claus Ziegler, damals aktives Mitglied der Göttinger sozialistischen Studentenschaft, später Professor für deutsche Literatur, berichtete mir im Krieg davon). Sein Schwergewicht lag damals schon bei den Sozialisten. Er war in Berlin Mitarbeiter in verschiedenen Arbeitskreisen, in denen sich Menschen zusammenfanden, die an einer Regeneration der SPD interessiert waren: »Durch innere Klärung in gemeinsamer Arbeit die Aktivität der Bewegung zu steigern«, war nach den Worten aus dem Programm des »Arbeitskreises Berlin« das Ziel dieser Gruppen. Stichworte zu einem offenbar kritischen Referat finden sich in Adams Notizheften, darunter nennt er: »das Überwiegen der analytischen über die konstruktive Kraft, die Unklarheit der Theorie, falsche Exklusivität im Kleinen und Kompromisse im Großen« und erwähnt die »Notwendigkeit neuer persönlicher Kräfte«.

Die theoretischen Bedenken haben ihn nicht gehindert, nach 1933 aktiv an der Unterstützung sozialistischer Widerstandsgruppen und an vielen einzelnen Hilfsaktionen teilzunehmen.

Im ganzen war, nach Helmut Conrad zu urteilen, in diesen Kreisen eine Hinwendung zu stärker hierarchischen Gedankengängen und die Anerkennung einer größeren Staatsautorität festzustellen. Adam habe in Oxford auch Beziehungen zu Hermann Heller aufgenommen, einem der besten Theoretiker der jüngeren Sozialdemokratie, der das Verhältnis von Sozialismus [144] und Nation besonders behandelt habe. Die Entwicklung dieser kritischen Gedankengänge findet sich auch in einem Brief an Diana aus dem Jahre 1936:

> … Your English flexibility and polite scepticism is a poor weapon in a world where things clash badly. It is interesting to note you are attracted to Jack's friends [*Anm.: Kommunisten*] because of their guts. It indicates I think rightly that for all the worth of our own friend's ideas and goodwill, they lack that courage and moral indignation which is needed if you want to strike beyond the sphere of municipal welfare. Stafford C. in a way has it, but that type of courage is possible only in a democratic community, and beyond its borders his strife for brotherhood of nations seems untimely enough. Yet the states are not merely bodies of insane power, but instruments which for their very sustenance, whatever their doctrine

> may be, need and by their nature facilitate, a measure of co-operation which would not be possible if there were no states. They are a necessary institution and to attain and command power in them is what our friends [*Anm.: die Sozialisten*] really fail to want. They want to construct and organise welfare on a small scale. I know this is an exaggeration, but it is a point where Jack's friends play the superior card. They have a comprehensive vision of power and international requirements, but they have not the necessary links between personal guts and goodwill, and the »big change« with all it involves on the other side ...[1]

Adams Freundschaft zu Sir Stafford Cripps wird, wie ja auch hier zum Ausdruck kommt, in der ähnlichen Einstellung zu solchen Problemen begründet gewesen sein. Auch Cripps' Lehrern, besonders Prof. Tawney, wandte Adam sich mit großer Erwartung immer wieder zu.

Wenn Adam bis zu seinem Chinaaufenthalt noch an gewissen Dogmen festgehalten haben mag, so ist er dort durch alle Theorie durchgestoßen zu einer unvoreingenommenen Erwägung der Aufgaben, die ihm und seiner Generation gestellt waren. Aus dem inneren und äußeren Abstand erlebte er die Relativität der Problemstellungen und erkannte, dass kein Denkschema hilft. Damit entfernte er sich endgültig vom Formaldemokratismus. Das kommt in einem Brief an seinen Freund David Astor Ende 1939 zum Ausdruck:

> ... One essential lesson we must clearly draw from the tremendous failure of the purely popular approach in European politics during the last ten years is that no [145] amorphous trust in the wisdom of the masses can help. I think that both the democratic and the totalitarian playing down to the instincts of the mass mind have resulted in this barren and cynical defeatism which underlies the spiritual chaos of Europe. Popular movement has ended in some form or other of despotism. To prevent their self-destruction and to save their progressive and legitimate elements, I feel it is indispensable that certain conservative traditions should be emphatically reasserted, f.i. the necessity of constitutional authority to protect and guarantee lawful processes and existence, the rehabilitation of Europe's common Christian tradition with its moral values in personal integrity (in character, conscience and freedom of worship) in family and educational life. As yet the longing back to such »normal« orientations of life is not exhausted amongst those in the countryside – impending destruction may drive them into forms of desperation in which they will no longer listen to terms like these ...[2]

Die Berichte seiner im Lebensalter vorgeschritteneren Freunde sollte man hier einfügen, wenn man die jeweils besonderen Umstände und Beziehungen berücksichtigt. Prof. Ecke erwähnt eine »von ihm ersehnte patriarchalisch-volkstümliche (nicht ›demokratische‹) Neugestaltung Deutschlands« (Seite 150f.), Prof. Götz von Selle gibt im Jahrbuch der Albertus-Universität Königsberg 1954 den Satz Adams zu seinen Kollegen im Hans-Kerrl-Lager 1936 wieder: »Als wir Euch noch regierten, da ging es Euch gut«, und Frau Julie Braun-Vogelstein schildert, wie er 1937 am Ende einer Diskussion über die ihn schwer bedrängende Frage des Eigentums: »Do you consider personal property the prerequisite of human freedom?« (siehe auch dazu einen Brief von C. Ziegler vom 8. Januar 1937) gesagt habe: »There is no way out but socialism«, aber nach einer Weile, etwas zaghaft, als ob er sich eines Verrats schuldig mache: »If I were in England, of course, I would join the conservative party« – »Tory socialism«, sagte Frau Braun, und Adam habe sich verstanden gefühlt.[3]

Die letzte und wohl wichtigste Äußerung Adams in diesem Zusammenhang ist von Prof. Friedrich Lenz in einer Broschüre des Akademieverlags (»Wirtschaftsplanung und Planwirtschaft«, Berlin 1948) auf Seite 94 festgehalten worden: Es gälte,

> ... das Realprinzip des Ostens mit dem Personalprinzip des Westens zu vereinen. [146]

Was kann man mit einer solchen Formulierung anfangen, ohne den Zusammenhang zu kennen, in den sie gehört? Nimmt man die Kreisauer Dokumente zu Hilfe, so besagt sie in etwa: Der Mensch ist nicht Objekt, z.B. von Gewerkschaftsmanagern. Er bestimmt auch nicht nur formal – wie in Weimar – seine Welt mit. Er ist im Gegensatz dazu Träger der Arbeitswelt. Diese soll nicht eine Art Abbild der bürgerlichen Welt werden, sondern etwas Neues, das sich selbst seine Form gibt. (Siehe Kreisauer Dok., Anlage 2, Grundsätze für die Neuordnung {5}). Auf diese Weise soll der Persönlichkeitswert erhalten bleiben. – Eine solche neue, noch nicht da gewesene Ordnung lässt sich nicht – wie eine Formalverfassung des parlamentarischen Systems – übernehmen. Man kann hier zunächst weitgehend nur in Symbolen wie dem »Persönlichkeitsprinzip« und dem »Realprinzip« reden.

Verhalten gegenüber dem Nationalsozialismus

Adams Haltung dem Nationalsozialismus gegenüber kann man weitgehend aus seiner Stellung zum Sozialismus ableiten. Auch hat Friedrich Stampfer (bis 1933 Chefredakteur des »Vorwärts« in Berlin) gewiss Recht, der kurz nach dem Krieg noch in den Vereinigten Staaten in einem Aufsatz über Adam schrieb:

> Alles, was in den Brüdern Trott lebte, musste sich gegen diese neuen Tyrannis empören: der Aristokrat gegen den Pöbelmenschen, der Christ gegen den Heiden, der Hugenotte gegen den Unterdrücker der Glaubensfreiheit, der Amerikaner gegen den Despoten, der Deutsche gegen den Verderber Deutschlands, der Sozialist gegen den Betrüger, der den Namen des Sozialismus schändete und missbrauchte ...

Indirekt gibt die erste Nachricht über sein eigenes Verhalten ein Brief seines Freundes Gaidies (Seite 68), in dem die Rede ist von dessen Kampf gegen das bedrohliche Anwachsen der nationalsozialistischen Partei. Auf seine eigene Aktivität deutet die Erwähnung einer Rede gegen den Nationalsozialismus in Oxford im Herbst 1931 (Seite 84). Der Bericht von C.E. Collins zeigt, dass er im Augenblick der Machtergreifung [147] durch die Nazis 1933 die fatalen Konsequenzen mit erstaunlicher Deutlichkeit bis ins Einzelne voraussah – sowohl für die Allgemeinheit als auch für sich persönlich (Seite 86). Ein Fragment aus jener Zeit deutet in die Richtung, in der er die Problematik sah:

> Ich will einfach und deutlich auseinandersetzen, was mich von der Bewegung trennt und was mich mit ihr verbindet. Mit dem Januar 1933 ist eine Umwälzung in Europa vor sich gegangen, die nicht unsere Ziele zerstört, wohl aber Wege verschüttet hat, auf denen wir uns ihnen nähern zu können glauben. Wir müssen uns neu besinnen.
>
> Diese Ziele wird nur eine Minderheit in dieser politischen Bewegung uns streitig machen wollen. Die Mehrheit derer, die überhaupt ihrem Wollen und Urteilen ein Ziel vorsetzen, sehen dieses in einer gerechten Befreiung und Befriedung unseres Volkes, insbesondere auch des arbeitenden Volkes. Die Mehrheit verurteilt, wie wir, die zynische Ausbeutung ... [*hier abgebrochen*].

Nach seiner Rückkehr in die Heimat im Herbst 1933 geben seine Beobachtungen im Wehrsportlager in Marburg (Seite 91) und die Briefe an den Vater (Seite 93) diese ablehnende Einstellung trotz Rücksicht auf die Postzensur unmissverständlich wieder, und ebenso eindeutig ist die – indirekte – Antwort auf diese Haltung: Er wird als Regierungsreferendar abgelehnt (Seite 92). Seine prinzipielle Ablehnung, der Partei oder ihren Organisationen beizutreten (Seite 96), der Verzicht auf eine »Karriere« unter Prof. Binder (Seite 94), die von Helmut Conrad besonders so nachdrücklich betonte Widerstandsarbeit (Brief vom 14. Juli 1957), das immer wiederholte Eintreten für Siebert (Seite 106f.), die Herausgabe seines Kleistbuchs (Seite 100), der Vortrag in Kassel über Russlands wirtschaftliche und politische Entwicklung (Seite 104), schließlich das Ausweichen ins Ausland an Stelle eines beruflichen und politischen Kompromisses in den Jahren 1937/38: all dies ist klar und konsequent, und es ist dabei zu bedenken, dass Äußerungen damals im Grunde Handlungen waren.

Dennoch war diese eindeutige Haltung nicht einfach erkauft. Das zeigen die Andeutungen, die man aus Briefen kurz vor und nach seiner Rückkehr nach Deutschland [148] entnehmen kann (Seiten 86ff). Die qualvollen und schwer absehbaren Entscheidungen, vor die sich der Vierundzwanzigjährige gestellt sah, trieben ihn bis zu dem Ausbruch:

... I shall either end all claims to a practical political existence for which I think I was made ... or I am ending an existence of uncompromising aloofness which is spiritually important to me, but which I am ready to sacrifice if the real chance of a political life is given to me ...[4] [*an Diana im März 1934*].

Er tat weder das eine noch das andere, sondern suchte und fand mühevoll seinen eigenen Weg.

Die größten und tragisch anmutenden Schwierigkeiten erwuchsen ihm aus seinen Auslandsaufenthalten, seinen außerdeutschen Freundschaften und seiner Konzeption, dass die Bekämpfung des Nationalsozialismus eine gemeinsame europäische Aufgabe sei und einen Ansporn zur Reformierung der europäischen Verhältnisse überhaupt darstelle. Nur die wenigsten konnten verstehen, wie er beiden Bereichen unbedingte Treue halten und die tiefe Liebe zu Deutschland (Collins sagt: »This devotion to his own country and its destiny was obvious, he had no need to express it«) mit der unbeugsamen Feindschaft dem Nationalsozialismus gegenüber verbinden konnte. Erst recht war für sie die Einheit in seinen Äußerungen und Überlegungen, die sich notgedrungen ständig in verschiedenen Schichten abspielen mussten, nicht einzusehen. Seine Kritik am Ausland wurde verstanden als Sympathie mit dem Vorgehen Hitlers, während sie doch nur die Solidarität in der Aufgabe zeigen und Verständnis für die Notlage in Deutschland wecken sollte. Dass sein Brief an den »Manchester Guardian« im Februar 1934 (Seite 97) in der Wahl des Mittels sicher irrte, ist eine andere Sache. – Schon im Spätherbst 1933 sagte er zu Prof. W. Brock, einem emigrierten Heideggerschüler, in Cambridge:

Ich weiß nicht, wo es heutzutage schwerer ist, ein guter Deutscher zu sein, im Ausland oder in der Heimat. Hier wird es einem sauer, dort bitter. [*Brief von Prof. Brock vom 16. April 1948*]. [149]

1938 schreibt er seinem Bruder Werner aus Peking:

... Ich weiß, dass Du den materiellen Faktor nicht unterschätzt – aber ist es in der Fieberspannung Europas überhaupt noch möglich einzusehen, wie sehr er durch die Einbildung, es handele sich um einen Kampf von Ideen, für die Erkenntnis überdeckt und verzerrt ist. Es ist wirklich keine minderwertige und oberflächliche Auffassung, dass dort, wo verdienter Wohlstand oder nur Unterhalt nicht zu finden ist – mit Ausnahme des Falles einer bedeutenden Einzelpersönlichkeit – Verzweiflung eintreten muss mit allen ihren unsinnigen Folgen. Ich befinde mich fast dauernd einer entsetzlichen Diffamierung Deutschlands gegenüber, die mich zwingt, diesen Gedankengängen sehr eindringlich nachzugehen. Als Volk befinden wir uns in einem Fieber, das durch die bewusste Einengung und Niederhaltung nach dem Kriege auf die Dauer kaum anders als radikal ausbrechen musste und das, wenn man ihm heute ähnlich begegnet, wieder zu einer – nunmehr verschlimmerten – Totalkatastrophe führen muss. Ich glaube, dass unsererseits ein Krieg vermieden werden soll, dass sich aber andererseits die Herde einer möglichen Explosion immer stärker aufladen …

Seine Überzeugung, dass Kriege vermieden werden sollten, reicht weit zurück. In Notizen zu dem Referat im Seminar von Prof. H. Kraus 1931 (Seite 74) kommt das klar zum Ausdruck:

»Die Nation hat in der Völkergemeinschaft etwa die Funktion, die die Familie innerhalb des Staates einnimmt.«

»So scheint es sich denn auch zu erweisen, dass durch einen Sieg in einem solchen Kriege nicht der wirkliche Feind, sondern beide, Sieger und Besiegte, in ihrem Volkstum schwer getroffen werden, ohne dass der Schaden des einen Wachstum des anderen bedeutete. (Währenddessen aber wächst durch diesen schicksalsschweren Irrtum das feindliche Prinzip eines Volkstums, wo immer es liegen mag, und es heißt, ihm mit geistigen Waffen zu begegnen, nachdem die blutigen versagen mussten.)«

So versucht er, das Ausland zu überzeugen und zu gewinnen zu der bereits zitierten Auffassung (Seite 93):

… There ought to be a firm, self-confident bulwark against war and at the same time an attitude of solidarity to the desperate ferment in Germany …[5]

Briefwechsel mit Shiela im Zeichen der bevorstehenden Heimkehr

Die Schwierigkeiten, die inneren und äußeren Gefahren und die wohl unausbleiblichen Widersprüche, in die er [150] durch die oben angedeuteten Überzeugungen geraten musste, zeigen sich sehr eindrücklich im Briefwechsel mit Shiela in der Übergangszeit zwischen seiner Vorbereitung und der eigentlichen Bewährung. Zugleich gibt er sich hier in gewisser Weise unmittelbarer als an manchen anderen Stellen. Mit Erlaubnis der Empfängerin sollen deshalb hier längere Auszüge aus seinen Briefen zwischen Juli und Oktober 1938 aus China wiedergegeben werden.

Es handelt sich um das,

… what we vaguely wished to become the »best friendship in Europe« …,[6]

schrieb er am 20. Juli 1938 in einem Brief, dessen Anliegen die Klärung der unterschiedlichen politischen Einstellungen war. Shiela war damals noch journalistisch tätig und verfügte über z.T. einflussreiche Verbindungen.

> ... And, certainly, *schreibt er etwas weiter unten*, I was unclear about some political issues which for you never even had to be a problem at all. And in my home country I had to be on the defensive before I could hope to reach a clear attitude of my own to all these new complexities ...[7]

Gegen Ende des langen Briefes liest man Sätze wie:

> The more I have seen of conditions in the rest of the world, America, your position in the Pacific, the whole attitude of Western powers here, the more I feel sick about that whole spirit of denunciation against Germany. If it came from God it were sufficiently justified, no doubt. But from you – who are committing these same sins every minute of the day in some one part of the world which you prefer not to know – such denunciation raises an awful feeling which I hope you will not minimize when you denounce the »German mentality«.[8]

Und noch weiter unten:

> As long as it is not possible for you to consider all that happened in Germany a European phenomenon and responsibility no step further can be made. If on the other hand you try to hedge in Germany morally and materially the explosion is bound to happen and destroy what foundations of a Europe in our sense may still be left.
>
> Perhaps I am too much out of touch with what is happening in Europe every day now – but this is certainly how we look at it here and Peking as you know consists of a most cosmopolitan community hardly biased in Germany's favour ...[9] [151]

Am 10. August hatte er noch keine Antwort und schrieb:

> I have questioned myself often recently why I did not react much more violently against your following that trend when I still saw you sometimes. And I am afraid my answer was that the charm of your presence and all that seemed to remain outside politics made me take this other side of your life not so seriously. Even now I often think it's a lack of humour to become so serious about these general matters which do not as yet dominate either you or myself completely. But then I could not escape the simple animadvertion that you had long ago given me to understand that this side was more important to you than any single human relationship. And perhaps it should be more important for you. But in that case, darling, you must admit that it becomes of paramount importance for the success of your continued friendships whether on these to you vital matters you can agree with your friends or not. And the feeling that more and more we do not really agree made me write in the strain I wrote.
>
> I am not, as you might think, going over to some »other side« or trying to escape or surrender my identity to whatever comes. It is true that this long

journey has put me in a rather remote position and this last year in China has given me chance to think of things more objectively than I ever could before and I know now that as I am going back to my home country the basis for remaining true to the old fight will be very narrow and precarious indeed – especially if my nearest friends too begin to think that it is an impossible position which they must deny and fight ...[10]

Die Briefe erreichten Shiela im Höhepunkt der Sudetenkrise. So fiel die Antwort hart aus. Ihr schien dies alles unreal neben der Nötigung zum Handeln daheim, neben dem Hass, den das neue Deutschland erregte, weil es alle europäischen Pläne zunichte machte und sie alle bedrohte mit Krieg, Grausamkeiten und Zwang. So musste allem weiteren Kompromittieren mit Hitler um jeden Preis ein Ende gemacht werden.

> You could never have stopped me taking this trend, *schreibt sie am Ende*, except by proving your country did not mean these things and your own countrymen would have disowned you ... Many people think there will be war next week. It all depends on one man. I think your proper attitude would be shame and to ask forgiveness. Even I feel ashamed and I am less guilty than you – but you only reproach me and disclaim. Perhaps, after all, we cannot be friends. But we have been, and if there is a war and I survive, I shall remember ...[11][152]

In Adams Antwort vom 6. Oktober 1938 aus Shanghai heißt es zunächst, dass er die Härte ihres Briefes nicht so stark empfinden konnte. Vielleicht läge es an der Entfernung,

> ... or because in the meantime such stupendous happenings had taken place, as I felt, we had undergone in the solidaric spirit which I still believe continues to exist deeply between us. – For if everything had broken up, I couldn't have remembered a single offensive or attack we had ever levelled against each other. Also, darling Shiela, there is a ground on which I feel completely to blame, i.e. that this whole extreme sharpening of the European conflict came as a complete surprise to me and I failed therefore to understand that my attacks came at a time when you must have felt they were conducted against you when you were entering into the last stages of a desperate battle. Please understand this – it may explain to you the apparent inconsistency of my last two letters with that aggressive one. I confess that I failed to realize the intrinsic turning point which came about with the »Anschluss« and which opened up the path for a coercive settlement of the Central European problem – which I had never considered possible with the power, prestige and commitments of the Western democracies in that area. Though I did realize that there was in England a large body of opinion that favoured a negotiated settlement of the Sudetenquestion in

Germany's favour, I believed that France and Russia would remain intransigent on the matter and that your country would back up that ring. I argued against your propagating such a »ring« (or the »lid« theory), because I felt it must result in an explosion which would destroy the very suppositions on which Europe rests. But I did not realize the immediate threat as it must have existed all these last months of a unilateral settlement of the issue by Germany without the Western powers carrying out their promises to your friends. I would not have written to you as I did, had I been clear about the circumstances.

And let me add another confession which I hope you will not be too hostile about. It is not only this particular aspect of the mounting European crisis, but Europe itself, home and all I love there that I have really lost touch with to a degree which is beginning to worry me a good deal. You have, in none of your letters, made allowance for the fact that I have been living for a considerable time now in conditions which are not only completely and utterly different in many essentials, but in a country where there is war already and the horror of death and destruction no longer a threatening cloud, but an actuality and part of life. This may be bad for one, especially as one is not suffering directly – but it brings about a difference of [153] attitude to some things which makes the European reaction to them seem completely hysterical and useless. But it also encourages a type of indifference and passiveness which is utterly objectionable and however good it may be for getting out of the rut of morbid overintensity from which we suffer and as a calm stratum to withdraw to from time to time, it is no way out of our bad troubles. In a sense you are absolutely right – perhaps you remember my thinking so long before I left Europe – that the right place for me and my brothers would be the prison. But you do me an unjust wrong when you imply that being afraid of that makes us silent or subservient or escape into other continents. It is a horrible waste when the few human beings of different nationality who should continue trusting each other contribute by unjust attacks to make life even more a hell for each other than it is already. This applies to my inadequate attitude as well as to yours. I am ashamed to have introduced into our relationship the slightest note of nationalism. You must admit that it is not easy sometimes not to rise indignantly when one finds all one loves in one's country slandered, along with the things one cannot defend. But it is wrong to try and return the blame, as if blaming each other's nation was not a meaner form of quarrelling than friends should ever descend to. And I still firmly adhere to the instinct that the whole jargon of mutual national blame in Europe belongs to the past, to the least agreeable characteristics of the last generation which survive in the present conduct of politics and publicity but by which we, honestly, are really – or should be – no more moved. And I think the bitter personal loss, darling Shiela, which you have suffered through my country would not contradict but confirm this, as it does in the case of your good mother. The expressions of hatred against England that I have heard here from elderly countrymen of mine who were treated badly – have always struck me as something so far from my own stirrings that I noted it as one would a fact in a history textbook. Hate, surely, is blinding and cramping and nothing good can come of it – not even victory, because one fails to understand one's opponent. Our fundamental feelings about Europe are the same still. But it does not do to merely establish the axiom of individual liberty and fight or support things according to the prevalent notion as to whether they really mean liberty or the destruction of it. You do not really answer my reproach that perhaps capitalist and imperialist democracy uses liberty as a smoke screen for definitely coercive policies whereas some aspects of »authoritarian« systems may mean a more straightforward assertion of the rights of man in modern industrial society than its radical opponents realize. With other words, the conflict of ideologies may really be quite unrepresentative of and disguise the real nature of the conflict, [154] which may be based on rival but not different ambitions! I do not agree that the rival dynamic of the European powers is ultimately incompatible and must result in the bloody victory of one ideology over the other. England and France, as every working state, have definitely authoritarian elements and I think it is vicious to put that down merely to capitalist flirtation with fascism – every socialist state must be, to some extent, authoritarian, if it is to survive. And, however narrow that may be, I still think that even the authoritarian state must allow for the development of free individual personality, to survive. I believe and I have seen to some extent that this is the case in Germany and it is my duty to try that out until I fail utterly. I often think I will, because I have not the strength – but I do not yet think it is impossible in principle.

A system however, which threatens to or actually dominates the whole rest of Europe and which cannot be changed from within must be considered as definitely coercive and to accept it as final would be the self-abandonment of Europe. I agree with you in this fundamental point and when I have seemed to introduce nationalist arguments, it is not because I think that such a tendency in Europe can from any angle be supported, but because I believed and still think that it is not actually in existence and conjured up by the Western press to hide another unfair predominance and coerciveness. So I do not think we disagree in our motives but in our judgement of the European situation.

My attack against journalism which in principle I uphold is mainly that it moves in the medium of those viciously irreconcilable ideologies – instead of concentrating the mind, as I think it should, on the substance of what is to be reconciled in Europe. From here at least all these rival ideologies seem like the fever and fantastic nightmares of one and the same organism, whereas the threat of actual violence behind seems like utter irrevocable disaster – extreme patience with the phenomenon of deliric dreams and timesaving healing methods seems the best – tough the patient may still kill himself in his delirium ...[12]

Fünf Tage vorher hatte er der Freundin einen wesentlich pessimistischer klingenden Brief geschrieben. Danach sieht es fast so aus, als argumentiere er hier, um sich selbst Mut zur Rückkehr zu machen. Er schrieb am 1. Oktober u.a.

> I am strongly tempted to go via America (this entirely between you and myself) to look for a place to work if our continent is really going to be what we both feel threatening now a conflict has been spared. It is a damn hard choice, but I'd rather be a beggar than a slave and [155] I am not too old to start all over again and I have good friends in America ...[13]

Und dann schildert er seine Lage, die vielleicht gefährliche Wirkung des Orients, und sagt:

> ... perhaps by telling you a little, God will send me a good thought between all these unattractive prospects.
>
> I want very much and must come home, sometime in not too distant a future. I want to see my old father, mother, my brothers and my fields (though I'm really quite unsentimental about all that now). I want to see my friends, because it does not do to isolate oneself from all those one cares for and who share one's real concerns. I want very much to see you ... We could once make between ourselves things seem clear and more whole than with other people and I don't think that can have been undone – I want to see my brothers and, if possible, start work in some university – but the prospect of Europe seems absolutely appalling and I feel I would have to stay away for at least another couple of years to be anywhere near capable of taking on what I should, there. All this time away from it, has done the very opposite to adapting one to »fit in«.
>
> The East as a permanent place to live is out of the question – the European problem is the only one that really concerns one. But one feels overwhelmingly at times that it really can no longer be solved in Europe – unless there has been in the last years a change for the better in my country that I cannot perceive from here. This is another reason why I must get back and make a last try.
>
> America also is a prospect of considerable resignation – one has to sacrifice the things that Europe still gives freely for a mere potentiality, but a potentiality which one may help to work out as a free self-respecting individual.[14]

Der Brief endet mit einem höchstpersönlichen Traum, der ganz und gar nicht in den vorwiegend politischen Charakter des Zwischenstücks passt. Aber man spürt, dass er in das »Mittelstück seines Wesens« gehört:

… Are you going to stay in Europe these next months? I wish I knew who your present friends are – I would not like you to be friendless in this present situation.

The other night – I think in Tsinanfu – I dreamt that you were in Peking and that you were having a child and that we were standing with some other people under a leafy chestnut tree and I was leaving the next day and longed to take you away to my temple in the country when you said: let's all go to a film together! Silly dream – but you looked very charming. Sometimes I imagine you with your hair done up in a knot and rather superior [156] and maturer than myself and in with all the fashionables. Or I remember some small gesture of yours that used to pain me – and the eager way in which you used to talk how exiting it was to go to pubs with you. And the background to you is always green and never grey like Prague or Berlin.[15]

Heimkehr nach Imshausen

Die heimatlichen Verhältnisse, in die er zurückkehrte, waren für sich bereits schwierig genug. Am übersichtlichsten fasst er das in einem Brief an Diana zusammen:

… At first the pleasure of being in familiar surroundings again after such a long and strenuous life in a foreign world was a stranger sensation than almost any of the upsetting changes I found here. In your letter about his death you seemed to prove exactly that you know in what way I miss my father. He kept the peace of our house and prevented it from running into the extremes to which it is tending. His presence seemed to intervene between wrong tendencies and a final break and now it seems very much as if I should perform this function and yet am not quite up to it …

I am still happy when I walk alone over the hills and woods and their presence with every familiar place is like the presence of one's whole life and youth and dreams. But the folds of the valleys seem to have become smaller and more by the way …[16]

Es bedrückte ihn und seine Angehörigen oft der Gedanke, wie sie imstande sein sollten, richtunggebend in die Verirrungen des öffentlichen Lebens einzugreifen, wenn sie nicht imstande waren, die Abgründe innerhalb ihrer kleinen Gemeinschaft wirklich zu überbrücken. Andersherum äußerte Adam nach 1940 ab und an, wenn er – erschöpft von den Konflikten des Tages – nach Hause kam und über ganz gleichgültige Dinge plötzlich verärgert war: dies sei eine Folge der öffentlichen Zustände. Er zitierte dann eine Weisheit aus den »Four books« (»aus denen ich schon 1939 lange Auszüge hergestellt hatte«), die etwa so lautete: »Wenn die Regierung eines Kaisers gut ist, dann herrscht Friede zwischen den Städten, Eintracht in den Gemeinden und Harmonie zwischen Mann und Frau. Wenn aber [157] die Regierung schlecht ist, dann ist Krieg zwischen den Städten, Zwist in den Gemeinden und Zank zwischen Mann und Frau.«

Nach der Rückkehr musste er sich auch der materiellen Sorgen annehmen, die schon den Vater nach seiner Hilfe hatten ausschauen lassen. Ende November schrieb er Diana auf der Heimreise darüber:

> ... Imshausen, as you know, will be quite a job to start with. I think I told you that new laws have been passed to break up family estates like ours. As far as the idea is to provide only for the farmer who actually works the land, these are good laws. Heini may become a farmer, but there is an immediate problem of a number of people at present depending on the income of the estate. Even if the farm is broken up, you would understand that we want to preserve the home in which we have been for more than 700 years – but it is not so much the past but the future that makes me defend this residue of independence. What job I can get next year, I cannot yet know. I don't return with any tactics or doctrine, but I am determined to hold my own. Did you read Thomas a Kempis? – we must become as simple and clear and unselfish as that to win ...[17]

Das, was ihm an den Kondominaten der Verteidigung wert schien, hat er (wenn er an den heimatlichen Hof von 800 Morgen Land und das entferntere größere Waldstück dachte) etwa so ausgedrückt: »Wer zufrieden ist, von Kohl und Kartoffeln zu leben, der kann hier überdauern, wenn seine Überzeugungen ein Verbleiben im Staatsdienst unmöglich machen.«

Berlin

Die Frage des Staatsdienstes wurde nun tatsächlich wieder vordringlich. Er musste einen Ansatzpunkt zu beruflicher und politischer Wirksamkeit finden. Aber wieder, wie damals 1934, vergehen Monate, ohne dass irgendein Fortschritt zu verzeichnen wäre. Seinen Brüdern und Freunden ging es nicht viel besser. Werner hatte sich ganz nach Imshausen zurückgezogen, Heinrich wurde Forstmann, um nicht schon durch die Art des Studiums in unlösbare Konflikte zu geraten. Helmut Conrad saß ohne Beruf in einem kleinen Dorf bei den Eltern, Curt Bley bereitete sich auf das Assessorexamen vor. Die jüdischen Freunde waren ausgewandert, bis auf Wilfried Israel [158], der erst im Frühjahr 1939 nach London ging. Er war, wie Seebach meint, einer der Leiter des Reichsverbandes deutscher Juden, und bis zum allerletzten Augenblick versuchte er, zu helfen und zu retten. Von den deutschen Konsemestern in Oxford waren eine größere Anzahl nicht nach Deutschland zurückgekehrt, auch Freunde aus den sozialistischen Kreisen waren im Ausland. Die Freunde aus dem Auswärtigen Amt hielten ihre Posten unter mancherlei Konflikten, und nur die Corpsbrüder, die auf Gütern lebten, waren dem Druck nicht ganz so stark ausgesetzt. – Ein erster Plan, in das Wirtschaftsministerium einzutreten, hatte sich bereits im April zerschlagen (an die Mutter am 29. April 1939). Auch sein Vortrag für die China-Studiengesellschaft war mehrfach verschoben worden (Seite 170f.). Er hielt es für möglich, dass die Veranstalter fürchten könnten, Unannehmlichkeiten zu bekommen (an die Mutter am 23. Januar und 9. März 1939). Mitte März sprach er dann aber vor dem Institut der Kaiser-Wilhelm-Gesellschaft für Völkerrecht (an die Mutter am 11. März). Ob er dann noch vor dem ursprünglich geplanten Gremium referierte, ist nicht mehr festzustellen.

Ende April berichtete er seiner Mutter, dass ihm, für den Fall der Genehmigung durch den Reichsaußenminister, der Posten eines Legationssekretärs im Auswärtigen Amt angeboten worden sei. Er hatte auch diesen Versuch nur mit großen Hemmungen eingeleitet, denn, wie er der Mutter schrieb (auf Englisch, wie oft, wenn er unerwünschte Mitleser zu Haus ausschalten wollte):

> ... I cannot yet say I want this type of work and career which will keep me abroad most of my life and tie me to people that have always had a damping effect on me ...[18]

Aber selbst dieser Versuch über einen alten Parteigenossen, Generalkonsul Kriebel – der damals wohl Leiter der Personalabteilung des Auswärtigen Amtes war? –, zu dem er durch die Pekinger Bekanntschaft mit seinem gutmütigen, aber unfähigen Sohn und seiner berühmt-berüchtigten Schwiegertochter Zugang hatte, zog sich endlos hin. Am 18. Mai hatte sich noch nichts entschieden. »Unsichtbare, aber wahrscheinlich kompakte Widerstände, Vertröstungen usw.« standen dazwischen. Trotz [159] allem aber schrieb er im Mai an Diana:

> ... I feel after a lot of heart searching - that it is my primary duty to offer my hand here and only if I fail to leave again ...[19]

Die Möglichkeit fortzugehen war ihm in sehr verlockender Form durch Edward Carter nahe gebracht worden. Voll des Lobes über seine Berichte aus China schlug dieser ihm bereits im Dezember 1938 eine zeitweise gemeinsame Arbeit vor. Im März telegraphierte er ein definitives Angebot für eine zunächst sechsmonatige Zusammenarbeit im IPR. (Denn: »Your recent letter of comment and criticism on ›Germany's interests and policies in the Far East‹ was so helpful and discriminating that it made us all the more eager to have you as a colleague.«) Und auch Gustav Ecke, dessen Briefe für ihn jedes Mal ein Ereignis von großer Wichtigkeit waren, schrieb von einer »würdigen Arbeitsmöglichkeit«, die er für durchaus erreichbar hielt. Aber für diese Angebote und Pläne galt auch, was er seiner Mutter von einem dreiwöchigen Aufenthalt in England während des Februar schrieb:

> ... Alle meine Reisen scheinen auf das Ergebnis hinauszulaufen, dass ich allererst einmal in Deutschland arbeiten und leben möchte ...

Diesem ersten Besuch hatte er mit großen Erwartungen, aber auch in tiefster Besorgnis entgegen gesehen. In dem schon erwähnten Brief von der Heimreise hatte er an Diana geschrieben:

> ... it is for us to wonder whether our former friends wish to have anything more to do with one who, after all (in my case through my very absence) has to accept his full share of responsibility. I know that our friendship is too deeply rooted to be affected by all these developments, but I know of hardly another one I have abroad that in some way or other is not ...[20]

Das Grauen der Novemberpogrome, Hitlers auch nach München unvermindert aggressive Politik, all dies war eine harte Probe für die beste Freundschaft. Von Shiela, die inzwischen »mit 1000 neuen Kreisen sehr in Anspruch genommen und eine kleine Berühmtheit geworden« war (an die Mutter), musste er hören, dass »infinite suspicion« um ihn verbreitet werde. [160]

England im Februar 1939

In seiner Universitätsstadt fand er nur mühsam Kontakt:

> In Oxford mich heute wieder einzuleben, würde doch sehr schwerfallen, wenn ich auch das unverändert freundschaftliche Verhalten besonders der älteren Generation (vor allem der 4 Collegehäupter von Balliol, New College, Wadham und All Souls) sehr froh empfand. Meine Zeitgenossen dagegen sind mir etwas entfremdet und die Atmosphäre ihres Denkens und Treibens behagt mir nicht mehr ... [*an die Mutter am 15. Februar 1939*].

Am 20. Februar korrigiert er sich teilweise:

> ... Aber auch England macht jetzt einen tiefen Besinnungsprozess durch und man darf sich durch die Verwirrtheit seiner Oberfläche nicht täuschen lassen – es hat tiefe moralische Reserven und mutige, klare Vertreter seiner besten Überlieferungen. Mit diesen möchte ich immer Freundschaft halten, wenn ich auch glaube, dass heute ganz andere Bedingungen dafür gelten als früher zu Eurer Zeit.

Und rückblickend am 9. März aus Berlin:

> Mein englischer Besuch war doch im ganzen ein recht guter Erfolg und eine erfreuliche Erinnerung. Elsie Swinton [*Anm.: eine Jugendfreundin der Mutter*

> *von den Petersburger Tagen her*] war ganz besonders nett, ebenso Lady C. und Lady Astor, die Dir durch mich ein hübsches Geschenk schickt …

Das kann nicht darüber hinwegtäuschen, dass die Schwierigkeiten mit der eigenen Generation dennoch eine Erschütterung verursacht hatten. Im Mai schrieb er an Diana:

> … I have a growing suspicion that a number of my friends identify the evils of Europe with Germany as such and base their continued relationship to me only on the degree to which I happen to fit into your English life. I consider that verdict as profoundly untrue and unjust and I do not wish to compromise with this kind of acceptance which I consider both sterile and irresponsible. Yet I see the reason for it happening clearly enough and we have all been hard pressed to think about it, I imagine. It is the very dilemma which I thought human friendship ought to be capable to deal with constructively …[21]

Zu den Freundschaften, die standhielten, gehörte, wie sich noch zeigen wird, in hervorragendem Maß die zu David Astor, aber auch die zu Sir Stafford Cripps und zu seinem Mitarbeiter, Geoffrey Wilson, einem jungen Quäker, mit dem Adam seit den Genfer Ferien 1928 befreundet war. Mit Wilson fuhr er noch im April durch Deutschland (über Imshausen, [161] Heidelberg und Saig im Schwarzwald, wo sie mit den Brüdern und Kütemeyer zusammen waren, zurück nach Berlin, wo sie u.a. Curt Bley und zwei seiner Gewährsleute sprachen).

Kontakte in Deutschland

In Deutschland nahm Adam in diesen Monaten zu allen noch erreichbaren Freunden und politisch aktiven alten Bekannten Kontakt auf. Zu seinem nächsten Freund wurde in diesem Sommer Peter Bielenberg, der seine große Anwaltspraxis in Hamburg aufgegeben hatte und im Wirtschaftsministerium in Berlin als Referent wieder begann – alles, um seinen Teil zur Bekämpfung des Hitlerstaates beizutragen. Adam wohnte wochenlang dort, und der Meinungsaustausch mit dem klugen und treuen Freund sowie dessen tatkräftige Unterstützung waren ihm eine große Hilfe. – Curt Bley und Helmut Conrad wurden schon erwähnt. Letzterer erinnert eine Zusammenkunft in Dessau. Im Mittelpunkt habe die Abschätzung des deutschen Luftrüstungspotentials gestanden im Vergleich zu den übrigen Großmächten. Vor allem sei aber von Adam und Bley noch »sehr energisch« und bis hin zur praktischen Durchführbarkeit erörtert worden, wie man angesichts der immer krisenhafteren Zuspitzung der Gesamtlage zu einer wohlfundierten Analyse der Weltlage und einer Neufassung der Prinzipien einer neuen sozialistischen Politik kommen könnte (Brief vom 17. Juli 1957).

Auch seine Freunde von Kessel und von Nostitz, die damals wohl im Büro des Staatssekretärs im Auswärtigen Amt von Weizsäcker waren (?), wird er wiederholt gesehen und wohl auch im Einvernehmen mit ihnen geplant haben. Ebenso erinnere ich, dass er sich Anfang Mai mit Helmuth von Moltke in Verbindung zu setzen versuchte – dieser war aber damals wohl gerade in England. Er sprach mit großer Hochachtung von ihm, und Collins erinnert, dass er ihn bereits während der Oxforder Studienjahre jedes Mal besucht hatte, wenn er von einer der offiziellen Veranstaltungen in London zurückkam.

Wichtig war ihm vor allem auch die Verbindung mit General von Falkenhausen. Sie wussten aus China voneinander, waren [162] sich dort aber nicht mehr begegnet, denn Hitler hatte den General 1938 gezwungen, seinen Kontrakt mit Chiang Kai Shek zu brechen; andernfalls wollte er Rache an seiner Familie nehmen und sein gesamtes Besitztum konfiszieren. Adam besuchte ihn häufig an seinem Ruhesitz in Dresden. Von Falkenhausen hatte von früher her enge Beziehungen zu Ludwig Beck, Goerdeler, Schacht, Planck, Herbert Göring und zu Sozialisten wie Leuschner, die mit den Genannten in Verbindung standen.

Durch einen Zufall sollte Adam zu dem merkwürdigen, für ihn damals ergiebigsten Ansatzpunkt zur Ingangsetzung seiner Bemühungen kommen. Zwei Vettern der Solzer Trotten, Hubertus von Weyrauch und Bonhoff (den Adam in China getroffen hatte), waren vor langen Jahren mit einem Freunde namens Hewel zusammen nach Australien ausgewandert. Hewel war überzeugter Nationalsozialist von ganz niedriger Mitgliedsnummer der Partei. Sie hatten die Vertretung einer Brauselimonadefirma übernommen, und das Unglück fügte es, dass diese Flaschen zur gleichen Zeit in ganz Australien platzten und es mit ihren Zukunftsträumen aus war. Weyrauch kam nach weiteren Missgeschicken in die Heimat zurück, Hewel war erfolgreicher und folgte erst nach 1933 dem Ruf »seines Führers«, als dieser an die Macht gekommen war. Als Adam ihn kennenlernte (wohl über Weyrauch, der Hewel im Garde-Kavallerie-Club, einem beliebten Treffpunkt in der Bendlerstraße, eingeführt hatte), trug er den Titel eines Geheimen Legationsrats im Auswärtigen Amt. (Nachtrag 1985: Weyrauch konnte sich später an diesen abenteuerlichen Bericht nicht mehr erinnern. Er ist auch Hewel erst in Südostasien begegnet.) Hewels eigentliche Aufgabe bestand jedoch darin, allnächtlich den stundenlangen Monologen seines Führers zuzuhören. Das empfand er als einen sehr zweifelhaften Vorzug, obwohl er Hitler für ein Genie und mit übernatürlicher Einsicht begabt hielt. Einige günstige Umstände kamen zusammen, die auszuführen hier nicht der Platz ist. Jedenfalls gelang es Adam, ihn in der richtigen Weise anzusprechen und in gebührend vorsichtiger [163] Form für seine Friedensvermittlung zu gewinnen. – Chris Bielenberg schrieb im »Manchester Guardian« vom 7. Juni 1956, sie erinnere, dass die Reise von Herrn von Weizsäcker unterstützt wurde. Es ist nicht unmöglich, dass Adam von beiden Seiten zugleich abgedeckt war.

Er erhielt also von Hewel den offiziellen Auftrag, aufgrund seiner Beziehungen in England Aufschlüsse über die wahren Absichten englischer Regierungsmitglieder zu bringen. Die Art, wie er den Bericht abfasste; die Tatsache, dass er überhaupt diesen Auftrag in Szene setzen konnte, lässt darauf schließen, dass auch Hewel – im Gegensatz zu Ribbentrop – persönliches Interesse an einem Versuch hatte, seinen »Führer« von seinem Kriegsplan wirksam abzulenken.

Adam ist, dem Bericht zufolge, vom Mittwoch, dem 1. Juni 1939, bis zum Mittwoch, dem 8. Juni 1939, in England gewesen, und den wesentlichsten Teil seiner selbst erwählten Mission führte er am Wochenende aus. Die ihm befreundeten Astors gaben ihm die unvergleichliche Gelegenheit, auf ihrem Landsitz Cliveden in Ruhe mit den anderen Gästen zu sprechen, vor allem durch viele Stunden hindurch mit dem damaligen englischen Außenminister Lord Halifax und mit dem zukünftigen britischen Botschafter in den Vereinigten Staaten, Lord Lothian. Sein vornehmstes Ziel – in dem er sich mit allen Gesinnungsgenossen in Deutschland einig wusste – war es, den englischen Außenminister zu einer unmissverständlichen Stellungnahme gegenüber etwaigen weiteren Aggressionen Hitlers zu veranlassen. Ich meine zu erinnern, dass er damals an demonstrative englische Flottenmanöver dachte – die unten wiedergegebene Notiz von Mr. Thomas Jones, dem Leiter der englischen Staatskanzlei, spricht von einer Vorführung der englischen Luftwaffe. Er war überzeugt, dass Ribbentrop ein persönliches Interesse daran hatte, die englischen Verlautbarungen über ihre Kriegsentschlossenheit zu bagatellisieren. Von ganz eindeutigen Äußerungen versprach er sich daher [164] die einzige Möglichkeit zu einer Revision der sonst mit Sicherheit in den Krieg treibenden Taktik Hitlers.

David Astor erinnert über die Ziele seines Besuchs noch Weiteres. Im »Manchester Guardian« vom 4. Juni 1956 schrieb er unter »Von Trott's Mission – The Story of an Anti-Nazi«:

> At the time that he visited London in June, 1939, he was endeavouring to gain the confidence of the German Foreign Office; to represent himself as a man with useful contacts in Britain; and to use the position thus created to transmit messages to Hitler intended to influence him to delay making war. This Trott considered to be the most important objective to pursue. He hoped that, if time were gained, it might be possible to link an awakened British Government to the latent Geman opposition to Hitler ... The purpose of the visit was partly to enable Trott to report back to Berlin that these influential British quarters were determined on war if Hitler made a further annexation (in contradiction to the opinion given by von Ribbentrop), but that gains, glory, and useful friendships

Adam von Trott in Cliveden mit David Astor

with »Germanophiles« would be Hitlers' if he avoided war. His other purpose was to emphasise the need for Britain to make her determination to resist further annexations by war absolutely clear, and to urge the need for British leadership of any potential German opposition to Hitler. His thesis was that those who might oppose Hitler would be more likely to do so if addressed as fellow-Europeans by British statesmen ...[22]

Eine weitere unerwartete »Momentaufnahme« aus jenen Gesprächen erhielt ich in Gestalt eines Auszugs aus dem Buch »Half Term Report« eines – soviel ich erinnere – englischen Kriegsdienstverweigerers, William D. Home. Er schreibt:

... I recall an evening, in the summer of 1939, that I spent at Cliveden, staying with Lady Astor, the mother of my friends Michael and Jakie ... One night, over the port, ... I heard a discussion about international politics between a British Cabinet Minister and a young German called [165] von Trott. Von Trott, as passionate an anti-Nazi as he was a patriot, spoke with a perfect mastery of English, of the aspirations of the German nation as a whole. While allowing for the mistrust engendered in the British mind by the activities of the Nazi leaders – a mistrust which he fully shared – he seemed to be trying to impress upon the Minister the necessity for an immediate adjustment to the status quo. He argued that some gesture of goodwill, not verbal, but actual, should be made towards Germany, not only to satisfy her just desire for a revision of the Versailles Treaty, but also – and this might be decisive – to remove some of the planks from Hitler's dangerously political platform and thus pave the way to power for those who had the interest of the world, as well as Germany, at heart. This young man, who a few years later was to die a martyr's death in opposition to the Nazi regime, spoke with a deep sincerity and a sense of urgency. Listening to him, I understood how it was that so many Germans, loathing and despising Hitler as they did, yet felt that in his insistence on the rights of Germany, he was voicing the wishes of his people ...

Be that as it may, it was the future, rather than the past, with which von Trott concerned himself that night. He saw the disaster ahead, and he felt that, with mutual co-operation and sacrifice, the danger might yet be averted and the problem solved by peaceful means. Implicit in this was the essential qualification that the status quo should be revised.

When he had finished speaking, the Minister stubbed out his cigar in an ashtray and said, »Yes, it's a fascinating problem«. And it seemed to me, sitting at the other end of the table, that, in the hopelessness of that answer and that gesture, he stubbed out Germany, and Europe, for many years ahead.[23]

Dass die Aufnahme durchaus nicht derart negativ war, zeigt David Astors Erinnerung, dass Lord Halifax Dr. Thomas Jones gebeten habe, Notizen aufzunehmen für seine nächste Rede. [166/167] David Astor erzählte, dass dieser weise alte Politiker großes Vertrauen in Adam setzte und seinem Überleben Bedeutung beimaß. Die »Note« vom 6. Juni 1939 jedoch, die sich in seinem »A Diary with letters« findet, und in der Adam als junger Generalstabsoffizier erscheint, bezieht sich in Wirklichkeit auf eine Unterhaltung von Mr. Jones mit einem Offizier namens Schwerin, der im Auftrag hoher Militärs nach London kam und David Astor durch Erwin Schueller zugeführt werden sollte. Adam war mit Schwerin damals nicht in direktem Kontakt, sagte aber so weit gut für ihn, dass »er bestimmt kein Nazi sei«, für mehr konnte er nicht bürgen. Daraufhin traf David Astor sich mit ihm und führte ihn auch bei Mr. Jones ein. Da dieser sich den Namen nicht notiert hatte, setzte er nach dem Krieg Adams Namen ein. Doch das Versehen wurde nun bemerkt und soll in künftigen Ausgaben abgeändert werden (Brief von David Astor vom 25. Februar 1958).

Nach übereinstimmenden Angaben war es die Chatham-House-Rede, in der diese Notizen ihren Niederschlag fanden. Ich erinnere nicht mehr, wann und anlässlich welcher Rede es war, sehe nur noch Peter Bielenberg und Adam auf dem Wittenbergplatz die neuste Zeitung mit einer Rede von Lord Halifax lesen, in der sie beglückt die von Adam verwandten Argumente wiederfanden.

Nach Astors Erinnerung fand noch ein anderer wichtiger Punkt Erwähnung:

During the course of Trott's talk with Lord Halifax, Trott warned him of whispers among officials in Berlin that the Nazis were »up to something with the Russians« but he did not know what. (It proved to be the Hitler-Stalin pact.)[24]

Der Bericht selber (vorhanden in den »Akten zur Deutschen Auswärtigen Politik 1918–45«, Serie D, Band 6, 1956, als »Aufzeichnung ohne Unterschrift«, Seite 562–570) musste sich zwar in Ausdrucksweise und Begründung der Hitlerschen Vorstellungswelt anpassen und wird deshalb auf uneingeweihte Leser zunächst höchst befremdend wirken. Unter dieser Tarnung aber [168] bringt er ganz klar die Vorschläge zur Lösung der Krise, die ihm die einzig möglichen scheinen.

In diesem Memorandum ist es Lord Lothian, der den konstruktiven Ausweg aus der verfahrenen Lage zeigt. Adam bekennt sich auch im Bericht uneingeschränkt zu diesem Vorschlag, obwohl es ihm klar sein musste, dass die »Herrenvolkmoral« Hitlers einer so souveränen Geste wahrscheinlich nicht fähig sein würde.

Die erste Hälfte seines Exposés füllt Adam mit der Wiedergabe des Gesprächs, wie es – um Hitler zu gefallen – verlaufen sein soll: so nämlich, dass er Argument um Argument seiner Gesprächspartner (vornehmlich Lord Halifax und Lord Lothian, daneben auch Lord Astor und Sir Thomas Inskip) entkräftet. Dabei aber lässt er Hitler Kenntnis nehmen von der unbeugsamen Kriegsentschlossenheit der Engländer bei der nächsten Aggression gleich welcher Art. Als ihm zum Schluss aber vorgehalten wird, dass trotz Entwaffnung und trotz offensichtlicher Abhängigkeit von Deutschland die Tschechei weiter niedergehalten und vernichtet werde und dass erst dadurch der jetzige Grad allgemeiner Kriegs- und Todesbereitschaft des sonst so friedliebenden Engländers hervorgerufen worden sei, lässt er das Gespräch beendet sein, denn, schreibt er: »Ich halte dieses Urteil an sich für richtig und begnügte mich daher zu sagen ...« – und dann folgt ein Spruchbandsatz von »unbedingter Entschlossenheit« hinter dem Führer stehen und »voller Siegeszuversicht« des deutschen Volkes. An diesem Punkt setzt nun der Plan ein, den er mit Lord Lothian allein besprochen haben will. Wenn Hitler in einer durchgreifenden Weise der Tschechei ihre nationale Selbstständigkeit wiederschenke – unter Ausbedingung effektiver Rüstungsbeschränkung und freundschaftlicher Zusammenarbeit zwischen Deutschland, Böhmen und Mähren, dann würde durch diese Tat die englische Volksstimmung zutiefst verändert werden, die britische Regierung würde ihre Handlungsfreiheit wiedergewinnen und eine Verständigung über alle schwebenden Fragen sei damit möglich geworden. Denn das Beispiel der Tschechei würde beweisen, dass deutsche Machtentfaltung mit dem Fortbestand anderer Nationen vereinbar sei. Adam bringt dann noch pro forma Beweggründe gegen eine solche Lösung – eben die, die er Hitler zutraut –, Lothian aber schließt das Gespräch mit der Bemerkung, dass Hitler das Gesetz des Handelns in der Hand habe und dass der Gewinn des Schrittes sehr viel bedeutender als die offensichtlichen Schwierigkeiten zu sein schienen.

Der Bericht erwähnt ferner ein halbstündiges Gespräch mit dem Premierminister Chamberlain, in dem es zunächst um die Einkreisungspolitik gegangen sein soll. Zum Schluss habe er aber doch die Vergewisserung mitnehmen können, dass der Premier – bei aller Skepsis einer solchen Möglichkeit gegenüber – im Falle der Verwirklichung eines solchen Befriedungsplanes seine Unterstützung nicht versagen würde. [169]

David Astor erinnert von diesem Besuch:

> Trott's visit to Mr. Neville Chamberlain had the same purpose as his talk to Lord Halifax. He returned discouraged, saying that Mr. Chamberlain was nice but »like a man already half-dead«. He found it hard for Mr. Chamberlain to grasp his unorthodox hints that he, the British Prime Minister, should seek to encourage potentially disaffected Germans to oppose their regime.[25]

Im Bericht erwähnt Adam noch Gespräche ähnlichen Inhalts mit Lord Dunglass, einem Privatsekretär Mr. Chamberlains, der wiederum Zugang zum Handelsminister Oliver Stanley hatte. Auch die Herausgeber der »Times« (Geoffrey Dawson) und des »Observer« (Mr. Garvin) erwähnt er, von denen der erstere konstruktiven Anregungen gegenüber durchaus nicht ablehnend sein würde.

Außer diesen im Bericht Genannten sah er noch viele andere Freunde und Politiker. Von Diana werden Prof. Tawney und Geoffrey Wilson genannt, er hatte lange Gespräche mit den Verwandten Bosanquet, sprach z.B. auch mit Prof. Gerhard Leibholz u.a.m.

Was war nun der Erfolg seiner Mission? Er hatte zumindest selbst den Eindruck unmittelbarer Auswirkungen gehabt, denn in einem »Sonnabend« datierten Brief, in dem er vor Glück die gebotene Vorsicht vergaß, schrieb er an seine Mutter:

> ... damit Du Dich mit mir freuen und für den segensreichen weiteren Fortgang beten kannst, teile ich Dir nur kurz mit, dass die sich eben anbahnende Wendung im deutsch-englischen Verhältnis unmittelbar auf meine Intervention zurückgeht. Heute vor 8 Tagen hatte ich in Cliveden eine vierstündige Unterhaltung mit Lord Halifax, am Mittwoch eine halbstündige mit Mr. Chamberlain. Zwischendurch bin ich nicht müßig gewesen. Heute Nacht arbeitete ich bis drei, in wenigen Stunden sehe ich Herrn von Ribbentrop, vielleicht auch Hitler ...

Es muss sich um einen Brief vom 11. Juni gehandelt haben. Damals hatte erst eine Rede vor dem Oberhaus stattgefunden, in der Lord Halifax – wenn überhaupt – nur solche Argumente aus der voraufgegangenen Unterhaltung einflocht, wie sie aus dem Bericht des Conscientious Objector herausklangen – nichts von den in der »Note« gemachten Ausführungen. [170]

Lord Halifax sagte am 8. Juni 1939 im Oberhaus u.a.:

> British policy seems to ourselves straightforward and plain, but it is perhaps not difficult to imagine how differently it may appear to many thinking people in Germany. There must be many such who are not less shocked than ourselves at the treatment of the Jews, and realize that, whatever Germany may have felt about relations between Germany and Czechoslovakia as they were left by Munich, to attempt to solve that problem by the destruction of Czech independence was – to state it in moderate terms – both unwise and wrong. But, feeling all this, such people in Germany may, in the light of post-war years, feel too that Germany would never in fact have secured consideration for claims that seem to her people eminently reasonable and just unless she had been prepared to back them by threat of force. And it is no long step from this for the patriotic German to accept the gospel sedulously preached to him that British policy consists in the blocking of any and all of Germany's legitimate aspirations, whether racial, political, or economic ...[26]

Am 12. Juni stellte er dann klar:

> ... I would venture with respect to say that it is a sign of confused thinking to suggest that my speech implied some change in British policy. On the contrary it was a perfectly frank attempt to get people here and elsewhere to face the realities of the situation ..., *deren eine ist*: ... if force is used today those who use it must count on force being met by force ...[27]

Auf welche Ereignisse sich Adams Brief an seine Mutter vom 11. Juni bezieht, ist also nicht ganz klar bisher. Jedenfalls wurde er im Zenit seiner Hoffnungen geschrieben. Ribbentrop hat er niemals gesprochen, erst recht sah er Hitler nicht. Er fand dann noch einen Draht zu Göring. Ich erinnere ihn an einem Sonntag startbereit, um in die Schorfheide zu fahren. Aber im letzten Augenblick wurde auch diese Möglichkeit vereitelt. Ribbentrop hatte [117] von der geplanten Aktion Kenntnis bekommen und Göring die Einmischung in seinen Amtsbereich untersagt. Unter diesen Umständen ist es nicht ganz leicht, sich vorzustellen, was es bedeuten soll, dass eine Zusammenfassung seiner englischen Eindrücke, die sich neben verschiedenen Fassungen des Berichts gefunden haben soll, den Vermerk trägt: »Hat dem Führer vorgelegen«.

Am 15. Juni schrieb Adam schon wieder aus Oxford. Von diesem zweiten Aufenthalt ist bisher nur zu ermitteln, was sich aus dem kurzen Brief an seine Mutter ergibt, in dem er schreibt:

> ... Es ist mehr zu schreiben und zu erzählen, als jetzt möglich ist. Ich wohnte diesmal zuerst wieder bei Astors, jetzt bei dem mit mir seit langem befreundeten Mr. Adams. Warden of All Souls ... Am Montag gehe ich nach Berlin zurück;

was dann aus mir wird, weiß ich noch nicht recht. Man war zwar freundlich und im ganzen interessiert, aber nicht allzu bereit, auf meine Arbeit einzugehen. Aber vielleicht wandelt sich das ...

Der Tag der Rückkehr, Montag, war wohl der 20. Juni. Vielleicht ist es erlaubt, einen gewissen Zusammenhang zwischen seinen Englandaufenthalten und dem Unternehmen zu vermuten, von dem in dem schon erwähnten Buch von Mr. Thomas Jones auf Seite 438 die Rede ist; denn er war mit einigen der Beteiligten nahe befreundet, zu anderen hatte er langjährige Beziehungen, auch spielen diese »schemers« eine Rolle in seinem späteren Rechenschaftsbericht an Astor über die Gründe, warum er im Kriege nach Deutschland zurückkehrte. Thomas Jones schreibt am 24. Juni an Abraham Flexner aus Blicking Hall, Aylsham:

We are about a dozen friends under Lothian's umbrella brought together to discuss not the immediate foreign situation but the middle distance. There are three influential German émigrés here, who are in touch with highly placed anti-Nazis at home, and they want certain questions canvassed over the weekend.

The immediate situation is bad. The »encirclement« propaganda has rallied the Germans behind the Führer and [172] it is said that nothing we say can penetrate their minds any more. Halifax is to make an important speech on the 29th in Chatham House.[28]

In der Anmerkung steht:

Lionel Curtis, Sir James Grigg, R.H. Brand, E.H. Carr, David Astor, Miss Heather Harvey, Dr. Brüning, Dr. Richard Schüller and others were present. One task discussed was the need of helping the anti-Nazi Germans to draw up a constitution which would be alternative to the Nazi regime. The anti-Nazi elements could not do this for themselves, because of Gestapo supervision. Partly out of this and earlier discussions at Chatham house emerged several research groups who examined peace aims ... T.J. was designated chairman of the Group but illness and absence in Harlech disqualified him from active direction, and Prof. Adams of All Souls took his place and T.J. served as Treasurer.[29]

Aber auch die brennenden aktuellsten Probleme schienen noch einmal einer Lösung näher zu kommen. Wieder liest man das aus einem Brief an seine Mutter heraus. Wahrscheinlich war es die Rede von Lord Halifax beim »annual dinner of the Royal Institute of International Affairs« in Chatham House, die T.J. in dem o.a. Brief in Aussicht stellte und in der, nach David Astor, Adams Argumente eine Rolle spielten. Hier kamen jedenfalls äußerste Kriegsentschlossenheit und -bereitschaft neben entgegenkommendem Verständnis – für den Fall veränderter Umstände – hinsichtlich der kritischsten Probleme zum Ausdruck: also die Frage der Isolation Deutschlands, des Lebensraums, der Kolonialansprüche, der Änderung des Status quo. Am 4. Juli schrieb er nach Hause:

> Darling mother, although it has been very difficult to keep abreast of all the many tasks which seem to shower on one in a situation like this – I have been constantly aware of a strong inner contact with you. I am trying to do my level best and I am comparatively well and happy. It has been a frequent regret not to be able to write more fully ... The future, I think, is serious but not gloomy ...[30]

Der Ton dieses Briefes, der Anklänge an seinen allerletzten [173] Brief an die Mutter enthält, ist sehr aufschlussreich, wenn man ihn mit der Sprechweise des Berichtes vergleicht. Man spürt dann, dass es unter Umständen wie diesen ihn nicht anfocht, »mit den Wölfen zu heulen«, was ihn sonst krank machte. Dennoch verließ ihn das tiefere Gefühl nie ganz, dass solche vereinzelten Versuche die Lawine des Unheils nicht würden aufhalten können. »Wir müssen alle noch durch die Mühle«, hat er häufig geäußert, wenn die Freunde beisammensaßen. Auch sein Freund Geoffrey Wilson meinte nach achtzehn Jahren doch noch so viel zu erinnern: »Certainly my recollection is that in his heart he saw no real hope of bringing about a change of government in Germany except as the result of a war situation.«[31] – Das Gefühl trog ihn nicht. Auch die zweite Hoffnungswelle verebbte – jedoch nicht, ohne dass Adam noch weiteres versucht hätte. Da Hitler in Hinsicht auf England von Ribbentrop abgeschirmt wurde, hatte Trott den Gedanken, einen Verwandten des englischen Königs unter Übergehung Ribbentrops direkt mit Hitler sprechen zu lassen. Zu diesem Zweck war Peter Bielenberg noch im August in London. Aber vergeblich.

Mit den Brüdern

Es ging um die Erhaltung des Weltfriedens, und er empfand dabei nur um so stärker die Nötigung, in seiner Familie, zwischen sich und den Brüdern, dem Frieden Raum zu schaffen. Gegen Mitte Juli fuhr er für eine Weile nach Imshausen und Heidelberg, wo er mit Werner und Heinrich bei dem auch von Adam geschätzten Freunde Werners, Wilhelm Kütemeyer, zusammentraf. Werner hegte tiefe Zweifel an der Möglichkeit, durch groß angelegte Aktionen das Unheil eindämmen zu können, und war überzeugt, dass die Erneuerung zunächst in kleinsten menschlichen Gemeinschaften verwirklicht werden müsse, bevor sie in die Öffentlichkeit übersetzbar werde. Dr. Kütemeyer seinerseits erinnert sich aus jenem Sommer an ein langes Gespräch über den Reichsfreiherrn vom Stein und über ihre unüberbrückbar unterschiedliche Auffassung vom Wesen der öffentlichen Institutionen. Adam wollte in ihnen Schutz [174] für die freie Entwicklung vorfinden, während Werner und sein Freund das nicht für ausreichend hielten. Eine Institution müsse in sich inhaltsbestimmt sein. Um festzustellen, ob und inwieweit sie gemeinsame Sache machen könnten, hielt Werner es für nötig, dass sein Freund mit Adam zusammen eine Informationsreise nach England unternähme. Adam respektierte Werners Gründe und tat – wie immer –, was er tun konnte, um diese Reise bis ins Einzelne vorzubereiten. Dass sie nicht mehr zustande kam, lag daran, dass der Krieg ausbrach. [175]

1 »... Eure englische Flexibilität und höflicher Skeptizismus sind eine schwache Waffe in einer Welt, in der die Dinge heftig aufeinanderprallen. Es ist interessant zu hören, dass Euch Jacks Freunde wegen ihres Schneids gefallen (Anm.: Kommunisten). Es zeigt m. E. zutreffend, dass, so sehr man die Ideen und den guten Willen unserer eigenen Freunde schätzt, ihnen dieser Mut und die moralische Entrüstung fehlen, die nötig sind, wenn Ihr jenseits der Sphäre kommunalen Wohlergehens kämpfen wollt. Stafford C. hat ihn auf eine Art, aber diese Art Mut ist nur in einer demokratischen Gemeinschaft möglich, und über deren Grenzen hinaus scheint sein Kampf für die Bruderschaft der Nationen ziemlich verfrüht zu sein. Noch sind die Staaten nicht lediglich Verkörperungen ungesunder Macht, sondern Instrumente, die – unabhängig von ihrer Doktrin – um ihrer eigenen Lebenserhaltung willen ein Maß an Kooperation brauchen und von Natur aus fördern, was nicht möglich wäre, wenn es keine Staaten gäbe. Sie sind eine notwendige Institution, und über sie die Macht und die Befehlsgewalt zu erhalten ist genau das, was unsere Freunde (Anm.: die Sozialisten) versäumen anzustreben. Sie wollen Wohlstand in kleinem Maßstab bilden und organisieren. Ich weiß, dass dies eine Übertreibung ist, aber es gibt da einen Punkt, wo Jacks Freunde die besseren Karten in der Hand haben. Sie haben ein umfassendes Verständnis von Macht und internationalen Erfordernissen, aber ihnen fehlen die notwendigen Verbindungen zwischen persönlichem Schneid und gutem Willen – und dem ›großen Wechsel‹ mit all seinen Konsequenzen auf der anderen Seite ...«

2 »Eine grundsätzliche Lehre, die wir eindeutig aus dem schrecklichen Versagen der rein populistischen Handhabung der europäischen Politik in den letzten zehn Jahren ziehen müssen, ist, dass kein amorphes Vertrauen in die Weisheit der Masse helfen kann. Ich glaube, dass sowohl die demokratische als auch die totalitäre Anbiederung an die Instinkte der Massenmentalität zu diesem sterilen und zynischen Defätismus geführt hat, der dem geistigen Chaos in Europa zugrundeliegt. Massenbewegungen sind in der einen oder anderen Form im Despotismus geendet. Um ihre Selbstzerstörung zu verhindern und ihre progressiven und legitimen Elemente zu retten, halte ich es für unvermeidlich, einige konservative Traditionen emphatisch wieder einzusetzen. Dazu zähle ich die Notwendigkeit verfassungsmäßiger Autorität, um rechtliches Vorgehen und Existenz zu schützen und zu garantieren, die Rehabilitation von Europas gemeinsamer christlicher Tradition mit ihren moralischen Werten der persönlichen Integrität (in Charakter, Gewissen und Freiheit der Religionsausübung), der Familie und des Bildungswesens. Noch ist die Sehnsucht zurück zu solchen ›normalen‹ Lebensorientierungen bei denen, die auf dem Land leben, nicht erlahmt – die drohende Vernichtung könnte sie in Zustände der Verzweiflung stürzen, in denen sie nicht länger auf Begriffe wie diese hören werden ...«

3 »Ist das Privateigentum für Sie eine Grundvoraussetzung der menschlichen Freiheit?« ... gesagt habe: »Es gibt nur den Sozialismus als Ausweg«, ... schuldig mache: »Wenn ich in England wäre, würde ich natürlich in die konservative Partei eintreten« – »Tory-Sozialismus«

4 »Ich werde entweder alle Ansprüche auf eine reale politische Existenz aufgeben, für die ich meine, geschaffen zu sein, ... oder ich beende eine Existenz kompromissloser Abgehobenheit, die spirituell wichtig für mich ist, aber die ich zu opfern bereit bin, wenn mir eine echte Chance zu einem politischen Leben gegeben wird ...« (an Diana im März 1934)

5 »Es sollte ein unumstößliches selbstsicheres Bollwerk gegen den Krieg geben und zugleich eine solidarische Haltung mit den verzweifelten Gärungsprozessen in Deutschland.«

6 »... wovon wir ein wenig unbestimmt hofften, dass es ›die beste Freundschaft in Europa‹ werden sollte.«

7 »... Und gewiss«, schreibt er etwas weiter unten, »ich war über einige politische Fragen nicht im klaren, die für Dich nicht einmal je zu einem Problem werden mussten. Und in meinem eigenen Land musste ich in der Defensive sein, bevor ich hoffen konnte, zu einer klaren eigenen Meinung über all diese neuen komplexen Sachverhalte zu kommen ...«

8 »Je mehr ich von den Zuständen in der übrigen Welt, Amerika, Eurer Position im Pazifik, der gesamten Haltung der Westmächte hier, gesehen habe, desto mehr macht mich der ganze Geist der Denunzierung Deutschlands krank. Käme er von Gott, wäre er zweifellos gerechtfertigt genug. Aber von Euch – die Ihr dieselben Sünden in jeder Minute des Tages an irgendeinem Ort der Welt begeht, den Ihr lieber nicht kennt – von Euch solcherart denunziert zu werden, ruft ein schreckliches Gefühl hervor, von dem ich hoffe, dass Ihr es nicht herunterspielt, wenn Ihr die ›deutsche Mentalität‹ denunziert.«

9 »Solange es Euch nicht möglich ist, zu sehen, dass alles, was in Deutschland geschieht, ein europäisches Phänomen und eine europäische Verantwortung ist, kann kein Schritt voran getan werden. Wenn Ihr andererseits versucht, Deutschland moralisch und materiell einzukreisen, wird es zur Explosion kommen, die alles zerstören wird, was als Grundlagen eines Europas in unserem Sinn noch übrig sein mag. Vielleicht bin ich viel zu weit von dem entfernt, was in Europa täglich geschieht – aber dies ist mit Sicherheit so, wie wir es hier sehen. Peking besteht, wie Du weißt, aus einer höchst kosmopolitischen Gemeinschaft, die wohl kaum zugunsten Deutschlands voreingenommen ist ...«

10 »Ich habe mich in der letzten Zeit oft gefragt, warum ich nicht heftiger dagegen reagierte, dass Du diesem Trend folgtest, als ich Dich noch zeitweise sah. Und ich fürchte, meine Antwort war, dass der Charme Deiner Gegenwart und all das, was außerhalb der Politik zu bleiben schien, mich die andere Seite Deines Lebens nicht so ernstnehmen ließ. Sogar jetzt denke ich oft, dass es ein Mangel an Humor ist, so ernst durch diese allgemeinen Dinge zu werden, die weder Dich noch mich bis jetzt völlig beherrschen. Aber dann konnte ich der einfachen Wahrnehmung nicht entgehen, dass Du mir vor langer Zeit zu verstehen gegeben hast, diese Seite sei für Dich wichtiger als jede einzelne menschliche Beziehung. Und vielleicht sollte es Dir auch wichtiger sein. Aber in diesem Fall, Liebling, musst Du zugeben, dass es eine ausschlaggebende Bedeutung für den Erfolg Deiner langjährigen Freundschaften hat, ob Du über die für Dich wichtigen Themen mit Deinen Freunden übereinstimmen kannst oder nicht. Und das Gefühl, dass wir zunehmend weniger übereinstimmen, ließ mich Dir unter solchem Druck schreiben. Ich wechsle nicht, wie Du denken könntest, auf irgend eine ›andere Seite‹ oder versuche meiner Identität zu entfliehen oder sie irgendetwas Kommendem auszuliefern. Es ist wahr, dass ich durch diese lange Reise in eine relativ entfernte Position geraten bin, und dieses letzte Jahr in China hat mir Gelegenheit gegeben, über Dinge objektiver nachzudenken, als ich es je zuvor konnte. Jetzt, da ich in mein Heimatland zurückkehre, weiß ich, dass die Grundlage dazu, den alten Kampf fortzuführen, sehr schmal und tatsächlich unsicher geworden ist – besonders wenn auch meine nächsten Freunde zu denken anfangen, dass es eine unmögliche Position ist, die sie ablehnen und bekämpfen müssen.«

11 »Du hättest mich niemals hindern können, diese Richtung einzuschlagen«, schreibt sie am Ende, »außer wenn Du bewiesen hättest, dass Dein Land diese Dinge nicht gewollt hat, und Deine eigenen Landsleute hätten Dich widerlegt ... Viele Leute denken, dass es in der nächsten Woche Krieg geben wird. Es hängt alles von einem einzigen Mann ab. Ich denke, die rechte Haltung für Dich wäre Scham und die Bitte um Vergebung. Sogar ich schäme mich, und ich bin weniger schuldig als Du – aber Du machst mir nur Vorwürfe und streitest alles ab. Vielleicht können wir schließlich keine Freunde mehr sein. Aber wir sind es gewesen, und wenn es einen Krieg geben wird und ich überlebe, werde ich mich erinnern ...«

12 »... oder weil in der Zwischenzeit solche gewaltigen Ereignisse stattgefunden haben, die wir, wie ich das Gefühl hatte, in solidarischem Geist erlebt haben, der meiner Meinung nach in der Tiefe noch immer zwischen uns vorhanden ist. Denn auch wenn alles zerbrochen wäre, hätte ich mich nicht an eine einzige Kränkung oder Attacke erinnern können, die wir je gegeneinander gerichtet hätten. Außerdem, Liebling Shiela, da gibt es ein Gebiet, auf dem ich mich völlig schuldig fühle, und zwar, dass diese ganze extreme Zuspitzung des europäischen Konflikts für mich völlig überraschend kam und ich deshalb nicht bemerkt habe, dass meine Angriffe zu einer Zeit gekommen sein müssen, als Du meinen musstest, sie seien gegen Dich gerichtet, während Du gerade zu den letzten Gefechten einer verlore-

nen Schlacht ansetztest. Bitte verstehe das – es mag Dir die offensichtliche Zusammenhanglosigkeit meiner letzten beiden Briefe mit dem aggressiven erklären. Ich gestehe, dass ich versagt habe, den Wendepunkt wahrzunehmen, der mit dem ›Anschluss‹ kam und der den Weg für eine Zwangsregelung des zentraleuropäischen Problems freigab. Dies hätte ich niemals für möglich gehalten angesichts der Macht, des Prestiges und der Verpflichtungen von westlichen Demokratien in diesem Gebiet. Obwohl ich feststellte, dass es in England eine Mehrheit gab, die die Regelung der Sudenten-Frage zu Deutschlands Gunsten verhandeln wollte, glaubte ich, dass Frankreich und Russland in dieser Frage unnachgiebig bleiben würden und dass sich Dein Land dem Ring anschließen würde. Ich argumentierte gegen Dein Propagieren eines ›Rings‹ (Einkreisungstheorie), weil ich fühlte, dass sie in einer Explosion enden müsse, die eben jene Voraussetzungen zerstören würde, auf denen Europa ruht. Aber ich nahm die unmittelbare Drohung nicht wahr, die während der ganzen letzten Monate existiert haben muss, dass eine einseitige Regelung der Angelegenheit durch Deutschland erfolgen könnte, ohne dass die Westmächte ihre Versprechungen gegenüber ihren Freunden erfüllten. Ich hätte Dir nicht so geschrieben, wie ich es getan habe, wenn mir die Umstände klar gewesen wären. Und lass mich Dir ein anderes Geständnis hinzufügen, von dem ich hoffe, dass es Dich nicht zu feindselig stimmt. Es ist nicht dieser besondere Aspekt, dass die europäische Krise anwächst, sondern Europa selbst, die Heimat und alles, was ich dort liebe, zu dem ich wirklich den Bezug bis zu einem Grad verloren habe, was anfängt, mir ziemlich Sorgen zu machen. Du hast in keinem Deiner Briefe die Tatsache akzeptiert, dass ich seit geraumer Zeit in Verhältnissen lebe, die nicht nur in vielen wesentlichen Aspekten grundsätzlich und völlig anders sind, sondern in einem Land, wo schon Krieg ist und der Schrecken des Todes und die Zerstörung nicht mehr eine drohende Wolke, sondern aktuell und Bestandteil des Lebens sind. Das mag für einen selbst schlecht sein, besonders, wenn man nicht selbst direkt leidet – aber es bringt auch einen Unterschied in der Haltung gegenüber jenen Dingen, auf die die europäische Reaktion völlig hysterisch und nutzlos erscheint. Aber es ermutigt auch zu einer Art Gleichgültigkeit und Passivität, die völlig anstößig ist. So gut das auch sein mag, um aus den Gleisen morbider Überintensität herauszukommen, an der wir leiden, und als eine ruhige Atmosphäre, in die wir uns von Zeit zu Zeit zurückziehen können, ist es kein Ausweg aus unseren schlimmen Problemen. Auf eine Weise hast Du völlig Recht – vielleicht erinnerst Du Dich an meine Zustimmung, bevor ich Europa verließ – dass der richtige Ort für mich und meine Brüder das Gefängnis wäre. Aber Du tust mir unverantwortlich Unrecht, wenn Du implizierst, dass die Angst davor uns still oder willfährig machte oder uns in andere Kontinente flüchten ließe. Es ist eine schreckliche Verschwendung, wenn die wenigen Individuen unterschiedlicher Nationalität, die sich gegenseitig weiter vertrauen sollten, ungerechtfertigte Attacken loslassen, um sich das Leben gegenseitig noch mehr zur Hölle zu machen, als es schon ist. Das bezieht sich auf meine inadäquate Haltung genau wie auf Deine. Ich schäme mich, in unsere Beziehung die leiseste Spur von Nationalismus eingebracht zu haben. Du musst zugeben, dass es manchmal nicht ganz leicht ist, sich nicht zu empören, wenn all das, was man in seinem Land liebt, zusammen mit den Dingen, für die man nicht einstehen kann, verleumdet wird. Aber es ist falsch zu versuchen, die Vorwürfe zurückzugeben, als ob das Schlechtmachen der jeweils anderen Nation nicht ein so armseliges Niveau des Streits sei, dass Freunde sich nie dazu hergeben sollten. Und ich bin noch immer der festen Überzeugung, dass der ganze Jargon der gegenseitigen nationalen Beschuldigungen in Europa der Vergangenheit angehört. Er zählt zu den unangenehmsten Charakteristika der vorangehenden Generation, die in den gegenwärtigen Verhaltensmustern von Politik und Öffentlichkeit überlebt, aber durch die wir ehrlicherweise nicht mehr wirklich beeinflusst werden, oder werden sollten. Ich denke auch, der bittere persönliche Verlust, Liebling Shiela, den Du durch mein Land erlebt hast, würde dem nicht widersprechen, sondern es bestätigen, wie auch im Fall Deiner guten Mutter. Die Äußerungen von Hass gegen England, die ich hier von einigen meiner älteren Landsleute vernommen habe, die schlecht behandelt wurden – sind mir immer aufgestoßen, weil sie meinen eigenen Empfindungen so fern waren wie die Fakten in einem Geschichtsbuch. Hass, das ist sicher, macht blind, verkrampft und von ihm kann nichts Gutes kommen, nicht einmal ein Sieg, weil man nicht imstande ist, den Gegner richtig zu verstehen. Unsere grundsätzlichen Gefühle in Bezug auf Europa sind noch dieselben. Doch es reicht nicht, nur das Axiom der individuellen Freiheit zu etablieren und Dinge zu bekämpfen oder zu fördern, entsprechend der vorherrschenden Meinung, ob sie wirklich entweder Freiheit oder ihre Zerstörung bedeuten. Du beantwortest nicht wirklich meinen Einwand, dass vielleicht kapitalistische und imperialistische Demokratien Freiheit als Vernebelung für eindeutige Zwangsmaßnahmen benutzen, wohingegen einige Aspekte der ›autoritären‹ Systeme eine direktere Garantie der Rechte des Einzelnen in einer modernen Industriegesellschaft bedeuten, als ihre radikalen Gegner vermuten. Mit anderen Worten, der Konflikt der Ideologien kann wirklich verhältnismäßig unrepräsentativ sein und die wahre Natur des Konflikts verschleiern, der vielleicht auf konkurrierenden, aber nicht grundsätzlich andersartigen Zielsetzungen beruht. Ich stimme nicht zu, dass die konkurrierende Dynamik der europäischen Mächte letztendlich unversöhnlich ist und im blutigen Sieg einer Ideologie über die andere enden muss. England und Frankreich, wie jeder funktionierende Staat, haben definitiv autoritäre Elemente, und ich denke, es ist bösartig, dies lediglich als einen kapitalistischen Flirt mit dem Faschismus zu begreifen – jeder sozialistische Staat muss bis zu einem gewissen Grad autoritär sein, wenn er überleben will. So engstirnig das sein mag, denke ich immer noch, dass sogar der autoritäre Staat die Entwicklung der freien Persönlichkeit fördern muss, um zu überleben. Ich glaube und habe es bis zu einem gewissen Maß gesehen, dass dies in Deutschland der Fall ist, und es ist meine Pflicht, das auszuprobieren, bis ich völlig scheitere. Ich denke oft, dass dies geschehen wird, denn ich habe nicht die Kraft, aber ich denke noch nicht, dass es im Prinzip unmöglich ist. Ein System jedoch, das den ganzen Rest Europas zu beherrschen droht oder es tatsächlich beherrscht, und das nicht von innen heraus geändert werden kann, muss definitiv als Zwangssystem angesehen werden. Dieses als endgültig zu akzeptieren, wäre die Selbstaufgabe Europas. Ich stimme mit Dir in diesem grundsätzlichen Punkt überein, und wenn es schien, dass ich nationalistische Argumente eingebracht habe, dann nicht weil ich denke, dass solch eine Tendenz in Europa von irgend einem Gesichtspunkt aus unterstützt werden kann, sondern weil ich nach wie vor glaube, dass sie in Wahrheit nicht existiert und nur durch die westliche Presse heraufbeschworen wird, um eine andere ungerechtfertigte Vorherrschaft und ein anderes Zwangssystem zu verstecken. Ich denke, dass wir uns nicht in unseren Motiven, sondern in unserem Urteil über die europäische Situation unterscheiden. Mein Angriff auf den Journalismus, den ich im Prinzip aufrechterhalte, besteht hauptsächlich darin, dass er zum Medium dieser bösartig unvereinbaren Ideologien wird– anstatt die Gedanken, was meiner Meinung nach seine Aufgabe sein sollte, auf die Substanz dessen zu konzentrieren, was in Europa ausgesöhnt werden muss. Von hier aus wenigstens scheinen alle diese rivalisierenden Ideologien wie Fieber und phantastische Alpträume von ein und dem selben Organismus zu sein, wohingegen die Drohung der aktuellen Gewalt dahinter wie ein äußerstes unwiderrufliches Unglück zu stehen scheint – außerordentliche Geduld mit dem Phänomen der delirierenden Träume und zeitsparenden Heilmethoden scheinen das Beste zu sein – obgleich sich der Patient immer noch in seinem Delirium umbringen kann …«

13 »Ich bin stark versucht über Amerika zu fahren (das bleibt aber unter uns), um einen Arbeitsplatz zu suchen, für den Fall, dass unser Kontinent wirklich zu dem wird, was wir beide befürchten, nachdem uns jetzt ein Konflikt erspart blieb. Es ist eine verdammt harte Wahl, aber ich möchte lieber Bettler als Sklave sein, und ich bin nicht zu alt, um noch einmal von vorn anzufangen, und ich habe in Amerika gute Freunde …«

14 »… vielleicht, wenn ich Dir ein wenig erzähle, wird Gott mir einen guten Gedanken schicken, zwischen all diese unattraktiven Aussichten. Ich wünsche es mir sehr und muss in nicht allzu ferner Zukunft irgendwann nach Hause zurück. Ich möchte meinen alten Vater sehen, Mutter, meine Brüder und meine Felder (obwohl ich inzwischen diesbezüglich wirklich ziemlich unsentimental bin). Ich möchte meine Freunde sehen, weil es nichts

bringt, sich von all denen zu isolieren, die man mag und die sich für die gleichen, wirklich wichtigen Belange einsetzen. Ich möchte Dich sehr gern wiedersehen ... Früher konnten wir zwischen uns das, worum es ging, irgendwie besser und vollständiger klären als mit anderen Menschen, und ich kann mir nicht vorstellen, dass das vorbei sein sollte. – Ich möchte meine Brüder sehen und, wenn möglich, an irgendeiner Universität zu arbeiten anfangen – aber die Aussicht auf Europa scheint völlig entsetzlich, und ich habe das Gefühl, dass ich mindestens noch einige Jahre fortbleiben müsste, um auch nur entfernt in der Lage zu sein, das anzupacken, was ich dort tun sollte. Diese ganze Zeit in der Ferne war genau das Gegenteil von einer Einübung in ›Anpassung‹. Der Osten als dauernder Wohnort steht außer Frage – das europäische Problem ist das einzige, das einen wirklich betrifft. Aber man fühlt zuweilen übermächtig und stark, dass es wirklich nicht mehr in Europa gelöst werden kann – es sei denn, es hätte in den letzten Jahren eine Wendung zum Besseren in meinem Land gegeben, die ich von hier aus nicht wahrnehmen kann. Das ist ein weiterer Grund, warum ich zurückgehen muss und einen letzten Versuch unternehmen. Amerika ist auch eine mit beträchtlicher Resignation verbundene Aussicht – man muss die Dinge opfern, die Europa immer noch großzügig als bloße Möglichkeit vergibt, aber eine Möglichkeit, an deren Realisierung man vielleicht als freies, selbstbewusstes Individuum mitarbeiten kann.«

15 »... Wirst Du in den nächsten Monaten in Europa sein? Ich wollte, ich wüsste, wer Deine jetzigen Freunde sind – ich möchte Dich in der derzeitigen Situation nicht ohne Freunde wissen. In einer Nacht – ich glaube in Tsinanfu – träumte ich, dass Du in Peking wärest und ein Kind bekämest, und dass wir mit einigen anderen Leuten unter einem dicht belaubten Kastanienbaum stünden und ich am nächsten Tag abfahren musste und mich danach sehnte, Dich zu meinem Tempel aufs Land mitzunehmen, als Du sagtest: ›Lasst uns alle in einen Film gehen!‹ Verrückter Traum – aber Du sahst bezaubernd aus. Manchmal stelle ich mir Dich vor mit zu einem Knoten aufgestecktem Haar und ziemlich überlegen und reifer als ich selbst und beliebt bei all den Tonangebenden. Oder ich erinnere mich an eine kleine Geste von Dir, die mir immer weh tat – und an die eifrige Art, in der Du geredet hast und daran, wie aufregend es war, mir Dir Pubs zu besuchen. Und der Hintergrund für Dich ist immer grün und niemals grau wie Prag oder Berlin.«

16 »... Zuerst war das Vergnügen, wieder in familiärer Umgebung zu sein nach einem so langen und anstrengenden Leben in einer fremden Welt, ein seltsameres Gefühl als nahezu jede der beunruhigenden Veränderungen, die ich hier vorfand. In Deinem Brief über seinen Tod scheinst Du zu beweisen, dass Du genau wusstest, in welcher Hinsicht ich meinen Vater vermisse. Er hielt den Frieden in unserem Haus und schützte es vor den Polarisierungen, zu denen es neigt. Seine Gegenwart schien sich zwischen die falschen Tendenzen und einen endgültigen Bruch zu stellen, und jetzt scheint es so, als ob ich diese Aufgabe wahrnehmen sollte, und doch fühle ich mich dem nicht gewachsen ... Ich bin immer noch glücklich, wenn ich allein über die Hügel und durch die Wälder wandere, und ihre Gegenwart, an all den alten vertrauten Plätzen, ist wie die Gegenwart des ganzen Lebens, der Jugend und der Träume. Aber die Täler scheinen weniger tief und nebensächlicher geworden zu sein ...«

17 »... Imshausen wird, wie Du weißt, anfangs eine ziemliche Aufgabe sein. Ich denke, ich habe Dir erzählt, dass neue Gesetze verabschiedet wurden, Familiengüter wie das unsrige abzuschaffen. Soweit es darum geht, das Land nur den Bauern zur Verfügung zu stellen, die es bearbeiten, sind es gute Gesetze. Heini wird vielleicht Bauer werden, aber da gibt es das dringende Problem von einer Reihe von Leuten, die derzeit vom Einkommen des Familiengutes abhängen. Selbst wenn das Gut zerteilt wird, wirst Du verstehen, dass wir das Haus, in dem wir mehr als 700 Jahre verbracht haben, erhalten möchten. Aber es ist nicht so sehr die Vergangenheit, sondern die Zukunft, die mich dieses Überbleibsel der Unabhängigkeit verteidigen lässt. Welche Arbeit ich im nächsten Jahr bekommen kann, weiß ich noch nicht. Ich kehre mit keinerlei Taktiken oder Doktrinen zurück, aber ich bin entschlossen, mich zu behaupten. Hast Du Thomas a Kempis gelesen? – Wir müssen genauso einfach, klar und selbstlos werden, um zu gewinnen ...«

18 »… Ich kann noch nicht sagen, dass ich diese Arbeit und diese Karriere will, die mich mein Leben lang im Ausland festhalten wird und mich an Leute bindet, die immer eine niederdrückende Wirkung auf mich hatten …«

19 »… Ich fühle nach einer langen Gewissensforschung – dass es meine erste Pflicht ist, meine Mitarbeit hier anzubieten und nur, wenn ich scheitere, wieder fortzugehen …«

20 »… es ist an uns, uns zu fragen, ob unsere früheren Freunde noch irgendetwas mit jemandem zu tun haben wollen, der letzten Endes (in meinem Fall gerade wegen meiner langen Abwesenheit) seine volle Verantwortung akzeptieren muss. Ich weiß, dass unsere Freundschaft zu tief verwurzelt ist, um von all diesen Entwicklungen berührt zu werden, aber ich kenne kaum eine andere im Ausland, die es in der einen oder anderen Weise nicht wäre …«

21 »Ich habe den wachsenden Verdacht, dass einige meiner Freunde die Übel Europas mit Deutschland als solchem identifizieren und die Fortsetzung ihrer Beziehung zu mir nur davon abhängig machen, wie weit ich mich in euer englisches Leben einfüge. Ich halte dieses Urteil für zutiefst unwahr und ungerecht und wünsche keinen Kompromiss mit dieser Art des Geltenlassens, die ich für steril und unverantwortlich halte. Auch sehe ich den Grund dafür klar genug, und ich denke, wir sind alle stark unter Druck gesetzt worden, darüber nachzudenken. Es ist genau das Dilemma, von dem ich dachte, dass menschliche Freundschaft in der Lage sein müsse, konstruktiv damit umzugehen …«

22 »Zu der Zeit, als er im Juni 1939 nach London kam, bemühte er sich, das Vertrauen des deutschen Auswärtigen Amtes zu gewinnen, um sich selbst als Mann mit nützlichen Kontakten in Großbritannien darzustellen und die so geschaffene Position zu nutzen, um Hitler Botschaften zu übermitteln, die ihn dahingehend beeinflussen sollten, den Kriegsbeginn hinauszuzögern. Trott hielt dies für das wichtigste aller zu verfolgenden Ziele. Er hoffte, sofern Zeit gewonnen würde, dass es möglich wäre, eine informierte britische Regierung mit der latenten deutschen Opposition gegen Hitler zu verbünden … Die Absicht des Besuchs war zum Teil die, Trott in die Lage zu versetzen, nach Berlin zu berichten, dass diese einflussreichen britischen Kreise zum Krieg entschlossen waren, wenn Hitler eine weitere Annexion durchführte (im Widerspruch zu der von Ribbentrop geäußerten Meinung), dass aber Vorteile, Ruhm und nutzbringende Freundschaften mit ›Germanophilen‹ Hitler sicher seien, sofern er den Krieg vermiede. Seine andere Absicht war, die Notwendigkeit zu betonen, dass Großbritannien seine Entschlossenheit, weiteren Annexionen mit Krieg zu begegnen, absolut deutlich machen müsse. Auch wollte er auf die Notwendigkeit einer britischen Führung für jede potenzielle deutsche Opposition gegen Hitler drängen. Seine These war, dass diejenigen, die sich vielleicht Hitler widersetzen würden, dazu geneigter seien, wenn sie von britischen Staatsmännern als europäische Mitbürger angesprochen würden.

23 »… Ich erinnere einen Sommerabend im Jahr 1939, den ich in Cliveden als Gast von Lady Astor verbrachte, der Mutter meiner Freunde Michael und Jakie … Eines Abends, beim Portwein, … hörte ich eine Diskussion über internationale Politik zwischen einem britischen Kabinettsminister und einem jungen Deutschen namens von Trott. Von Trott, ein ebenso passionierter Anti-Nazi wie auch ein Patriot, sprach in perfektem Englisch von den Bestrebungen der deutschen Nation als Gesamtheit. Während er das Misstrauen der Briten gegenüber den Aktivitäten der Nazi-Führer akzeptierte – ein Misstrauen, das er völlig teilte –, schien er zu versuchen, dem Minister die Notwendigkeit einer umgehenden Anpassung an die gegenwärtige Lage nahezulegen. Er argumentierte, dass eine Geste des guten Willens, nicht durch Worte, sondern durch Taten, Deutschland gegenüber gezeigt werden sollte, nicht nur, um sein berechtigtes Verlangen nach einer Revision der Versailler Verträge zu befriedigen, sondern auch – und das könnte entscheidend sein – um einige der Planken aus Hitlers gefährlicher politischer Plattform herauszubrechen und auf diese Weise den Weg für diejenigen zu ebnen, denen das Interesse der Welt wie auch Deutschlands am Herzen läge. Dieser junge Mann, der einige Jahre später den Märtyrertod in der Opposition zum Naziregime sterben sollte, sprach mit einer tiefen Aufrichtigkeit und Dringlichkeit. Als ich ihm zuhörte, verstand ich, wie es dazu kam, dass so viele Deutsche, die Hitler verabscheuten

und verachteten, wie sie es taten, dennoch das Gefühl hatten, dass er in seinem Beharren auf den Rechten Deutschlands den Wünschen seines Volkes Ausdruck verlieh. Sei es, wie es wolle, es war eher die Zukunft als die Vergangenheit, um die von Trott sich in dieser Nacht sorgte. Er sah die Katastrophe voraus, und er fühlte, dass mit gegenseitiger Kooperation und Opfern die Gefahr vielleicht noch abgewendet und das Problem auf eine friedliche Weise gelöst werden könnte. Stillschweigende entscheidende Voraussetzung dabei war, dass der Status quo verändert werden müsse. Als er zu reden aufhörte, drückte der Minister seine Zigarre in einem Aschenbecher aus und sagte: ›Ja, das ist ein faszinierendes Problem.‹ Und es schien mir, der ich am anderen Ende des Tisches saß, dass er in der Hoffnungslosigkeit dieser Antwort und mit dieser Geste Deutschland und Europa für viele kommende Jahre ausdrückte.«

24 »Im Laufe des Gesprächs, das von Trott mit Lord Halifax führte, warnte Trott ihn, unter Behördenvertretern in Berlin kursierten Gerüchte, dass die Nazis ›irgend etwas mit den Russen vorhätten‹, aber er wusste nicht was. (Es stellte sich als der Hitler-Stalin-Pakt heraus).«

25 »Trotts Besuch bei Neville Chamberlain hatte dasselbe Ziel wie sein Gespräch mit Lord Halifax. Er kehrte entmutigt zurück und sagte, dass Herr Chamberlain sehr nett, aber schon ›wie ein halbtoter Mann‹ sei. Ihm zufolge fiel es Herrn Chamberlain schwer, seine unorthodoxen Hinweise zu begreifen, nämlich dass er, der britische Premierminister, versuchen sollte, potentiell kritische Deutsche zum Widerstand gegen ihr Regime zu ermutigen.«

26 »Britische Politik scheint uns selbst offen und klar zu sein, aber es ist vielleicht nicht so schwer vorstellbar, wie anders dies den vielen nachdenklichen Leuten in Deutschland erscheinen mag. Da muss es viele solche geben, die nicht weniger als wir über die Behandlung der Juden schockiert sind, und die feststellen, wie auch immer die Beziehungen zwischen Deutschland und der Tschechoslowakei durch München gestaltet wurden, dass der Versuch, das Problem durch die Zerstörung der tschechischen Unabhängigkeit zu lösen – gelinde gesagt – sowohl unweise als auch falsch war. Wenn sie all dies so empfinden, müssten solche Leute in Deutschland, angesichts des Verlaufs der Nachkriegsjahre, aber auch das Gefühl haben, dass Deutschland tatsächlich niemals Berücksichtigung von Ansprüchen, die den eigenen Leuten sehr vernünftig und gerecht vorkamen, erreicht hätte, wenn es sich nicht entschlossen hätte, sie mit Gewaltandrohung durchzusetzen. Von hier ist es für den patriotischen Deutschen kein großer Schritt, das von ihm stetig gepredigte Evangelium zu akzeptieren, dass nämlich britische Politik darin bestehe, alle legitimen Ansprüche Deutschlands abzublocken, seien es rassische, politische oder wirtschaftliche ...«

27 »Bei allem Respekt muss ich sagen, dass es ein Zeichen verwirrten Denkens ist, anzunehmen, dass meine Rede irgendeinen Wandel in der britischen Politik andeutete. Im Gegenteil, es war ein ausgemacht offenherziger Versuch, um Leute hier und anderswo dazu zu bringen, den Tatsachen ins Auge zu sehen ...«, deren eine ist: »... wenn heute Gewalt eingesetzt wird, dann müssen die, die sie einsetzen, damit rechnen, dass man ihnen mit Gewalt begegnet ...«

28 »Wir sind ungefähr ein Dutzend Freunde unter Lothians Patronat, die zusammengekommen sind, nicht um die derzeitige auswärtige Lage, sondern die mittelfristige Perspektive zu diskutieren. Wir haben drei einflussreiche deutsche Emigranten hier, die mit hochrangigen Anti-Nazis daheim in Verbindung stehen, und sie wollen während des Wochenendes gewisse Fragen erörtern. Die derzeitige Situation ist schlecht. Die ›Einkreisungs‹-Propaganda hat die Deutschen um den Führer geschart, und es wird gesagt, dass nichts von dem, was wir sagen, noch zu ihnen durchdringt. Halifax wird am 29. eine wichtige Rede im Chatham House halten.«

29 »Lionel Curtis, Sir James Grigg, R. H. Brand, E. H. Carr, David Astor, Fräulein Heather Harvey, Dr. Brüning, Dr. Richard Schüller und andere waren anwesend. Ein Diskussionspunkt war die Notwendigkeit, den deutschen Nazigegnern bei dem Entwurf einer Verfassung zu helfen, die eine Alternative zum Nazi-Regime sein würde. Die Anti-Nazi-Elemente könnten das nicht selbst erledigen, weil sie von der Gestapo überwacht würden. Zum Teil wegen dieser oder schon früher stattgefundenen Diskussionen im Chatham House bildeten

sich verschiedene Forschungsgruppen, die Friedensziele untersuchten ... T. J. wurde zum Vorsitzenden der Gruppe ernannt, aber seine Krankheit und folglich Abwesenheit in Harlech disqualifizierten ihn für die aktive Leitung, und Prof. Adams von All Souls nahm seinen Platz ein, und T. J. wurde Schatzmeister.«

30 »Liebste Mutter, obwohl es sehr schwer war, den vielen Aufgaben gerecht zu werden, die in einer solchen Situation auf einen herabzuregnen scheinen – war ich mir immer der starken inneren Verbindung mit Dir bewusst. Ich versuche, mein Möglichstes zu tun, und ich bin verhältnismäßig gesund und zufrieden. Oft habe ich es bedauert, nicht ausführlicher schreiben zu können ... Die Zukunft, denke ich, ist ernst, aber nicht hoffnungslos ...«

31 »Meine sichere Erinnerung ist: Tief im Innersten hatte er keine wirkliche Hoffnung, dass man einen Regierungswechsel in Deutschland zustande bringt – es sei denn als Ergebnis eines Krieges.«

In Amerika nach Kriegsausbruch (Herbst 1939)

Die Reise

Am 9. August 1939 wurde Adam dreißig Jahre alt. Nach manchem Hin und Her erhielt er in diesem Monat, wiederum über Hewel, die Genehmigung zu seiner zweiten Amerikareise, um an der Konferenz des »Institute of Pacific Relations« (IPR) vom 18. November bis zum 2. Dezember teilzunehmen. Am ersten Mobilmachungstag sah er sich genötigt zurückzutreten. Er war Anfang September noch einmal in Imshausen, noch einmal mit den Brüdern zusammen bei Kütemeyers in Heidelberg; dann meldete er sich (Brief an die Mutter vom 11. September) freiwillig zum Heeresdienst, wurde aber des Andrangs wegen zunächst zurückgestellt. Am 12. September traf ein Telegramm von Carter ein. Es lautete: »institute exploring possibility expanding far eastern inquiry to relate unofficial scholarship to general post-war settlement. in view your knowledge present inquiry regard it utmost importance your coming this country earliest possible moment for consultation. hope this can be regarded as your first national service cable edward carter.«[1] Auf diese Aufforderung hin wurde das Gesuch erneut genehmigt, er wurde der Informationsabteilung des Auswärtigen Amtes zugeteilt, und die durch den Krieg stark verteuerte Reise wurde ihm von dort bezahlt. Am 19. September verließ er Berlin, am 20. München und schiffte sich am 22. in Genua auf der »Vulcania« ein, dem letzten Schiff, das Deutsche an Bord nahm. Auf dem Quai traf er unerwartet Fritz Caspari, einen Freund, der gleich ihm Rhodesstipendiat in Oxford gewesen war und der sich unter den gegebenen Umständen überlegte, ob es nicht doch ratsam sei umzukehren. Aber Adam war so fest zur Reise entschlossen, dass er auch für Caspari den Ausschlag gab.

Auf der »Vulcania« reiste auch ein Parteifunktionär nach New York. Als es vor Gibraltar für die Deutschen bedenklich wurde und die Engländer durch Funkspruch verlangten, eine [176] Untersuchung der Besatzung vorzunehmen, kam dieser Mann zu Caspari und Adam in großer Sorge, wie er sich verhalten solle. Adam wurde übermütig, als er hier einmal einen Nazi in höchster Verlegenheit ob seiner Parteizugehörigkeit sah. Er steigerte sie noch durch den Vorschlag, die Nadel mit dem Parteiabzeichen schleunigst ins Wasser zu werfen. Doch der wackere italienische Kapitän hatte inzwischen unter Nichtachtung der britischen Aufforderung sein Schiff in spanisches Küstengewässer gesteuert. Die Gefahr der Festnahme war vorübergegangen. Als der Parteigenosse sich von seinem Schreck erholt hatte, wandte er sich mit der sehr angelegentlichen Nachfrage an Caspari, was es mit diesem Herrn von Trott auf sich habe. Die Äußerungen, die er vor Gibraltar getan habe, hätten sich nicht wie taktische

Ratschläge, sondern bedenklich wie eigene Überzeugungen angehört. Es gelang dem Freunde zwar, den Mann fürs erste zu beruhigen und Schlimmes zu verhüten, doch hat er, wie Caspari meint, Adam später noch durch seine Berichterstattung geschadet.

Beargwöhnung

Dieser kleine Zwischenfall ist insofern interessant, als er das offenbar unausweichliche Verhängnis der Beargwöhnung von allen Seiten noch einmal beleuchtet. Hier war es noch einmal ein Nazi. Aber das Ausland stellte für alle seine Freundschaften und Beziehungen eine Feuerprobe dar. Sogar aus Ostasien, wohin er doch wegen der politischen Verhältnisse in der Heimat ausgewichen war, musste er nach der Sudetenkrise berichten:

> ... So ist es mir wirklich selbst bei Amerikanern, mit denen ich lange vertrauensvoll zusammengearbeitet habe, vorgekommen, dass sie mich für einen »spy« zu halten begannen, was mir zufällig durch einen englischen Freund mitgeteilt wurde ... [an die Mutter am 1. Oktober 1938].

Und nach seinen Kriegsverhinderungsbemühungen im Sommer 1939 schrieb er einmal dem Freunde:

> ... You never gave any importance to the fact that during this summer I seemed to develop the ill-deserved reputation [177] of an »appeaser« in certain quarters in England. They have, apparently, proceeded to warn some Americans against me whose confidence under the circumstances was essential ...[2]

Während der ganzen Zeit seines Aufenthaltes folgten ihm – tagein, tagaus und sogar nachts – zwei Beamte des F.B.I. (Federal Bureau of Investigation). Es ist nur gut, dass Adam nicht mehr erlebte, was für Folgen diese verständnislosen Beobachtungsresultate haben sollten: Nach dem japanischen Angriff auf Pearl Harbor wurden seine treuen Freunde, mit denen er über seine politischen Unternehmungen im Einzelnen überhaupt nicht gesprochen hatte, Frau Julie Braun-Vogelstein und Hasso von Seebach, über einen längeren Zeitraum in Haft gehalten, weil man sie der Zusammenarbeit mit feindlichen Ausländern – d.h. mit dem derart verdächtigen Adam – bezichtigte.

Politische Aktivität

In den drei Monaten in den Vereinigten Staaten hat er alles auf eine Karte gesetzt. »Man darf die Vorsicht nicht so weit treiben, dass man damit den Anlass zur Vorsicht aufhebt«, sagte er etwa in solchen Lagen, wenn er gebeten wurde, die Risiken zumindest zu bedenken. Auf der scharfen Grenze zwischen

Adam von Trott (1. Reihe, 2. v. r.) auf der Konferenz des »Insitute of Pacific Relations« im November 1939

Mut und Tollkühnheit bewegte sich sein Versuch, die Existenz eines andern Deutschland zu bezeugen, glaubwürdig zu machen und im Namen dieses andern Deutschland zu verhandeln – und dabei die Rückkehr im Grunde während der ganzen Zeit zu beabsichtigen.

Die Zahl der Menschen, mit denen er in New York, Washington und Virginia Beach zusammenkam, war wieder außerordentlich groß. Er selbst meinte am 15. Dezember in einem der Briefe nach Hause, die von der Zensur monatelang festgehalten wurden:

> Es ist ein Mangel in meiner Lebensführung, dass ich so wenig zum Schreiben komme, auch die vielen Dinge und Menschen, denen ich begegne, nicht etwas mehr auf [178] dem Papier für später festhalte. Meine Lage ist in vieler Hinsicht so einzigartig, dass diese Erlebnisse zur Kriegszeit in einem uns leider nicht freundlichen Land auch für andere wichtig und interessant sein würden …

Die Gespräche spielten sich in den verschiedensten, einander teilweise überschneidenden Kreisen ab, die, wenn man vereinfacht, die Emigranten, die alten Freunde und die ihm zugänglichen Menschen des amerikanischen öffentlichen Lebens umfassten.

Unter den Emigranten ist an erster Stelle seine Beziehung zu dem ehemaligen Reichskanzler Brüning zu nennen, den er offenbar häufig an der Universität Harvard besuchte, wo jener lehrte. Auch einen Rhodesstipendiaten eines späteren Jahrgangs, Alexander Böker, besuchte er in diesem Zusammenhang dort. Besonders ergiebig war augenscheinlich auch sein Kontakt mit Dr. Paul

Scheffer, dem früheren außenpolitischen Redakteur des »Berliner Tageblatts«, und intensiv ebenfalls der mit Dr. Kurt Riezler, dem ehemaligen Kabinettschef Bethmann-Hollwegs und Botschaftsrat in Moskau, und mit Dr. Hans Simons, dem ehemaligen Führer der SPD in Preußen, der erinnert, Adam in Berlin in dem Kreis um die »Blätter für den Religiösen Sozialismus« kennengelernt zu haben.

Daneben war für ihn der Kreis der nahen persönlichen Freunde immer die unveräußerliche Voraussetzung dafür, überhaupt leben und wirken zu können. Außer Frau Braun und Hasso, die schon erwähnt wurden, gehörten dazu nach wie vor Roger Baldwin und seine Frau, Ingrid Warburg und auch Barbara und Charles Bosanquet. Der letztere nahm, als er im Herbst nach England zurückfuhr, eine mündliche Botschaft für das Foreign Office und einen Brief an Sir Stafford Cripps mit und übergab beide Botschaften. Unverändert blieben auch Freundschaft und Förderung von Edward Carter.

Den dritten Kreis, den eigentlichen Kampfplatz, auf dem er sich vorgenommen hatte, das Anliegen der deutschen Opposition durchzufechten, bildeten politisch einflussreiche [179] Persönlichkeiten in Amerika. Bekanntschaften aus dem Frühjahr 1937, die verwandtschaftliche Beziehung zu dem Onkel Schieffelin, Einführungen aus Berlin (so von Hjalmar Schacht an Leon Fraser, den Präsidenten der First National Bank of New York, der ihm viele Türen geöffnet haben soll), neue Verbindungen (so besonders ein Vertrauensverhältnis zu dem Kanadier Tarr, dem Präsidenten der »Monarch Life Insurance Co.«, und einem Mr. Corbett), alles wurde genutzt und ausgebaut und war auf das eine Ziel hin ausgerichtet: im gemeinsamen Interesse die Bedingungen für die deutsche Opposition zu verbessern. Auch mit Lord Lothian und seinen Mitarbeitern hat Adam noch zumindest zweimal gesprochen, und einen anderen Engländer, den er ebenfalls schon seit langen Jahren kannte, Wheeler-Bennett, sah er häufiger, denn er erwähnt, ein Memorandum von ihm detailliert und intensiv besprochen und gebilligt zu haben. Er hat wohl nicht mehr erfahren, welcher Täuschung er in diesem Fall erlag, da Wheeler-Bennett kurz darauf auf eine diametral entgegengesetzte politische Linie umgeschaltet haben muss.

Adam hat sein Ziel durch die Menge der Einzelkontakte einerseits, durch Vorträge oder Ansprachen in geschlossenen Kreisen andererseits und letztlich und entscheidend durch eine Denkschrift zu erreichen versucht. Von der Wirkung seines Auftretens und seiner Äußerungen bekam Gottfried von Nostitz 1957 im Haag noch einen nachträglichen Eindruck durch eine Unterhaltung mit einem Mitglied der amerikanischen Botschaft, Mr. Barnett, der Adam auf der Konferenz in Virginia Beach erlebt hatte. Er sagte, Adam habe so offen gesprochen, und die Macht seiner Persönlichkeit sei derart gewesen, dass keiner daran vorbeikonnte. In der Haltung ihm gegenüber hätten sich dann aber zwei Gruppen gebildet. Die eine hielt solches Auftreten und solche Äußerungen für unvereinbar mit der Tatsache, dass er zur Kriegszeit mit gültigem Pass aus Hitlerdeutschland ausgereist war und dorthin zurückzukehren beabsichtigte. Sie verdächtigten ihn. Die andern trauten [180] ihrer Menschenkenntnis und erklärten sich für ihn und behielten ein Interesse für ihn und die von ihm vertretenen Anliegen offenbar weit über die Zeit der Konferenz hinaus.

Mr. Felix Morley (siehe Seite 135) hat diesen Eindruck von ihm in einer Tagebucheintragung vom 20. November 1939 festgehalten:

> Adam von Trott, who left Germany three weeks after the declaration of war, had tea with me yesterday and today I arranged lunch for him with Meyer and me at the office. He is over, as a Far Eastern expert, to attend the conference of the Institute of Pacific Relations at Virginia Beach, but is devoting most of his time to developing a receptive attitude here towards the big change which he thinks is coming in Germany. For this purpose, also, he is in contact with the more prominent of the refugees, or I should say the more influential which is not the same thing. We talked for two hours yesterday – the same today.
>
> It is a heroic work in which this noble and idealistic young German is engaged. It may very easily cost him his life and he knows that he is constantly under surveillance, though whether by FBI men or agents of the Gestapo he is uncertain. The former would be quite natural and I trust that is all there is to it. At Childs yesterday, where I took him for tea – not a suspicious place certainly – he thought a couple who came to sit near us at the back of the room might be spies. But I doubted it. His danger is real enough, however, to encourage some imagining. The chief problem, of course, is how to insure that a war of extermination against the Nazis will not force behind them the elements beginning to cohere for Hitler's overthrow. And here von T. confirms my feeling that if a Danzig formula could have been found there would have been no further aggression – because of the [181] coalescing of anti-Nazi sentiment in Germany. Now, of course, it is far more difficult. But I was able to give him some encouragement and will do my utmost to assist, as I know Meyer will.
>
> My chief fear, which von T. also confirms, is that we may get a leftward swing in Germany which will make an active Nazi-Communist combine – a working military alliance – a ghastly reality. The problem is not so much the overthrow of Hitler, as so many seem to think, but rather what will succeed him. On this von T. has many thoughtful ideas. And I think he also has the brains and guts to put them through, God Bless Him![3]

Vor und nach der Konferenz hatte Adam Gelegenheit, auf kleineren, eigens für ihn zusammengestellten Gesellschaften in Vorträgen oder Ansprachen seine Ansichten und Vorschläge vorzutragen. Herr Paul Schwarz, der nach dem 20. Juli 1944 versuchte, ein möglichst vollständiges Bild seiner Gedanken und Aktionen zusammenzustellen, berichtet über Adams Vorstellungen und Absichten, wie er sie auf einem dieser Essen, im Yale Club, vor etwa dreißig Gästen dargelegt und damit die Anwesenden tief beeindruckt habe (»Sonntagsblatt«, »Staatszeitung« und »Herold« vom 7. Oktober 1945). Er sagte demzufolge, worauf es in Deutschland ankomme, sei eine Revolution der Volksgemeinschaft, d.h. aller gegen Hitler eingestellten Volksschichten. Da das Volk waffenlos und Massenbewegungen unter Terrorregimen nicht organisierbar seien, müsse die erste Phase dieser Revolution unter Führung der Generalität verlaufen. Danach sei es das erste Anliegen – nach Ausmerzung der Nazis –, Deutschland wieder zum Rechtsstaat zu machen. Das würde in zwei Phasen erfolgen müssen. In der ersten Phase würde die Regierungsautorität bei den Generälen liegen. In der zweiten Phase müsse die Regierung alle Volkskreise [182] umfassen, und die Gewerkschaften würden sozusagen das Knochengerüst des Ganzen bilden. Damit sich aber die antihitlerischen Generäle zu diesem Schritt entschließen könnten, müsse ihnen für den Friedensschluss die Unabhängigkeit Deutschlands in den Grenzen, die vor Hitlers Machtergreifung bestanden, zugesichert sein. Wäre eine solche Garantie nicht zu erhalten, so würde bis zur Vernichtung gekämpft werden, und man müsse selbst ein Zusammengehen mit Russland für diesen Fall als möglich ansehen (da der deutsch-russische Pakt damals noch bestand, zeigt – wie P. Schwarz ausführt – die Ausmalung dieser Eventualität, als wie wenig fundiert er sich bisher erwiesen hatte).

Das Memorandum

Noch fester umrissen waren diese Gedankengänge in einer Denkschrift, in der es darum ging, nicht so sehr den Inhalt als vielmehr die Wichtigkeit, Wirkung und das ratsame Vorgehen bei einer möglichst frühen Veröffentlichung der Friedensziele der Alliierten darzulegen. Hinsichtlich der Urheberschaft dieses Memorandums bestehen verschiedene Versionen, die m.E. in ihrem Kern, wenn auch nicht formal, sich nicht widersprechen müssen, zumal wenn man Adams eigne Äußerung an David Astor vom Ende des Jahres 39 zugrunde legt, wo er sagt, er schicke ihm ein Manuskript, »whose author I am only in parts«. Dazu bemerkt er, dass die Denkschrift wenig enthalten würde, was ihm wesentlich neu erscheine. Sie bezöge sich auf die Lage von Ende September 1939 und habe sich nur hinsichtlich des russischen Faktors verändert, dem überhaupt mehr Beachtung geschenkt werden müsse.

Das Memorandum selbst spricht davon, dass »the views put forward are the result of careful discussions among a small group of Germans with scholarly, publicist and political background«.[4] Freya von Moltke notierte sich nach einer Unterhaltung mit Paul Scheffer am 28. Oktober 1949, dass dieser die Denkschrift für Adam gemacht habe; Margret Boveri, die ebenfalls direkt [183] von Scheffer unterrichtet sein dürfte, schreibt im zweiten Band ihrer Abhandlung über den Verrat im 20. Jahrhundert, Scheffer habe Trott diese Denkschrift bei dem zweiten Besuch unterbreitet, den Adam ihm machte, und dieser habe sich bis auf einen Punkt damit einverstanden erklärt, und sie habe dann als sein Produkt zirkulieren sollen. (Nachtrag: Es handelte sich offenbar um die verschiedene Einstellung zu der Frage, ob zur Rettung Deutschlands die militärische Niederlage unbedingt notwendig sei, Adam war nicht unbedingt dieser Ansicht.)

Die Professoren Wheeler-Bennett und nach ihm Ritter sprechen davon, dass das Memorandum wesentlich Herrn Simons und Herrn Riezler seine Entstehung verdanke. Herr Simons hat mir, Herr Riezler Prof. Rothfels gegenüber brieflich geäußert, dass sie von einer Denkschrift nichts wüssten, obwohl Herr Simons betont, wie häufig und an wie viel verschiedenen Orten er mit Adam konferiert und ihn durch Informationen, Herstellung von Kontakten und gemeinsame Klärung der Gedankengänge zu unterstützen getrachtet habe.

Vergegenwärtigt man sich, dass Adam gern seine Freunde oder auch seine Mitarbeiter bat, die sie gemeinsam interessierenden Probleme (meist solche, die in die besondere Zuständigkeit des Gesprächspartners fielen) schriftlich zu fixieren, meint man ferner im Memorandum verschiedene Stilarten zu finden (der Absatz, der beginnt mit: »Looking at it from an international point of view«, ist stilistisch z.B. von sonstigen Äußerungen Adams nicht zu unterscheiden), so scheint es einleuchtend, dass diese Denkschrift, wer auch immer ihr Autor war, die damals in den ernsthaftesten Kreisen der Opposition vorherrschenden Überzeugungen zum Ausdruck brachte, und dass die Beteiligung aller Genannten wesentlich war, wie auch immer der materialisierte Beitrag aussehen mochte. Adam selbst mit seinem unausgesetzten inneren Arbeiten und äußeren Wirken und Drängen bildete eine Art Kristallisationspunkt, durch den diese Tendenzen zur Reife und zum Einsatz kamen. Wie Margret Boveri schreibt, waren diese Schritte in Berlin nicht im einzelnen geplant worden. Adam habe es sich also zugetraut, Beck und seinen Kreis zu binden und dies nachträglich in Berlin erfolgreich zu verantworten. [184] (Aus dem Brief einer Tony Sender an die New York Times vom 21. September 1945 geht im Übrigen hervor, dass Adam damals Leuschner als Vertrauensmann der Sozialisten nannte.)

Margret Boveri berichtet weiter: »Das Schriftstück legte Trott dann in Washington George Strausser Messersmith vom State Department vor, den er seit dessen Berliner Zeit kannte und der sogleich auf das Unternehmen einging. Messersmith beschied Trott nach zwei Tagen, dass das Weiße Haus ›lebhaftes Interesse‹ für die Idee des Memorandums gezeigt habe. Trott sollte eine Anzahl von Personen aufsuchen, denen die Denkschrift zugestellt worden sei.« Nach Paul Schwarz, dessen Quellenangabe sich hier ebenfalls auf P. Scheffer zu beziehen scheint, sind es etwa zwanzig gewesen. Auch der britischen Botschaft ging ein Exemplar zu. Adam erläuterte und besprach die Arbeit an den verschiedenen Stellen und fand – nach P. Schwarz – zunächst vorwiegend Interesse. Auch bei Felix Morley findet sich wieder eine Tagebucheintragung vom 7. Dezember 1939, in der er darlegt, warum durch den Verlauf des russisch-finnischen Krieges die Chance eines vernünftigen Friedens wieder größer geworden sei, und fortfährt:

> Von Trott spent Tuesday evening with us, following the Virginia Beach conference of the I.P.R. and I saw him again briefly yesterday and today. His memorandum on the necessity of a definition of war aims is excellent. Today I lunched with E.C. Carter. We are at variance in many viewpoints but in complete accord on the absolute integrity of von T. He is returning to Germany through Russia and has adventures ahead.[5]

Dazu erläuterte Mr. Morley noch, was er dem Tagebuch damals nicht anvertraute, dass er selbst Adam im Außenministerium Zugang schaffen wollte, und zwar zu Cordell Hull unter Umgehung von Sumner Welles. Dies gelang ihm. Außerdem versuchte er, ihm eine Privatbesprechung mit Roosevelt zu verschaffen, was er aber indirekt unternahm, weil Roosevelt die Politik der »Washington Post«, seiner Zeitung, missfiel. [185]

Der weitere Verlauf dieser Aktion wird aus einem Aufsatz von Alexander Maley ersichtlich, der am 27. Februar 1946 in Morleys damaliger Zeitschrift »Human Events« erschien:

> Von Trott's efforts were reinforced by other prominent refugees, including Dr. Heinrich Brüning, Catholic pre-Nazi German Chancellor, who visited the White House for this purpose in December 1939. President Roosevelt at first showed interest in the appeal for support of the German Underground but soon, apparently on the advice of men close to him, discouraged further contacts. Von Trott was even denounced as a Nazi agent, which is bitterly ironical in view of the sequel ...[6]

Die Bemühungen von Dr. Brüning werden von Prof. Rothfels bestätigt, der auf Seite 203 seines Buches »Die deutsche Opposition gegen Hitler« (Fischer-Bücherei) erwähnt, dass ein Brief entsprechenden Inhalts von dem ehemaligen Reichskanzler in seinem Besitz sei. Der Mann, an dem Adams Mission scheiterte, war Felix Frankfurter, ein naher Freund Roosevelts, der sehr großen Einfluss besaß. Man erinnert sich, dass Trotts Gespräche mit ihm 1937 freundschaftlich und ergiebig gewesen waren. Dieses Mal nahmen sie einen denkbar ungünstigen Verlauf. Wie schon erwähnt, hatten wenige Monate zuvor gewisse Kreise in England Adam mit dem unverdienten Ruf eines »appeasers« umgeben, und er glaubte mit Sicherheit schließen zu können, dass Judge Frankfurter aus dieser Ecke Oxfords gegen ihn informiert worden war. Der Zündstoff, der in Gestalt vorgefasster Meinungen gegen ihn angesammelt war, scheint durch eine unglückliche, tragisch missgedeutete Äußerung Adams zur Explosion gelangt zu sein, und er stand der Vehemenz dieser Verkennung und Verleumdung unter diesen Umständen wehrlos gegenüber.

> ... inspite of a genuine degree of personal high-mindedness and, possibly, even friendly feeling to what you and I try to stand for ..., *schrieb er dem englischen Freund,* ... their passionate destructiveness and present influence destroys much of what might even at this stage have developed into a positive effort in a common direction ...[7] [186]

Bei seinem zweiten Besuch in Washington musste Adam feststellen, wie P. Schwarz berichtet, dass seine Denkschrift endgültig beiseite gelegt worden war.

Inhalt des Memorandums

Was hatte das Dokument klarmachen wollen? Es befasste sich zunächst mit der Einstellung zum Kriege sowohl bei den verschiedenen Bevölkerungsschichten in Deutschland als auch bei den Alliierten. Das Resümee war, dass der »Glaube« an die Naziherrschaft in Deutschland überall in Frage gestellt war und dass auch der im höheren Offizierskorps noch vorherrschende Zustand der Hypnose durch Hitlers Erfolge sich im Verlauf des Krieges und beim Deutlichwerden von Hitlers Friedensunfähigkeit wandeln würde. Bei den Alliierten wurde ebenfalls die Abwesenheit nationalistischer Kriegsbegeisterung und nationalistischer Kriegsparolen festgestellt. Die Gefahr sahen die Autoren bei langer Kriegsdauer für Deutschland in einer Hinwendung zu Russland, bei den Gegnern in einer Volksbewegung gegen die herrschenden Systeme und Regierungen. In jedem Fall würden einleuchtende Friedensbedingungen diese Gefahren bannen. Voraussetzung dazu sei, dass die Verbündeten ein von Hitler befreites Deutschland als mitverantwortliches Glied in die europäische Staatengemeinschaft aufnähmen.

Damit die Verkündung der Friedensziele diese ihr zugedachte Wirkung ausüben könne, müssten die Fehler vermieden werden, die zu den Enttäuschungen durch die vierzehn Punkte Wilsons geführt hätten. Die Zukunft dürfe nicht als Ergebnis hoher Ideale, sondern müsse als Resultat praktischen gesunden Menschenverstandes erscheinen. Es wäre daher äußerste Präzision notwendig, besonders hinsichtlich der Maximalforderungen und der Minimalverpflichtungen der Alliierten. Ihre Gedanken hinsichtlich der notwendigsten europäischen Strukturveränderungen auf wirtschaftlichem und politischem Gebiet stellen die Autoren auf Wunsch gerne zur Verfügung. Von höchster Wichtigkeit sei die Frage der Garantierung solcher alliierter Verlautbarungen. Hier wurde der Wunsch [187] ausgesprochen und begründet, dass die USA das große, ständig wachsende Gewicht ihres diplomatischen Einflusses hinter eine solche Proklamation stellen möchten.

Euramerasia

Wie er jedes sich bietende Mittel zur Verwirklichung der in den vielen Unterhaltungen geklärten Ziele benutzte, zeigt ein Aufsatz in der »Amerasia«. Er ist »Euramerasia« betitelt, fünf Schreibmaschinenseiten umfassend und im Januar 1940 erschienen. Es geht darum, den Amerikanern gegenüber die Notwendigkeit ihrer Neutralität zu betonen – hier mittels der Darlegung ihrer gefährdeten Lage um den Pazifik herum. Er schließt:

> ... Beyond neutrality, however, America's position suggests that she should use her natural leadership and responsibility in devising sounder solutions of the conflict between order and revolution than war.[8]

Abschied

Dann drängte er nach Deutschland zurück, entgegen den Bitten seiner Freunde in den Vereinigten Staaten und in England, sich ihnen bis auf die Nachkriegszeit zu erhalten und sein Leben nicht unnötig aufs Spiel zu setzen. Er erwiderte damals und später, dass es genügend gute Deutsche im Ausland gäbe, innerhalb Deutschlands aber jeder Einzelne u.U. den Ausschlag geben könne, ob das Verhängnis seinen Lauf nähme oder nicht. Wenn er vielleicht auch nicht viel würde tun können, so seien doch die Kenntnisse und die Sicht, die er draußen wieder erworben hätte, gerade jetzt höchst wichtig für gewisse Stellen in der Heimat. Auch würden es später die sein, die den Vorgängen am nächsten waren, die die notwendigen Veränderungen am besten würden beurteilen können. (Auch diese Überzeugung ist nicht neu. In dem Aufsatzfragment über den russischen Marxismus führt er – im Jahre 1935 oder 1936 – aus, dass einer in der Emigration entstandenen Gesellschaftslehre notwendig Mängel anhaften müssten.) [188]

Die einzige Gefahr, die er wirklich fürchtete, war die, an seiner Bestimmung vorbeizuleben. Demgegenüber erschienen die Bedrohungen des Leibes und der Seele, die ihn in Deutschland erwarteten, von untergeordneter Bedeutung. Was ihn damals bewegte, schrieb er seinem Freunde in England in einer Art politischen Testaments. Einiges daraus wurde bereits zitiert.

Diese wenigen Freundschaften, die verankert waren tief unter der Sphäre intellektueller Übereinstimmung, in denen Verstehen und Vertrauen den ganzen Menschen erfassten, waren ihm so wichtig wie die Luft zum Leben. Durch Frau Julie Braun-Vogelsteins Schilderung klingt es hindurch, wie er voll Spannung, ja in spürbarer innerer Not die Frage stellte, ob sie – entgegen allem, was sie über ihn hören könnte – ihm immer ihr Vertrauen bewahren würde. Und wie gelöst und befreit er sie verließ nach der Antwort: »Vielleicht werde ich nicht alles gutheißen können, was Sie tun, aber ich bin überzeugt von der Reinheit Ihrer Motive und werde Ihnen immer vertrauen.« Und dann kam – so typisch, dass man lächeln möchte – vom Flugplatz noch ein Anruf: »Schreiben Sie mir doch einen Aufsatz über Tradition und Sozialismus. Leben Sie wohl! Auf Wiedersehen!«

Das Bewusstsein noch einer anderen unzerstörbaren Freundschaft hat ihn innerlich begleitet und erwärmt. In dem Abschiedsbrief an Diana scheint er wieder so sehr er selbst und wieder so anders als in den sonst wiedergegebenen Äußerungen, dass es fast unmöglich scheint, Kürzungen vorzunehmen:

> I wrote you a long letter at Christmas from a log cabin in New Jersey and if I find it among my papers before we land I may enclose it. Somehow this intermezzo has not been favourable to an outpour of letters, has it? It is as well, though, because in your own trust and friendship I feel perfectly safe and warm – something that has neither been built up by words nor depends on them. My thoughts wander often over to your side of things and – as last night the moon over a tranquil dark sea after three days of storm – I think of you as essentially [189] aloof from people's general confusion and turmoil. Days and nights in Hessen or Alsace come back to my mind and it is a continued beautiful presence of an imperishable nature.
>
> This is the most beautiful day of sunshine – the Pacific Ocean is glimmering in silver and blue and a wide sky with just a few tender veils rests in a wall of white right around the horizon. The passage has been rough so far and perhaps I have not quite done all discovering of human interest that may be in store before we reach Asia – but it seems as if there wasn't too much. I had a room-mate so far who was part Brazilian-Indian-Portuguese-German-English and married to a Chinese which he swears makes the most wonderful combination in the sons. There was in fact no sentence in which he didn't swear and in his best of moods he would stand in the little cabin and imitate a speech of a certain central European politician, clenching his fists, rolling his eyes, shouting – in Russian; till all people in the corridor come and think someone has got mad. A little Chinese girl next door told him »he was living in a dream« – but his dreams lack oriental peace; in the middle of the night during the storm he would jump from his bunk, yelling: »She rock like hell – lousy captain!« Or, if I put on or off the electric fan, he would jump up like a chimpanzee, protesting »I buy half this room, what do you mean« – he says he never met a guy like me before and will miss me for the rest of his life. He is an optician, was a cowboy, owns land, is milk inspector and was member of the legislature of Hawaii. In the course of his political career he made up his mind at one juncture to shoot up a bastard opponent and waited two nights with his revolver. But then the fellow did not come and later died a natural death. I asked what his wife had thought of the plan.

»Oh« – said he, »she cry like hell!« – Sometimes he called me the world's worst room-mate he ever run into, and I him the rudest »bum« I ever encountered; but we both don't mean it.

America, this time, I left with a certain sigh of relief. They don't really partake in anyone's troubles and – apart from certain confined circles – will act unmoved by any kind of spirit. I flew across the Continent in little more than one night – a strange experience. When we cleared the Rocky Mountains I suddenly had the most wonderful view of the vast rugged ranges – bulging and receding from the brown Western prairies, but at the same time a sensation of unreality, as if we modern had found a way of evading the world and of reducing it to a model pattern. For hours we flew over vast uninhabitated stretches of land, no sign of human interference, almost of awareness that there is more than land, land and sky. And now the same with this vast rolling ocean – how unreal to think of the world only in terms of our overcrowded, mechanised and troubled areas at home.[190]

Going round this world does something to one, and I seem to experience it in an intensified form this second time. And it was something that I seemed unable to convey to any of my friends after the first return ... perhaps a little like Marco Polo when he came back to Venice. Europeans, especially intellectuals, have a way of cramming the world into certain moral and aesthetic generalisations and think they possess it and can judge everything from these premises. And in truth the world itself is far wider, grander and harder and quite indifferent to those complacent notions. Perhaps it is a new world era that one is sensing away from Europe and its fading predominance – perhaps the threat of a new tremendous emptiness which must be filled by new and different efforts. One's own human and intellectual patterns of the past seem more delicate and fine, and so does the literary intelligence and the acuteness in which little distinctions are drawn and phenomena estimated among our kind, but still somewhat too small to be the right measuring rod for the necessary attitudes and actions ...

I always told you that one day you must go to the Orient. Not only to your own near one, but to the Far East and to America which on its Western coast is just a little oriental already and so wonderfully healthy and friendly. There is in this Pacific Hemisphere a definite and important absence of certain complexes and notions which have oppressed our European souls for decades and yet a real coherence with the essential advances which must be found for the world as a whole if we are not going to get stuck, all of us, in a generation of bloodshed. In studying things out here one finds oneself at no moment removed from the essential problem of the West, but freed as it were from its hopeless superstructures of prejudice and morose hatreds. The final or, at any rate, the bearable solution must rest and originate in the West owing to its still effective modern superiorities, but to ponder a while on the tremendous oriental implications of »world peace« seems to me, at the moment, both a fascinating and creative approach. Perhaps all this is just personal history; and common knowledge for the »masterminds« behind the European scene. But I am sure you will be interested nevertheless.[9]

Dann beschreibt er in liebevoller Freundschaft, wie er Miriam, Hasso und Ingrid Warburg beim Abschied antraf:

> ... There are a lot and specific message that I constantly wish I could convey. It is as well that I don't though. I feel no bitterness and a deep love and gratitude for your country.
>
> Another thing that the Orient and the wider world does to one, is that it lends colour and substance to the term »Europe« as a whole and I wonder whether it isn't this which, in spite of all imagined advancement, we all needed to learn rather badly, »Europe« is something far deeper and more living yet than any moral or aesthetic prepossessiveness, and its spirit will emerge the more clearly after its devastating abandonment.[191]
>
> The islands of Hawaii are in sight; it will probably be the last Western port for a long time, perhaps for years that I shall touch. When this letter reaches you I shall be well back in the folds of Eurasia and no mail pigeon will reach me any more. Don't think of me as depressed or desperate whatever happens; I have the least right to grumble on my own account and as to my surroundings I feel these wider worlds have equipped me with far greater resources of joy, independence and power of resistance than I could have possibly hoped for ...[10]

Vor Japan erreicht sein Schiff die Nachricht von der Verhaftung von Deutschen auf der »Asama Maru«, dem Dampfer, der dem seinen unmittelbar vorausgefahren war. Es wurden Wetten über sein weiteres Schicksal abgeschlossen, aber auch dieses Mal ging es gut, und er traf als freier Mann in Tokyo und kurz darauf in Peking ein. Von dem Wiedersehen handelt ein Brief des verehrten Freundes und Lehrers an Adams Mutter vom 29. April, also längere Zeit nach dem einwöchigen Besuch:

> Es wird mir schwer, Ihnen zu sagen, wie schön dieses kurze Wiedersehen in so ernster Stunde war. Adams Wesen erschien mir klar und zugleich verfeinert, kraftvoll und doch fern aller Gewaltsamkeit, gütig ohne Weichheit, zur Männlichkeit herangereift und geläutert in zwei Jahren tiefer, weltweiter Erfahrungen ... [192]

1 »Institut prüft Möglichkeit, die Fernostuntersuchung zu erweitern, indem es inoffizielles Stipendium mit Fragen allgemeiner Nachkriegsordnung verbindet. Angesichts Ihrer Kenntnisse hinsichtlich der gegenwärtigen Studie erachten wir es als überaus wichtig, dass Sie sobald wie möglich zur Konsultation in dieses Land kommen. Hoffe, dies kann als Ihr erster nationaler Dienst angesehen werden. Telegraphieren Sie Edward Carter.«

2 »... Du hast der Tatsache niemals irgend eine Wichtigkeit beigemessen, dass ich mir während dieses Sommers anscheinend den unverdienten Ruf eines ›appeaser‹ in einigen Kreisen Englands zugezogen habe. Sie sind offensichtlich so weit gegangen, einige Amerikaner vor mir zu warnen, deren Vertrauen unter den Umständen entscheidend war ...«

3 »Adam von Trott, der Deutschland drei Wochen nach der Kriegserklärung verließ, trank gestern mit mir Tee, und heute habe ich ein Mittagessen für ihn mit Meyer und mir im Büro arrangiert. Er ist hier, um als Experte für den Fernen Osten an der Konferenz des Instituts für Pazifische Beziehungen in Virginia Beach teilzunehmen, aber er verbringt seine meiste Zeit damit, hier eine Aufnahmebereitschaft für den großen Wandel zu schaffen, der ihm zufolge in Deutschland bevorsteht. Aus diesem Grund ist er auch im Kontakt mit den etwas prominenteren Flüchtlingen, oder ich sollte sagen den einflussreicheren, was nicht dasselbe ist. Wir redeten gestern zwei Stunden miteinander – heute auch. Es ist eine heldenhafte Arbeit, in der sich dieser edle und idealistische junge Deutsche engagiert. Sie kann ihm sehr leicht den Kopf kosten, und er weiß, dass er unter dauernder Beobachtung steht, doch ob es durch FBI-Männer oder Agenten der Gestapo geschieht, weiß er nicht. Bei ersteren wäre es ganz normal, und ich glaube, nur darum handelt es sich. Gestern bei Childs, wohin ich ihn zum Tee einlud – sicherlich kein verdächtiger Platz –, dachte er, dass das Paar, das sich im hinteren Teil des Raumes in unsere Nähe setzte, Spione sein könnten. Aber ich bezweifelte es. Seine Gefährdung ist aber immerhin real genug, um solche Vorstellungen anzuregen. Das Hauptproblem ist sicher, wie man verhindern kann, dass ein Vernichtungskrieg gegen die Nazis ihnen die Elemente in die Arme treibt, die beginnen, sich zu Hitlers Sturz zu verbünden. Hier bestätigt von Trott mein Gefühl, dass, wenn eine Lösung für Danzig hätte gefunden werden können, es wegen des Anwachsens der Anti-Nazi-Stimmung in Deutschland keine weiteren Aggressionen mehr gegeben hätte. Jetzt ist es natürlich weit schwerer. Aber ich war in der Lage, ihm etwas Mut zuzusprechen, und ich will mein Äußerstes tun, um zu helfen, wie auch Meyer es tun wird. Meine Hauptangst, die von Trott auch bestätigt, ist, dass wir in Deutschland einen Linksrutsch bekommen könnten, der einen aktiven Bund von Nazis und Kommunisten – eine funktionierende militärische Allianz – zu einer grauenerregenden Wirklichkeit machen würde. Das Problem ist nicht so sehr der Sturz Hitlers, wie so viele zu denken scheinen, sondern eher, was auf ihn folgen wird. Darüber hat von Trott viele durchdachte Vorschläge. Und ich denke, er hat auch den Verstand und den Schneid, sie durchzusetzen, Gott schütze ihn!«

4 »die vorgelegten Meinungen das Ergebnis gründlicher Diskussionen einer kleinen Gruppe von Deutschen mit wissenschaftlichem, publizistischem und politischem Hintergrund sind.«

5 »Von Trott verbrachte den Dienstagabend mit uns, nachdem er an der Virginia Beach Konferenz des I.P.R. teilnahm, und ich sah ihn danach gestern und heute flüchtig wieder. Sein Memorandum über die Notwendigkeit einer Definition von Kriegszielen ist hervorragend. Heute habe ich mit E.C. Carter zu Mittag gegessen. Wir sind in vieler Hinsicht sehr verschiedener Meinung, sind uns aber völlig einig, was die Integrität von Trotts angeht. Er kehrt durch Russland nach Deutschland zurück und hat Abenteuer vor sich.«

6 »Von Trotts Bemühungen wurden durch andere prominente Flüchtlinge unterstützt, darunter war Dr. Heinrich Brüning, der katholische Reichskanzler der Vor-Nazi-Ära, der das Weiße Haus aus diesem Grund im Dezember 1939 aufsuchte. Präsident Roosevelt zeigte zuerst Interesse für den Aufruf zur Unterstützung einer deutschen Untergrundbewegung, doch bald, offensichtlich nach Rücksprache mit seinen Beratern, wehrte er weitere Kontakte ab.

Von Trott wurde sogar als Nazi-Agent denunziert, was im Hinblick auf das, was folgte, von bitterer Ironie ist ...«

7 »... trotz eines Anteils echter persönlicher Hochherzigkeit und möglicherweise sogar einer leichten Sympathie für das, was wir beide vertreten ...«, schrieb er dem englischen Freund, »... macht ihre leidenschaftliche Destruktivität und ihr gegenwärtiger Einfluss viel von dem kaputt, das sich sogar in diesem Stadium zu einem positiven Vorstoß in eine gemeinsame Richtung hätte entwickeln können ...«

8 »... Doch jenseits der Neutralität liegt Amerikas Position nahe, dass es seine natürliche Vormachtstellung und Verantwortung dazu nutzen sollte, solidere Lösungen zwischen Ordnung und Revolution zu entwickeln als den Krieg.«

9 »Ich schrieb Dir einen langen Brief zu Weihnachten aus einer Blockhütte in New Jersey, und wenn ich ihn zwischen meinen Papieren finde, bevor wir landen, lege ich ihn bei. Irgendwie ist dieses Intermezzo nicht sehr günstig für einen Briefwechsel gewesen, nicht wahr? Doch es ist auch gut so, denn ich fühle mich in Deinem Vertrauen und Deiner Freundschaft vollkommen sicher und warm aufgehoben – etwas, das weder durch Worte aufgebaut worden ist, noch von ihnen abhängt. Meine Gedanken wandern oft auf Deine Seite der Situation und – so wie in der letzten Nacht den Mond nach drei stürmischen Tagen über einem ruhigen dunklen Meer – stelle ich mir Dich vor, wie Du im wesentlichen unangefochten bleibst inmitten allgemeiner Verwirrung und Aufregung. Tage und Nächte in Hessen oder im Elsass kommen mir wieder ins Gedächtnis, und es ist eine anhaltend schöne, unvergängliche Gegenwart. Dies ist der schönste Sonnentag. Der Pazifische Ozean glitzert in Silber und Blau, und der weite Himmel, von nur einigen zarten Schleiern durchzogen, ruht in einer weißen Umrandung des Horizonts. Bisher war die Überfahrt rau, und vielleicht habe ich nicht alles menschlich Interessante entdeckt, was mir möglich gewesen wäre, bevor wir Asien erreichen – aber es scheint, als wäre da nicht allzuviel. Bis jetzt hatte ich einen Zimmergenossen, der brasilianisch-indisch-portugiesisch-deutsch-englischer Abkunft war und mit einer Chinesin verheiratet, was, wie er schwört, die wunderbarste Kombination in den Söhnen hervorbringt. Es gab keinen Satz, in dem er nicht fluchte, und wenn er gute Laune hatte, stellte er sich in die kleine Kajüte und ahmte eine Rede eines zentraleuropäischen Politikers nach, indem er seine Fäuste ballte, mit seinen Augen rollte, auf Russisch schrie, bis alle Menschen aus Angst, jemand sei verrückt geworden, in den Flur gelaufen kamen. Ein kleines chinesisches Mädchen von nebenan sagte ihm, dass er ›in einem Traum lebte‹ – doch seinen Träumen fehlte der orientalische Friede. Mitten in der Nacht sprang er während des Sturms aus seiner Koje und schrie: ›Das Schiff schwanken wie Hölle, lausiger Kapitän!‹ Oder wenn ich den elektrischen Ventilator ein- oder ausschaltete, sprang er auf wie ein Schimpanse und protestierte: ›Ich kaufen Hälfte von Zimmer, oder etwa nicht?‹ Er sagt, er habe noch nie einen Kerl wie mich getroffen, und er werde mich für den Rest seines Lebens vermissen. Er ist Optiker, war Cowboy, besitzt Land, ist Milchkontrolleur und war in Hawaii Mitglied des Parlaments. Im Verlauf seiner politischen Karriere entschied er sich an einem bestimmten Zeitpunkt, einen ihm verhassten Gegner niederzuschießen, und wartete zwei Nächte lang mit seinem Revolver. Aber dann kam der Bursche nicht und starb später eines natürlichen Todes. Ich fragte ihn, was seine Frau von seinem Plan gehalten hätte. ›Oh‹, sagte er, ›sie höllisch heulen‹. Manchmal nannte er mich den schlechtesten Zimmergenossen der Welt, den er je getroffen hätte. Ich beschimpfte ihn als den rüdesten Herumtreiber, dem ich je begegnet sei, aber wir meinten es beide nicht böse. Diesmal verließ ich Amerika mit einer gewissen Erleichterung. Die Amerikaner nehmen keinen echten Anteil an den Sorgen anderer und – abgesehen von einigen in sich geschlossenen Gesellschaftskreisen – handeln unbeflügelt von irgendeinem Geist. Mein Flug über den Kontinent dauerte etwas länger als eine Nacht – eine seltsame Erfahrung. Als wir die Rocky Mountains überflogen, hatte ich plötzlich eine überwältigend schöne Aussicht auf zerklüftete Felsenlandschaften, deren Vorsprünge und Schluchten die braune Prärie des Westens umsäumten. Zugleich hatte ich jedoch ein Gefühl von Realitätsferne, so als ob wir modernen Menschen einen Weg gefunden hätten, uns der Welt zu entziehen und sie auf einen modellhaften Entwurf

zu reduzieren. Wir flogen stundenlang über weite, unbewohnte Landstriche, ohne ein Anzeichen menschlichen Eingreifens in die Natur, fast ohne ein Anzeichen eines Bewusstseins, dass es anderes gibt als Land, Land, Land und Himmel. Und jetzt ist es das gleiche mit dem weiten, bewegten Ozean. Es scheint so unwirklich, die Welt nur in den Kategorien der übervölkerten, mechanisierten und krisengeschüttelten Gebiete unserer Heimat zu begreifen. Wer diese Welt bereist, dem erschließt sich etwas, und ich scheine dies in einer intensiveren Weise dieses zweite Mal zu erleben. Und es war etwas, von dem ich nicht in der Lage war, es irgendeinem meiner Freunde bei meiner ersten Rückkehr mitzuteilen ... vielleicht war es etwas ähnlich für Marco Polo, als er nach Venedig zurückkehrte. Europäer, besonders die Intellektuellen, haben eine Art und Weise, die ganze Welt in bestimmte moralische und ästhetische Verallgemeinerungen zu pressen, und sie denken, die Welt gehöre ihnen, und sie könnten auf dieser Grundlage alles beurteilen. In Wirklichkeit ist diese Welt selbst viel größer, großartiger und härter und ganz gleichgültig gegenüber diesen selbstgefälligen Vorstellungen. Vielleicht ist dies ein neues Weltzeitalter, das man entstehen sieht, fern von Europa und seiner stetig schwindenden Vorherrschaft – vielleicht ist es die Bedrohung durch eine neue ungeahnte Leere, die durch neue und andere Anstrengungen gefüllt werden muss. Die eigenen menschlichen und gedanklichen bisherigen Vorbilder scheinen empfindlicher und feiner zu sein, genauso wie die literarische Intelligenz und die Schärfe, mit der kleine Unterschiede erkannt und Phänomene von uns beurteilt werden; jedoch scheinen sie zu klein, um als geeignete Maßstäbe für die nötigen Geisteshaltungen und Taten zu dienen ... Ich habe Dir immer gesagt, dass Du eines Tages in den Osten gehen musst, nicht nur in Deinen eigenen Nahen, sondern in den Fernen Osten und nach Amerika, welches an seiner Westküste schon ein wenig orientalisch und so wunderbar gesund und freundlich ist. In der pazifischen Hemisphäre fehlen in eindeutigem und wichtigem Maße gewisse Komplexe und Begriffe, die auf unseren europäischen Seelen jahrzehntelang gelastet haben. Und doch besteht ein wirklicher Zusammenhang mit den wichtigen Fortschritten, die für die ganze Welt gefunden werden müssen, sofern wir alle nicht in einer Generation des Blutvergießens stecken bleiben wollen. Während man die Gegebenheiten hier draußen studiert, entfernt man sich nie von den wichtigen Problemen der westlichen Welt, sondern nur von ihrem hoffnungslosen Überbau aus Vorurteilen und Feindseligkeiten. Die letztendliche oder zumindest die erträgliche Lösung muss von der westlichen Welt ausgehen, aufgrund ihrer immer noch effektiven Überlegenheit an Modernität. Jedoch scheint es mir momentan zugleich faszinierend und kreativ zu sein, in Gedanken eine Weile bei den beeindruckenden orientalischen Vorstellungen zu verweilen, die mit ›Weltfrieden‹ verbunden sind. Vielleicht ist des alles nur persönliche Geschichte und Allgemeinwissen für die führenden Köpfe hinter den Kulissen Europas. Doch ich bin mir sicher, es wird Dich dennoch interessieren.«

10 »... Es gibt viele und spezifische Botschaften, die ich ständig zu vermitteln wünsche. Es ist eben genauso gut, dass ich es lasse. Ich empfinde keine Bitterkeit, sondern eine tiefe Liebe und Dankbarkeit gegenüber Deinem Land. Des weiteren verleihen der Orient und die weite Welt dem Begriff ›Europa‹ Farbe und Substanz, und ich frage mich, ob es nicht dies ist, was wir, trotz allen vermeintlichen Fortschritts, recht dringend lernen müssen. ›Europa‹ ist etwas Tieferes und Lebendigeres als jedes moralische oder ästhetische Vorurteil, und sein Geist wird klarer denn je hervortreten nach seiner vernichtenden Preisgabe. Ich sehe die Inseln von Hawaii. Dies ist wahrscheinlich der letzte westliche Hafen, den ich für lange Zeit, vielleicht für einige Jahre, erblicken werde. Wenn dieser Brief Dich erreicht, haben mich die Schluchten Eurasiens wieder aufgenommen und keine Brieftaube wird mich mehr erreichen. Was auch immer kommen mag, halte mich nicht für niedergeschlagen oder verzweifelt, ich habe am wenigsten Anrecht darauf, über mein Leben zu murren. Was meine Umgebung anbelangt, denke ich, dass diese weite Welt mich mit mehr Fähigkeit zur Freude, Unabhängigkeit und Widerstandskraft ausgestattet hat, als ich jemals hätte erhoffen können ...«

Die Kriegsjahre in Deutschland (1940–1944)

Rückkehr und Heirat

Die Erschütterungen durch die Verkennung und Vereitelung seiner Bemühungen in den Vereinigten Staaten mussten sich wohl irgendwie Ausdruck verschaffen. Sie taten es in Form einer Grippe, die er aus Peking durch die sibirische Eiswüste mitschleppte, die ihm die drei gut vorbereiteten Tage in Moskau verdarb und die dann von einer Gelbsucht abgelöst wurde, die ihn in Königsberg bei seinen alten Freunden, der Familie Selle, sehr gegen seinen Willen festhielt. Er hat später gesagt, es müsse der Schreck gewesen sein, der die Gelbsucht ausgelöst habe; und er war fasziniert, als er das Element des Erschreckens in der Vorgeschichte einer Gelbsucht der Imshäuser Pächterstochter wiederfand. Es sei ihm, meinte er, auf der langen Reise plötzlich klar geworden, dass während seiner Abwesenheit in Deutschland etwas entscheidend fehlgelaufen sei. Tatsächlich war ja auch im November ein ernsthafter militärischer Plan wieder aufgegeben worden.

Während er unter der treuen Pflege der Familie Selle seine Gelbsucht langsam überstand, erhielt ich in Hamburg fast täglich Bleistift geschriebene Briefe von ihm und freute und verwunderte mich nicht wenig darüber, denn unsere Freundschaft war 1939 zwar sehr herzlich gewesen, aber doch, aus den so verschiedenen Bedingungen heraus, ganz unausgesprochen. Auch wusste ich immer, dass er Fritz Schumacher zu seiner Verlobung gesagt haben soll: »Männer, die heiraten, sind für die Politik verloren.« Als er nun aber nach der Abreise aus Königsberg auch in Berlin wieder erkrankte, bat er um meinen Besuch dort, und bei dem ersten Wiedersehen entschied es sich wie von selbst, dass wir heiraten wollten. Damals stand er noch unter dem Eindruck der sibirischen »Vereisung«, wie er es nannte, deren Wechselwirkung mit der Krankheit einleuchtend erscheint. An seine Mutter schrieb er:

> Von mir fallen erst allmählich die sibirischen und amerikanischen Vereisungen ab, die auf der Reise notwendig waren, aber hier die richtige Empfindung hemmten. Ich kann es nun [193] kaum noch abwarten, Dich wiederzusehen …

und zum Abschluss heißt es in diesem Brief vom 9. April 1940:

> Nun weswegen ich Dir heute schreibe, was mich während meiner ganzen Reise stark beschäftigt hat und was ich Dir doch mitteilen möchte, ehe ich es tue: Ich werde mich sehr wahrscheinlich demnächst mit Clarita Tiefenbacher verloben. Meine Einstellung zu diesem Ergebnis ist zwar bewegt, aber keineswegs stürmisch. Ich sehe manche Bedenken, die teils in den Verhältnissen, teils in

Adam und Clarita von Trott während der Verlobungszeit in Imshausen, Mai 1940

mir selbst liegen – aber ich glaube, dass ich sie, soweit das heute überhaupt möglich ist, glücklich machen kann und sie in Beziehung steht zu dem Besten, was ich in mir finde. Sie ist ein demütiger, aber tapferer, feiner und heiterer Charakter – sie versteht, was mir im Leben am wichtigsten ist, und wird mir helfen, darum zu kämpfen. Sie stammt aus einer Hamburger Patrizierfamilie, ihre Mutter soll bezaubernd sein. Du kennst Clarita nur flüchtig – sie war befangen und erschien jünger, als sie ist. Am meisten beruhigt mich an ihr, dass sie innerlich Deinem Wesen sehr verwandt ist. – Ich habe sie noch gar nicht gefragt, übrigens, und auch seit Anfang September nicht gesehen, sehe sie aber diesen Sonnabend ...

und aus einem Brief vom 21. April 1940:

> ... my trust and affection are profound, my respect for her character and qualities firm and her presence to me a great source of joy and comfort ...[1]

In einem Postskript zu einem Brief aus Hamburg vom 26. April 1940 – Adam wohnte dort mit mir bei meiner (mütterlichen) Großmutter Siemsen:

> Her parents and people are very much like this town and different from people you know, but nice and dignified, though a bit set in their patrician environment. I always liked Hamburg and even appreciate this quasi-stability. Her father is considered perhaps the best lawyer here and he and his wife are different from the rest, finer and he extremely intelligent. I have only met them once, as I had to stay in town because of the doctor – but I shall visit them this afternoon ... C's brothers are charming – simple in the good sense, candid, upright and good-looking. The father is not so good-looking, but a hardworked perhaps slightly grave man and very concerned about everything, as indeed one may well be these days – I found myself in considerably deep agreement with his views ...[2]

Die Hochzeit wurde am 8. Juni 1940, einem herrlichen Frühsommertag, im großelterlichen »Wald-Eck« in Reinbek gefeiert. In seiner Tischrede erwähnte Adam seine Sorge um seine Freunde in England, die gerade jetzt schwersten Bombardierungen ausgesetzt waren. Adam war acht Jahre älter als ich, und seine Erfahrungen und menschliche Reife machten den Abstand zwischen uns noch größer. Das brachte Probleme mit sich. Aber die nie versiegende Freude aneinander wurde aus vielen Quellen gespeist. So gab es vor allem einen gemeinsamen Fundus ähnlicher Überzeugungen, Vorstellungen und Motivationen, die unsere Familien vermittelt hatten. Auch ich war überzeugt, dass [194] das Leben in den Dienst überindividueller Verpflichtungen zu stellen sei. Auch meine Eltern, obwohl so verschieden in ihrem Naturell, setzten jeder für sich als Leitbilder unerreichbare Maßstäbe. Und schließlich trafen wir uns in dem unabweisbaren Drang, die Phänomene und Ereignisse, die uns berührten, zu verstehen. Für Adam war dies die unabdingbare Voraussetzung zu entschlossenem Handeln, für mich war es bis dahin die unerlässliche Voraussetzung, wenn ich meinem Vater gegenüber zu einem eigenen Standpunkt gelangen wollte. Das war nicht leicht: Er war gründlich belesen in Geschichte, Philosophie und Theologie, bewandert in der Kunstgeschichte und in modernen Naturwissenschaften informiert. Die politischen Entwicklungen verfolgte er mit leidenschaftlicher innerer Beteiligung. Er dichtete und schrieb Essays, bezog unter anderem darin Position gegen nationalsozialistische Thesen. So war es fast unmöglich, sich seiner Autorität zu entziehen, die nur hinsichtlich der Vorstellung von der Rolle der Frauen ganz anachronistisch war.

Hochzeit am 8. Juni 1940

Wir waren noch nicht drei Jahre verheiratet, als die zunehmenden Bombardierungen Berlins mich wegen unserer einjährigen Verena (1. März 1942) und der erwarteten Clarita (9. November 1943) im Mai 1943 zum Umzug nach Imshausen zwangen. Auf dem Höhepunkt der Angriffe schrieb Adam am 4. Dezember 1943 – wohl in Antwort auf meinen Kummer über die sich erschwerende Kommunikation und Trennung – am Schluss eines langen Briefes:

> Geliebte kleine Klarusch, sei nicht traurig, sondern tapfer und froh – dann wird sich mit uns alles schon zum Guten wenden. Wir dürfen es uns weder

zu leicht noch zu schwer machen, sondern gerade so, wie es uns aufgegeben ist. Zwangsläufig ist es wohl so, dass wir einmal inmitten vieler Brandungen gemeinsam sehr fest stehen müssen, dass hierzu ich verharren und härter, schwerer, »konzentrierter« werden – Du dagegen mancherlei aufholen, verarbeiten und zu sicherem, beherrschtem Besitz bringen musst, wobei Du aus Eigenem beginnen, empfinden und leben musst und ich Dir nur sehr mittelbar helfen kann. Du hast mehr zähe Kraft, Klarheit und sicheres Wollen, als Du Dir selbst zutraust – nimm sie in beide Hände ...

In Hinsicht auf diese Wegweisung hat unsere Verbindung Adams Tod überdauert. Seine Nachkommen würden ihn tief erfreuen. Seine Freunde wurden unsere Freunde. Und ich bin schließlich Nervenärztin und dann Psychoanalytikerin geworden. Seit 1972 führe ich psychoanalytische Behandlungen in eigener Praxis durch. Und für die jetzt zehnköpfige Familie haben wir einen Mittelpunkt in Wildeck, an den Trottenwald grenzend, gefunden. [195]

Haus Rheinbarbenallee 47, wo Adam und Clarita von Trott nach vorn hinaus im 1. Stock wohnten

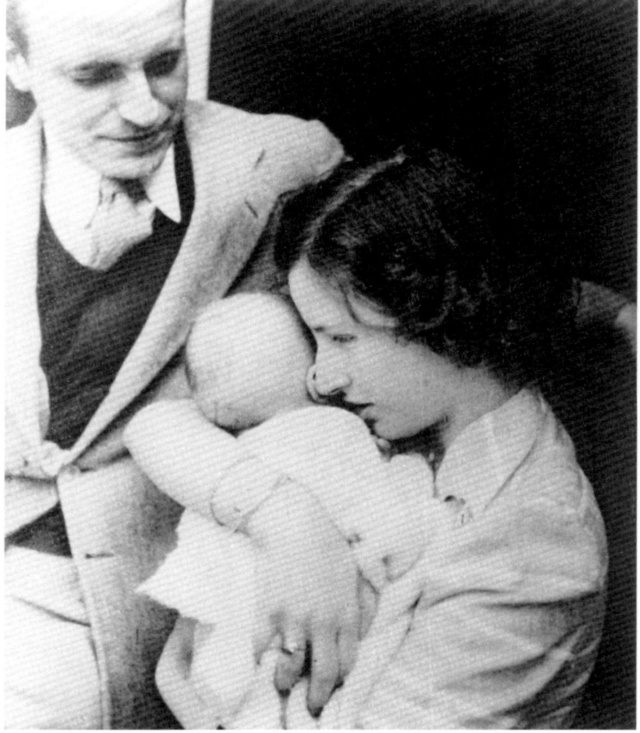

Ehepaar von Trott
mit Tochter Verena
im März und im
Mai 1942

Ich möchte diesen Abschnitt ergänzen durch einen Zusatz zu meinen Überlegungen über die Polaritäten, die Adam in seinem Leben und Denken zu versöhnen suchte. Vielleicht begann dieser Prozess damit, dass er das Gute nur in der Doppelgestalt zweier sich ergänzender Liebesobjekte fand. Die Mutter hatte für ihn Doppelgestalt: Das war die mütterlich umsorgende, liebevolle Nurse, und das war die so sehr bewunderte, aber distanzierte Mutter. Hier ist im doppelten Wortsinn nicht der Platz, den späteren Auswirkungen dieser frühen Konstellation nachzugehen, aber es wäre gewiss aufschlussreich.

(Die vorangehenden Darstellungen von Heirat und Ehe sind im April 1986 neu formuliert worden und weichen deshalb vom Original von 1958 leicht ab.)

Fußfassen und offizielle Aufgaben im Auswärtigen Amt

Inzwischen hatte Adam in der Informationsabteilung des Auswärtigen Amtes in der Kurfürstenstraße – der späteren Kulturpolitischen Abteilung – durch Vermittlung seines Freundes und Corpsbruders Josias von Rantzau eine Stelle als wissenschaftlicher Hilfsarbeiter bekommen. Mehr und anderes war nicht möglich, weil der Reichsaußenminister von Ribbentrop – wie man wusste – wegen der Interventionsversuche im Sommer 1939 eine ausgesprochene Antipathie gegen Adam hegte und ihm seine Existenz daher zunächst so wenig wie möglich auffallen durfte.

Wie aus einem in Tokio abgesandten Brief an Hewel hervorgeht, dessen Entwurf vorliegt, hatte Adam versucht, den Verlauf des Sumner-Welles-Besuchs in Deutschland zu beeinflussen. Er hatte darauf hingewiesen, dass Sumner Welles an sich für Panamerika interessiert sei, dass er daher nicht zu den eigentlich Kriegsentschlossenen gehöre und dass es unabsehbare Konsequenzen haben würde, wenn ein solcher Mann mit dem Eindruck akuter Bedrohtheit Amerikas zurückkehrte. Das würde [196] Roosevelts Stellung ungeheuer stärken und die bisher ablehnende Haltung des Volkes gegenüber einer Verwicklung in den Krieg von Grund auf verändern. Solche Eindrücke könnten aber nur entstehen, wenn es aussähe, als ob eine Ausschaltung der britischen Inseln unmittelbar bevorstände oder dass England im Fernen Osten ausgeschaltet würde. Auch eine wehrwirtschaftliche und strategische Autarkie Deutschlands und Russlands würde als Bedrohung empfunden werden.

Ähnlich, aber sehr viel ausführlicher plädiert er in seinem »Bericht über eine Kriegsreise nach Nordamerika im Winter 1939/40« für eine solche Zurückhaltung. Er bezeichnet zunächst die verschiedenen Faktoren, die für den Kriegseintritt arbeiten: die englische Kriegspropaganda, das amerikanische Judentum, den Präsidenten Roosevelt selbst, dem er vorwiegend innenpolitische Gründe dafür unterstellt. Dann beschreibt er die Verhältnisse im amerikanischen Volk selbst, das zwar gegen Kommunismus und Nazismus sehr ablehnend sei, aber nicht wieder für andere Krieg führen wolle, es sei denn, es fühle sich selbst bedroht. Daher folgert Adam: »Die wirksamste Unterstützung der deutschen Sache in Amerika liegt daher im tatsächlichen Verlauf der europäischen Ereignisse selbst.«

Anknüpfungspunkte und Pläne

Adam hatte dieses Mal – gewarnt durch die schlechten Erfahrungen früherer Jahre – einen gut vorbereiteten Aktionsplan mitgebracht, wie er sich in Berlin festsetzen wollte, ohne ganz und gar die Freizügigkeit zu verlieren. Er stellte dazu gleichzeitig einen Antrag auf Aufnahme in die verhasste NSDAP. Das war eine unumgängliche Konsequenz, die sich aus seiner Rückkehr ergab. Mit Edward Carter hatte er vereinbart, dass er – nachdem er zum Mitglied des ständigen internationalen Sekretariats gewählt worden war – nunmehr von Deutschland aus eine Verbindung zwischen den zwölf Ländergruppen des Instituts und ernsthaften Ostasienstudien in Deutschland herstellen sollte; mit anderen Worten eine Art Kerngruppe heranbilden, die später in dem Gremium des IPR Vertretung finden [179] könnte. Auch mit Herrn von Strempel an der deutschen Botschaft in Washington hat Mr. Carter sich bereits im Dezember 1939 eingehend über das Projekt unterhalten. Der Durchschlag eines Briefes von Carter an den Genannten vom 14. Dezember 1939 liegt vor. Adam schrieb darüber schon von Bord der »President Cleveland« am 20. Januar 1940 an Prof. W. Eberhard nach Ankara. Vorher hatte er schon in Hawaii mit Klaus Mehnert (den er seit – mindestens – 1930 kannte) das Problem durchgesprochen und ihn unter gewissen Voraussetzungen zur Mitarbeit bereit gefunden.

In der Woche, die er zwischen dem Königsberger und dem erneuten Berliner Krankenlager zu politischer und beruflicher Aktivität ausnutzen konnte, sprach er mit einer großen Zahl zuständiger Personen über seine Absicht. Vom 22. April (also einige Wochen danach) datieren die Kopien von drei Briefen, die den Plan vorantreiben sollten und die aufschlussreich sind für die Art, wie Adam lernte, seine Absicht getarnt durchzusetzen. Hier handelt es sich darum, über Mr. Carter mit dem »konstruktiven politischen Denken Amerikas« in Kontakt zu bleiben und persönliche Nachrichten sicher zu empfangen. Er schreibt einen langen Brief an Mr. Carter, berichtet über den Fortgang der Bildung der deutschen Ostasien-Studiengruppen, beklagt, keine IPR-Nachrichten bekommen zu haben, und schlägt zur Abhilfe den Weg, den er hier selber benutzt, vor: er schickt diesen Brief nämlich mit einem Begleitschreiben an den damaligen Legationsrat Rahn (den er wahrscheinlich über J. von Rantzau schon seit 1936 kennt, und mit »lieber Herr Rahn« anredet) und schreibt noch einmal an Herrn von Strempel, der wohl die Weiterleitung in den USA besorgen soll. Der Brief geht also ganz offiziell, und er schlägt sogar vor, Abschriften an den Botschafter Dieckhoff und Dr. Knoll gehenzulassen. Ohne Arg werden diese, so rechnet er wohl, dann den Satz passieren lassen: »... While you might make use of this same channel for letters to me, you could very well use Tracy's address for more bulky stuff. I might go there from time to time and collect it in person.«[3] Nun muss der Empfänger nur [198] richtig lesen, und der Kanal ist fertig. Tracy Strong war im Mai 1940 in Imshausen, wo Adam lange allein mit ihm sprach. Ich war damals zum ersten Mal in der neuen Heimat, und der alte Herr bat mich zum Abschied, ihn in der Kutsche bis Bebra zu begleiten. Auf dem Wege sagte er so andeutend wie möglich, ich solle achtgeben, dass Adam sich nicht in gefährliche Unternehmen verwickle, er sei viel zu ehrlich und gerade, als dass das gutgehen könne. Aber diese Ansicht hat seiner getreuen Hilfestellung durch den Krieg hin keinen Abbruch getan. Er war damals häufig in Deutschland, um entsprechend der Genfer Konvention den alliierten Gefangenen zu der weitestmöglichen Ausnutzung der ihnen zustehenden Erleichterungen zu verhelfen.

Im Rahmen der Bemühungen um die Bildung der Studiengruppe für fernöstliche Probleme gehört wohl auch sein Vortrag vor der China-Studiengesellschaft Anfang Juli 1940, der in den «Monatsheften für Auswärtige Politik» im November 40 (Heft 11) erschien. Er beschreibt darin die historischen vier Phasen der amerikanischen Fernostpolitik, um dann zu den Ergebnissen der Konferenz von Virginia Beach überzuleiten und die Haltung Amerikas im gegenwärtigen Konflikt darzustellen. Wiederum kommt er zu dem Schluss, dass die Wahrung der Neutralität in Amerikas Interesse liegt.

Es ist nicht mehr auszumachen, in welcher besonderen Form dieser zunächst aufgegriffene Arbeitsvorwand weitergelebt hat. Ende November verfasste Adam noch zwei Briefe über den Zeitschriftenplan, der den Kern der Arbeit der Ostasien-Studienabteilung bilden sollte, an Prof. Eberhard in Ankara. In dem letzten vom 25. November 1940 konnte er ihm weitestgehende amtliche Förderung in Aussicht stellen. Auch mit Herrn von Tscharner, einem Freunde Eckes und Ostasienfachmann in der Schweiz, stand er seit der Rückkehr 1940 darüber in Verbindung. Aber in dieser besonderen Form ist der Plan durch die Arbeit in der Informationsabteilung in den Hintergrund gedrängt worden. [199]

Zuständigkeiten in der Informationsabteilung

Zunächst hat Adam sich hier wohl mit der Auswertung der anfallenden Informationen beschäftigt. Sein besonderes Gebiet war wahrscheinlich das Amerikareferat, denn die Aufzeichnungen gingen über L.R. Rahn und den Botschafter Dieckhoff. Im Juni verfasste er eine Denkschrift: »Amerikabeeinflussung über Ostasien«, die im Vorschlag der Gründung einer Informationsstelle in Shanghai gipfelte. Hier wie überall wird es sein Ziel gewesen sein, sich unter möglichst harmlosen Schaumschlägereien Einblick und Einfluss in immer zentralere Dienststellen zu verschaffen und seine Freizügigkeit zu steigern. Darüber berichtet Alexander Werth (November 1957), der sich im Herbst 1940 zu ihm gesellte:

> Wir richteten uns also auf längere Zeit ziviler Arbeit im Kriege ein und fingen, zunächst durchaus legal, an, auf der sich uns anbietenden Klaviatur so gut wie möglich zu spielen. Dazu gehörte vor allem die Zusammenfassung der uns interessierenden Auslandsreferate (Großbritannien und Empire, USA und Ostasien), die Siebung des Personals in diesen Referaten, die Schaffung von persönlichen und sachlichen Querverbindungen zu den geographisch oder politisch entsprechenden Referaten der andern Abteilungen usw. Diese Vorarbeit ist die Voraussetzung gewesen für die Vielfalt der später auf uns zukommenden Aufgaben und ferner dafür, dass gerade Trott neben seinen offiziellen Aufgaben so viele inoffizielle – sprich später illegale – Verantwortungen übernehmen konnte.

Über die offiziellen Aufgaben schreibt er:

> Aufgabe der IA als Kriegsabteilung war es, die deutschen Dienststellen insbesondere über die geistige Lage in den Feindländern zu unterreichten. Da eine direkte Beobachtung in diesen Ländern nur in Ausnahmefällen möglich war, konnte diese Aufgabe weitgehend nur über neutrale Länder mit Schwerpunkten in der Schweiz, Schweden und Portugal erfüllt werden. Als Gegenstück dieser Aufgabe hatte die IA zu versuchen und zu erreichen, durch geeignete Maßnahmen auf dem Gebiet der deutschen psychologischen [200] Kriegsführung die Stimmung in den Feindländern im Sinne der Ziele der deutschen Kriegsführung zu beeinflussen.

Als praktische Beispiele nennt Werth u.a. das Auffinden und »Bei-Laune-Halten« bekannter Persönlichkeiten des Auslandes, die mit dem Deutschland Hitlers sympathisierten, so z.B. William Joyce alias Lord Haw Haw, den amerikanischen Schriftsteller Wodehouse, den norwegischen Dichter Hamsun; die Auswertung des Bombenkrieges gegen die Zivilbevölkerung; schließlich auch das Drucken von Büchern, in denen sich feindliche Ausländer kritisch über ihr Land äußerten.

> Aus den obigen Beispielen mag erhellen, *schreibt Werth*, dass ein normaler Zeitgenosse mit einem gewissen Maß an Selbstachtung eine Tätigkeit, wie sie die IA verlangte, auf die Dauer nicht aushält. So ging es uns natürlich auch. Wären nicht andere Tätigkeiten dazugekommen, ob legaler oder illegaler Art, so hätte keiner von uns als Referent oder Gruppenleiter der IA den Sommer 44 noch erlebt. Obgleich andere Aufgaben dazukamen, haben Leute des engeren Kreises, Trott und mich selber eingeschlossen, häufig fast vor dem Versagen ge-

standen derart, dass wir den Dienst quittieren wollten. Von mir selber erinnere ich noch, dass ich in der Zeit der Schlacht um Stalingrad, also um die Jahreswende 1942/43, mich gegen die Weisung des Auswärtigen Amtes freiwillig bei den Kradschützen in Eberswalde meldete und nur deshalb nicht angenommen wurde, weil das Auswärtige Amt sich weigerte, mich freizugeben ...

Er deutet an, wie die »anderen Tätigkeiten« beschaffen waren: Die Unbestimmbarkeit der politischen Aufgaben der IA ermöglichte es, zu Gruppen des In- und Auslandes Verbindungen aufzunehmen, die anderen Zeitgenossen schon deshalb verschlossen blieben, weil man sie dabei ertappt und sofort bestraft hätte. Ein solcher Kontakt war der bis zum 20. Juli 1944 immer wieder gepflegte und erneuerte mit dem Außendienst der deutschen evangelischen Kirche. Sie erweiterte sich schließlich sogar zu direkten und persönlichen Beziehungen zu wichtigen Repräsentanten des Evangelischen Weltkirchenrates, [201] der Ökumenischen Bewegung und anderer internationaler kirchlicher Organisationen. In diesem Zusammenhang lernten wir auch Pfarrer Bonhoeffer kennen. Abgedeckt wurde diese Kontaktpflege dadurch, dass Trott bzw. er und ich uns offizielle Ermächtigungen zum Besuche gewisser neutraler Personen geben ließen. War man wieder im Lande, so wurde eine Aufzeichnung gemacht, die mit mehr oder weniger glaubhafter Begründung die Erfüllung des offiziellen Auftrages zu beweisen hatte. Trott war bis zu seinem Tode ein Meister in der Abfassung solcher Aufzeichnungen. Wir haben, wenn er oder wir uns bei der Abfassung solcher Aufzeichnungen abmühten, schließlich nur noch zwischen Lachen und Beschämung hin und her gependelt.

Das Indienreferat

Zu Beginn des Jahres 1941 zeigte sich ein neuer Ansatzpunkt im Auswärtigen Amt. Die Entwicklung dieses neuen Referats soll ausführlich wiedergegeben werden, wie sie sich, den Schilderungen Werths entsprechend, zugetragen hat. In dem Grotesken dieser Unternehmungen spiegeln sich die damaligen Zustände nicht minder als in Adams und Werths ebenso geschickten wie oft jungenhaft anmutenden Vorgehen.

Adam hatte zu Werth davon gesprochen, dass es doch wünschenswert wäre, sich von dem bürokratischen Betrieb freier zu spielen und sich eine neue Plattform zu schaffen, von der aus mehr Einfluss zu erlangen sei. Eben zu dieser Zeit meinten die Verantwortlichen im Auswärtigen Amt, man müsse unter den obwaltenden Kriegsverhältnissen Indien mehr Aufmerksamkeit zuwenden, als das im Rahmen der an sich zuständigen politischen Abteilung möglich war. Wie in allen Fällen, von denen man nicht so genau wusste, wo sie zu verankern seien, wurde dieses Projekt der Informationsabteilung zugewiesen

Vortragsveranstaltung mit Mahatma Gandhi in Oxford, November 1931. Adam von Trott in der ersten Reihe der Zuhörer.

und von Adam und Werth sofort aufgegriffen. Damit war Adam über Nacht zum Indienfachmann geworden. Er verschwieg wohlweislich, dass er bisher nur an Indien vorbeigefahren war – in Ceylon hatte sein Dampfer ganze zwei Stunden angelegt. Er verschwieg aber genauso, dass er sich von Jugend auf durch Neigung und Freundschaft mit dem Lande verbunden wusste. In [202] Genf hatte ihn 1928 Mr. Andrews, der Freund Gandhis und Tagores, in die Geheimnisse Indiens eingeführt (Seite 64). In Oxford hatte er dann 1929 mit dem indischen Studenten Humayun Kabir (dem Verfasser eines Buches über Kant und späteren Erziehungsminister in Delhi) Freundschaft geschlossen. Später hatte Kabir ihn und seine Familie zwei Mal in Imshausen besucht. 1931, als Gandhi im November in Oxford sprach, sah man Adam in der ersten Reihe seiner Zuhörer, und über Mrs. Datta und seine Mutter versuchte er, Wege zu einer Deutschlandreise Gandhis zu finden und zu ebnen. So war eine echte Beziehung vorhanden, was die Aufgabe nicht vereinfachte. Der spätere deutsche Botschafter in Indien, Melchers, schrieb 1946:

Beide, N. [*A.C.N. Nambiar, der Nachfolger Boses als Vertreter des freien Indien in Deutschland und späterer Botschafter in der Bundesrepublik*] und Ihr Mann, waren sich im klaren, dass sie eine rein kriegsbedingte Politik gemeinsam verfolgten …

Nur einmal entstand aus den Schaumschlägereien ein wirklicher Konflikt. Deutlich erinnere ich Adams Bedrückung über die Zwangslage, in der er sich während der Crippsmission in Indien befand; er konnte den Konflikt nicht lösen, ohne sein Gewissen auf das schwerste zu belasten. Aus Werths Bericht geht nicht hervor, wie bitter schwer es ihm wurde, an dem Scheitern der Mission des verehrten und für ihn so wichtigen Freundes in gewisser Hinsicht beteiligt zu sein.

Anfang 1941 hatten sie zunächst nichts weiter als ein neues Referat »Freies Indien« mit großen Vollmachten, denn sie waren in diesen Belangen nur dem Staatssekretär z.b.V. im Auswärtigen Amt Keppler unterstellt worden. Nun musste irgendetwas geschehen. Damals liefen in Rom alle Fäden der ausländischen Informationsdienste über Indien zusammen. Im Februar 1941 war Adam dort und schaffte die Voraussetzungen dafür, dass das Schwergewicht der Indienarbeit nach Berlin verlegt wurde. Dann nahm man auf alle Fälle Verbindung mit dem Oberkommando der Wehrmacht auf. Und da erfuhr man, dass in Nordafrika indische Heimattruppen unter britischem Oberkommando [203] kämpften. Kurz darauf wurde eine ganze indische Division, 20000 Mann stark, bei dem deutschen Vormarsch gefangen genommen. Warum sollte es nicht möglich sein, nun eine »Indische Legion« in Deutschland aufzustellen? Gedacht – gehandelt. Am 10. Mai begab sich Werth mit dem Flugzeug nach Catania auf Sizilien, um dort aus einer Zahl von 10000 bei Derna in Gefangenschaft geratenen indischen Soldaten und Offizieren einige geeignete Inder herauszufinden. In Berlin lebende indische Emigranten, die mit der Arbeit des Referats in mehr oder weniger loser Verbindung standen, wie auch deutsche Offiziere begleiteten ihn. Es gelang den vereinten Bemühungen, ca. fünfzig Inder dazu zu bewegen, nach Berlin zu gehen. Aber was spielte sich nun in Berlin ab? Als sie sich in Berlin im Oberkommando der Wehrmacht meldeten, wurden die Inder sofort erneut, diesmal in einzelne, käfigartige Zellen eingesperrt. Werths verzweifelte Vorstellungen richteten nichts aus. So verbrachte er den Rest des Tages und den ganzen folgenden – es waren ein Sonnabend und ein Sonntag – mit ununterbrochenem Telefonieren. Dies war der Beginn des täglichen Kontaktes mit vielen Stellen des OKH und OKW. Er erreichte auch, dass die Inder am Montag ein anderes, besseres Quartier bekamen, aber es dauerte noch geraume Zeit, bis man sie nicht mehr als Gefangene behandelte. Es ist kaum zu glauben, dass nach einem solchen Anfang dennoch ein Jahr später eine 3000 Mann zählende »Indische Legion« aufgestellt worden war und dazu eine 7000 Mann starke Reservelegion.

Die dritte Aktion galt der Gewinnung eines prominenten Inders. Über Rom hatten sie erfahren, dass Subhas Chandra Bose, der ehemalige Kongresspräsident und Leiter des »Forward Block«, aus englischer Haft in der Provinz Pandschab entflohen und unter dem Namen Mazotta über Afghanistan, die Türkei und Griechenland nach Rom gelangt sei. Um das italienische Außenamt zum Verzicht auf die Anwesenheit Boses zu bewegen, bedurfte es noch einer Direktunterhaltung Ribbentrop-Ciano. Dann fuhr das Gespann Trott-Werth nach Rom, um den fremden Gast abzuholen. Gemeinsam kleideten sie ihn neu ein, kauften den Grundstock [204] für seinen später so anspruchsvollen Haushalt ein, den sie nicht ohne Mühe über die Grenze schmuggelten, versahen ihn mit dem Titel »Exzellenz« aus Gründen, die Furtwängler in seinem schon erwähnten Buch schildert. Sie waren ganz erstaunt, dass er diesem Titel und der Pseudopracht seiner Zimmerflucht im Hotel Esplanade Wert beimaß. Mit dem Staatssekretär hatten sie anschließend die erste unliebsame Auseinandersetzung über die Höhe der Abrechnung, in der dieser Aufwand zutage trat. Später beschafften sie Bose-Mazotta ein großes Haus in der Sophienstraße Nr. 7. Der Kampf mit der Abteilung Protokoll um dieses Haus und der Scheineifer und die Scheinwichtigkeit, mit der er geführt wurde, gehören zu den Farcen, mit denen die Ministerien damals neunzig Prozent ihrer Zeit vergeudeten und in denen Adam seine Rolle halb belustigt, halb angeekelt mitspielte. »Der Bürobetrieb irritiert mich z.Zt. maßlos«, schrieb er z.B. am 14. August 1941.

Doch mühte er sich redlich, den berechtigten Wünschen Boses Gehör zu verschaffen. Er kam daher ganz entsetzt von dessen erster Begegnung mit Keppler zurück. Der Beauftragte für das »Freie Indien« hatte die Taktlosigkeit besessen, den prominenten Gast überhaupt nicht zu Wort kommen zu lassen, und hatte ihm stattdessen während der ganzen Zeit seine eigenen Ansichten über die Lage in Indien dargelegt.

Wenn Bose auch in vielem unseren Vorstellungen von einem Freiheitskämpfer nicht entsprach, so achtete Adam in ihm doch den Einsatz für seine Sache, die ihm jahrelangen Freiheitsentzug eingetragen hatte.

> ... Er ist hochbegabt, *schrieb er mir am 8. August 1941*, aber trotzdem bleiben wir menschlich ausgesprochen kühl. – Das muss gewissermaßen immer von vorn angefangen werden. *Und am 16. August 1941:* Es ist höchste Zeit, dass ich wegfahre (bzw. er), da ich ihm unentbehrlich zu werden beginne. Seine inneren Ausgangspunkte sind für eine erhebliche Beziehung zu negativ ...

Durch Bose kam Adam wieder in bedenkliche Nähe Ribbentrops. Im März 1942, als ein Dokument versehentlich zu Bose gelangt [205] war, das dieser nicht hatte sehen sollen, kostete das um ein Haar seine Existenz. Aber es hatte auch fesselnde Seiten. So berichtete er Mitte August 1941, Bose habe mit seiner Hilfe einen langen Brief an den Reichsaußenminister geschrieben, der »nicht schlecht« gewesen sei. Ribbentrop behandelte den Vertreter Indiens aber ganz unglaublich, ließ ihn endlos lange auf eine Audienz warten, so dass Bose einen gerechten Zorn entwickelte und erklärte, er werde nun keiner Aufforderung zu einer Rücksprache mehr Folge leisten. Schließlich erfolgte die Ladung ins Hauptquartier aber doch – um Mitternacht! –, und zu Adams herzlicher Enttäuschung nahm er augenblicklich an.

Mit Bose als Exponenten wurde die »Zentrale Freies Indien«, eine nur aus Indern bestehende und unter dem Vorsitz von Bose arbeitende Dienststelle, aufgebaut, außerdem die »Internationale Vereinigung der Inder im Exil«, die alle indischen Emigranten in den von Deutschland aus erreichbaren Ländern zusammenfasste unter der Oberhoheit von Bose, und schließlich deutsch-japanisch-indische Arbeitsgruppen, die in Zusammenarbeit mit dem OKW, dem OKH und den japanischen Militärattachés in Berlin und Rom militärische Aktionen in Erwägung zogen. Im Verfolg dieser Seite seiner Tätigkeit gelang es Bose auch, im Februar 1943 auf seinen dringenden Wunsch hin mit einem deutschen Unterseeboot durch den Kanal, um das Kap der guten Hoffnung herum nach Japan gebracht zu werden. Zwischen Adam und Boses Nachfolger, A.C.N. Nambiar, der in jeder Hinsicht wie das Gegenteil von seinem Vorgänger wirkte, bestand ein ungetrübtes Einvernehmen. Er hat bestimmt gespürt, dass Adam in anderen, stärkeren Bindungen wurzelte, als sie in seiner amtlichen Arbeit zum Ausdruck kamen. So verstehe ich jedenfalls auch eine seltsame Bemerkung von ihm, die mir Adam wiedererzählte: »Sie werden entweder als Verbrecher oder als Botschafter enden.« Als Adam 1944 verhaftet war, setzte sich Nambiar auf das Freundschaftlichste für ihn ein.

Durch die Legion war Adam nicht endende Gelegenheit zu [206] offiziellen Besuchen in den besetzten Gebieten und damit auch zu seinen eigenen illegalen Zwecken gegeben. Andererseits erforderte sie auch Besuche bei den unheimlichsten Nazigrößen: im Hauptquartier des Reichsführers der SS (14. bis 16. Juli 1942) und bei Heydrich in Prag (zwischen 20. und 23. April), wobei mir in Erinnerung geblieben ist, dass er von dem Phänomen Heydrich fasziniert war. Es beschäftigte ihn, hier einen außerordentlich gewandten Feind mit reich schillernden Möglichkeiten vor sich zu haben, eine grauenvoll-große Spielernatur.

Nahtstellen zwischen Amts- und Widerstandsarbeit

Dass diese beruflichen Nötigungen der Arbeit für Umsturz und Neubeginn im weitesten Sinn polar entgegengesetzt waren, wenn auch zum Teil eng mit dieser verflochten, wird aus dem Bisherigen zu entnehmen sein. Dass aber die Nahtstelle zwischen den einander feindlichen Bereichen einen besonderen Charakter tragen musste, wurde bisher nur angedeutet. Im Folgenden soll sowohl die »Nahtstelle«

Adam von Trott mit den Mitarbeitern (v.L.) Alexander Werth, Hans Felix Richter und Josias von Rantzau

im Auswärtigen Amt als auch die »Nahtstelle« in ihm selber, in Gestalt seiner besonderen Begabung, noch einmal ausdrücklich Erwähnung finden.

Hier sollen also seine Mitarbeiter genannt werden, allen voran sein Studienkamerad aus Göttingen und Mitdoktorand unter Professor Kraus, Dr. Alexander Werth. Sofort nach seiner Rückkehr hatte Adam sich mit ihm in Verbindung gesetzt, schon am 20. April im Krankenhaus Bethanien kam es zu ihrer ersten Unterredung. Werth war damals noch Soldat, wurde dann aber für die Informationsabteilung reklamiert und u.k. gestellt und hat vom Herbst 1940 ab bis zuletzt als treuer Freund auf das Engste mit ihm zusammengearbeitet. Ohne seine fähige, gewandte, immer gegenwärtige und entschlossene Unterstützung wäre es Adam gewiss nicht möglich gewesen, die umfangreiche Amtsarbeit mit der ihn im Grunde ausfüllenden Widerstandsarbeit zu vereinen, ohne dass gefährliche Versäumnisse eintraten. Sie waren sehr verschieden. Als Werth sich einmal zu einer stark [207] gefährdeten militärischen Einheit gemeldet hatte, erzählte Adam mir – mit der ungläubigen Bewunderung, die man einem beachtlichen fremden Phänomen entgegenbringt: »Wenn er schon dabei ist, will er auch etwas erleben.« Aber gerade durch die Andersartigkeit ergänzten sie sich vorzüglich. Obwohl Alex Werth an der eigentlichen politischen Arbeit nicht direkt beteiligt war, hatte Adam schließlich kein Geheimnis mehr vor ihm und wurde von ihm in allem sekundiert und abgedeckt. Das ging so weit, dass

Werth – wie auch Dr. Anton Böhm, ein guter Freund Hans von Haeftens in der Informationsabteilung – zum Abteilungsleiter Six in die Wohnung zogen, als die Bombenverwüstungen den Gedanken daran hatten aufkommen lassen.

Mit einem anderen Mitarbeiter, dem kriegsverpflichteten Exportkaufmann Hans Felix Richter, genannt »Judge«, der die angelsächsischen Länder gut kannte, verbanden Adam ebenfalls freundschaftliche Gefühle. Es freute ihn und ging ihm gerade deswegen zu Herzen, als Richter sichtlich verstört war, nachdem Adam zum ersten Mal mit dem Parteiabzeichen im Amt erschienen war. Wie sollte er die Hintergründe kennen können? Auch mit den übrigen Herren und Sekretärinnen herrschte ein freundliches Einvernehmen, und jeder einzelne wird das Gefühl gehabt haben, selbständig zu arbeiten. Im Übrigen wurden andere wichtige Referate in der Informationsabteilung von Freunden oder guten Bekannten geleitet.

In dem Indienbüro in der Lichtensteinallee saß als vertrauter Mitarbeiter Franz Josef Furtwängler – vor 1933 Mitglied der Berliner Gewerkschaftszentrale, nach 1933 Erdöldestillator in Ungarn. Helmuth Moltke hatte 1940 die Begegnung vermittelt, und es entstand eine arbeitsmäßig und menschlich gleichermaßen glückliche Zusammenarbeit mit dem weitgereisten und umfassend gebildeten Mann. Schon vor Ankunft Bose-Mazottas war Furtwängler auf Adams Initiative hin unter irgendeinem Vorwand in Ostasien gewesen. Der Zweck der Reise bestand anscheinend weitgehend darin, Gustav Ecke über die wahren Zusammenhänge in Berlin aufzuklären [208] und wohl über ihn das Vertrauen draußen aufrecht zu erhalten. Später leitete er das Indienbüro und half Adam und den Freunden bei der Herstellung von Verbindungen zu seinen alten Parteifreunden ebenso wie bei der Vorbereitung von Denkschriften und Aufrufen. Adam schützte ihn vor dem Zugriff der Gestapo, was Furtwängler in einem Brief an Ricarda Huch vom 5. September 1946 schildert (es war im Sommer 1942):

> Denunzianten inner- und außerhalb des Amtes machten gewisse Stellen auf die Verdächtigkeit meiner Rolle aufmerksam, und der »Sicherheitsdienst« begann, sich wieder für mich zu interessieren. Trott erzählte es mir, und ich sagte, es sei mir besonders ärgerlich, da ich eben in Urlaub fahren wollte. »Fahren Sie ruhig in Ihren Urlaub«, meinte er, »ich gehe diesmal aufs Ganze und mache die Angelegenheit zu der meinigen. Fliegen Sie auf, dann gehe ich mit hoch.« Diese Erklärung war in einer Zeit, wo überall in Deutschland die Todesfurcht regierte und oft genug der Freund den Freund verleugnete, etwas Ungeheures. Tatsächlich ging es »aufs Ganze«. Ich war auf die Liste der zu Liquidierenden gesetzt. Trott ging in die Raubierhöhle, d. h. antichambrierte einen ganzen unvergesslichen Vormittag lang, und kam des Abends an einen verabredeten Platz, um mir lächelnd mitzuteilen, er habe den Gestapo-Häuptling »umgebogen«, und meine Akten seien zugedeckt.

In etwas loserer Verbindung zu Adams Referat stand das Büro von Frau Gärtner, der Initiatorin und Leiterin der Wirtschaftspolitischen Gesellschaft, die nun ihren Erfahrungsreichtum unter den verschiedensten Vorwänden zu den verschiedensten Zwecken zur Verfügung stellte. In ihrem Buch »Botschafterin des guten Willens 1914–50« hat sie darüber berichtet. Zunächst sammelte sie Äußerungen aus kirchlichen Kreisen neutraler und kriegführender Länder zum Thema des Krieges und künftigen Friedens, die von religiösen bis zu sozialen Fragenkomplexen reichten. Als Visitenkarte den Machthabern gegenüber fielen bei dieser Sichtungsarbeit »Common sense« genannte kommentarlose Zusammenstellungen ab, die keinen Schaden anrichten konnten. [209]

Wertvolle Mitarbeit wurde Adam auch durch das Ehepaar Lenz zuteil. Frau Lenz hatte lange Zeit in Amerika eine leitende Stellung in einem soziologisch-statistischen (?) Institut innegehabt. Prof. Friedrich Lenz war ein Freund Arvid Harnacks. Das Ehepaar übernahm auch Ausarbeitungen von Fragen, die nach dem Tage X von Bedeutung sein würden.

Die Zahl der hochqualifizierten Personen, die mehr oder weniger lose Arbeitsverbindungen mit Adam aufnahmen, war bestimmt noch größer. An dieser Stelle gehört wahrscheinlich auch die Erwähnung der Zusammenarbeit mit Prof. G. Ritter, den er wohl durch Haeften kennengelernt hatte. Auf Seite 378f. seines Goerdelerbuches liest man:

> Ich fand ihn [*Adam*] damals [*November 42, Sommer 43*] tief beunruhigt durch die geradezu grotesken Vorstellungen von deutschem »Militarismus« und unausrottbarem Eroberungsdrang, die er in der englischen Publizistik und Kriegsliteratur, aber auch in den Reden britischer Staatsmänner immerfort auftauchen sah. Da ich selbst eben damals mit archivalischen Studien über das Problem des deutschen Militarismus beschäftigt war, bat er mich dringend, seiner Dienststelle eine kritische Beleuchtung dieser Äußerungen vom Standpunkt des wissenschaftlichen Historikers oder besser noch: eine eigene wohlabgewogene Darlegung des wahren historischen Sachverhalts zur Verfügung zu stellen. Er ließ mir zu diesem Zweck durch viele Monate Kopien des im Auswärtigen Amt einlaufenden britischen Propagandamaterials (mitsamt den einschlägigen Bucherscheinungen) zugehen. Das hat mich zu mancherlei Ausarbeitungen, kritischen Literaturberichten, aber auch historischen Darlegungen veranlasst, die er nach Kräften im neutralen Ausland und über neutrale Vermittler in England zu verbreiten suchte – natürlich ohne jeden praktischen Erfolg. *In der Anmerkung 78 auf Seite 534 heißt es*: Unter anderem wurde mit seiner Hilfe eine Vortragsreise nach Stambul und Ankara vermittelt, wo ich mehrmals vor einem ziemlich großen internationalen Hörerkreis sprechen konnte. Weitere Vortragsreisen in Schweden (auf die Trott besonderen Wert legte) sollten folgen, kamen aber [210] nicht mehr zustande …

Soviel ich erinnere, hat Adam Prof. Ritter auch um Beiträge zu kirchlichen Fragen gebeten, die für die deutsch-englische Verständigung wichtig werden könnten.

Zeigt sich an diesen Beispielen aus der amtlichen und halbamtlichen Arbeit die Verflechtung entgegengesetzter Ziele: Vordringen und Behauptung in der Nazimaschinerie einerseits und Arbeit für die Aufgaben nach dem Umsturz andererseits, so schildert Furtwängler das Zusammenspiel von Mittel und Zweck in seinem Verhalten, wieder in dem bereits erwähnten Brief an Ricarda Huch:

> Das »Umbiegen« von Vorgesetzten und von Gegnern, selbst den gefährlichsten, war seine diplomatische Spezialität. Mit einer fast weiblichen Einfühlungsgabe vermochte er die Gedankengänge des Partners zu ertasten und seine Worte auf dessen Redeweise abzustimmen, ob es sich um ein Schreibmaschinenfräulein, einen kommunistischen Chauffeur, einen General der Armee oder einen Parteibonzen handelte, wobei ihm eine ihn besonders kennzeichnende Trefflichkeit des Ausdrucks zur Charakterisierung von Personen und Situationen zur Verfügung stand. Es war ein künstlerischer Genuss zuzuhören, wenn er einem Staatssekretär, der zugleich ein Nazihäuptling war, einen Entschluss suggerierte, bei dem der andere das Gefühl hatte, sich trotz entgegengesetzten Anregungen zu einer eigenen, ganz originellen Entscheidung durchgerungen zu haben. Nur so war es möglich, dass er im Dritten Reich jahrelang Dienstreisen unternehmen und dabei seine eigenen, auf den Sturz des Regimes gerichteten Ziele verfolgten konnte, ohne einen begründbaren Verdacht zu erregen. Und das Schönste war, zu wissen, dass dieses Diplomatenhandwerk unter widrigsten Verhältnissen der Wärme und Lauterkeit seines Charakters so wenig anhaben konnte wie die Glasscherben dem Diamanten.

Adam vertraute im übrigen in hohem Maß auf seine Einfälle. Ich erinnere noch meine Angst, als wir am Abend seinen mit viel Energie beschafften »Topolino« – entgegen strengen Verordnungen – zu einem Besuch bei Yorcks benutzten. »Was [211] sagst Du denn, wenn wir angehalten werden?«, fragte ich. »Das wird mir dann schon einfallen«, antwortete er seelenruhig, und ich glaubte es, weil ich seine Findigkeit oft erlebt hatte – am unvergesslichsten einmal, als er mich nachts auf dem Hauptbahnhof in Kassel erwartete. Es war der 8. September 1941, an dem das erste, furchtbare nächtliche Bombardement auf Kassel herunterging. Alle Züge fuhren nach Wilhelmshöhe, alle telefonischen und verkehrstechnischen Mittel versagten. Wer mich dennoch – im ersten schwachen Morgendämmern nur an der hohen Gestalt erkennbar – auf dem Bahnhof Kassel-Wilhelmshöhe empfing, war Adam.

Manches Mal meinte er, die Bürde des Doppelspiels nicht mehr aushalten zu können. Ich erinnere, dass er einigemal morgens vor dem Fortgehen sagte, am heutigen Tage werde er Bose seine wahre Meinung sagen, der werde es doch verstehen. Natürlich tat er es nicht, ich war dann aber immer besorgt, das Maskieren könne doch einmal über seine Kraft gehen. – Die Behandlung der vier einander folgenden Chefs in der Informationsabteilung hatte auch jeweils ihre eigenen Tücken. Völlig unproblematisch war es allerdings im Anfang unter der Ägide des Gesandten Altenburg. Bei dessen Nachfolger, dem SS-General Stahlecker, verschaffte sich Adam schließlich mit einem Gewaltmittel Respekt. Er zog bei einer Unterredung demonstrativ die Jacke aus und legte die Beine auf dessen Schreibtisch. Das wirkte Wunder. Von dem dritten, Wüster, erinnere ich nicht viel. Mit dem letzten, dem SS-Brigadeführer Prof. Six, ging es gegen Ende zu ganz gut, wahrscheinlich deswegen, weil – wie ich später erfuhr – dieser seit dem Sommer 1943 angefangen hatte, Privatpolitik zu treiben, und wohl die vage Vorstellung hatte, dass Adams Auslandskontakte dabei nützlich sein könnten. – Am schwersten wurde ihm aber das allmorgendliche Referieren beim Staatssekretär Keppler, den er Furtwängler so beschrieb: »Skepsis der Bauernschläue, durchkreuzt von eudämonistischem Führerglauben«, und dessen Unbeweglichkeit den Ereignissen und der Kriegslage gegenüber bezeichnete er als »bleich und gefasst«. Dabei hatte dieser Mann auch menschliche Seiten, die in seiner persönlichen Anspruchslosigkeit [212] und der treuen Verbundenheit mit einer alten Mutter bestanden. Aber was nützte das hier? Kann man sich vorstellen, was es bedeutete für Adam und seine Freunde, wenn sie ihre großen Gaben Tag für Tag an diese unfruchtbare Scheinwirksamkeit verschwenden mussten – oder bestenfalls an die Abwehr von Schlimmerem?

Unter diesen Umständen war er häufig elend, nicht selten krank. Prof. Svartz in Schweden stellte eine teilweise Lebervergrößerung fest; der indische Hausarzt hatte schon vorher versucht, Blutbildveränderungen zu behandeln. Auch die Kieferhöhlenbeschwerden, die er von der zweiten Weltreise zurückgebracht hatte, plagten ihn weiter, und im Januar und Februar 1944 machte ihn eine Art Hexenschuss in Verbindung mit einer Grippe wiederholt für Tage bewegungsunfähig. Wenn er in solchen Zeiten ins Ausland kam, bewirkten allein der Ausbruch ins Freie und das Gefühl, nützlich zu sein, Gesundung in kürzester Zeit:

> … Ich bekam plötzlich hohes Fieber (39,5), Husten und Lebergefühle, die mich zwangen, die Reise aufzuschieben. Stockholm wirkte aber fast augenblicklich Wunder: Am dritten Tag fühlte ich mich beinah normal und am letzten, trotz starker Ermüdung, ausgesprochen wohl … [*März 1944*].

Es ist übrigens bezeichnend, an welchen Klippen er nicht unbeschädigt vorbeikam. Sein Verhältnis zu Keppler ist besonders durch einen Prof. X unterminiert worden, wie F.J. Furtwängler berichtet. Ich weiß, dass Adam diesen Mann nicht leiden konnte, seitdem er Zeuge eines unleidlichen Gesprächs wurde, das der Besagte am Telefon mit seiner Frau führte. Furtwängler erzählt auch, dass sein eignes Verhältnis zu Adam im Anfang einmal getrübt war, als sie sich noch nicht gut kannten. Schließlich sprach Adam es aus: er könne nicht verstehen, wie Furtwängler als alter Sozialist eine Sekretärin so habe anfahren können. Furtwängler konnte es sogleich erklären. Er hielt das Mädchen für einen Spitzel, womit er recht behielt. [213]

Die ungenutzten Energien brachen auch in unerhört lebhaften Träumen durch. Ich erinnere leider nur wenig. So aber, wie er mitten in der Nacht aufwachte: er hatte gerade eine Befestigung in Japan miterstürmt. Auf den Wällen fand er sich aber plötzlich auf einem Turm von Balliol wieder, wo er mit seinem alten Collegedirektor eine ihm brennend wichtige Unterhaltung führte, die er durch Wiedereinschlafen unbedingt fortzusetzen wünschte. – Ein andermal war es eine Groteske, sie gipfelte in einem Ringelreihen der alliierten Staatsoberhäupter auf einer Kirmeswiese, Roosevelt und Stalin waren jedenfalls dabei.

Die Tages- und Nachteinfälle versiegten nie. Das Wesen des Einfalls hat ihn, wie er sagte, oft beschäftigt, und er hätte gerne einmal eine Arbeit darüber geschrieben.

Der Freundeskreis und Kontakte mit Gleichgesinnten

Das, wovon bisher die Rede war, lag vor aller Augen, und es ist verhältnismäßig reichhaltiges Material vorhanden. Von den offiziellen Aufsätzen und Aufzeichnungen aus jenen Jahren (in den »Monatsheften und Jahrbüchern für Auswärtige Politik«) brauchte nicht die Rede zu sein. Über das aber, was wirklich interessieren würde, fehlen nach wie vor aus den bekannten Gründen genaue Angaben. Es kann sich im Folgenden also nur darum handeln, wiederum Mosaiksteine herbeizutragen; und diese gehören viel mehr zu dem »Drum und Dran« als zum konkreten Inhalt der eigentlichen Widerstands- und Neuaufbauarbeit und des speziellen Beitrags, den Adam hier geleistet hat.

Dass er einen besonderen Beitrag leisten müsste, empfand er selber sehr deutlich. Er hatte das Gefühl, um manche Zusammenhänge zu wissen, sie »at his finger's tips« zu haben (besonders infolge der Erfahrungen seines unter Gleichaltrigen seltenen Lebensweges), über die damals nur er verfügte [214] und die unbedingt zum Tragen kommen mussten. Doch lag es – scheint mir – sowohl an der besonderen Art seiner Begabung als auch an den Zeitumständen, dass dies nur selten programmatischen Niederschlag gefunden hat und sich vorwiegend im Gespräch, in der Begegnung materialisierte. Hier lag die »Goldader«, die er einmal erwähnte, aber nicht benennen konnte. So wird es – da obendrein die letzte und wichtigste Aufzeichnung verlorenging – fast unmöglich, seine politischen Überzeugungen zu fixieren. Und das ist um so schmerzlicher, als aus allen Zeugnissen herausklingt, wie zukunftsträchtig sie gewirkt haben.

Gottfried von Nostitz und Albrecht von Kessel

Wenn man von einem »Beitrag« spricht, dann bedeutet das, dass eine Gemeinschaftsarbeit stattfand. Und tatsächlich fand Adam nach der Rückkehr im Frühjahr 1940 zum ersten Mal nicht nur befreundete Gleichgesinnte, sondern einen gerade damals schnell zusammenwachsenden Freundeskreis, mit dem er sich so weitgehend identifizieren konnte, wie es nie zuvor der Fall gewesen war. Die Geschichte seiner Anstrengungen im Krieg sollte darum eigentlich eingefügt erscheinen in eine Geschichte der Freunde. Und der Prüfstein für eine solche Geschichte wäre, dass ein eindringlich Lesender herausspürte, wie Entsetzen und Leid der Kriegsjahre immer wieder aufgewogen schienen durch das wunderbare Erlebnis der Freundschaft zwischen diesen fest in sich gegründeten, hoch befähigten und selbstlos der Aufgabe hingegebenen Männern, die gleichzeitig so herzlich und menschlich liebenswert waren. Trotz aller z.T. erheblichen Verschiedenheiten stand die Zusammengehörigkeit außer Frage, und die Freude daran manifestierte sich auch immer wieder einmal in echter Fröhlichkeit. In allen Nachrufen wird Adams jungenhaftes Lachen erwähnt. Aber es gehört gewiss auch in die Beschreibung der andern hinein. Unvergesslich zeugt davon die Schilderung von Gottfried von Nostitz, der Anfang Juli 1944 in Potsdam Graf U.W. Schwerins Geburtstag in größerem Kreis mitfeierte. Er meinte, dies sei das »Hohe Lied« der Freundschaft gewesen. [215]

Die Freunde, mit denen wir ehepaarweise am häufigsten zusammen waren, bei deren Unterhaltung wir Frauen nichts lieber taten, als still zuzuhören, waren Haeftens, Moltkes, Yorcks und Gerstenmaiers. Die wärmste und nächste Beziehung bildete sich zu Hans und Barbara von Haeften heraus. Das wurde begünstigt durch die nahe Zusammenarbeit der Männer in der Informationsabteilung, durch die relative Nähe unserer Wohnungen und dadurch, dass diese Freundschaft sich so selbstverständlich auf Frauen und Kinder erstreckte. Adam reiste mit Haeftens, als ich einmal nicht reisen konnte, spielte und korrespondierte mit den kleinen Haeftensöhnen, und wir wählten einander als Paten bei unserem zweiten und bei ihrem fünften Kind. Es gibt eine Karte von Hans an Adam aus dem Sommer 1933, nachdem sie sich in England begegnet waren. »Von unserer sehr flüchtigen Bekanntschaft habe ich doch den Eindruck, dass eine gelegentliche ausführliche Unterhaltung sich lohnen würde …«

Sieben Jahre danach (nachdem Haeftens auf Posten des Auswärtigen Amtes erst in Wien und dann – wegen Mangels an nationalsozialistischer Gesinnung strafversetzt – in Bukarest gewesen waren) ergaben sich nicht endende Gelegenheiten dazu. Als Haeften zum ersten Mal in unserer Wohnung anrief, hielt Adam mir den Hörer hin: »Schon die Stimme dieses Mannes zu hören tut mir gut!« sagte er leise. Ihm tat dieser Freund wohl, der seine Wurzeln ganz bewusst im evangelischen Christentum verankert hatte und dessen Gerechtigkeitssinn so empfindlich und verletzlich war, dass das Entsetzen und Leid über die Verbrechen um ihn her ihn physisch zu vernichten drohten (er litt u.a. ständig an schweren Kreislaufstörungen). Haeften wirkte schon zu Lebzeiten geläutert wie kaum ein anderer – mir fielen unwillkürlich die edlen Ritterstatuen an den Säulen gotischer Dome ein, wenn ich ihn erlebte – und das Schönste war, wie alles das in der köstlichen Wärme und Natürlichkeit des Haeftenschen Familienlebens ausschwang. Während in Adam die Fragen weiterarbeiteten, ja auch die eigene Klärung immer noch weiterging, ob er nun im Dienst oder in Ferien war, so sagte Hans von sich, dass er in den Ferien wie Pflanze und Tier sich den [216] natürlichen Dingen überlassen könne. Aus dieser natürlichen und geistlichen Gründung erwuchs ihm eine spürbare Autorität, die gerade deswegen so beglückend wirkte, weil sie ganz verhalten war. Mir fällt dabei immer eine Zusammenkunft der nahen Freunde in der Haeftenschen Wohnung ein, es muss etwa im Jahre 1941 gewesen sein. Es war die Rede davon, dass künftigen Kriegen am besten vorgebeugt werden würde dadurch, dass die Völker viel mehr als bisher »miteinander zu tun hätten«, wirtschaftlich, politisch, strategisch. Man kam auf irgendeine sinnvolle Lösung der Frage einer künftigen, übernationalen europäischen Luftmacht, meinte dann aber, sie würde den andern undurchführbar erscheinen, weil man den Deutschen nicht das Vertrauen geben würde, das zu einer solchen gemeinsamen Institution gehöre. »Ihr bedenkt nicht, wie groß die Wirkung sein würde, wenn einer einmal einen neuen, echten Lösungsvorschlag bringen würde«, sagte Hans mit dem Nachdruck der festen Überzeugung; und man nahm es ihm ab. – Dann ist mir unvergesslich, wie Adam auf einem großen Spaziergang in Imshausen Ostern 1944 erzählte: »Hans hat mir übrigens in der reizendsten, freundlichsten Weise eine ›Szene‹ gemacht.« »Szenen« – qualvolle und unergiebige – kannten wir aus einer andern nahen Beziehung. Dass jemand in der »reizendsten, freundlichsten Weise« – in diesem Fall über Adams etwas unbedachten Umgang mit Amtsgeldern im Ausland – uneigennützige Vorhaltungen machen konnte, erfüllte uns mit Dankbarkeit.

Mit Helmuth Moltke muss Adam den Kontakt auch sehr bald nach seiner Rückkehr aufgenommen haben, denn F.J. Furtwängler kam bereits von ihm gesandt. Da Freya Moltke durch die Verwaltungsgeschäfte und die Kinder viel an das Familiengut in Kreisau gebunden war, sah man ihn auch oft allein. Seine kleine Wohnung über einer Garage in der Derfflinger Straße war ganz in der Nähe von Adams Arbeitsstätte. Ich erinnere, dass wir dort einmal mit Adolf Reichwein zusammen waren. [217]

Peter und Marion Yorck lernten wir bei Botho von Wussow und seiner Frau Mary, einer Engländerin, kennen. Wussow war ein Freund Kessels und Rantzaus seit den gemeinsamen Tagen im Internat Rossleben, wo er sich durch seine ritterliche Art ausgezeichnet hatte. Adam hatte schon viel von Peter Yorck gehört, und ich bemerkte, wie er versuchte, an jenem Abend mit ihm ins Gespräch zu kommen, was auch gelang. Wir waren seitdem oft in ihrem kleinen Reihenhaus in der Hortensienstraße, das mit alten Möbeln und Bildern ebenso schön wie gemütlich eingerichtet war. Es war eine Art »Hauptquartier«.

Auch Eugen Gerstenmaier lernte Adam bald nach der Rückkehr kennen. Sie hatten viele gemeinsame Ausgangspunkte, besonders das Studium der Philosophie Hegels, und man kann sich gut vorstellen, wie sie sich nach dem Kennenlernen bei der Heimfahrt mit der gleichen Untergrundbahn gegenseitig hin und her über die Zielbahnhöfe hinaus begleiteten, um das Gespräch nicht abbrechen zu müssen. Ich glaube, dass Adam es war, der ihn dann mit den anderen Freunden zusammenführte (?). In späteren Jahren verfochten sie manchmal verschiedene Überzeugungen innerhalb des Freundeskreises, was aber dem Zusammengehörigkeitsgefühl keinen Abbruch tun konnte. Eugen taufte unsere erste Tochter, Verena, am 13. Juni 1942 in der Annenkirche in Dahlem (und später verhalf er der Jugendarbeit von Adams Schwester Vera in Gestalt einer »Adam-von-Trott-zu-Solz-Stiftung« zu einem neuen Wirkungsbereich).

Es ist merkwürdig, dass ich nicht erinnern kann, mit diesen Männern und Frauen, außer mit Barbara Haeften, damals persönliche Gespräche geführt zu haben. Und doch stehen ihre Bilder tiefer und lebendiger vor der Seele als die der meisten anderen Menschen. Helmuth: ein wenig unnahbar, ein wenig ein Rätsel für die andern, eine selbstverständliche Autorität; und dann, ab und an, eine plötzliche Ahnung von dem Reichtum an Herzenswärme und Passion, die sich hinter dem allen verbarg. Peter: der sofort gewann [218] durch die

Johannes Winckelmann, Adam von Trott und Peter Bielenberg beim Kirschenessen (Sommer 1939)

intelligente Güte des Blicks, durch das Lächeln, das die Weisheit eines sehr alten Geschlechts gesammelt zu enthalten schien, durch die ganze, adlige Erscheinung und – durch die merkwürdigen Grimassen, zu denen sich sein Gesicht häufig verzog; es war, als spiegelten sich darin die vielfältigen Elemente, auf denen diese unendlich liebenswürdige Persönlichkeit sich aufgebaut hatte. Und Eugen: schon äußerlich ein Bild gesammelter Energie, wohltuend durch die Verbindung von geistiger Kraft und Kampfesfreude und durch die unmittelbare Art sich zu äußern. – Eugen heiratete 1941, außer seiner Frau Brigitte war aber auch seine Schwester Mädi von ihm in jenen Jahren nicht fortzudenken.

War dies der nächste Freundeskreis, so blieben Peter und Chris Bielenberg doch das vertrauteste Freundespaar; wenn sie ab 1940 keinen bestimmbaren Anteil hatten an der politischen Arbeit, so lag das vor allem an Peters fast ständiger kriegsbedingter Abwesenheit von Berlin. In der Informationsabteilung, in die Adam ihn gezogen hatte, hielt er es nur sehr kurz aus, weil er viel zu unmittelbar reagierte, um es unter so undurchsichtigen, verflochtenen Verhältnissen auszuhalten. Von seiner wahrhaft legendären Freundschaft aber wird später noch zu reden sein.

Von diesen Menschen aus verzweigten sich die Kontakte sehr weit, trafen zusammen mit eigenen alten Verbindungen, oder solche Verbindungen wurden zunächst für sich weiter gepflegt. An erster Stelle muss hier die spätere Begegnung mit Julius Leber erwähnt werden. Wie viel Adam auf ihn und sein Urteil gab, zeigt Annedore Lebers Bericht, nach welchem er vor jeder Auslandsreise mit ihm in seiner Kohlenhandlung beriet und seine Vorhaben mit ihm abstimmte. Von Adam erfuhr ich damals, dass er der Hauptvertreter der Sozialisten sei, nachdem der »Onkel« wohl irgendwie enttäuscht hatte. Ich meinte daher, sein Name sei ebenfalls Deckname und würde »Labour« geschrieben. Obwohl Adam es sich wünschte, konnte ich Lebers während der kurzen Besuche [219] nicht mehr kennenlernen.

Auch die Beziehung zu einem anderen älteren Freund und Corpsbruder intensivierte sich erst im Laufe der Kriegsjahre, die zu Fritzi von der Schulenburg. Er mochte ihn sehr gerne und hat viel von ihm gehalten. Innerhalb des Freundeskreises gehörte er mit Adam zu den unbedingt zur Handlung Drängenden. Mit der Mehrzahl der von Marion Yorck und Freya Moltke aufgezählten Mitglieder des Freundeskreises ist Adam sicher durch Moltke zusammengebracht worden, so mit Pater Roesch, den er auch in München aufsuchte und von dessen menschlicher Wärme er mir hernach ganz beglückt berichtete. Pater Delp erinnere ich noch in unserer Wohnung. Er hatte prinzipielle Entwürfe für eine spätere Neuordnung ausgearbeitet, die er mit Adam besprechen musste. Ich erinnere auch, dass er mit Theodor Steltzer in unserer Wohnung konferierte. Auch van Husen und Lukaschek kannte er wohl nicht von früher, betreffend Horst von Einsiedel bin ich nicht sicher. Mit den Letztgenannten hatte er, wie ich zu erinnern glaube, auch wenig direkt zu tun. Dagegen war ihm die Begegnung mit Carlo Mierendorff, den Helmuth Moltke bei uns mit ihm zusammenführte – so geheim, dass ich den Gast nicht begrüßen durfte –, besonders wichtig.

Obwohl sie einander schon früher hätten begegnet sein müssen (in dem Kreis um die »Neuen Blätter für den Sozialismus«), scheint nach all den Jahren eine erneute Bürgschaft füreinander nötig gewesen zu sein. Die Nachricht von seinem Tode, die Adam im Dezember 1943 auf der Durchreise durch Imshausen mitbrachte, hatte auch ihn hart getroffen. »Und er sagte gerade ›Adam‹ zu mir«, fügte er hinzu und meinte damit, dass sich gerade jetzt die menschliche Vertrauensbasis gebildet hatte, die ihm so über alles wichtig war. Ich meine, dass Adam mir damals erzählte, Mierendorff sei kurz vor seinem Tode wieder in die Kirche eingetreten. Wenn es nicht stimmen sollte oder ich es verwechselt hätte, wäre es dennoch eine gute und bezeichnende »Kreisauer Legende«. [220]

Hans Haeften brachte Adam bald nach der Wiederbegegnung mit dem ehemaligen Botschafter Ulrich von Hassell und dem preußischen Finanzminister Popitz zusammen bei einem Mittagessen in seinem Hause. In Hassells Tagebuchveröffentlichungen sind Unterhaltungen mit Adam mehrfach erwähnt. Ich erlebte nur noch eine weitere mit ihm, es war Weihnachten 1941 oder 1942, in dem großen, schönen Atelier der Gräfin Dagmar Dohna, die auch Adam seit langen Jahren kannte (Hassell erwähnt eine Zusammenkunft an der gleichen Stelle um die gleiche Jahreszeit 1942, an dieser sollen aber außer Adam auch Peter Yorck, Hans Haeften und Fritzi Schulenburg teilgenommen haben). Damals beeindruckte mich die Schlichtheit und Offenheit, mit der dieser Mann, der nach Alter und Rang Adam so viel voraus hatte, Fragen stellte und sich um Verständnis für die Standpunkte der »Jüngeren«, besonders in den Fragen sozialer Neuordnung, mühte. Über die Beziehung zu Popitz erinnere ich nur, dass Adam und Gerstenmaier ihn zumindest 1943 noch wiederholt aufsuchten. Näher nach ihm befragt, meine ich zu erinnern, dass Adam ihn als »gewieften Techniker« bezeichnete. Auch einen Herrn von Heinz, einen Urenkel Wilhelm von Humboldts, lernte er bei den Haeftens kennen.

Peter Bielenberg machte Adam mit seinem Nachbarn, dem Rechtsanwalt Langbehn bekannt. Später erwähnt auch Hassell eine gemeinsame Unterredung. Bei Langbehn verbrachten wir einen Abend mit Peter, Puppi Sarre, die mit Adam seit langen Jahren befreundet war, und mit Werner Finck, dem mutigen Conférencier aus dem »Kabarett der Komiker« am Kurfürstendamm, den Langbehn aus dem KZ geholt hatte. – Eine Freundschaft zu dem Ehepaar Winckelmann in Klein-Machnow hat sich auch über Bielenbergs angesponnen.

Lichtpunkte im Ablauf der Wochen waren die friedlichen, fröhlichen und »nahrhaften« Wochenenden bei Ernst und Barbara von Borsig in Groß-Behnitz. Sogar Jagden wurden dort noch abgehalten, und als Adam im November 1943 Jagdkönig bei ihnen wurde, war es wie die unerwartete Erfüllung eines Jugendtraumes [221] aus dem hochwildarmen Trottenwald. Ich erinnere bei Borsigs Wochenenden mit Yorcks, Moltkes, Gersdorffs, Trotha, Heinz und Eva von Bodelschwingh und manchen anderen, nicht zu vergessen den damaligen Legationsrat Herbert Blankenhorn. Er konnte unvergleichlich komisch von dem Umgang mit seinen nazistischen Chefs und von deren Hilflosigkeit sachlichen Aufgaben gegenüber erzählen, so dass die Männer, die wochentags darunter litten, hier in befreiendes Gelächter ausbrachen. Ich sehe noch, wie Adam den Stuhl vom Tisch rückte und sich mit beiden Händen die Lachtränen aus den Augen wischte.

Es ist unmöglich, die zahllosen Menschen aufzuzählen, zu denen ein mehr oder minder ausgesprochenes Vertrauensverhältnis bestand. Zielbewusste, zusammenhängende politische Arbeit spielte sich aber wohl nur in dem erstgenannten Kreis und seinen Verzweigungen ab, die hier nur zu einem Bruchteil erfasst werden konnten, weil ich die Details sachlicher und menschlicher Art in keiner Weise übersehen konnte und sollte. – Nur ein paar Erinnerungen sollten noch erwähnt werden, weil in ihnen ein Stück Atmosphäre eingefangen blieb, die jene Zeiten kennzeichnete: Ich erinnere ein Wiedersehen mit den Kameraden aus dem Nibelungenbund, Helmut Boehncke und Otto-Hans Winterer. Letzterer hatte gerade als hervorragender Fliegeroffizier die Begleitung für das Flugzeug bilden müssen, in dem Hitler reiste. Adam konnte nicht begreifen, dass dem Jugendgefährten nicht einmal der Gedanke gekommen war, Hitlers Maschine abzuschießen, obwohl seine Einstellung durchaus kritisch war.

Dann erinnere ich einen Nachmittag Ende 1942 – Adam war auf einer Dienstreise –, als Hans Haeften unerwartet kam und mir dringend aufgab, unsere Papiere sorgfältig durchzusehen und gegebenenfalls zu vernichten, es sei mit einer Haussuchung zu rechnen. Damals war im Zuge der Aktion gegen die »Rote Kapelle« Dolf von Scheliha, der einem Ressort in der Informationsabteilung vorstand, plötzlich verhaftet worden, zusammen mit [222] seiner warmherzigen und gewiss ahnungslosen Frau. Obwohl ihnen Scheliha in seiner seltsamen Mischung von hergebrachter weltmännischer Lebensweise und Aufgeschlossenheit oppositioneller Einstellung gegenüber nicht ganz durchsichtig war, hatten Hans und Adam seine oft erstaunlich erfolgreiche Vermittlung in heiklen Fragen schließlich zunehmend in Anspruch genommen. Ausgerechnet an dem Unglückstag hatte ein Schriftstück von Haeften auf seinem Schreibtisch gelegen. Grund genug zu einem Alarmsignal. Nun bewahrten wir niemals gefährliche Dokumente auf. Wenn Adam wirklich einmal ein solches bei sich haben musste, um es zu bearbeiten, legte ich nachts Streichhölzer neben mich und stellte mir vor, ich könne notfalls zwischen Schellen und Türöffnen alles in dem bereitgestellten Eimer verbrennen und fortspülen. Das wäre zwar auffällig gewesen, schien aber der einzig sichere Vernichtungsweg in unserer übersichtlichen modernen Etagenwohnung. Dennoch habe ich damals noch zwei gefüllte Papierkörbe zur Kellerheizung getragen und verbrannt – auch das ein ungewöhnliches und darum nicht ganz unbedenkliches Vorgehen. Damals hörte ich auch zum ersten Mal den Namen von Pfarrer Poelchau, der von Hans Haeften gebeten wurde, Scheliha zu besuchen. Die Freisetzung seiner Frau erreichten wir über Werth, der einen entfernt verwandten Obergruppenführer deswegen anging.

Von einer Einladung zu Klaus Bonhoeffer, der ebenso wie Otto John – ein anderer alter (?) Bekannter Adams – Syndikus bei der Lufthansa war, blieb mir in Erinnerung vor allem, dass das Problem der Kindererziehung dabei deutlich wurde. Frau Bonhoeffer war gerade zu dem Klassenlehrer ihres sehr aufgeweckten etwa zehnjährigen Sohnes bestellt worden, der in einem Klassenaufsatz über Hitlers Annexion der Tschechoslowakei die köstliche Bemerkung machte: »Wenn Hitler sich damit nur keine Laus in den Pelz gesetzt hat.« Im allgemeinen aber war es erstaunlich, wie gut die meisten Kinder ohne Hinweise begriffen, dass sie draußen über gewisse Dinge nicht sprechen konnten und dass sie einen Unterschied machen [223] mussten zwischen der Wahrheitsmoral, die draußen, und der, die zu Hause galt. – Mit Bonhoeffer und John hat Adam auch den Fragenkreis um Prinz Louis Ferdinand besprochen, diesen auch selber kennengelernt; doch hat er in seinen Plänen keine Rolle gespielt.

Schließlich müssen auch Heinz und Marie von Gersdorff erwähnt werden, die nach der Zerstörung ihrer kostbaren Wohnung in der Woyrschstraße in ihrem Keller, im ehemaligen Schlafzimmer der Mamsell, hausten und es trotz der enormen Schwierigkeiten fertigbrachten, für sechs bis acht Personen tagtäglich ein Eintopfgericht zu bereiten. Solche gemeinsamen Mahlzeiten stärkten Körper und Seele zugleich. Am 4. Dezember 1943 schrieb Adam, dass er fast täglich letzthin dort gewesen sei. Auch nach dem 20. Juli 1944, als sie selber in Gefahr waren, der vielen verhafteten Freunde wegen, stellten sie unbeirrt ihre Kellerwohnung weiter als Treffpunkt und als Nachrichtenzentrale zur Verfügung. Das durfte ich damals selbst erleben.

Streiflichter auf die inneren Klärungsversuche

Über Adams Anteil an der eigentlichen Arbeit innerhalb Deutschlands ist, wie schon wiederholt bedauernd festgestellt wurde, nur sehr wenig auszumachen. Die Quellen hierzu finden sich bisher nur in dem, was ich aus Adams getarnten Mitteilungen während der zweiten Hälfte des August 1941 und ab Mai 1943 entnehmen kann, außerdem in eigenen spärlichen Erinnerungen und den Tagebuchaufzeichnungen von Hassells; also insgesamt in indirekten Äußerungen.

Die Bemühungen galten einerseits der Vorbereitung einer Aktion, andererseits der Neuordnung nach der Aktion. Wie er sich jeweils an den Aktionsplänen beteiligte, weiß ich nicht, jedenfalls war er immer eingeweiht, und die Erwartung eines solchen Ereignisses und die folgende Enttäuschung über das Ausbleiben oder die Vereitelung bilden einen durchgehenden Grundton in den Erinnerungen an die Kriegsjahre. [224]

Aber wenn auch diese Aktion und die Beeinflussung der Generäle, die allein sie auslösen konnten, die handgreifliche Aufgabe blieben – gerade auch für Adam, der sich doch im Ausland von Mal zu Mal für die Verbindlichkeit dieser Absicht verbürgte – so entsprach andererseits die Nötigung zum konstruktiven Nutzen der Wartezeiten ganz dem eigentlichen Anliegen der Freunde und war für Adam persönlich, wie sein Lebenslauf zeigt, die Grundlage für alles Handeln. Er hat es immer so empfunden, dass die vordringliche Beschäftigung mit außenpolitischen Fragestellungen durch die Verhältnisse bedingt wurde, während seine Neigung mehr in die innere Verwaltung drängte. So war er in seinem Element, wenn um die Gestalt einer neuen Staatsverfassung gerungen wurde – in der konkreten Situation und mit den verantwortlichen Vertretern der tragenden Formationen. In der Wechselwirkung zwischen dieser verborgenen innenpolitischen Arbeit mit dem Werben für das, noch unsichtbare, »andere«

Deutschland im Ausland kamen alle seine Gaben und die Erfahrungen der langen Lehr- und Wanderjahre zur Auswirkung.

F.J. Furtwängler berichtet einmal, dass er Adam auf das Groteske der Situation aufmerksam machte, dass er in Kepplers Vorzimmer in der Wilhelmstraße Umsturzgespräche mit den Exponenten des Widerstands hielt (»Männer die ich sah und kannte«, Seite 228), worauf Adam erwidert hätte, man niste am sichersten in den Taschen der Vogelscheuche. Daran denkt man unwillkürlich bei der folgenden Stelle vom 16. August 1941:

> … Heue ist bei uns großer Friede, und ich werde außer einem Brief an Heini einen ersten Entwurf für Moltke schreiben, in ihm die weiter zu prüfenden Fragen möglichst genau präzisieren und vor meiner Abreise als Propagandavorbereitungsaufgabe dem Büro Gärtner in Auftrag geben …

Aus dem Dezember 1941 berichtet von Hassell, dass er versucht habe, den Kontakt zu den jüngeren Leuten aufzunehmen (Seite 243f. seines Tagebuchs). Er schreibt:

> Zuerst hatte ich ein langes Gespräch mit Trott, bei dem er leidenschaftlich dafür focht, nach innen und außen jeden Anstrich von »Reaktion«, »Herrenclub«, »Militarismus« zu vermeiden, [225] daher, obwohl auch er Monarchist sei, keinesfalls jetzt Monarchie. Andernfalls würde jedes Echo im Volk fehlen und im Ausland kein Vertrauen erworben werden. »Bekehrte«, d.h. christlich betonte Sozialdemokraten, von denen er einen früheren Abgeordneten namentlich nannte, würden in solchem Falle niemals mitgehen und die nächste Garnitur abwarten. Zu dem Negativen führte er als Positivum den Gedanken an, als stärksten, international bekannten Exponenten des Anti-Hitlerismus einerseits, als volkstümlich und bei den Angelsachsen Echo findende Reform andererseits, Niemöller zum Reichskanzler zu machen. Danach traf ich mich mit dem klugen, feingebildeten Peter Yorck, der ähnliche Gedanken entwickelte. Schließlich ging ich noch vor einigen Tagen auf Peter Yorcks Aufforderung noch einmal zu ihm, wo ich Helmuth Moltke, Trott und Guttenberg fand und von allen vieren mit großer Passion (Anführer war Trott) bearbeitet wurde. Am Tage meiner Abreise hieb dann noch bei Popitz Fritzi Schulenburg in die gleiche Kerbe …

Er fährt fort zu beschreiben, wie er nun seinerseits den »Alten« diese Gedankengänge zu interpretieren sucht, ohne jedoch Niemöller geeignet zu finden und ohne den Kreisen, auf die Adam setzte, politisch maßgeblichen Einfluss zuzutrauen. Er bezeichnet sie als »christlich-pazifistische Kreise«. Adam hat ihn dann noch gefragt, ob er sich versagen würde, wenn Brauchitsch die Niemöllerlösung annehme. Gegenfrage war, ob Adam Brauchitsch in diesem Sinne beeinflussen wolle. (Brauchitsch war mit Hans Haeften verwandt, vielleicht war über ihn die Einflussnahme geplant?) Durch die Absetzung von

Brauchitschs am 19. Dezember 1941 wurde der Plan ohnehin gegenstandslos. Der Hassellsche Bericht hört sich wesentlich anders an, wenn man Helmut Conrads Erinnerung berücksichtigt. Adam fragte ihn damals, was er davon hielte, wenn man Niemöller zum Reichsverweser (nicht »Kanzler«) mache. Conrad hat ihm geantwortet, dass viele ehemalige Freidenker unter seinen alten Parteifreunden jetzt der Kirche und religiösen Fragen gegenüber aufgeschlossen wären und dass er es für möglich halte. [226]

Aus dem Jahre 1942 werden eine Denkschrift und verschiedene Reisen an anderer Stelle erwähnt werden. Sonstige Anhaltspunkte, Adams Arbeit betreffend, habe ich für dieses Jahr nicht finden können. Vielleicht hat er damals, vielleicht schon viel früher, das Fragment über Hochschulreform, das sich gefunden hat, niedergeschrieben. Auch von Selle erwähnt ja, dass dies ein gemeinsames Anliegen gewesen sei. Doch haben Selles Ausführungen, soweit gedruckt, mit Adams nicht viel gemeinsam. Dies Fragment aus zwölf handbeschriebenen Bögen enthält einleitend ein paar Wendungen, die an eine geplante Veröffentlichung oder Abdeckung denken lassen. Er kommt dann zu den Grundaufgaben der Universität:

- dem Mut zur Selbstständigkeit;
- dem Erlernen der Arbeitsergebnisse früherer Epochen und Verfolgung der gegenwärtigen Entwicklungen;
- der verantwortlichen Anwendung der so gefundenen Lösungen.

In Deutschland läge vor allem die Erfüllung der ersten, also der moralischen Aufgabe der Universität im argen. Dadurch sei die Geltung des Akademikers im öffentlichen Leben so auffallend zurückgegangen. Für moderne Gemeinwesen sei aber die »moralische Eigenständigkeit produktiver und kritischer Geistesarbeit« unumgänglich. Wie aber gelangen wir im akademischen Raum zu einer eigenständig vertretenen wissenschaftlichen Wahrheit und wie zu ihrer Durchsetzung in der Öffentlichkeit?

Diese Frage beantwortet Adams Fragment nicht, es deutet nur durch einen historischen Rückblick die Richtung an, aus der die Antwort zu erwarten ist. Er nennt drei verschiedene Phasen des Verhältnisses von der Universität zum Staat:

a) In der griechischen Polis. Dort bestimmten sich Politik und Akademie aus den gleichen Kriterien.
b) Im christlichen Mittelalter. Hier ergibt sich trotz der Scholastik eine tiefgehende Trennung des akademischen von dem politischen Ethos. Der Gelehrte ist im Raum und in der Autorität der Kirche geborgen und von weltlichen Mächten unabhängig.
c) Unter den durch den Protestantismus geschaffenen Bedingungen, während sich gleichzeitig die endgültige Aufspaltung Europas in unabhängige Nationalstaaten vollzieht. Mit den Landesuniversitäten verbunden ist »der

Typus jenes zwiespältigen Wahrheitsethos, das unter dem Schein freier Lehrautorität mit seiner ganzen materiellen Existenz dem mehr oder minder rücksichtslosen Zugriff der Staatsgewalt unterworfen war«. Hier sieht er die Ursache der inneren Unfruchtbarkeit der Universitäten. [227]

Die Rückkehr zum Vorbild der griechischen Akademien sei nicht ratsam. Die Erschütterungen der Tagespolitik sollten sich nicht direkt auf die Arbeitswelt des Akademikers auswirken. Ein innerer Halt sollte sie sowohl auseinanderhalten als auch eine innere, verpflichtende Beziehung herstellen.

Der Versuch liegt nahe, diesen inneren Halt durch Besinnung auf die Dauer und Einheit des europäischen Geistes trotz aller Erschütterungen der letzten Jahrhunderte wiederzugewinnen. Jenseits der erlebten politischen Wandlungen diese Besinnung in einer unwandelbaren europäischen Organisation fortbestehen zu sehen, würde (?) – wenigstens innerlich – der schmerzlichen Feststellung entheben, dass der Geistesarbeiter diese Wandlungen kaum noch initiativ gestaltet oder steuert. So sehr das Vorbild der von der mittelalterlichen Kirche gewährleisteten Geisteshaltung einen Begriff von der Größenordnung wiederbringen mag, in der die Gegensätze des modernen Europa vielleicht zu lösen sind, so gibt es doch keine Antwort auf die innere Gestalt dieser Gegensätze, wie sie auf allen Gebieten eben gerade durch die radikale Emanzipation aus der katholischen Gedankenwelt entstanden sind.

Ausgerechnet hier endet das ganz »ins Unreine« geschriebene Fragment.

Im Januar 1943 fand, nach den meisten Berichten zu schließen, bei Yorcks die große Auseinandersetzung zwischen den älteren und den jungen Widerstandskämpfern statt. Wenn ich das richtig erinnere, so hat Adam die erheblichen und bedenklichen Gegensätze so weit überbrücken zu helfen versucht, dass die Aktion nicht gefährdet wurde. Er war überzeugt, dass die Lage nach der Überwindung des Hitlerregimes sehr bald die Ersetzung von Männern mit überlebten Anschauungen erzwingen werde, und war gleichzeitig sicher, dass an geeigneten jüngeren Kräften dann kein Mangel sein würde. Erst echte Aufgaben würden die latenten Fähigkeiten und Kräfte der jüngeren Generation wachrufen, die bisher keine Möglichkeiten hatten, sich zu zeigen. Das erklärte er mir an unserem letzten gemeinsamen Tag in Stuttgart, am 17. Juni 1944, als ich von einem Gespräch alarmiert war, das er dort über die zur Auswahl stehenden möglichen Landesverweser für Württemberg geführt hatte. Wenn schon für den höchsten Posten keine voll geeigneten Männer da sind, dachte ich, wie erst soll es da mit der Besetzung der zahllosen nachgeordneten Stellen stehen. – Diese Sorge quälte ihn offenbar nicht. [228]

Pfingsten 1943 verbrachte er in Kreisau und schrieb am Pfingstmontag, abends, nach Imshausen, wohin ich inzwischen mit Verena hatte ziehen müssen:

... Ich bin recht tätig, aber nur teilweise mit mir zufrieden gewesen und im Ganzen sehr der Beschenkte, wobei Freya M., aber auch ihm das Hauptverdienst zustehen. Mann kann viel von ihnen lernen, und Du musst Dir dies sehr schlichte und doch großzügige, frohe und tüchtige Leben hier bald einmal selbst ansehen ...

Mitte Juli erwähnt Hassell wieder ein Zusammensein mit Popitz, Gerstenmaier und Adam, bei dem wohl auch von dem anschließend erwähnten mutigen Beschwerdebrief des Bischofs Wurm an Hitler die Rede war. Dieser Schritt von Gerstenmaiers schwäbischem Kirchenfürsten war für alle damals eine große Erleichterung.

Mitte August schreibt Hassell von »Weißglut vor Wut« über die alle Erwartungen übersteigende Subalternität der hohen militärischen Führer und von Gesprächen mit Popitz, zum Teil in Anwesenheit von Langbehn, Leuschner und Adam, und von der Hoffnung, die ein Vorstoß Stülpnagels bei Popitz erweckt habe. Cum grano salis lässt Hassells Darstellung der außenpolitischen Lage wohl auch Rückschlüsse auf Adams Einstellung zu:

... dass ein völliges Chaos in Deutschland nicht im Interesse Englands und Amerikas liegt, vor allem im Hinblick auf Russland, dass aber zum Beispiel ein Luftbombardement nach Hamburger Stil diese Wirkung stark befördern müsste und dass der einzige Ausweg eine neue, anständige Regierung in Deutschland ist. Es liegt im höchsten Interesse, der Gegenseite zu verstehen zu geben, wie diese Dinge aussehen, aber das kann man nur, wenn wenigstens eine große Wahrscheinlichkeit besteht, dass etwas geschieht. Stalin differenziert sich immer stärker von den Amerikanern, deren überwältigenden Erfolg er fürchtet. Sein deutsches Befreiungskomitee bedeutet als solches nichts, ist aber als Symptom wichtig. Wenn Hitler sich mit Stalin verständigt, so ist das daraus entstehende Unheil unvorstellbar. Anders ein anständiges, staatsbewusstes Deutschland. Dieses muss in seiner Lage alle Chancen ausnutzen. [229] Es gibt eigentlich nur noch diesen einen Kunstgriff: entweder Russland oder den Angloamerikanern begreiflich zu machen, dass ein erhalten bleibendes Deutschland in ihrem Interesse liegt. Tatsächlich liegt eine gesunde europäische Mitte im Interesse sowohl des Ostens wie des Westens. Ich ziehe bei diesem Mühlespiel das westliche Ziel vor, nehme aber zur Not auch die Verständigung mit Russland in Kauf. Trott ganz mit mir einig, die anderen aus theoretisch-moralischen Gesichtspunkten, die ich an sich verstehe, bedenklich, aber langsam sich überzeugend ...

Bei Wendungen wie »anständiges Deutschland« und »Mühlespiel« empfindet man sehr stark, dass die Bestrebungen der »Jüngeren« sich in einer ganz anderen Welt abspielten, dass ihre Überlegungen sich auf ganz anderen Voraussetzungen aufbauten. Doch versuchte Adam offenbar auch hier zu dolmetschen, denn zwei Seiten weiter heißt es:

> Mit Popitz und Trott nützliche Aussprachen über das Verhältnis der Generationen und die Notwendigkeit, in den politischen Grundfragen die Brücke zwischen ihnen zu schlagen … [*4. August 1943*].

Aus dem Sommer 1943, in dem ich nur noch selten in Berlin sein konnte, ist eine sonntägliche Zusammenkunft in unserer Wohnung in der Rheinbabenallee 47 sehr lebhaft im Gedächtnis geblieben. Helmuth Moltke und Peter Yorck einerseits und Eugen Gerstenmaier und Adam andererseits hatten je einen Entwurf fertigstellen sollen. Es handelte sich wohl um die ersten Weisungen an die Landesverweser. Es schien mir damals bezeichnend, dass Adam und Eugen im Gegensatz zu Helmuth und Peter mit ihrer Ausarbeitung nicht fertig geworden waren, und ich vermutete dahinter ein anderes Verhältnis zu der Vielschichtigkeit der in Frage stehenden Probleme. Welche Möglichkeiten stehen einem echten Freundeskreis durch gegenseitige Ergänzung offen! Dass es sich um einen solchen handelte, teilte sich sofort mit in der Art, wie sie – bei der tropischen Hitze – unter Lachen und Scherzen die Hemdsärmel aufkrempelten und sich dann an die Arbeit setzten, die sie nach kurzer Zeit ganz absorbiert hatte. [230]

An einem anderen Sonntagnachmittag in jener Zeit waren wir mit Helmuth Moltke, Mierendorff und Haubach zusammen bei Yorcks. Wir kamen alle zu verschiedenen Zeiten. Adam sagte später, Mierendorff hätte sich nicht frei geäußert, weil man versäumt habe, ihm rechtzeitig zu sagen, dass ich dabei sei, und weil er mich vorher nicht kannte. Immerhin schien es ein dramatischer Nachmittag zu sein, und ich bekam einen Eindruck davon, wie groß die Kluft war, die es in so vielen Hinsichten zu überbrücken galt. Peter und Helmuth verfochten mit einleuchtenden Argumenten, dass die Vertreter der Gewerkschaften zumindest halbtägig als Arbeitnehmer weiterhin die Arbeit der von ihnen Vertretenen leisten müssten, während Mierendorff und Haubach dies auf das Bestimmteste ablehnten. Adam hat sich offenbar wenig geäußert, denn auf dem Rückweg fragte ich ihn besorgt nach seiner Ansicht, wie man beiden Standpunkten gerecht werden könnte. Er sagte etwa, dass die Zeit so weit fortgeschritten sei, dass die Forderung der Sozialisten, auch wenn manches dagegen spräche, akzeptiert werden müsse.

Am 7. September 1943, am Vorabend einer Schweizer Reise, deutet er in einem Brief nach Imshausen an, dass die politische Aktivität sich wieder gesteigert habe. Auch von den Überlegungen, die die Bombennächte nahelegten, ist die Rede:

> … Es hat sich hier nicht viel Neues ereignet, aber Altes in erhöhter Intensität … Ich bin viel mit Haeftens zusammen, die uns evtl. als Vormünder für ihre Kinder

haben wollen – vielleicht gegenseitig als »Gegenvormünder« neben den jeweils mütterlichen Großeltern …

Unsere zweite Tochter, Clarita, wurde am 9. November 1943 geboren. Als Adam am Wochenende darauf in Imshausen war, schlug ich ihm einen Code vor, um trotz der nun bevorstehenden Trennung über längere Zeiträume ihm ein wenig folgen zu können. Der Code für die politischen Verhältnisse hat nicht eingeschlagen, den für die Freunde hat er zunächst gebraucht, um auf dem Umweg fingierter körperlicher Beschwerden möglichst viel zu berichten. Moltke war »Kopf«, Haeften »Herz«, Yorck »Schulter« und Eugen »Bauch«. Freilich verlor dieser Schlüssel an Wert, als Adam einmal kurzerhand geschrieben [231] hatte: »Heute aß ich mit Kopf und Bauch bei Schulter.« Das war eine Unvorsichtigkeit wie die, dass er z. B. Chris Bielenberg zu Beginn der Bombardierung Londons telefonisch, und in ihrer englischen Muttersprache, bat, das Radio nicht anzustellen. Oder dass er eine »Geheime Reichssache« über Indien auf dem Dach seines Topolino liegen ließ, die der begleitende Hans Werner von Oppen dann mitnahm.

Der kleine Code hat immerhin das Auf und Ab der Auseinandersetzung im engsten Freundeskreis in der zweiten Novemberhälfte 1943 festgehalten. Es war die Zeit der mit ungeheurer Wucht neu einsetzenden Luftangriffe auf Berlin; u.a. wurde das Hauptgebäude der Informationsabteilung, die inzwischen »Kulturpolitische Abteilung« hieß, vernichtet, das Büro von Fräulein Gärtner am Lützowplatz ging in Flammen auf und die Haeftensche Wohnung, um nur einige zu nennen. Dennoch waren die Freunde entschlossen, unter allen Umständen die Versetzung in Ausweichquartiere zu umgehen und in Berlin zu bleiben. Am 16. November hieß es:

… Sonst gar nicht Neues: Kopf und Schulter machen mir immer noch etwas Schmerzen – es sieht fast wie eine chronische Erkältung aus …

und am 21. November:

… Gestern Abend hatte ich eine lange intensive Unterhaltung, in der ich mir selber über vieles klarer geworden bin. Schulter und Bauch fühlten sich dabei weder mit sich noch mit mir recht im Einvernehmen … Wie lange mag es noch dauern, bis man einen klar mit sich und der zu gestaltenden Außenwelt adäquat integrierten Gesamtorganismus erreicht hat? Mit dem Herz ging's heute zehnmal besser …

Und in dem unvorsichtigen, später vernichteten Brief hieß es:

… zum Schluss erregte Meinungsverschiedenheiten, ob man Wetter machen könnte, wobei ich die von Petrus vielleicht belächelte positive Meinung vertrat.

Schließlich löst sich die Spannung, denn in dem Brief vom 1. Dezember berichtet er nicht nur, dass Keppler mit dem Gros der Abteilung nach Krummhübel übergesiedelt sei und dass er den Berliner »Verbindungsdienst« versähe, sondern auch: [232]

> … Mit Kopf und Schulter geht es nach einem akuten, von mir aktiv durchgestandenen Schmerzanfall plötzlich über Erwarten viel besser, ja sogar gut und richtig …

Die Worte über das »Wettermachen« und der »aktiv« durchgestandene Schmerzanfall legen den Gedanken nahe, dass es um Fragen des Staatsstreichs gegangen war und dass Adam die Überzeugung vertrat, dass auf alle Fälle gehandelt werden müsse. Daran hat sich bei ihm nie etwas geändert. Als die Aussichten schlechter wurden, durch die Aktion zu der notwendigen, sinnvollen Neuordnung zu gelangen, trat dafür das Element der Verpflichtung zum unüberhörbaren Protest stärker hervor. Freilich hätte er es für unverantwortlich gehalten, ganz ohne Hoffnung auf Gelingen zu handeln. Pfingsten 1944 sagte er etwa: »Das besorge ich nicht, dass wir nicht drankommen; aber dass wir zu früh drankommen.« Diese Bemerkung fiel in einem anderen Zusammenhang, aber man entnimmt ihr, dass er wusste: auch wenn sie die erste Phase des Kampfes gewönnen, das ganze Opfer würde so oder so gefordert werden.

Auch in einer anderen Frage bezog er leidenschaftlich Position. Es ging um die Art, wie die christliche Grundhaltung des neuen deutschen Staates in der Präambel der Verfassung zum Ausdruck gebracht werden sollte. Die Freunde bestanden in ihrer Mehrheit wohl darauf, das Wort »christlich« ausdrücklich als Kennzeichen der Gesinnung zu nennen, die alles durchwirken sollte. Adam hielt dies für verhängnisvoll und versuchte mit aller ihm zu Gebote stehenden Überzeugungskraft, seine Auffassung durchzusetzen: das Wesen der neuen Gesetze müsse christlich sein. Wenn man jedoch die christlichen Absichten als Aushängeschild verwende, bestände die Gefahr, dass dem Christentum als solchem durch die unvermeidlichen Fehler und Fehlinterpretationen schwerer Schaden zugefügt werde. Diese Gedanken finden sich auch in knappen Sätzen in den »Bemerkungen zum Friedensprogramm der amerikanischen Kirchen«, wo er sie nunmehr nach außen vertritt. Sie werden dort im Zusammenhang zitiert werden. [233]

Schließlich beschäftigte ihn die Frage der Bodenreform sehr. Hans Werner von Oppen hat davon erzählt, und in einem Brief vom Mai 1944 klingt es an:

> … Draußen ist ein herrlicher Tag, und ich will dann gleich aufbrechen und mit Peter Y. und Bruder Haeften segeln gehen. Wir werden erst in der Hortensienstraße essen und dann nach Wannsee fahren. Gestern Abend war derselbe Peter

zum Essen hier, und wir machten danach einen sehr schönen harmonischen und inhaltsreichen Gang durch den Wald zusammen. Ich habe ihm zu entwickeln versucht, was ich gegen ihn und den ganzen gräflichen Stil einzuwenden habe. Er war sehr nett und verständnisvoll...

Auch heute morgen habe ich wieder Jeremias und Matthäus gelesen, und gestern habe ich Peter gesagt, dass auch wir erst, wenn wir wirklich die Sprache gefunden haben, für deren Wahrheit und Verständlichkeit es einerlei ist, ob einer 1000 Schafe hat oder nur Hirte ist, gewinnen können ...

Auslandsreisen

Als Sprecher für diesen Freundeskreis, für diese Überzeugungen und für die Bevölkerungskreise, für die diese Männer einstanden, ist er unablässig im Ausland gewesen. Gegen den Strom der Ereignisse und der Stimmungsentwicklung warb er um Vertrauen, Verständnis und Hilfe, wie sie zum Sturz Hitlers unerlässlich waren. Hierzu gehörte es auch, dass er die Gesprächspartner immer erneut beschwor, angesichts der gemeinsamen europäischen Bedrohung die Besinnung auf die gemeinsamen Aufgaben und Ziele in den Vordergrund zu rücken. Und wenn auch der Erfolg häufig nur sehr gering zu sein schien, so brachte er den Freunden doch jedes Mal wenigstens einen Lagebericht mit, der anders nicht mehr zu erhalten war und für den gerade Adam das differenzierte Gespür hatte, das auch feinste Nuancen auffing. Aus der Erinnerung heraus scheint es mir, als sei das Gespräch mit England sein zentrales Anliegen gewesen. Bevor daher von den Einzelheiten der Reise die Rede ist, sollen noch die persönlichen Erinnerungen, die dies im Grunde tragische Verhältnis betreffen, erwähnt werden.

Das Traumfragment, das auf Seite 255 erwähnt wurde, ist [234] deshalb bezeichnend, weil der Traum in der Person des Masters von Balliol, des späteren Lord Lindsay, eigentlich alles das enthält, was ihn mit England verband: Oxford, Labour-Führer, politische Philosophie und Freundschaften. Der Wunsch nach solchen Unterhaltungen, besonders nach der mit Sir Stafford Cripps, blieb immer wach und gegenwärtig. 1939 aus den USA äußerte er ihn noch an Diana: damals gab er dem angeheirateten Vetter, Charles Bosanquet, auch noch Botschaften an Sir Stafford und das Foreign Office mit. Und noch im Sommer 1944, als er F.J. Furtwängler das Datum des 15. Juli als das des Tages X mitteilte, sagte er dazu:

Was soll denn sonst der Cripps von mir denken? Dass ich den ganzen Krieg hier nur Beamtenarbeit getan habe? [*Von F.J. Furtwängler am 26. Februar 1946 in Schleitheim erzählt*].

Dieses Gespräch, dem wir seit 1929 in Aufsätzen, Briefen und Vorträgen begegnet sind, hat nicht ausgesetzt. »Du kannst Dir nicht vorstellen, was es bedeutet, ständig die deutsche und die englische Position in mir vereinen zu müssen« oder »gegeneinander austragen zu müssen«, sagte er einmal auf einem Grunewaldspaziergang. Noch einmal ganz anders, und ungewohnt, hat er das in einem Brief an den jüngeren Bruder im September 1941 ausgedrückt, indem er sich der Terminologie desselben zu bedienen sucht:

> Jahrelang habe ich Angelsachsen gegenüber das deutsche Element (d. i. einerseits ein romantisch heidnisches Element, andererseits ein total verschiedenes transzendentes, vom Natürlichen und Politischen unberührtes Christentum) und Deutschen gegenüber das angelsächsische Element (d. i. einerseits ein realistisch-empiristisches, andererseits ein moralhistorisches, wie Du wohl sagen würdest, »allgemeines« Element) vertreten. Diese Dinge haben somit für mich im Lichte des tiefsten unsern Planeten zurzeit erschütternden Konfliktes seit langem ihre »zwei Seiten«, und ich mag in keinem von beiden, weil so offensichtlich und unselig bornierten Elementen einen sicheren Weg zur Erlösung aus dem entsetzlichen Übel Europas zu erblicken. – Aus dieser Zerrissenheit fand ich (ich weiß nicht einmal, ob »Zerrissenheit« der richtige Ausdruck ist, denn ich fand, wie Du weißt, jahrelang in ergänzender naher Beziehung zu angelsächsischen Freunden eine Lösung für das, was in jedem der beiden Länder so tragisch und unvollkommen dann auch auf diesen Konflikt [235] hindrängte) – ich fand in China eine Größe, ähnlich in manchem vielleicht dem, was Du jetzt im Osten erlebst. Eine ruhende Größe, gegenüber der Europa und sein innerer Konflikt als Ganzes anschaubar wurde …

Man kann sich gut vorstellen, wie wichtig ihm in der Abgeschnittenheit die Unterhaltung mit Menschen sein musste, die die angelsächsische Welt entweder liebten oder kannten wie er – besonders mit Chris Bielenberg und Margret Boveri. Da es Frauen waren, konnten sie eben auch die politisch wichtigen Unwägbarkeiten besonders gut auffangen und vermitteln. Margret Boveri hat in ihrem »Verrat«-Buch überliefert, wie sie gemeinsam im Mai 1944 die Churchillrede auszulegen versuchten, wobei es für Adam bezeichnend war, wie er den geringsten Hinweis, aus dem sich eine begründbare Hoffnung ableiten ließ, ergriff und zu verwerten suchte.

Bücher und Zeitschriften von jenseits des Kanals bedeuteten ebenfalls sehr viel. Zu Beginn des Krieges kreiste ein Roman von Eric Knight, »This above all«, unter einigen der Freunde, das uns in mancher Hinsicht bewegte und beschäftigte. Unter anderem schien es in der Parabel der Erzählung die Möglichkeit eines neuen Einverständnisses zwischen dem dritten und dem vierten Stand in England als Folge des Krieges darstellen zu wollen. Über »The Last Enemy« von Richard Hilary schrieb er (30. April 1944), es sei ein Buch,

»das etwas Erstaunliches, Aufrichtiges an Kraft und Erfahrung vermittelt, das jenes Buch von Knight darin übertrifft ...« Und eine tiefe Wirkung hatte auch ein älteres Buch, »Jude the Obscure« von Thomas Hardy, dessen Handlung sich vorwiegend in Oxford abspielte. Er schrieb am 18. Oktober 1943, dass er »durch mancherlei persönlichste Erinnerungen, die es anregte, so bewegt und beschwingt war«, dass die sonst starken Eindrücke einer Reise durch das bombenverwüstete Ruhrgebiet zu Werner, der dort krank lag, nur wie im Traum an ihn herantraten.

Als gegen Ende des Krieges, im Mai 1943, sich noch einmal die Gelegenheit bot, mit Engländern zusammenzusein, spürt man in dem Brief die starke innere Beteiligung: [236]

> ... Die Begegnung mit den zu vernehmenden Gefangenen war, wie Du Dir denken kannst, ungemein aufregend. Das Eis war bald gebrochen, einige von ihnen hochintelligent, offen und sympathisch. Ich werde noch öfter hingehen ... Schade, dass Chris nicht mit Rat und Tat zur Seite stehen kann.

Bei dieser inneren Nähe und Loyalität zu den Freunden war und blieb es ihm im Grunde unvorstellbar, dass das Vertrauen nicht gegenseitig sein könnte. Ein Ereignis wie die im März 1944 eintreffende Anfrage vom Rhodes House über das britische und deutsche Rote Kreuz nach seiner jetzigen Wohnung und seinem Ergehen freute und bestärkte ihn zutiefst. Wenn er auch seit 1933 zunehmendem Missverstehen hatte begegnen müssen – das tatsächliche Ausmaß der Verkennung im angelsächsischen Bereich hätte er nicht für möglich gehalten, und es hätte ihm gewiss den Mut genommen zu dem größten Opfer, das er 1940 seinen Freunden schließlich zu bringen bereit war. Es klingt an in einem Brief an seine Mutter vom 28. Juli 1940:

> ... Leider taucht neuerdings wieder ein Projekt auf, mich ins Ausland zu schicken – hoffentlich wird es nicht akut.

Damals musste man ja tatsächlich mit der Möglichkeit rechnen, dass die Invasion der Britischen Insel erfolgen könnte, und die Berliner Freunde meinten nach langem Bedenken, es sei ihre Pflicht, den englischen Freunden auch unter der Maske des Eroberers ihre vielleicht lebensrettenden Dienste und ihren Rat – allen Gefahren der Verkennung zum Trotz – zur Verfügung zu stellen.

(Wie diese allerernstesten Entschlüsse komische Nebenprodukte zeitigten, hat Alexander Werth in unnachahmlicher Weise ins Gedächtnis zurückgerufen. Bevor auch nur ein einziger deutscher Soldat zur Invasion angesetzt worden war, erzählte er, tobten bereits erbitterte Kämpfe zwischen den einzelnen Berliner Ministerien um die Besetzung der vornehmsten Londoner Hotels. Sitzungen hoher Ministerialbeamter fanden statt, auf denen man einander das Savoy oder Claridge Hotel streitig zu machen suchte, und man kann sicher sein, dass

Adam und Werth mit großem Vergnügen dieses Feuer schürten, [237] zog es doch überdies die Aufmerksamkeit der Beteiligten von schädlicheren Unternehmungen ab.)

Seine letzte mündliche Äußerung über England am 21. Juli 1944 an Waltraut von Götz war »England hat Schuld«. Sie fiel gleichzeitig mit der Feststellung, es hätte sich nicht um ein militärisches, sondern um ein moralisches Versagen bei uns gehandelt. Noch in der Negativität zeigt sich aber, wie er durchdrungen war von der Überzeugung einer gemeinsamen Aufgabe und gegenseitiger Ergänzung.

Memoranden und Botschaften ins feindliche Ausland

Von den Botschaften, die er im Namen der Freunde den Alliierten zukommen ließ, sind einige erhalten, über andere ist berichtet worden. Über den Inhalt des Memorandums, das während der Monate in den Vereinigten Staaten bedeutsam war, ist schon berichtet worden. Andeutungen über Botschaften aus dem Jahre 1941 finde ich in einem eigenen Vermerk aus dem Jahre 1946, wo ich an Adams Todestag in Caux eine Unterhaltung mit Mr. Davis vom YMCA (Christlicher Verein junger Männer) hatte. Mr. Davis erzählte, Adam habe ihn 1941 mit Leuten zusammengebracht, die Besuche in Gefangenenlagern einleiten konnten. Außerdem habe er ihm Botschaften nach England und Amerika mitgegeben. Er habe mit Eden eine Stunde lang darüber gesprochen und später auch mit Roosevelt und sei auf Interesse gestoßen.

Aus dem Jahr 1942 ist das Memorandum erhalten, das der Generalsekretär der Ökumene in Genf, Herr Visser 't Hooft, im April 1942 als Botschaft des Berliner Freundeskreises nach England nahm. Adam war zur Erholung von einer schmerzhaften Kieferhöhleneiterung vom 17. März bis zum 2. April in der Schweiz gewesen, zunächst in Davos, ab 27. März jedoch in Genf. Die Denkschrift wird wohl damals niedergeschrieben, jedenfalls aber damals übergeben worden sein. Sie findet Erwähnung in dem Vortrag des Bischofs von Chichester vom 15. Mai 1957 über seine Stockholmer Gespräche 1942. Der Bischof zitiert seinen Brief an den Außenminister Eden vom [238] 18. Juni 1942, in dem es heißt:

> The information is a sequel to the memorandum you have already seen, brought from Geneva by Dr. Visser 't Hooft of the World Council of Churches, and having to do with von Trott.[4]

Und er erwähnt auch die Reaktion von Sir Stafford Cripps auf diese Botschaft:

> On July 13 I saw Sir Stafford Cripps. He spoke enthusiastically of Adam von Trott: and he told me of his own talk in May with Dr. Visser 't Hooft, who had given him a memorandum prepared by von Trott and mentioned in my letter

to Mr. Eden. (I heard after the war that Sir Stafford Cripps had shown this memorandum to Mr. Churchill.) Sir Stafford told me that he had informed Visser 't Hooft that he might encourage von Trott, on the basis, however, of Germany being defeated. When I showed Cripps Schönfeld's statement (which had points of agreement with von Trott's memorandum but took a more hopeful attitude about co-operation with Russia), it greatly impressed him. He described it as »far-reaching«, and promised to talk it over with Mr. Eden. He agreed that encouragement in any case could do no harm, and at best might do much good. Four days later, however, Mr. Eden sent me the following letter, which was completely negative ...[5]

Für den Fall einer positiven Aufnahme war Adam als Verhandlungspartner der deutschen Seite genannt worden.

Es ist merkwürdig, dass Herr Visser 't Hooft, der mir am Nachmittag des zweiten Weihnachtstages 1945 in Genf von Adam erzählte, damals den Eindruck völliger Interesselosigkeit dem Memorandum gegenüber gewonnen hatte. Sir Stafford in Ministereigenschaft hätte kein Interesse zeigen dürfen. Lady Cripps sei dagegen in wärmster Weise für ihn eingetreten. Die Erfahrung des Bischofs von Chichester und die Erinnerung von David Astor geben jedoch ein anderes Bild, denn David Astor berichtet (»Manchester Guardian« vom 4. Juni 1956), dass Cripps sich damals mit dem ganzen Gewicht seines zu der Zeit besonders großen politischen Ansehens bei Eden für Adam eingesetzt habe. Es wurde ihm aber kurz darauf mitgeteilt, [239] dass die Akten gegen Trott so umfangreich seien, dass sein »bona fide« sie nicht aufwiegen könne.

Das Memorandum (veröffentlicht von Prof. Rothfels in den »Vierteljahrsheften für Zeitgeschichte«, Oktober 1957) kennzeichnet zunächst das Unheil ungehemmter Kriegsentwicklung: Massenvernichtung von Leben und Gütern, Zunahme totalitärer Tendenzen und Einrichtungen überall und Gefahr anarchischer Auflösung. Es appelliert an die Solidarität der europäischen Länder einschließlich der oppositionellen Kräfte in Deutschland und nennt dann als gemeinsames Haupterfordernis die Beseitigung der augenblicklichen deutschen Machthaber und ihren Ersatz durch eine achtbare deutsche Regierung. Es nennt die geistigen und moralischen Kräfte, die hinter den dahingehenden Bemühungen stehen, die innen- und außenpolitischen Hindernisse für die Aktion und die politischen Ziele der vereinten Widerstandskräfte, die auch die Wiedergutmachung einschließen. Der Schlussabsatz gipfelt in der Feststellung:

»But, whatever the responsibilities are, there should be a common recognition of our failure to deal in a Christian manner with the historical, geographic, economic and psychological factors which have brought the world to the present situation ...«[6]

In Bern verhandelte Adam mit Elizabeth Wiskemann. Es müsste noch festgestellt werden, ob er auch über sie Memoranden geleitet hat. Als er einmal aus ihrem Haus trat, fiel ihm ein Schweizer Polizist auf, der sich offenbar während der ganzen Zeit seiner Unterredung dort aufgehalten hatte. Es beunruhigte ihn vorübergehend etwas, obwohl an sich kein Zusammenhang mit einer Gefährdung zu bestehen brauchte. Als ich ihn später einmal dringend bat, keine überflüssigen Risiken einzugehen, sagte er, darüber könne ich ruhig sein. »Aber das ist doch klar, dass ich mit jeder Reise meinen Kopf in die Schlinge lege.« Im Januar 1943 und April 1944 ließ er über beiderseitige Vertrauensleute Botschaften an Allan Welsh Dulles in der Schweiz gelangen. Mit ihm selbst hat er aus Gründen der Vorsicht nicht gesprochen (Brief von Mr. Dulles vom 20. November 1947). Es sind dringende, alarmierende Warnsignale an den Westen, die pharisäische Generalverdammung Deutschlands zu revidieren, den Vorsprung der Russen auf dem Gebiet der [240] psychologischen Kriegführung einzuholen und den deutschen Arbeitern gewisse Zusicherungen für die Nachkriegszeit zu machen: das Recht zu freier Organisation, die staatliche Selbstverwaltung u.a., um das drohende Abgleiten nach links damit zu verhindern (siehe auch Prof. Ritters Buch Seite 375ff.).

Die Folgerung, die aus diesen SOS-Rufen zeitweise gezogen wurde, so als habe Adam sich in der Verzweiflung über die westliche Unzugänglichkeit dem Osten zugewandt, ist inzwischen als unhaltbar fallengelassen worden. Es ergibt sich im Grunde auch aus allem Vorausgegangenen und wird bestätigt durch die Erinnerung Conrads, dem Adam im Februar oder März 1944 gesprächsweise sagte:

> Was sich bei uns als schmutzig-braune Brühe darstellt, das tritt uns in Moskau in asiatischer Härte und Brutalität entgegen.

Und durch einen Brief Furtwänglers vom 8. Juli 1947:

> Ich habe noch vor Moltkes Festnahme … über diese Frage mit Moltke und Adam gesprochen und habe inzwischen hundertmal erzählt, wie diese beiden jugendlichen Riesen mir gegenübersaßen und mir zuredeten wie einer kranken Kuh: die einzige Rettung sei von England zu erwarten … Im Wesenskern hat sich Adams Auffassung von derjenigen Moltkes kaum unterschieden. Es sei denn, dass er die Dinge etwas weniger scharf zugespitzt ausdrückte. Mit Adam selbst sprach ich über diese Dinge oft und bis kurz vor dem Juli-Ereignis. Er hat seine Grundauffassung nie geändert …

In den Fehlinterpretationen erschienen wohl auch die unliebsamen Früchte einer gewagten Vorstellung von Adam, die aus der ständigen Nötigung zum Denken in verschiedenen Schichten erwachsen sein mag. Herr Simons weist in seinem Brief vom 18. Juli 1957 darauf hin, wenn er als einzigen Punkt entschieden anderer Meinung Adams Auffassung nennt, durch Anspielen auf etwaige deutsche Möglichkeiten dem Osten gegenüber die Einstellung der Westmächte zur deutschen Opposition im positiven Sinne zu befördern. Das war Ende 1939. Ein Streitgespräch ähnlichen Inhalts zwischen Adam und Herbert Blankenhorn erinnere ich aus dem Jahre 1942. [241]

Was an positiven Voraussetzungen dem Osten gegenüber wirklich vorhanden war, soll bei Anlass dieser Hilferufe an den Westen noch einmal gestreift werden. Über Hassells zweckgerichtete Überlegungen hinaus hielt Adam es für unsere Aufgabe, zum Osten hin wachsam zu bleiben und alle Möglichkeiten zu nutzen. Diese Überzeugung nährte sich zumindest aus drei Quellen: der geschichtsphilosophischen von der »Berufung des deutschen Geistes, zwischen Osten und Westen substanziell zu vermitteln, der Unentbehrlichkeit damit des deutschen Elements in jeder zukünftigen, insbesondere europäischen Friedensordnung ...« (an Götz von Selle am 23. September 1943); der parallel laufenden innenpolitischen, dass eine wirksame deutsche Nachkriegsordnung nur möglich sein werde, wenn darin »das Personalprinzip des Westens mit dem Realprinzip des Ostens« verbunden würde (siehe Seite 187); und aus einer außenpolitischen, da er mit vielen der Beteiligten zu einer Überschätzung der außenpolitischen Klugheit Stalins neigte. Man hielt ihn nicht für so verblendet seinen großen Möglichkeiten gegenüber, wie er sich nachher erwies. Auch meint Conrad, dass Adam wohl glaubte, die Russen würden sich an ihre alten Prinzipien wie »Selbstbestimmung der Völker« halten.

Das vielleicht aufschlussreichste der aus diesen Jahren vorliegenden Memoranden ist gleichzeitig das, was bisher noch nirgends erwähnt wurde. Adam fasste es wahrscheinlich während eines Besuchs in der Schweiz vom 8. bis 16. September 1943 ab (er war damals in Genf, Bern, Basel und Zürich). In den Akten der Studienabteilung der Ökumene in Genf, deren Leiter damals Pfarrer Dr. Hans Schönfeld war, wurde es unter der Nummer 196/43 Intern. Ordn. geführt. Nach Kriegsende schenkte mir Hans Schönfeld einen von Adams Hand gezeichneten Durchschlag. Diese »Bemerkungen zum Friedensprogramm der amerikanischen Kirchen«, die er im Namen der Freunde abfasste, tragen ganz unverkennbar seinen Stil. [242]

Zu Punkt 1 bemerkt er, dass ein künftiger Friedensvertrag nicht mit der zukünftigen internationalen Organisation verbunden werden dürfte, da der Machtgedanke dem des Rechts hier absolut untergeordnet werden solle. Föderationen im Rahmen der allgemeinen internationalen Organisation werden bejaht, ihnen muss aber das Prinzip der Selbstverwaltung und damit des freiwilligen Zusammenschlusses zugrunde liegen, wenn auch in der Übergangszeit im Einvernehmen mit den Trägern solcher Selbstverwaltung unterstützende Maßnahmen nötig sein würden.

Der zweite Punkt behandelt die westliche Konzeption des Freihandels, der von den Freunden nicht in jeder Phase der voraussichtlichen Entwicklung für möglich oder auch nur wahrscheinlich gehalten wird. Das Ziel sei Ordnung bei einem Maximum von Freiheit, und die zukünftige internationale Organisation müsse imstande sein, nationalen wie privatkapitalistischen Monopolen als entscheidenden Hindernissen für die wirtschaftliche und finanzielle Befriedung der Welt entgegenzutreten.

Der dritte Punkt behandelt den Modus der Änderungen bestehender Verträge. Dies würde nur durchführbar sein, wenn die Nationalstaaten genug von ihrer Souveränität aufgäben, um eine übernationale Instanz mit der ausreichenden Autorität auszurüsten.

Punkt vier befasst sich mit den Elementen eines Minderheitenrechts, das geeignet sei, eines der vitalsten Probleme der europäischen Friedenssicherung zu lösen.

Punkt fünf betont wieder, dass eine wirksame Rüstungskontrolle nur bei Einschränkungen der Staatssouveränität der überwiegenden Mehrheit oder führender Gruppen der Menschheit denkbar ist. Er äußert die Überzeugung, dass die Wichtigkeit dieser negativen, quasi Polizeimaßnahmen, weit hinter der Betätigung praktischer, konstruktiver Zusammenarbeit zurückstehe.

Punkt sechs lautet wörtlich: »Die Christen aller Länder werden sich die Forderung nach religiöser und geistiger Freiheit zueigen machen. Man wird aber hinzufügen müssen, dass das Maß dieser Freiheit praktisch um so größer sein wird, je mehr das persönliche und öffentliche Leben in Wirklichkeit christlich begründet und gestaltet wird. Die eigentliche Bedrohung dieser Freiheit liegt wohl darin, dass die innere Gestaltungskraft den modernen Hindernissen einer christlichen Existenz nicht gewachsen ist. Wird doch diese, wie die ganze Neuzeit beweist, nicht schon durch ihre formale Proklamierung gewährleistet und auch nicht durch Erziehung zu Idealismus und Rationalismus allein erreicht. Die gewaltige Diskrepanz zwischen der grundsätzlichen christlichen Forderung und dem Maß ihrer irdischen Verwirklichung sollte uns wohl auch bei der künftigen internationalen Zusammenarbeit und ihrer allmählichen, schrittweisen praktischen Verwirklichung [243] immer warnend und anfeuernd vor Augen stehen. Nur Personen, die diese Diskrepanz wirklich ernstnehmen, bieten eine Gewähr, dass nicht christliche Begründungen zu sehr anderen Zielen, z. B. imperialistischen, missbraucht werden.

Reiner Idealismus auf dem Gebiete der internationalen Zusammenarbeit birgt die große Gefahr, gegebene Wirklichkeiten nationaler, geschichtlicher, geographischer, kultureller und konfessioneller Art zu übersehen und zu vergewaltigen. Wir dürfen nicht so sehr von einem Wunschbild aus, sondern in Demut und ehrlichem Streben nach christlicher Sachgerechtigkeit die schwere Aufgabe unserer Generation zu erfüllen suchen. Eine nur rationalistische

Erziehung hat uns verführt, sowohl die menschliche Natur wie den sozialen Tatbestand der Massenexistenz und die Dämonien zu verkennen, denen die Vermassung der Menschen freie Bahn verschafft hat.

Den wesentlichsten und unmittelbaren Beitrag zur Friedensgestaltung von christlicher Seite sehen wir in der Bekämpfung dieser Dämonien, in der Überwindung der Massenexistenz durch eine christliche soziale Ordnung und vor allem in der Formung und Begegnung christlicher Persönlichkeiten.«

Von Schweden aus hat Adam mindestens vom Herbst 1943 ab Botschaften nach England und in die Vereinigten Staaten gesandt. Sehr dankbar bin ich Frau Inga Kempe, geb. Carlgren, für die Aufzeichnung, die sie mir darüber zur Verfügung gestellt hat. Ihre Hilfestellung war, wie ich von Adam selbst weiß, für ihn außerordentlich wichtig, und ihre Schilderung ergänzt sich gut mit der von Alexander Werth, obwohl beide aus der Erinnerung sich genauer Daten nicht mehr entsinnen können. Inhaltlich recht unterschiedlich sind die Tagebuchaufzeichnungen von Teddy von Kessel aus dem Jahr 1944. Vorläufig kann es also nur nebeneinander gebracht werden.

Frau Kempe, die er in ihrem Elternhaus kennen lernte, wo er durch ihre Schwester, Eva von Bodelschwingh, eingeführt war, stellte für ihn den Kontakt mit zwei Mitgliedern der Stockholmer Britischen Botschaft her, die offiziell in der Presseabteilung, tatsächlich aber im »Political Intelligence Department« beschäftigt waren: Mr. Roger Hinks und Mr. James Knapp-Fisher. Er bat Frau Kempe vor der Abreise, sie möchte ihm Nachricht geben, [244] falls aus diesen Besprechungen im Herbst 1943 etwas resultieren sollte. In einem Brief nach Imshausen erwähnte Adam nur, dass die Reise eine »subjektiv und objektiv reiche Ausbeute« gebracht habe. Bei von Hassell findet man auf Seite 343f. die Erwähnung eines Gesprächs mit Adam Mitte Dezember 1943, in dem das Resümee der Schwedenreise gezogen zu sein scheint:

Er beurteilt die Lage ungefähr wie ich, *heißt es da*. Durch seine amtlichen Reisen hat er Gelegenheit, die Dinge von außen zu sehen und auch mit Engländern Fühlung zu nehmen. Seine Gewährsleute letzterer Art seien sehr besorgt wegen Russland und höchst interessiert an der Entwicklung bei uns, aber misstrauisch, dass eine Änderung nur auf Tarnung hinauslaufe, also eine Fortsetzung der militaristischen, nazistischen Methoden unter anderer Etikette.

Im Goerdelerbuch, Seite 379, schreibt Prof. Ritter:

Stauffenberg soll er daraufhin gemeldet haben, dass eine Verständigungsbereitschaft Englands nicht angenommen werden könne.

Mr. Hinks hat sich wieder mit Frau Kempe in Verbindung gesetzt und sie davon benachrichtigt, dass Adam dringend in Stockholm gewünscht werde und dass die Engländer nur ihn als Unterhändler haben wollten. Sie ließ ihm diese Botschaft durch einen verabredeten Code über einen Sekretär der deutschen Gesandtschaft zustellen. Adam sei durch irgendwelche Schwierigkeiten aber erst geraume Zeit später eingetroffen (es ist nicht klar, um welchen Besuch es sich handelt, den – tatsächlich verschobenen – Märzaufenthalt in Stockholm oder den letzten vom Juni/Juli 1944). Die oben genannten Verhandlungspartner waren inzwischen auch durch Mr. David McEwen ersetzt worden, da Adam nach einem unliebsamen Vorfall um zuverlässigere Mittelsmänner gebeten hatte. Eine Übermittlung nach London war durchgesickert, und er war in Sorge, wie Frau Kempe schreibt, dass die Gestapo erneut auf seiner Spur sei. Dies um so mehr, als Werth weiß, dass etwa Anfang Mai zum Schrecken der Freunde in einer oder mehreren der bekannten Stockholmer Zeitungen [245] die Meldung erschien: »Trott wäre vor einigen Tagen oder Wochen wieder einmal in Stockholm gewesen. Er habe immer, auch schon vor dem Kriege, in politisch wichtiger Mission im Ausland für Deutschland verhandelt. Es dürfe also damit gerechnet werden, dass in dieser Reise ein Friedensfühler der deutschen Regierung zu sehen sei.« (Bericht von A. Werth).

Zum Inhaltlichen dieser auf englische Initiative hin erfolgenden Verhandlungen, die teilweise bei Frau Kempe stattfanden, sagt diese, dass die Engländer mehr darüber hätten wissen wollen, ob die Deutschen der Opposition ihnen zu einem baldigen Kriegsende verhelfen könnten, so dass sie möglichst um ein noch schwereres Bombardement der westdeutschen Industrien herumkämen, das an sich im alliierten Interesse unerwünscht gewesen sei. Adam hätte sich aber nur unter der Bedingung auf Informationen einlassen wollen, dass die Engländer ihre Drohung der »bedingungslosen Kapitulation« rückgängig machten. Da aber die Engländer nichts versprechen wollten, solange sie nicht sichere Unterlagen über die Bedeutung der Widerstandsbewegung hatten, Adam andererseits keine Auskunft geben konnte, solange er nicht sicher war, dass sie nicht in abträglichem Sinne ausgewertet würde, war die Lage sehr schwierig. Schließlich habe er eine Antwort ausgearbeitet, die diese beiden Gefahren zu umgehen suchte und in der er betonte, der Erfolg einer möglichen Zusammenarbeit hinge von der Zurückziehung der Forderung auf bedingungslose Übergabe ab. Von dieser Antwort seien mindestens zwei Exemplare hergestellt worden, von denen eines nach England ging, das andere damals von Direktor Dr. Harry Johansson in Sigtuna aufbewahrt wurde.

Frau Kempe schreibt, dass die Reaktion der Engländer positiv gewesen sei, dass aber die Amerikaner dagegen gewesen seien. Das gleiche erinnert A. Werth von einem Besuch im Juni, den er an Adams Stelle machte, und wo er auch mit Mr. McEwen verhandelte – weil die schwedische Presseindiskretion das Reisen für Adam eine Weile unmöglich gemacht hatte. Werth, der ebenfalls die Hilfe von Frau Kempe [246] in Anspruch nahm (obwohl er den Namen nicht mehr erinnert), hatte es äußerlich besonders schwer, weil er mit dem Chef der Informationsabteilung zusammen reisen musste und erst dann, wenn er diesen müde gezecht hatte, also morgens zwischen acht und neun Uhr, die Verhandlungen führen konnte. Er wurde immer weiter hingehalten. »Wir stehen noch in Verhandlungen mit Washington«, hieß es. Und schließlich war das Resultat erneut: Ablehnung und die Aufforderung, allein weiterzumachen.

In den Erinnerungen von Albrecht von Kessel heißt es dagegen über die Erfahrungen der vorösterlichen Schwedenreise:

> Er war obendrein äußerst entmutigt über seine jüngsten Erfahrungen in Schweden. Dort stand er mit entscheidenden Kreisen in Verbindung, hatte durch sie, die unserer Bewegung mit Sympathie begegneten, neuerlichen Kontakt mit England gesucht. Wie verabredet, hatte er keinerlei Erklärungen oder Zusagen erbeten bis auf eine einzige, deren Bedeutung nicht über eine einfache Geste hinausging: die Engländer sollten im Falle eines Sturzes des Naziregimes und seiner Ersetzung durch eine auf breitester Grundlage gebildete zivile Regierung von weiteren Luftangriffen auf Berlin absehen. Obwohl eine derartige Zusage wegen ihrer örtlichen Beschränkung ohne jede militärische Bedeutung gewesen wäre und obwohl englischerseits bei Indiskretionen notfalls hätte behauptet werden können, es habe sich nicht um eine politische, sondern um eine humanitäre Geste gehandelt, hatte der von Trott unternommene Schritt ein negatives Ergebnis. Aus England kam eine schroff ablehnende Antwort.
>
> *Mit »entscheidenden Kreisen« mögen seine schwedischen Gesprächspartner gemeint gewesen sein: Außenminister von Günther, der schwedische Gesandte in London, Gunnar Hägglöf, der ehemalige Chefredakteur des »Svenska Dagbladet«, Ivar Anderson, und Dr. Harry Johansson [Brief von G. von Nostitz vom 23. April 1951].*

Über das Ergebnis der letzten Schwedenreise vom 23. Juni [247] bis 3. Juli habe ich keine Unterlagen. In einem Gestapobericht über die Erwägungen des entscheidenden Sonntagabends, 16. Juli, habe Adam den Standpunkt vertreten, »dass man auf der Feindseite verhandlungsbereit sei, sobald dafür die Voraussetzung, ein völliger Wechsel des Regimes, geschaffen werde« (Prof. Ritter Seite 402). Vielleicht fasst das den Eindruck der letzten Reise zusammen – so wie bei ihm so oft, indem er das Gewicht auf die positiven Möglichkeiten legte.

Am 15. und 16. Juni 1944 (Datum gegenüber dem Original korrigiert) waren wir in Stuttgart, wo Gerstenmaier, Schönfeld, Adam und ich und ein junger Theologe (?) namens Brunner im Hause eines Möbelfabrikanten Knoll mit dem Schweizer Ehepaar Mottu zusammen waren, denen Adam die Überfahrt nach Amerika ermöglicht hatte. Die anwesenden Männer entwickelten, soweit ich erinnere, ähnliche Gedankengänge, wie sie in dem Memorandum an Dulles zum Ausdruck kamen (Seite 274). Wohl warben sie um Verständnis und Unterstützung, dennoch ging eine Hoheit und Würde von ihnen aus, die diesen Nachmittag in dem gastlichen Hause hoch über Stuttgart unvergesslich machen. Abends im Hotel trug Adam unter vier Augen Philippe Mottu Botschaften an bestimmte Personen in den Vereinigten Staaten auf, die er ihn bat sofort auszurichten, wenn ihn die Nachricht vom Umsturz in Deutschland erreiche, wie Mottu mir später erzählte. Er habe sich dann auch augenblicklich auf den Weg gemacht, als er durchs Radio von den Ereignissen des 20. Juli erfuhr. Aber bevor er sich seiner Aufträge entledigen konnte, war die Entscheidung schon gefallen. – Wir wohnten übrigens am Spätnachmittag alle zusammen dem Katechetenunterricht des Hauptpastors Thielicke bei, und die Schweizer waren hocherstaunt, den riesigen Raum der größten Stuttgarter Kirche dicht besetzt zu sehen und vornehmlich durch junge Menschen. – Es war das letzte Mal, dass ich mit Adam zusammen war. Irgendwie war er ferner als sonst, nur schwer erreichbar, tief absorbiert von dem, was er zu leisten hatte. [248]

Weitere Einzelheiten zu den Kriegsreisen

Wieder handelt es sich nur um unverbundene Anhaltspunkte, die darin einem ungeordneten und unvollständigen Puzzlespiel gleichen, in dem nur ein wirklich Erfahrener ein Bild wird erkennen können.

1940: Im September des ersten Jahres seiner Amtstätigkeit reiste er mit dem Abteilungsleiter von Altenburg und seinem Freund Josias von Rantzau nach Paris. Eine Seite dieser Reise beleuchtet F.J. Furtwängler in seinem Brief an Ricarda Huch vom 5. September 1946:

> … Während er mit mir sprach, war er damit beschäftigt, eine riesige Aktentasche vollzupacken. »Ich fahre nämlich noch heute nach Paris«, sagte er, »dort hat man Juden festgenommen, die ich kenne; ich habe ihnen allerlei unentbehrliche Spezialkenntnisse zugeschrieben, mit denen man sie fürs Auswärtige Amt ›dienstverpflichten‹ kann. Dann sind sie dem Griff der Gestapo entzogen. Was sie nachher machen, ist ja egal. Es ist jedenfalls besser, als wenn der Sicherheitsdienst die Leute ›hochgehen‹ lässt.«

Von einer anderen Rettungsaktion berichtete Hans Schönfeld. Haeften, Gerstenmaier, Moltke und Adam zusammen hätten das »Institut für orthodoxe Theologie« und seine Angehörigen über den Krieg gerettet.

Von jenem ersten Besuch in Paris wusste auch noch ein Herr Oluf Berntsen, ein dänischer Bankmann, der sich beruflich in Paris aufhielt und mir später schrieb. Adam hatte ihn im Jahr zuvor in einem Londoner Club einen einzigen Abend lang sehr intensiv gesprochen. Über der gemeinsamen Liebe zu China und einem gemeinsamen Gefühl innerer Beteiligung an religiösen Erneuerungsversuchen in Mitteleuropa habe sich schnell eine Vertrauensbasis gebildet.

Adam von Trott Ende März 1942 in Davos

Adam von Trott in Basel bei Jenny Thurneysen im Gespräch mit Beate Möschlin-Krieg, Herbst 1943

Ob Adam im Herbst 1940 feststellen wollte, ob über ihn eine Brücke nach England zu bauen sei? Adam traf ihn jedenfalls nicht an, und Herr Berntsen fand bei der Rückkehr von einer kurzen Abwesenheit in seinem Briefkasten nur eine Karte mit etwa dem Inhalt: »The solution we spoke about remains the same.« [249]

1941: Als es sich um den Aufbau des Indienreferats handelte, war Adam – wie schon erwähnt – zweimal in Rom. Auch in Wien war er schon 1941 (im August) wie im September 1942 und Juni 1943 in diesem Zusammenhang. Bose hatte dort alte Freunde, den Kommerzienrat Kapp und den Wiener Polizeichef Faltis. Adam besuchte dort Freunde Hans von Haeftens und war auch in Innsbruck, um sich bei dem vertrauten Freund und Ratgeber seiner Brüder, dem Herausgeber der eingestellten Zeitschrift »Brenner«, Herrn von Ficker, Hinweise in den bedrängenden familiären Fragen zu erbitten.

1942 bis 1944: Die nächste Jahre brachten vor allem Reisen in die Schweiz und nach Schweden. Seine Auslandsaufenthalte habe ich damals notiert.

Er war in der Schweiz:

1942: 17.3.–2.4., 20.6.–29.6., 23.10.–1.11.;

1943: 8.9.–16.9.;

1944: nach Ostern.

Die Zahl der Menschen, die er dort sprach und mit denen ihn ein mehr oder weniger ausgesprochenes Vertrauensverhältnis verband, war sehr groß. Aber diese gute und fruchtbare Zusammenarbeit wurde bei manchen Schweizern und in der Schweiz lebenden Angehörigen der besetzten Länder periodisch immer wieder in Frage gestellt. Sie konnten nicht verstehen, dass die radikale Veränderung in Deutschland so lange auf sich warten ließ, und die Erbitterung über die im deutschen Namen verübten Untaten übertrug sich – sicher wider Willen – ab und an auf alle Deutschen. Ich erinnere, dass Adam einmal seine Mutter bat, ihm Briefe an Kirchenleute mitzugeben, die sie von früher her kannte. Ihr Ansehen, muss er gemeint haben, sei gegen jeden Zweifel gefeit.

In Basel hatte Adam ein festes Standquartier bei der bezaubernden, gastlichen Jenny Thurneysen, die er durch Bielenbergs kannte. Hier durfte er ohne Rücksicht auf die Gastgeberin [250] telefonieren und aus- und eingehen, wie es ihm passte. In Basel sah er den Präsidenten der Bank für internationalen Zahlungsverkehr, Mr. McKittrick. Da dieser schon im Sommer 1941 in die Vereinigten Staaten zurückkehrte oder mindestens lange dort blieb, muss Adam also schon damals in der Schweiz gewesen sein. Der Durchschlag eines Briefes vom 10. Juni 1941 ist erhalten, in dem er Mr. McKittrick ein Buch von Prof. F. Lenz schickt, »Modern War«, das er gern unter den Veröffentlichungen des IPR herausgebracht sähe, da es eine gewisse Ergänzung zu der vorgesehenen Veröffentlichung »Future Worlds« darstelle. Er schließt:

> It seems almost incredible that at this late stage an exchange of ideas, based on the confidence that no unfair advantage will be taken on either side, should still remain possible. If this should remain so in the field of international economic thought, it will have been achieved almost exclusively through channels of personal trust as you have established so remarkably during your office in Basle ...[7]

In Bern besuchte Adam u.a. den Gesandten Kordt. Dieser zeigte mir nach dem Kriege drei Briefe, in denen Adam verschiedene Menschen bei ihm einführte. – Sehr erfreulich war jedes Zusammensein mit Philippe Mottu, der sich auch in Berlin von vielen anderen Ausländern darin unterschied, dass ihm jeder pharisäische Anflug fehlte, der Ausländern in Deutschland sonst fast selbstverständlich anhaftete. Er war, wie Werth schreibt, zuständiger Referent für Friedensfragen im Schweizer Bundesrat. Nach dem Kriege trugen vornehmlich er und seine Frau Hélène die von der Schweiz neu ausstrahlende Bewegung »Moral Rearmament«. – In Bern, Basel oder Zürich sah er die Vertrauensleute von Allen W. Dulles: Gisevius, Gero von Schulze-Gaevernitz und Eduard Waetjen, mit welchem er seit langen Jahren gut bekannt war. Herr von Schulze-Gaevernitz erinnert ausdrücklich eine Unterredung im Frühjahr 1944 und hier besonders, dass Adam darauf drang, die Friedensbedingungen

Passfotos von Adam von Trott,
im Juni 1944 während der letzten Schwedenreise aufgenommen

möchten ihnen endlich mitgeteilt werden. »Wir sind uns darüber klar, dass sie hart sein werden«, hätte er gesagt. Aber um der Militärs willen sei die Kenntnis [251] der Bedingungen dringend geboten. – Die Anfrage in Washington wurde wieder negativ beschieden (über E. Wiskemann Seite 276).

In Zürich hatte er die meisten Schweizer Bekannten. Herr von Tscharner wurde schon als Ostasienfachmann erwähnt, ein Herr Diethelm war Leiter einer gleichnamigen Ostasienfirma, ein Herr Oswald Wyss war auch unter denen, die er dort aufsuchte, mit dem Verleger Martin Hürlimann sprach er häufig. Eine der »Amtshandlungen«, die unter irgendwelchen Scheinmotiven einen dauernden Wert pflegen sollten, war der von ihm mit Hürlimann besprochene Europabildband, dessen deutsche Einführung Carl Burckhardt, dessen französische später Paul Claudel schrieb. Auch Prof. Burckhardt hat Adam im Übrigen einige Male gesehen. Auch für das Fortbestehen der Zeitschrift »Atlantis« soll er erfolgreich eingetreten sein.

In Genf waren die meisten für ihn wichtigen Kontakte, schon dadurch, dass die Freunde von Kessel und von Nostitz dort waren. Bei Letzterem, der eine geräumige Wohnung hatte, konnte er immer wohnen. Sie pflegten zusammen die wichtigen Beziehungen zum Ausland, besonders die durch den Ökumenischen Rat der Kirchen, dessen Generalsekretär Willem Visser 't Hooft ihnen die sonst verschlossenen Wege offen hielt. Wohl durch Gerstenmaier war die Zusammenarbeit mit Dr. Schönfeld eingeleitet worden, die eng und vertrauensvoll war. Durch Schönfeld wiederum traten Dr. Iserlandt und andere in den weiteren Umkreis der Bemühungen. Auch mit Prof. Siegmund-Schultze (Seite 68) hat Adam konferiert und Tracy Strong senior sowohl in seiner Genfer Wohnung aufgesucht als auch in Berlin gesehen. An beiden Orten sah er auch den damaligen Generalsekretär des Internationalen Studentenbundes, André de Blonay. Mit dem Leiter des deutschen Konsulats, Generalkonsul Krauel, bestand ein gutes Einvernehmen.

Nach Schweden ist Adam mindestens viermal gefahren. 1942 war er vom 19. bis 28.9. dort, 1943 vom 27.10. bis 3.11. und 1944 Mitte März und vom 23.6. bis 3.7. Volles Vertrauen [252] verband ihn dort mit dem Generalkonsul z.b.V. Pfleiderer, dessen Versetzung nach Stockholm sie hatten durchsetzen können. Sie hatten ihn zunächst über seine Berichte (in der Eigenschaft eines Verbindungsmannes des Auswärtigen Amtes zum Stab der Heeresgruppe in der Ukraine) und dann persönlich kennen und hoch schätzen gelernt (Werth, Seite 16). Namen weiterer Mitglieder der deutschen Botschaft, vermischt mit anderen, sind auf einem winzigen, Bleistift geschriebenen Besuchsprogramm zu finden: der des Botschafters Thomsen, des Bischofs Björkquist, des Tennisspielers von Cramm, Dankworth, Schäffer, Jahn, Jessen, Thorner, Sedlmayr, Riensberg, Berg, Ginanth, Mme. Myrdal, Anders, Watzdorf, Mott (Freunde von Bielenbergs, die Grüße an Chris' Eltern in England weitergaben). Aus Berlin erinnere ich den Besuch eines älteren Schweden, Herrn Cedergrens. Die Kontakte, die Adam wichtig waren, wurden auch auf den Seiten 279–280 erwähnt.

Über die Besuche konnte er wenig schreiben. Im März 1944 bekam ich eine allgemein gehaltene Schilderung des verflossenen Besuchs:

> ... Die Eindrücke selbst waren im übrigen keineswegs so sehr erfreulich. Die Schweden selbst – an uns hauptsächlich aus wirtschaftlichen und strategischen Gründen interessiert – schielen, wie Du ja auch aus den Zeitungen entnommen haben wirst, stark nach der Gegenseite und zwar über das arme Finnland nach Russland hinüber, in dem sie schon den kommenden Hauptfaktor für den Frieden des Nordens wittern und besänftigen wollen. In ihren allgemeinen Vorurteilen sind sie natürlich von Amerika und England bestimmt, aber es gibt bei ihnen auch eine tief eingewurzelte kulturelle Bindung an, wenn nicht sogar Herkunft von Deutschland, die das Gespräch mit ernsteren Persönlichkeiten, die von der Pressehetze innerlich unabhängig sind, fruchtbar und erbaulich

machen. Diese Männer sehen deutlich, dass Europa seiner schwersten Krise jetzt erst entgegengeht und kein leichtfertiger alliierter Sieg, von dem die Feindpropaganda als von einer Selbstverständlichkeit ausgeht, diese Schicksalsfrage zu lösen vermag.

Nach dem Krieg ist behauptet worden, er habe mit der russischen Botschafterin, Mme. Kollontai, in Stockholm verhandelt. Von ihm selbst erinnere ich nichts dergleichen gehört zu haben, und nach allen Erkundigungen in der Zwischenzeit ist diese Meinung wohl auch nicht zutreffend. [253] Das sagte mir auch zu Beginn des Jahres 1957 Herr Pfleiderer, und er erzählte dazu von seinen eigenen Versuchen in dieser Richtung, die zufällig während der Zeit von Adams letztem Schwedenbesuch in Deutschland eingeleitet wurden. Der Botschafter von der Schulenburg hatte ihn damals gedrängt, einen Kanal zu den Russen zu graben, durch den gegebenenfalls etwas hin und her gehen könne. Später hätten sie diese Absicht auch Ribbentrop nahegebracht und seine Einwilligung erhalten. Dieser Kanal wurde tatsächlich hergestellt über eine Masseuse, Fräulein Luthander, die sowohl einen Balten, einen Herrn von Knierim, als auch die russische Botschafterin behandelte. Bevor der Kanal aber benutzt wurde, erfolgte die Abberufung Mme. Kollontais. Pfleiderer sagte, es sei damals sowieso zu spät gewesen und erwähnte inneröstliche Entwicklungen. Von alledem hat Adam also nichts mehr erfahren. Dagegen wusste er, wie ein ehemals dem Büro Ribbentrop angegliederter Beamter, Peter Kleist, in seinem Buch »Zwischen Hitler und Stalin« erwähnt, von dessen Erlebnissen mit einem Osteuropäer in Schweden, der im russischen Auftrag Friedensfühler ausstreckte. Er habe gesagt, dass man bisher auf keine Weise einen Weg ins gegnerische Lager habe finden können und: »Wir müssen jeder auch noch so ungewissen Möglichkeit nachgehen, die sich uns bietet.«

Die weiteste seiner Reisen führte in die Türkei vom 17. Juni bis 3. Juli 1943. Dr. Melchers hatte ihm zusätzlich amtliche Aufträge zur Motivierung dieses Unternehmens gegeben. Über den Zweck der Reise erinnert Prof. Eberhard, den er in Ankara wiedersah, nur, dass er mit dem deutschen Botschafter Franz von Papen Besprechungen hatte, in denen Fragen der Opposition erörtert wurden, und dass in dem Zusammenhang auch der Name des Botschafters am Vatikan von Weizsäcker gefallen sei. Adam war »sehr gehetzt und gespannt und schien zu wissen, was das Schicksal für ihn geplant hatte«, schrieb Wolfram Eberhard. In merkwürdigem Kontrast zu diesem Eindruck steht der Brief, den ich von dort bekam [254] und der die lösende, beruhigende Wirkung des Orients widerspiegelt:

... wie oft habe ich es bedauert, dass Du bei dieser »Rückkehr« nach Asien nicht bei mir warst – von dem Moment, als ich die Moschee vor dem mondüberglänzten Bosporus, bis ich die Menschen, Landschaften, Geräusche, Gerüche und Bilder wieder erkannte, die mein Leben in China erfüllt und gewandelt haben.

Auf dieser Reise besuchte er in Stambul auch Herrn Leverkuehn, den Anwalt, unter dem er 1935 in Berlin gearbeitet hatte und der mittlerweile die deutsche Vertretung dort leitete. Dr. Leverkuehn wiederum war befreundet mit dem Sohn aus einer anderen Lübecker Familie, Vermehren. Ihn schickte er später zu Adam mit der Bitte, ihm bei der Erlangung eines Visums behilflich zu sein. Adam, der nie eine Bitte ausschlug, bemühte sich erfolgreich auch für Vermehren. Aber dieser hatte nichts Eiligeres zu tun, als die Ausreiseerlaubnis zum gefahrlosen Überlaufen für sich und seine Frau zu benutzen. Im Anschluss daran äußerte er sich vor der englischen Presse darüber, dass sein Gewissen ein weiteres Verbleiben im Nazideutschland nicht zugelassen hätte. Diese rücksichtslose Handlungsweise musste Leverkuehn und Adam auf das schwerste gefährden. Adam wurde in Berlin mehrfach verhört, wunderbarerweise aber geschah ihm damals noch nichts. Doch weiß man, was es bedeutete, so erheblich »unangenehm aufzufallen«. Die Familien Vermehren und Plettenberg verbrachten den Rest des Krieges im Konzentrationslager.

Er bereiste aber nicht nur das neutrale Ausland, sondern auch – unter dem Vorwand, die dort stationierten Inder zu besuchen – die besetzten Nachbarländer. Dort stand er in Kontakt mit solchen Menschen, die daran arbeiteten, wie nach dem Sturz der Hitlerregierung ein neues, befriedetes Europa gebaut werden sollte.

In Belgien war Adam im Spätsommer 1941 und vom 13. bis 18. Februar 1942, in Holland vom 5. bis 9. Dezember 1942, in Holland und Belgien vom 18. bis 23. August 1943 und in Hilversum, [255] Brüssel und Paris vom 10. bis 17. Dezember 1943. Herr Visser 't Hooft, der für Adam gut gesagt hatte, erzählte während des schon erwähnten Gesprächs 1945, dass Adam vollständiges Vertrauen in Holland genossen habe, und nannte die Namen der holländischen Gesprächspartner: Prof. Kraemer, Patijn, van Asbeck. Auch der niederländische Botschafter in Washington, Dr. van Roijen, hat 1951 dem deutschen Geschäftsträger dort gesprächsweise gesagt: dass er während des Krieges mit den Männern des 20. Juli in Verbindung gestanden habe, insbesondere mit Graf Moltke und von Trott zu Solz. Er sagte, dass von Trott zu Solz ihm wiederholt gesagt habe, dass sein und seiner Freunde Streben nicht in erster Linie der Erhaltung des deutschen Heeres und der deutschen Macht gelte, sondern der Bewahrung der geschichtlichen Kontinuität Deutschlands.

Nach Belgien fuhr Adam vor allem, um in Brüssel mit General von Falkenhausen zu sprechen, in dessen Stab auch Moltkes Bruder sich befand. Der General erzählt, dass Helmuth Moltke und Adam in den verschiedensten

Fragen seinen Rat einholten. Einmal sei Adam mit einer großen Landkarte angekommen, um die Ansicht des Generals zu einer geplanten Gebietsaufteilung in Deutschland einzuholen. Ich erinnere, dass Adam aus Brüssel ab und an eine ganz optimistische Lagebeurteilung über die Aussichten der Opposition mitbrachte, die – so gern er sich dieser Ansicht angeschlossen hätte – ihm jedoch oft aus den dortigen günstigeren Verhältnissen erwachsen zu sein schien. [256]

1 »... mein Vertrauen und meine Zuneigung sind tief, meine Achtung vor ihrem Charakter und ihren Eigenschaften ist groß, und ihre Gegenwart ist für mich eine große Quelle der Freude und des Trostes ...«

2 »... Ihre Eltern und Familie haben viel von dieser Stadt und sind anders als die Menschen, die Du kennst, aber nett und würdig, obwohl etwas festgelegt und auf ihre patrizische Umgebung. Ich mochte Hamburg immer gern und schätzte selbst diese Quasi-Stabilität. Ihr Vater gilt als der vielleicht beste Anwalt hier, und er und seine Frau sind anders als der Rest, feiner und er außerordentlich intelligent. Ich habe sie erst einmal gesehen, weil ich wegen des Arztes in der Stadt bleiben musste – aber ich werde sie heute Nachmittag sehen ... C's Brüder sind reizend – einfach im guten Sinn, offen, aufrichtig und gut aussehend. Der Vater sieht nicht so gut aus, sondern eher wie ein hart arbeitender, vielleicht etwas ernster Mann, der sehr besorgt ist über alles, wie man das zur Zeit wohl sein kann. Ich stimme ziemlich weitgehend mit seinen Ansichten überein ...«

3 »... Während Sie diesen Weg für Briefe an mich nutzen möchten, können Sie Tracys Adresse sehr gut für sperrigeres Zeug verwenden. Ich könnte von Zeit zu Zeit hingehen und es selbst abholen.«

4 »Diese Information ist eine Fortsetzung des Memorandums, das Sie schon gesehen haben, es wurde aus Genf von Dr. Visser 't Hooft vom Weltkirchenrat überbracht und hatte etwas mit von Trott zu tun.«

5 »Am 13. Juli sah ich Sir Stafford Cripps. Er sprach enthusiastisch von Adam von Trott, und er erzählte mir von seinem Gespräch im Mai mit Dr. Visser 't Hooft, der ihm ein von von Trott aufgesetztes Memorandum gegeben habe, das in meinem Brief an Mr. Eden erwähnt wurde. (Nach dem Krieg hörte ich, dass Sir Stafford Cripps dieses Memorandum Mr. Churchill gezeigt hatte.) Sir Stafford erzählte mir, er habe Visser 't Hooft mitgeteilt, dass er von Trott ermutigen solle, jedoch nur unter der Voraussetzung einer deutschen Niederlage. Als ich Cripps die Stellungnahme Schönfelds zeigte [die in einigen Punkten mit dem Memorandum von Trott übereinstimmte, jedoch eine hoffnungsvollere Haltung hinsichtlich der Kooperation mit Russland aufwies], beeindruckte diese ihn außerordentlich. Er nannte sie ›weitreichend‹ und versprach, mit Mr. Eden darüber zu sprechen. Er stimmte überein, dass in jedem Fall Ermutigung nichts Schlechtes und im besten Fall etwas Gutes bewirken könnte. Vier Tage später jedoch ging mir folgender Brief von Mr. Eden zu, der völlig negativ war ...«

6 »Doch wie auch immer die Verantwortlichkeiten liegen, sollten wir gemeinsam unser Versagen anerkennen, auf christliche Weise mit den historischen, geographischen, wirtschaftlichen und psychologischen Faktoren umzugehen, die die Welt in die derzeitige Lage gebracht haben ...«

7 »Es scheint fast unglaublich, dass in diesem späten Stadium ein Gedankenaustausch noch möglich ist, der sich auf das Vertrauen gründet, dass keine Seite einen ungerechtfertigten Vorteil anstrebt. Wenn dies im Bereich internationalen wirtschaftlichen Denkens so bleiben sollte, so ist dies fast nur durch Kanäle persönlichen Vertrauens erreicht worden, wie Sie sie während Ihrer Amtszeit in Basel so außerordentlich gut eingerichtet haben ...«

Das Jahr 1944

Frühe Schicksalsahnungen

Einige Zitate aus den Merkbüchlein des zwanzigjährigen Adam nehmen das Zukünftige so merkwürdig vorweg, dass sie sich wie eine Überschrift zum letzten Kapitel seines Lebens lesen:

> Und es werden dann die wieder aufstehen, die den Menschen lehren werden, glücklich zu sein in Not, Elend und Tod, den dauerhaften Besitz des Geistes wieder zu spüren und den Edelmut dessen, der sich in heißer Begeisterung für Unsichtbares opfert. Die Gemeinsamkeit mit dem Schicksal der Großen vergangener Zeit wird erhellen zugleich damit, dass sich die anscheinend so drückende und gleißend unruhige Außenwelt ihrer Tage verdunkelt. Den wenigen, denen die Gottheit in diesen Zeiten des Heulens und Zähneklapperns das Schicksal der Menschen anvertraut, wird es erscheinen, als ob sie dem Himmel nie näher gewesen sind als jetzt, und sie werden stolz und stark sein in dem Bewusstsein, dass für ihre Enkel es eine Freude sein wird, Mensch zu sein. –
>
> Dürfen wir schon in Tagen der Vorbereitung und noch sanften Ruhe ein Vorgefühl solchen Heldentums ohne Schwärmerei fassen und hoffen, dass wir seiner auch in Wirklichkeit und mit Recht einmal teilhaftig werden, die wir noch nichts Entscheidendes dafür gewagt haben und jetzt noch von überall her das zusammensuchen, um die Kerben auszubrechen, die später die Säge ausmachen sollen, mit der wir die Stämme des Ungeistes zersägen wollen und die dazu eine Spannung und Hitze ertragen können muss, die unsere Tage noch nicht kennen.

Diese Sätze stammen aus einer Zeit der »Hochgestimmtheit« und lesen sich wie ein Zitat aus seinen geliebten Romantikern. Sie stehen nicht vereinzelt da. Das Spätere klingt auch in diesen an:

> Erst dadurch, dass wir die sittliche Idee aus uns selbst im Leben entwickeln, wird dieselbe existent für uns; sobald wir stark genug sind, dürfen wir getrost ihre tönerne Form außer uns zerschlagen. Je weiter man dies zu realisieren vermag, desto getrösteter wird man sein, und desto mehr wird man aufhören, sich selbst im Schatten zu stehn.

… und wie eine Formel für seine und seiner Freunde Arbeit auch dies: [257]

> Gegen eine chaotische Außenwelt ist die beste Abwehr: Ordnung im eigenen Innern.

Und schließlich spricht eine Notiz des Sechsundzwanzigjährigen dieses Vorwissen noch einmal ganz deutlich aus:

Wenn wir uns schon mit einer Epoche abfinden müssen, in der die größere Wahrscheinlichkeit für ein vorzeitiges Lebensende steht, sollten wir doch wenigstens dafür sorgen, dass es einen Sinn hat zu sterben – gelebt zu haben. [*1935*].

Bewegung hin zur Entscheidung

Beim Überdenken von Adams letzten Lebensmonaten treten so deutlich Merkmale der Reifung, Erfüllung und Vollendung ins Blickfeld, dass es eine organische Einteilung zu sein scheint, wenn man über das Jahr 1944 in diesem gesonderten Kapitel berichtet.

Einen freudigen Auftakt findet das neue Jahr: »Bekam heute einen Gruß von David A. vom August 43«, schrieb er am 5. Januar. Von Mitte Februar ab meint man, seinen Briefen ein stetiges, auf den Tag der Befreiungstat zustrebendes Crescendo zu entnehmen; vorher aber musste er wieder – ähnlich wie auf der sibirischen Reise und in Königsberg und Berlin vier Jahre zuvor – durch eine Periode von Krankheit und Rückfällen und allem, was das bedeutete. Wie damals begann es mit einer Grippe, die er sich auf einem Wochenende in Kauern bei Peter Yorck zugezogen hatte, wie damals hatte er sie vernachlässigt, wie damals rebellierte die Leber, und hinzu kam eine Ischiasaffektion, die ihn zeitweise fast bewegungsunfähig machte. Auch Hans Haeften war sehr elend. Von den übrigen Freunden meinte er (16. Januar 1944), dass es ihnen ganz gut gehe, dass aber eine gewisse Stagnation eingetreten sei. Und schreibt dann von

> zwei Arbeiten, die ich seit langem niederschreiben möchte ... Die Aufgabe liegt so greifbar vor einem, nur die Kräfte reichen nicht – oder vielleicht ist die Zeit noch nicht reif.

Aus anderen Berichten entnimmt man, dass im Spätherbst wiederum Erhebungsaussichten zunichte gemacht waren. [258] Die persönliche Gefährdung wurde aber immer spürbarer, einerseits durch die Bombenangriffe, andererseits durch die Gestapo. Im März wurde Adams treue und zuverlässige Sekretärin, Hildegard Walter, während einer solchen Terrornacht im Keller ihres Mietsblocks mit ihrer Familie begraben, und Adam und seine Mitarbeiter standen stundenlang vor den rauchenden, glühenden Trümmern und organisierten alle überhaupt erdenklichen Hilfsmaßnahmen – ohne Erfolg. F.J. Furtwängler hat auch darüber berichtet, wie Adam, viele Wochen danach, über sich selbst erschrak und als Gefahr »seelischer Vereisung« empfand, dass er schon aufgehört habe, um das redliche Mädchen zu trauern. Etwas in ihm hatte jedoch diese nächtlichen Infernos auch wie das Gericht begrüßt. Nach einer der ersten Schreckensnächte schrieb er:

> Es liegt etwas Feierliches auf diesem grauen, verqualmten Berlin, auf den Gesichtern der Menschen eine Ruhe – fast Ergebenheit, nur gelegentlich durch offensichtliche Szenen von Erschöpfung und Schmerz unterbrochen. Die große, erwartete Heimsuchung beginnt, und fast sind Ereignisse willkommen, die wie diese die ganze Härte und den Ernst der Auseinandersetzung an uns herantragen … [*23. November 1943*].

Und mich mahnte er, meine innere Ruhe nicht von der schwer behinderten Nachrichtenübermittlung nach Alarmen abhängig zu machen:

> … Über all dem steht ein höherer Wille, der sich nicht korrigieren lässt und in dessen tieferer Erforschung und gehorsamerer Befolgung aller Freude und Ruhe beschlossen ist … [*3. Februar 1944*].

Auf der andern Seite zog sich das Netz der Gestapo immer enger um sie zusammen. Dass unser Telefon überwacht wurde, hatten wir schon vor Jahren feststellen müssen. Die Vermehren-Affäre und wenig später die schwedische Presseindiskretion waren für Adam persönlich ebenfalls bedrohlich genug, und noch vor diesen Ereignissen muss eine Denunziation durch zwei Gestapoagentinnen stattgefunden haben, von der Graf Soltikow berichtet (dem Adam dann im Sommer 1944 während eines gegen diesen gerichteten Volksgerichtshofprozess beigestanden hat). Der schwerste Schlag [259] aber traf die Freunde Ende Januar durch die Verhaftung von Helmuth Moltke, dessen telefonische Warnung an Generalkonsul Kiep abgehört worden war. Obwohl Moltkes Gefangenschaft zunächst eine Art Schutzhaft war, weil man ihm anfangs nicht viel nachweisen konnte, gelang es den vereinten Bemühungen der Freunde dennoch nicht, ihn zu befreien. Brieflich konnte Adam natürlich nicht viel darüber berichten, aber dies Ereignis wird zunächst alles überschattet haben. Im März erlebte ich noch eine Zusammenkunft in unserer Wohnung, die wieder nur dem Ziel galt, alle Möglichkeiten zu prüfen. Außerdem hatten wir wohl nicht von ungefähr in unserem Code Helmuth mit dem »Kopf« gleichgesetzt, und sein Ausfall aus dem Zentrum der Arbeit muss sich schwerwiegend bemerkbar gemacht haben. So schufen die Bomben der Alliierten und der Gestapoterror zusammen mit den militärischen Nachrichten eine Lage, in der ständige, letzte Bereitschaft gefordert war. In einem Brief vom März 1944 spricht er davon:

> Auch die Zwiegespräche mit dem Tode, die Gott uns heute lehren will, sollen wir wohl nicht zaghaft, sondern entschlossen führen und daraus einen festeren Grund in unserm weiteren Dasein finden.

Mitte Februar fühlt er sich dann offenbar genesen, und obwohl Krankheitsattacken noch mehrmals wiederkehren, setzt augenscheinlich eine neue Phase für ihn ein. Am 23. Februar schreibt er:

> Ich versuche wieder, recht fleißig zu sein, und fühle mich wohl dabei.

Einen Monat später heißt es:

> ... gerade jetzt, wo man zu schnellen und verantwortungsvollen Entscheidungen bereit werden muss ...

und dann folgt noch ein Bekenntnis zu dem Deutschland, dem dieser Einsatz gilt:

> Als ich so über das Meer und die Wolken in das düster umdrohte Deutschland zurückflog, erfüllte mich von neuem eine tiefe Liebe und Freude, in dieser schweren Zeit gerade hierher gestellt zu sein und für unsere Heimat mitzukämpfen. Ich glaube, dass mich keine Beziehung zu irgendeinem Menschen so tief bindet wie dieses und dass hierfür besser und brauchbarer zu werden meine erste [260] Pflicht ist – das klingt vielleicht etwas bombastisch und verhüllt womöglich einen geheimen und gefährlichen Egoismus: aber es ist doch etwas Wahres ... Die eigene, eigentliche Aufgabe zu erkennen befreit und gibt dem Leben Halt und klare Wahl in den mannigfach verwirrten Prinzipien und Werten, die die Horizonte des modernen Weltbürgers erfüllen. Wir sollen in diesem die Last und seelenbedrängende Verengung des vorigen Jahrhunderts abwerfen und durch harte Prüfung und Arbeit ein neues Lebensgebäude errichten. Noch stehen wir in den Anfängen, aber in den Grundrissen von Ruinen zeichnet sich die Aufgabe schwarz und klar ab ...

Dazu gehört eine Stelle über Europa vom 3. Februar 1944:

> ... Ich kann übrigens das, was Du von Europa sagst, nicht zugeben: Entweder nämlich ging es schon 1914 unter, oder aber es ist nie untergegangen und ringt (mit an der Spitze der Menschheit) um eine neue, adäquate Form der Daseinsbewältigung. Auf die letztere Hypothese habe ich schon immer mein Leben gestellt, und die schweren äußeren Zerstörungen erschüttern mich im Innersten nicht ...

Die Äußerung Helmut Conrads, dass er in kaum einem anderen Menschen je so ein durchdringendes Bewusstsein einer historischen Aufgabe, eines Auftrags gespürt habe, fällt einem bei diesen Stellen ein. Auch der Prozess, von dem er vor einem Vierteljahr geschrieben hatte: es gälte für ihn, dass er »verharren und härter, schwerer ›konzentrierter‹ werden müsse ...«, auch diese Entwicklung geht merklich voran, wie die folgende Briefstelle vom 23. April zeigt:

> Rückblickend ist es schwerer als sonst, über die letzten 10 Tage zu berichten, obwohl sich in ihnen menschlich so gut wie nichts, sachlich nichts Überwältigendes ereignet hat. Ich komme langsam zu einer stärkeren Identifizierung

> mit meiner Aufgabe und meinem Dienst, was hoffentlich für Dich keine unerträgliche Verengung und Verhärtung bedeuten wird. Es ist notwendig, sich zu beschränken und klarer zu wissen, was einen angeht und was nicht …

Am 19. Mai heißt es:

> … ich war gestern um 2 nach Hause gekommen. – Ich bin von Dingen absorbiert, die ich Dir nicht schreiben kann, wie wir ja überhaupt beide den Stoff für unsere Mitteilungen außerhalb unseres Tageslaufs suchen müssen …

Am 1. Juni ist die Rede von »all den Fährnissen und Aufgaben, die uns noch bevorstehen«, und davon, »wie ich Dich [261] an allem hier – wenn auch nicht in Briefen – beteiligen möchte …« Und am 7. Juni heißt es: »… denn ich bin auch heute wieder bis tief in die Nacht (auch vorigen Sonntag war es so) dienstlich beansprucht …« Die Briefe wurden immer seltener.

Diese Stellen könnten an sich nichts weiter sein als eine Aneinanderreihung von Andeutungen aus Adams üblicher intensiver Lebensgestaltung. Zusammengehalten mit anderen Erinnerungen und dem tatsächlichen späteren Geschehen, deuten sie jedoch darauf hin, dass sein Leben einer Erfüllung zudrängte. Das zeigte sich auch auf anderen Gebieten.

Erfüllungen

Ostern sprach er davon, dass für ihn jetzt viele bisher offene Fragen der politischen Zukunftsgestaltung anfingen, Form zu gewinnen. Nicht in den Einzelheiten, die erst aus der konkreten Situation heraus gestaltet werden könnten, aber in den Grundlinien. In diesem Zusammenhang erwähnte er auch seine Gespräche mit Margret Boveri, denn die Unterhaltungen mit ihr regten ihn in dieser Richtung an. Auch seine Hegelkritik, die ihn seit so vielen Jahren nebenher beschäftigte (mit Eugen Gerstenmaier hat er oft über Hegel diskutiert), wurde greifbarer. Etwa in dem Sinne versuchte er es mir zu erklären, dass Hegels Forderung des »Rechts auf freien Willen« abgelöst werden müsse durch das »Recht auf Arbeit« – wobei Arbeit Selbstverwirklichung im weitesten Sinne bedeutete.

Auf jenem Osterspaziergang deutete er aber noch etwas an, was vielleicht zum wesentlichsten Element in dieser Bewegung zum Höhepunkt und Ende werden sollte. Er sagte, er habe einen jungen, hochbefähigten Offizier kennengelernt, durch den die festgefahrene Situation in Bewegung geraten sei. Den Namen habe ich von ihm selber nie erfahren. Und von den Qualifikationen, die er ihm zusprach, erinnere ich vor allem das Wort »feurig«.

Liest man die nachösterlichen Briefe aufmerksam durch, so scheinen an manchen Stellen diese neue Begegnung und ihre [262] Bedeutung durchzu-

Adam und Werner von Trott mit ihren ältesten Töchtern, Ostern 1944

schimmern, zumal Adam sonst seine Besuche und seinen Umgang – wenn er ihn überhaupt erwähnte – näher zu umschreiben pflegte.

Ende April schrieb er:

> ... Der Zustand des Kopfes ist unverändert. Trotz anfänglicher Einsamkeit umfängt mich eine Welt von angespannter Arbeit und mehr als Kameradschaft, ungemein hilfreich und anspornend, so dass ich nur dankbar sein kann ...

Und am 1. Mai beschreibt er die Frühlingswelt um sich herum und dabei das Geräusch von

> Emma, in der Küche hantierend, das Abendessen für mich und einen guten Freund bereitend.

Und am 18. Juni heißt es noch einmal:

> Unterdessen war mein Besuch, ein besonders erfreulicher, hier und ist zu Tee und Abendbrot geblieben, das unser ganz vortrefflicher kleiner Hausgeist ganz

> wunderbar bereitete. Es wäre noch schöner gewesen, wenn Du zum Schluss hättest dabei sein können. Ich habe dann unter grau bewölktem Sommerabendhimmel einen stillen Gang um unsern See gemacht, das Gespräch und Dein und mein Zusammensein mit dankbaren Hoffnungen überdacht.

Bei all diesen Andeutungen kann es sich nur um den Grafen Claus Stauffenberg gehandelt haben. Dass dieser später wiederholt bei uns in der Wohnung war, berichtete Teddy Götz, und auch die alte Haushälterin Emma erzählte davon. Teddy wusste auch, dass er kurz vor dem 20. Juli während eines Luftangriffs noch in unserm Luftschutzkeller war.

Werner Trott, mit seinem untrüglichen Sinn für das Wesen menschlicher Beziehungen, hat gesagt, dass diese Freundschaft mit Claus Stauffenberg die menschliche Erfüllung in Adams Leben gewesen sei. Das ist nach allem, was man inzwischen über Stauffenberg erfuhr, nicht schwer zu verstehen. Beiden eignete eine Fülle, ja ein Überfluss, der sich ihrer Umgebung mitteilte, der aber wohl nur von ähnlich Gearteten ausgeschöpft werden konnte. Beide vereinten in sich den staatsmännischen Sinn mit künstlerischer Erlebnisfähigkeit, in beiden lebte die Liebe zur Landschaft ihrer Heimat fort, beide aber verstanden auch die Sprache der Menschen und Länder draußen wie wenige andere. Beide waren von ungebrochener [263] Natürlichkeit und Wärme der Zuwendung, beide von mitreißender Intensität. Und auf beide, schließlich, blickten Altersgenossen und Ältere von früh auf mit Erwartungen und Hoffnungen. Es ist Adam im Kreise seiner Freunde, mit denen ihn herzliche Zuneigung, hohe Achtung und die Gemeinsamkeit der zutiefst verpflichtenden Aufgabe verband, in all den Kriegsjahren gewiss kaum je zum Bewusstsein gekommen, dass ihm noch etwas fehle. War doch das, was er gefunden hatte, die Erfüllung jahrelangen Suchens. Dennoch änderte sich nichts an der Feststellung, die Frau Julie Braun-Vogelstein im Gedächtnis bewahrte aus dem Jahre 1939 und die sie so wiedergab: »I share but parts of myself and fragments of things with others.« Es sieht so aus, als sei eben diese Beschränkung am Ende seines Lebens, in dem katalysierenden Medium letzter Entscheidungen, durch das Wunder einer neuen Freundschaft aufgehoben worden; als ob er die Fülle des Lebens in der Begegnung mit dem Andern, die erst die letzten Quellen der Person freilegt, habe erfahren dürfen.

»Deutschland zwischen Ost und West«

Welchen Inhalt aber hatte die Arbeit dieser Monate, die der Entscheidung zustrebten? Wieder kennt man nur das Thema, nicht die Substanz. Damals schrieb er das Memorandum »Deutschland zwischen Ost und West«, zu dem ihm u.a. F.J. Furtwängler Unterlagen ausgearbeitet hat. Adam hat zu Gogo Nostitz gesagt, der ihn besuchte, gerade als die Nachricht von der Verhaftung

Lebers und Reichweins eintraf und es sich darum handelte, nun wirklich alles zu verbrennen: diese Arbeit könne er nicht vernichten, sie sei »mit Herzblut« geschrieben. Sie versteckten sie schließlich unter der Treppe, die auf unsern Balkon hinunterführte. Auch F.J. Furtwängler hat bei seinen Freunden Kruse in Wildpark bei Berlin eine Metallbüchse mit einem Exemplar vergraben lassen – nach dem Kriege war sie aber in dem entlegenen Schrebergarten nicht mehr aufzufinden (Brief Furtwänglers vom 8. Juli 1947). Prof. Ritter vermutet die Identität dieser Denkschrift mit einer anderen, die sich bei U.W. Schwerin gefunden hat und die »Europa zwischen Ost und West« hieß (Goerdelerbuch, Seite 378). Auch im »Kiesel-Bericht« soll nach [264] Prof. Ritter unter dem 24. Juli 1944 davon etwas ausführlicher die Rede sein. Das erst genannte Memorandum habe Gedankengänge enthalten, die Adam dem Historiker in jener Zeit entwickelt hätte. Doch lassen die Erwähnungen nicht erkennen, was sein auffallend nachdrückliches Verhältnis zu eben dieser Arbeit erklären könnte.

Welche Bedeutung dieser Arbeit im Gesamtzusammenhang beigemessen wurde, geht auch aus dem Bericht von Herrn Dr. Fritz Theil hervor, einem Freunde Fritzi Schulenburgs und Caesar von Hofackers, der erst vor kurzem aus russischer Gefangenschaft zurückkam. Er erzählte, dass er am Donnerstag, dem 20. Juli, in seiner Eigenschaft als Rundfunkkommentator und Eingeweihter von Adam telefonisch aus dem Auslandpresseclub in die Wilhelmstraße gerufen worden sei und in einem der hinteren Zimmer dort zwischen 15 und 18.30 Uhr vor allem dieses Dokument für die abendliche Rundfunksendung bearbeitet hätte. Es sei eine große Denkschrift gewesen, ein »glänzendes Schriftstück«. Einzelheiten erinnerte er aber nach all den Leidensjahren auch nicht mehr.

Diese Aufzeichnung enthielt wahrscheinlich die grundlegenden Überzeugungen, die Adam in der Arbeit leiteten, die ihm innerhalb des Freundeskreises zugefallen war: dem Brücken schlagen zum Ausland. Hiervon war im voraufgehenden Kapitel die Rede.

Oberitalien

Inmitten dieser unentwegten Bewegung auf den Umsturz zu lag wie eine friedliche Insel der Aufenthalt in Oberitalien mit Teddy von Kessel Ende Mai 1944. Spürbar erwärmt von diesem Erlebnis traf Adam zu Pfingsten in Imshausen ein. Sie waren zusammen in Venedig, dann am Gardasee (bei Rudolf Rahn) und in Verona, und, tief beglückt und fast ein wenig erstaunt, hatten sie plötzlich die reifen Früchte ihrer langen, spannungsvollen Freundschaft geerntet. Auch Kessel hat es so geschildert:

> Als ich ihm nach unseren ersten, gedrängten Unterhaltungen über die Zeitereignisse mein Vorhaben eröffnete, sträubte er sich und meinte, [265] er sei

zu nervös und missgestimmt, um irgend etwas zu genießen. Nach 24 Stunden aber hatte ihn Venedig völlig in seinen Bann geschlagen. Die Museen und Paläste waren zwar geschlossen, aus den Kirchen die Bilder entfernt oder eingemauert – aber was scherte uns das alles? In dieser Umgebung wurde der Krieg unglaubhaft. ... Sogar die deutschen Matrosen, die sich durch das tänzelnde Volk schoben, als geriete ein Erdwall in Bewegung, schienen kindlichen Gemüts dem gefährlichen Zauber der Stadt zu verfallen. Trotts innerer Widerstand schmolz rasch dahin, noch nie hatte ich ihn so entspannt und froh gesehen, es war etwas Vollendetes an ihm, so dass die Menschen stehen blieben, um ihm nachzuschauen. Zwar beschwerte er sich scherzend, ich sei ein Taugenichts, die Stunden und Tage so zu vertun, zog mich aber gleichzeitig in eine Gondel, auf deren Sitz er sich wohlig dehnte, während sie wie ein schlankes Raubtier durch die Kanäle glitt und unter dem Ruf des Gondolieres um die Ecken schoss. Wir waren uns in den 15 Jahren unserer Freundschaft noch nie so eins gewesen ...

Den gleichen Eindruck der Vollendung hatte ich während der anschließenden Pfingsttage, als er zum letzten Mal in Imshausen, zum letzten Mal mit seiner Mutter und seinen kleinen Töchtern zusammen war. Im Glanz eines warm durchsonnten Frühsommertages machten wir den letzten Weg über die Höhen, Bild um Bild der geliebten Heimat sog er von dort oben in sich ein, und auf dem Rückweg sagte er, dies werde ihm noch lang nach der Rückkehr in die Stadt vor der Seele stehen und ihm helfen. Anschließend sprach er auch davon, dass er um sein Los ruhig sei. Werde er noch gebraucht, so werde Gott auch sein Leben erhalten; wenn nicht, so sei er auch darüber im Frieden. Diese einfachen Worte und die bei ihm ungewöhnliche, direkte Weise, Gott und letzte Dinge zu erwähnen, hat mich damals genauso beglückt wie erschreckt. Denn auch sein Gesichtsausdruck hatte alle Disharmonie verloren, und die Schönheit seiner Züge [266] war bewegend. Auch seine Mutter sprach das hinterher aus. Ähnliche Veränderungen hatte ich während des Krieges manchmal an jungen Soldaten zu bemerken geglaubt, die dann bald gefallen waren.

Juli 1944

Immer noch war Helmuth Moltke in Haft. Ich erinnere, Adam so verschleiert wie möglich meine Bedrückung darüber mitgeteilt zu haben. Wie musste es Freya zu Mute sein, dachte ich, wenn es den vereinten Bemühungen der Freunde in fünf Monaten nicht gelang, ihren Mann zu befreien. Adam antwortete in einem undatierten Brief:

... Deine Bemerkung im Anschluss an Freya über hohe und enttäuschte (?) Erwartungen habe ich nicht verstanden. So wie sie sich liest, ist sie gewiss

Clarita und Adam Trott in Imshausen, Pfingsten 1944

falsch. Die Saaten reifen jetzt allenthalben, und die schweren Wolken haben sich längst an allen Horizonten zusammengezogen. Jetzt ist die Zeit, sein Herz auf letzte Entscheidungen zu prüfen und bereit zu machen. Ich kann nicht viel schreiben, aber ich weiß Euch und mich in guter dauerhafter Obhut, die nicht zu enttäuschen allein wesentlich ist.

Wahrscheinlich stammen diese Zeilen von einem Zeitpunkt nach dem 5. Juli 1944, also aus den Tagen nach der Verhaftung Lebers und Reichweins. Adam hat Curt Bley erzählt, dass Stauffenberg in seiner Gegenwart immer wieder in die Worte ausbrach: »Ich hole ihn heraus. Ich hole ihn heraus.« Er meinte damit Julius Leber, für dessen Rettung kein Preis zu hoch schien. Ein weiterer Grund für die endgültige Festlegung des Termins soll die bevorstehende Abriegelung der Streitkräfte im Norden der Ostfront gewesen sein.

Aus diesen Julitagen hat auch ein naher Freund Hans von Haeftens, ein Mitglied der Michaelsbruderschaft, der spätere Professor für Theologie Herbert Krimm, berichtet. Hans Haeften brachte seinen Freund zu einer letzten grundsätzlichen Debatte mit Adam und Peter Yorck in unsere Wohnung. Yorck sei sehr schweigsam gewesen, sei ab und zu auf den Balkon getreten, um etwaige Lauscher zu entdecken. Krimm selbst habe das Gefühl gehabt, überflüssig zu sein und [267] längst besprochene Argumente gegen das Attentat zu geben, die vom siebenten Gebot bis zu der Feststellung reichten: »Ihr seid zu anständig und bringt es doch nicht fertig.« Adam habe alle diese Gründe zurückgewiesen. Die Unterhaltung habe dann keinen grundsätzlichen Abschluss gefunden, sondern in der Überzeugung geendet, dass die Dinge schon zu weit getrieben seien, um sie noch aufzuhalten.

Erst der 11. und dann der 15. Juli waren von Stauffenberg für das entscheidende Attentat im Führerhauptquartier bestimmt worden und an Ort und Stelle – aus verschiedenen Gründen – wieder aufgegeben.

> Am Sonntagabend *[16. Juli], schreibt Prof. Ritter,* hatten sich Trott, Fritz Schulenburg und Hofacker mit Berthold und Claus Stauffenberg in dessen Wohnung in Wannsee zusammengefunden, um die durch das Scheitern des zweiten Attentatsversuchs entstandene Lage zu beraten ... Adam von Trott vertrat, wie es in dem mir vorliegenden Gestapobericht heißt, »den Standpunkt, dass man auf der Feindseite verhandlungsbereit sei, sobald dafür die Voraussetzung, ein völliger Wechsel des Regimes, geschaffen werde« ... In der anschließenden Diskussion kam man zu dem Entschluss, die künftigen Verhandlungen von »Militär zu Militär« zu führen, »und zwar nicht nur mit den Feinden im Westen, sondern auch mit den Sowjets, wobei der alte Schulenburg [*der frühere Botschafter*] und der ehemalige Militärattaché in Moskau [*General Köstring*] als Sachkenner in die Verhandlungen eingeschaltet werden sollten. Nach der englisch-amerikanischen Seite wollte von Trott dabei sein.« *An anderer Stelle heißt es, dass General von Falkenhausen dorthin als Bevollmächtigter entsandt werden sollte.*

Über die Tage zwischen dem 17. und 21. Juli hat der damalige Vortragende Legationsrat W. Melchers in einem 32 Schreibmaschinenseiten fassenden Bericht eingehend ausgesagt. Dieses Dokument wurde bereits am 28. Februar 1946 abgeschlossen, da es als Unterlage in einem Spruchkammerverfahren dienen sollte. Dr. Melchers kam am Montag, dem 17. Juli, nach [268] viermonatigem Krankheitsurlaub ins Auswärtige Amt zurück. Er traf Adam in der Wilhelmstraße, und dieser weihte ihn sofort ein. Ihre Gespräche in jenen Tagen hat Dr. Melchers bis ins Einzelne festgehalten. Es seien hier die Themen genannt: Adam fragte den bewährten Kollegen nach seiner Ansicht über die Zuverlässigkeit anderer Mitglieder des Auswärtigen Amtes. Er hat ihm versichert, es seien keine Listen vorhanden. Er hat seine Meinung über einen geeigneten Außenminister eingeholt. Außerdem habe er einen Vorschlag hinsichtlich eines geeigneten Propagandachefs erbeten und – als keiner erfolgte – unmittelbar die

Adams Mutter, Eleonore von Trott, und Adam von Trott mit Familie und Ursula von Arnim, geb. von Trott, mit Mann Harald und Tochter Marion

Ansicht des Gesprächspartners über die Eignung des Gesandten von Hentig eingeholt, auf dessen Teilnahme die Militärs großen Wert legten. Auch über den Neuaufbau des Amtes wurde gesprochen, und sie seien sich darüber einig gewesen, dass das Amt erheblich verkleinert werden müsse und dass die ganze von den Nazis aufgeblähte Apparatur abzubauen sei.

Am Nachmittag des 18. wurde Melchers durch Adam davon in Kenntnis gesetzt, dass Hans von Haeften als Verbindungsmann zwischen den Militärs und dem Auswärtigen Amt fungieren werde und mit der Vorbereitung der Übernahme des Amtes durch die neue Regierung beauftragt sei. Er nannte Olbricht, der in seiner Eigenschaft als Befehlshaber der Inlandheere der für sie in Berlin maßgebliche Mann sei. Adam habe auf die Gründlichkeit der Vorbereitung und die Breite der Aktion hingewiesen und habe ihn in dem Zusammenhang auch gebeten, sein Augenmerk mit auf stärkere Heranziehung der sozialdemokratisch eingestellten Kreise zu richten. Er habe gesagt, dass die bevorstehende Zeit in jedem Fall sehr ernst und schwer sein werde. Man müsse den Alliierten gegenüber die Schuld der Hitlerregierung für diesen Krieg in vollem Umfang zugeben, wenn auch die Volksstimmung nicht für den Krieg gewesen sei. Um die »bremsende« Wirkung der alten Berufsbeamten nachweisen zu können, drang Melchers darauf, die Aktenbestände des Amtes in jedem Fall zu sichern. Adam habe [269] sich einverstanden erklärt. Melchers berichtet, dass er selbst während des ganzen Krieges großen Wert darauf gelegt habe, seine Gutachten aktenkundig zu machen. »... ich hatte ihm schon wiederholt empfohlen, ein Gleiches zu tun«, schreibt er, »hatte allerdings damals kein besonderes Interesse bei ihm damit gefunden, da er allen bürokratischen Dingen abhold war.« Schließlich hat Adam ihn über einige Einzelheiten der bevorstehenden Aktion aufgeklärt und ihn gebeten, unauffällig mit dafür zu sorgen, dass möglichst viele zuverlässige Beamte zur Stelle seien. Noch später teilte er ihm mit, dass am 19. nichts erfolgen werde und er sich auf den 20. richten möge.

Am 18. Juli bekam Graf C.L. von Berg, damals persönlicher Ordonnanzoffizier des Generalfeldmarschalls von Kluge, ein Telegramm mit getarnter Unterschrift, er möge sich am 19. im Auswärtigen Amt bei Adam melden. Kluge schickte ihn aufgrund dieses Telegramms mit Kuriermaschine am 19. Juli nach Berlin und gab ihm einen persönlich abzugebenden Brief für Ribbentrop mit, mit welchem sich Graf Berg zunächst zum Staatssekretär Steengracht bzw. zu Herrn von Mirbach in dessen Vorzimmer begab, um anschließend sogleich Adam aufzusuchen. Dieser deckte das Telefon ab und sagte ihm dann, er möge nach Schönfeld fahren und dort auf seinen Anruf warten. Der Anruf erfolgte nie (Brief Graf Bergs vom 9. Dezember 1957).

Frau Gärtner und F.J. Furtwängler haben berichtet, dass Adam sie am 19. Juli für den kommenden Tag nach Berlin bestellt habe. Prof. von Selle zeigte mir ein Amtsschreiben, mit dem Adam den alten Freund aus Königsberg nach Berlin holen wollte; das, obwohl dieser mit einer merkwürdigen Anfälligkeit für gewisse Seiten nationalsozialistischer Geschichtsbetrachtung ihn zwischenhinein bekümmert hatte. Aber es ist bezeichnend, dass Adam sich immer an das in seinen Mitmenschen hielt, was er an Positivem kannte und worauf er für den Neuaufbau »bauen« konnte. [270]

Am 19. Juli schrieb Adam mir einen Brief, den ich sogleich vernichtete. Aber ein paar Sätze schrieb ich ab und andere (eingeklammert) habe ich behalten:

> ... (dass ich Dir in letzter Zeit so wenig schrieb, liegt nicht daran, dass ich Dir zu wenig, sondern zu viel zu erzählen hätte ... Du wirst in den nächsten Wochen vielleicht lange nichts von mir hören ...) ...
>
> Aber es bleibt das tiefe Vertrauen auf unser gemeinsames Leben, das an zwei so entfernten Polen doch als Teile eines einzigen und unter den gleichen Zeichen gelebt wird.
>
> An Dich und die lieben Kinder denke ich sehr oft und voller Sehnsucht, auch an die Täler und Berge, Euren Frieden und unsere Wege über die Höhen.
>
> Verzage nie (in allem Schweren, das gewiss noch kommen wird). Es ermöglicht uns ja auch in einem Umfang den ganzen Ernst, die Weite und Kraft des Daseins und seines Schöpfers zu erleben, wie sie vielen Generationen versagt war ...

Teddy von Götz erinnert von ihrem Gespräch mit Adam vom Tage nach dem Attentatsversuch, dass Adam ihr sagte, er sei am 19. abends noch mit Stauffenberg zu zweit zusammen gewesen und habe ihm zugeredet. Nach dem Bericht von Eberhard Zeller verbrachte Stauffenberg den Abend aber allein mit seinem Bruder Berthold in Wannsee. Er fuhr über Dahlem, und vielleicht ist er ja nicht nur, wie man weiß, damals in die offne Kirche eingetreten, sondern ist auf diesem Wege auch noch kurz bei Adam eingekehrt.

Der 20. Juli

Am 20. Juli habe ich Adam morgens angerufen. Das war während der vier Jahre unserer Ehe niemals ohne konkrete Veranlassung geschehen. Dieses Mal hatte ich keine. Es war nur der immerwährende Wunsch, mit ihm Verbindung zu haben und die Überlegung, dass dieser Kommunikationsweg durch die Notstandsmaßnahmen bald verlegt werden würde. Er hat es als Zeichen einer wortlosen Verbundenheit empfunden, die ihn tief erfreut hat, wie Teddy Götz noch erfuhr.

Die folgenden Berichte über den Ablauf dieses Tages, Adam betreffend, habe ich den Berichten von Dr. Melchers und Alexander [271] Werth entnommen:

Dr. Melchers schreibt:

> ... Es muss wohl etwa um 15 Uhr gewesen sein, dass Trott in meinem Dienstzimmer anrief und mich bat, zu ihm in sein Zimmer (das Zimmer des Staatssekretärs Keppler) zu kommen. Trott war auffallend blass, stand mitten im Zimmer und kam auf mich zu, nachdem ich die Tür zum Vorzimmer, in dem seine Sekretärin arbeitete, hinter mir geschlossen hatte. Er sagte mit leiser Stimme: »Es ist gemacht!« Als ich ihn sprachlos anstarrte, hob er die Hand und tat mit dem Zeigefinger, als drücke er eine Pistole ab. Ich fragte: »Und Sie haben genaue zuverlässige Nachricht?« Er erwiderte, er sei soeben von den Offizieren angerufen worden, und sie hätten ihm, wie verabredet, gesagt: »Er könne das Zimmer bekommen.« (Nach Werth: »Panta rhei.«) Er habe mir das nur kurz mitteilen wollen ... Dann deutete Trott auf seinen Schreibtisch; dort lag ein fertiger Brief zur Unterschrift. Er endete mit der vorgeschriebenen Grußformel »Heil Hitler!« Plötzlich lachte Trott und rief ihm Flüsterton: »Diesen elenden Gruß brauche ich nun nicht mehr zu unterschreiben« ...

Adam habe dann noch andere informieren wollen (u.a. hat er mehrfach Herrn Fritz Theil aufgesucht, der die abendliche Rundfunksendung in einem der hinteren, für die Presse reservierten Zimmer bearbeitete) und vor allem auf Hans Haeften gewartet, der noch bei den Militärs war. Melchers erfuhr auf dem Weg in sein Zimmer von der Sondermeldung, dass Hitler das Attentat überlebt habe. Er schreibt:

Von meinem Zimmer aus rief ich nun Trott an und bat ihn um eine dringende »dienstliche« Rücksprache. Ich traf ihn in seinem Dienstraum nicht allein an. Im Stuhle in der äußersten Ecke des Zimmers saß der wissenschaftliche Hilfsarbeiter Dr. Werth, ein Mitarbeiter und Freund Trotts. Es war mir sofort klar, dass er eingeweiht war. Ich machte Trott von der Sondermeldung Mitteilung, der sie anscheinend soeben schon von Werth gehört hatte. Wir tauschten Vermutungen über die Entstehung der Meldung aus. Auch [272] Trott äußerte die Hoffnung, dass es sich dabei um eine taktische Maßnahme handle. Wir kamen zu dem Schluss, dass die Ereignisse ja in aller Kürze zeigen mussten, was an der Meldung war. Werth meinte, es komme jetzt alles darauf an, ob die Militärs das weitere Programm durchführen würden, einerlei, ob Hitler tot sei oder nicht.

Wir gingen ans Fenster und sahen auf die Wilhelmstraße hinunter. Wahrhaftig war die Straße fast leer und offensichtlich schon abgesperrt. Man ließ die unterwegs befindlichen Wagen und Passanten noch abziehen. Nach wenigen Minuten lag die Straße öde. Militärpatrouillen in Stahlhelm wiesen solche, die die anliegenden Gebäude verlassen wollten, zurück.

»Gott sei Dank«, rief Trott, »dann klappt die Sache also doch.« Es sei jetzt einerlei, ob das Attentat gelungen sei oder nicht. Der Staatsstreich sei im Gange. Das sei gar keine Frage. Wir müssten nun auch energisch zupacken und unsere Köpfe hinhalten, wie die Militärs es täten. Jetzt gäbe es wenigstens kein Zurück mehr.

Die bedrückte Stimmung, die uns befallen hatte, wich einer erleichterten Aufgeräumtheit. Überall in der Wilhelmstraße öffneten sich die Fenster, und alles sah mit Spannung der Entwicklung entgegen. Wir scheuten uns nun auch nicht mehr, uns gemeinsam am Fenster blicken zu lassen. »Hoffentlich kommt Haeften bald«, sagte Trott und bat mich, im Amt Umschau zu halten und vor allem festzustellen, was auf dem Flur der Personalabteilung vor sich gehe.

Ich traf dort eine ganze Reihe von Kollegen in angeregtem Gespräch. Die Türen standen zum Teil offen. Unterstaatssekretär Hencke hatte gerade zu einer dienstlichen Veranstaltung abfahren wollen, war aber an der Tür des Hauses zurückgeschickt worden. Der mir eng befreundete Dirigent der Personalabteilung, Gesandter Bergmann, zog mich in sein Zimmer, sah mich an und schwieg lange. Dann sagte er: »Melchers, was jetzt kommt, wird nicht komisch. Sehen Sie Ihre Notizbücher und Ihren Schreibtisch noch mal durch, und nehmen Sie sich beim Telefonieren in acht.« [273] Ich fragte ihn, ob er etwa annehme, dass das Regierungsviertel auf Befehl Himmlers abgesperrt sei. Er fragte zurück, ob ich Veranlassung hätte, etwas anderes anzunehmen. Wir wurden unterbrochen und trennten uns.

In Trotts Zimmer war inzwischen Haeften angekommen. Werth war im Augenblick nicht anwesend, kam aber kurze Zeit darauf zurück. Trott und Haeften sprachen leise miteinander. Haeften schien von der Sondermeldung noch gar nichts zu wissen. Sie äußerten wiederholt, alles sei so ausgezeichnet vorbereitet, dass ein Misslingen unmöglich sei, auch wenn Hitler noch lebe, wovon sie aber anscheinend nicht überzeugt waren. Haeften erwartete jeden Augenblick von den Militärs die Weisung, das Amt bis zum Eintreffen des neuen Titulars zu übernehmen und sicherzustellen. Er hatte anscheinend eine vorläufige schriftliche Vollmacht in der Tasche und wusste genau, welche Sofortmaßnahmen er durchzuführen hatte, insbesondere, welche Personen er verhaften lassen musste. Es wurde darüber gesprochen, welche von diesen z.Zt. im Amt anwesend seien. Ich konnte einzelne Auskünfte erteilen. Haeften fragte mich, ob ich Bergmann gesehen habe und was er gesagt habe. Ich berichtete ihm kurz. Man kam darauf zu dem Entschluss, dass Bergmann sofort aufgeklärt und eingeweiht werden müsse, da seine Mitarbeit dringend erwünscht sei. Haeften zögerte noch, Bergmanns Gesinnung stehe außer jedem Zweifel, meinte er, doch sei er zu sehr Beamter, um sich sofort zur Teilnahme an einer noch unsicheren Sache entschließen zu können ...

Trott, Werth und ich sahen wieder auf die Straße hinab. Sie war leer. Wachen standen vor dem Eingang der Häuser. Nun versuchte Trott, Haeftens Bruder, den Adjutanten Stauffenbergs, anzurufen, bekam aber keine Verbindung. Er wiederholte seinen Versuch erneut ohne Erfolg.

Haeften kam zurück. Er war enttäuscht. Es sei so gewesen, wie er erwartet habe. Bergmann habe ihm geantwortet, er habe das Gesagte nicht gehört ...

Werth erzählt, dass Hans Haeften selbst hinterher in Kepplers Zimmer wiedergab, was er in der Erregung des Augenblicks in militärischer [274] Form vorgebracht habe:

Herr Bergmann, Hitler ist tot, die Gegenrevolution marschiert. Wir, d.h. meine Freunde und ich, sind in einigen Stunden spätestens die Beauftragten der neuen Regierung im Auswärtigen Amt. Wir hoffen, Sie dabei zu wissen, und ich ersuche Sie hiermit um die Erklärung, dass Sie mitmachen.

Im Bericht von Dr. Melchers heißt es weiter:

Nun versuchte Haeften selbst, telefonische Verbindung mit seinem Bruder zu bekommen. Irgend jemand meldete sich auf der anderen Seite; der Bruder war aber nicht zu erreichen. Haeften fragte, um irgend etwas zu sagen, warum wohl die Wilhelmstraße militärisch abgesperrt sei. Er könne das Amt nicht verlassen und wolle gerne wissen, wie lange das noch dauere. Man solle doch seinen Bruder bitten, ihn baldigst anzurufen.

Werth und ich verließen zeitweise das Zimmer, um im Amt Umschau zu halten. [*Werth war u.a. in der Presseabteilung bei Herrn Heinz-Adolf von Heinze, der ihm später auch ein entsprechendes Alibi für mehrere Stunden dieses Tages ausstellte, in der Rundfunkabteilung (Spahn) und auch einmal in der Informationsabteilung, wohin er überhaupt die erste Nachricht des Vorgefallenen brachte.*]

Haeften und Trott besprachen die bevorstehenden Maßnahmen. Aus ihrer Unterhaltung ergab sich, dass der Gesandte Werner Otto von Hentig und der Legationsrat Herbert Blankenhorn eingeweiht waren. Letzterer hatte, während er in Bern auf Posten war, anscheinend schon für die Vorbereitung der Aktion gewirkt. Einige in Europa tätige Beamte, darunter Haeftens Vetter, Generalkonsul von Haeften, in Basel, sollten sofort telegrafisch in das Amt einberufen werden.

Noch immer gingen keine Weisungen ein, immer wieder versuchten sie, Haeftens Bruder zu erreichen. Vergeblich.

Wir alle klammerten uns an den Gedanken, dass die Aktion doch offenbar fortgesetzt werde, da ja die Absperrung des Regierungsviertels weiter durchgeführt werde.

Wir sahen wieder und wieder aus dem Fenster. Das Entsetzliche [275] trat ein: Die Straße wurde wieder freigegeben, Menschen und Wagen strömten wieder am Hause vorüber. Man sah, dass der Unterstaatssekretär Hencke nun abfahren konnte. Wieder setzte Haeften sich ans Telefon, um seinen Bruder zu erreichen. Haeften war kreidebleich. Aus seinen Augen sprach die aufkommende Erkenntnis der ungeheuerlichen Gefahr, in der wir uns befanden. Warum antwortete sein Bruder nicht?

Dr. Melchers meinte, es sei nun etwa 7 Uhr abends gewesen. Adam habe erklärt, er werde noch bis 8 Uhr in seinem Zimmer bleiben. Am nächsten Tag hat er Melchers mitgeteilt, er sei am vorhergehenden Abend bis 11 Uhr in seinem Dienstzimmer geblieben. Es sei nichts mehr erfolgt, und keine Nachricht sei mehr eingegangen. Woher nimmt man den Mut sich vorzustellen, was in diesen vier einsamen Stunden im Amt in ihm vorgegangen sein muss. Die anderen verließen nacheinander das Zimmer. Werth verbrachte den Rest des Abends im A.P.C., der sich damals in der Lentzeallee befand, und Adam sei kurz vor der angekündigten Sondermeldung dort noch vorbei gekommen, und sie hätten ein Wiedersehen für den nächsten Morgen, vor Dienstbeginn, bei ihm vereinbart.

Vom 21. Juli bis zur Verhaftung

An einem Donnerstag scheiterte der Erhebungsversuch. Am folgenden Dienstag wurde Adam um 1 Uhr mittags in der Kurfürstenstraße 136 verhaftet. Warum hat er inzwischen nicht die verschiedenen Fluchtmöglichkeiten, die ihm nahegebracht wurden, ausgenutzt? Furtwängler, der mit seiner Mitarbeiterin Frau Kruse ihn noch am 24. abends im Amt besuchte, nannte ihm eine gute Gelegenheit, von seinem Heimatort Stühlingen an der Schweizer Grenze in das anliegende Schweizer Dorf Schleitheim zu entkommen. Adam lehnte ab mit dem Hinweis auf seine Familie. Im übrigen beschwor er beide, ihn sofort zu verlassen, da er in jedem Augenblick [276] mit seiner Verhaftung rechne. Falls Dokumente gefunden würden, an denen Furtwängler mitgearbeitet habe, werde er alles auf sich nehmen. Einen Augenblick habe er erwogen, mit ihnen nach Dahme in der Mark zu gehen, den Gedanken aber sofort wieder fallen lassen. »Die kriegen mich dort auch«, habe er gesagt (Brief F.J. Furtwänglers vom 19. Januar 1946).

Schon vorher, am 21., hatte Graf Berg ihn wieder aufgesucht und ihn »sehr ruhig, aber verzweifelt« angetroffen. Er hat ihn beschworen, in seiner Kuriermaschine mitzufliegen in einer Uniform, die er ihm in seinem Heeresgruppenstandort in der Kaiserstraße hatte besorgen wollen. Auch zwei bis drei andern Kameraden habe er das vorgeschlagen.

Adam habe sich Bedenkzeit erbeten und am nächsten Tag abgelehnt. Es sei nicht das geringste für den Fall des Misslingens vorbereitet worden, nicht einmal Frau und Kinder seien in Sicherheit gebracht worden. Auf die Bemerkung, es sei doch ein Wunder, dass er nicht bereits verhaftet sei, habe er ganz optimistisch erwidert, bei der Planlosigkeit der Gestapo bestände sogar die Chance, dass man gar nicht auf ihn käme. Dann hätten sie sehr bewegt Abschied genommen. (Brief Graf Bergs vom 9. Dezember 1957).

Vielleicht stand hinter seinen Motivierungen auch das Gefühl, dass er dem Geschick nicht mehr ausweichen konnte, in dessen Hand er sich wusste; vielleicht auch war seine Kraft erschöpft damals, nach den jahrelangen Versuchen, »gegen den Übergriff fremder Mächte und Gesinnungen« und auf gewagten, unerprobten Wegen das Bild des Menschen wiederherzustellen, ihm im Persönlichen und im Allgemeinen mit zum Durchbruch zu verhelfen. Das merkwürdige und bewegende kleine Gesprächsstück, das ich Frau Kempe verdanke, lässt darauf schließen, dass ein solches Moment hinzu gekommen sein mag; es heißt da:

> You also wanted me to tell something about Adam personally or rather what he himself thought and felt these late hours of his life. I will try to give a few glimpses, which are incredibly vivid in my memory and which have [277] meant much to me personally. He was a dedicated man – the last time I met him a few weeks before he was imprisoned ... very much so. I remember one evening, when he was exhausted mentally and physically and I asked him to go back to the hotel and sleep. He looked at me and said: »why should I sleep, when there is so much to do ... and besides, old people do not need so much sleep.«

Whereupon I logically answered: »but you are only 35.« »No«, Adam said, »I am at least 60 and I will never be younger – I think I have done what I was supposed to do in my life, whatever was asked of me to do – and I am ready to die, but still there are a few things to do.« The day before he left, he told me that he had been asked by the British and the Americans not to go back to Germany, because he could at that moment do more good outside his country than inside. Then he shook his head and said: »perhaps I could – but that is no more the question for me, I have done what I could for my country, but I also have a duty towards those who are dedicated to the same thing as I, I must share with them, whatever comes. And – there is Clarita and the children.«[1]

Adam hat in den wenigen Tagen unter irgend einem Vorwand täglich mit mir telefoniert. Am Dienstag, dem 25., schickte er Emma, die treue alte Wirtschafterin. Sie sollte unsere Ferien vorbereiten helfen, die am 28. Juli hatten beginnen sollen. In Wirklichkeit hatte er wohl der Gefahr der Vernehmung der alten Frau vorbeugen wollen. Das wurde mir klar, als sie schon im offenen Wagen, gleich nach der Ankunft, von dem »einäugigen Offizier« erzählte, der so oft gekommen sei.

Melchers berichtet in seiner Aufzeichnung vom Morgen des 21., an dem er Adam wieder aufsuchte. Er habe seine Empörung darüber zum Ausdruck gebracht, dass das Militär ein solches Attentat mit unzureichenden Mitteln habe durchführen wollen. Er schreibt dann:

Trott wurde plötzlich sehr weich. »Empört sind Sie? Bedenken Sie, dass diese Leute ihr Leben für diese Sache hingeben müssen.« … Wir schwiegen [278] bedrückt. Ich fragte Trott, ob etwa noch eine Widerstandsgruppe beim kämpfenden Heere vorhanden sei. Ob er noch irgend welche Hoffnung für die Zukunft habe. »Nein«, antwortete er, »es gibt keine Hoffnung mehr, auch für die Zukunft nicht. Jetzt ist es aus. Das Verhängnis muss nun seinen Gang gehen. Kein Stein wird auf dem anderen bleiben. Hitler wird diesen wahnwitzigen Krieg weiterführen – als echter Nihilist –, bis alles zerstört ist.« Und dennoch, fügte er hinzu, es sei doch gut, dass sich Leute gefunden hätten, diese Gewaltherrschaft zu brechen. Das bleibe eine historische Tatsache, und darüber hinaus ein Symptom.

Sie trafen dann noch eine Sprachregelung für die Zusammenkünfte am vergangenen Tag. Und später teilte Adam ihm auch noch mit, dass Haeftens Bruder Werner erschossen worden war.

Am 21. Juli hat Adam abends mit Teddy Götz einen Spaziergang durch den Grunewald gemacht und dann auch in der Wohnung noch mit ihr gesprochen. Da Teddy mir gleich nach der Haftentlassung in der ersten Oktoberwoche 1944 davon erzählte, habe ich es immer im Gedächtnis behalten. Er hat ihr damals gesagt, er fühle sich wie ein Baum ohne Äste (und dachte dabei wohl an die Freunde, die schon umgekommen waren). Er habe seine Freunde unter den Militärs in Schutz genommen, indem er sagte, es sei kein militärisches, sondern ein moralisches Versagen gewesen. Und er habe die letzte Ursache für das Misslingen in der Absage Englands gesehen. An die eigene Rettung habe er im Grunde nicht geglaubt. An jenem Abend habe er Teddy sein politisches Testament diktieren wollen. Sie bedauert noch immer, dass es »aus ganz dummen Gründen« nicht mehr dazu gekommen sei (Brief vom 20. August 1957).

Dieser Wunsch, das »politische Testament« zu retten, war so stark, dass er dieses eine Mal eine gewisse Gefährdung der Freunde nicht scheute. In Bielenbergs Haus wohnten längst Bekannte derselben als Untermieter. Als er in Erfahrung gebracht hatte, dass er Peter nicht umgehend erreichen [279] könne, hat er – auch ohne ihn vorher zu sprechen – in der als Gerümpelkammer dienenden ehemaligen Garage ein Dokument versteckt, über das er Peter noch Nachricht zukommen ließ. Peter hat es nicht gefunden.

Und auch der Gefährdung eines anderen treuen Freundes hat er zumindest nicht gewehrt. Curt Bley war am Sonntag, dem 23. Juli, abends lange bei ihm gewesen, und dann »ergab es sich«, dass er auch über Nacht bei ihm blieb – ein in Hinsicht auf Curts eigne sehr prekäre Lage unsinniges, in Hinsicht auf die Freundschaft wunderbar großmütiges Verhalten.

Im übrigen scheint er aber vorwiegend Menschen besucht zu haben, die politisch unbelastet schienen. So war er am 22. bei der alten Tante Maria von Schweinitz, bei der er lange Monate als Untermieter gelebt hatte, er war bei der ihm freundschaftlich gesinnten Familie des Siemensdirektors Jessen, er besuchte Olbrichts Sekretärin Delia Ziegler, die am 22. Oktober 1945 schrieb, er habe ihr gegenüber »mit keiner Miene« verraten, dass er selbst beteiligt war, sie habe es jedoch geahnt, weil sie wusste, dass er häufig mit Stauffenberg zusammen war. Von den Mitverschworenen außerhalb des Amtes berichtete Otto John Anfang Januar 1946, er habe in unserer Wohnung am Sonnabend Mittag lange mit Adam gesprochen, am Sonntagabend bei ihm gemeinsam mit seinem Bruder noch einmal.

Im Amt selbst begannen sogleich die Verhöre. Am Sonnabend wurden die Schreibtische versiegelt. Am Abend dieses Tages seien Hans Haeften und Adam bei dem Chef Six in der Privatwohnung gewesen, sagte Werth, unter dem Vorwand, ihn um Intervention für Hans' Bruder Werner zu bitten. Am Sonntag sei Hans Haeften festgenommen worden. Am Montag wurden Adam und Werth kurz vernommen. Am Dienstag Mittag um 13.30 Uhr, als Adam, Werth und Leipoldt in Richters Zimmer zusammen waren, rief Dr. Mahnke herauf, dass Kripo im Hause sei und Adam sich bereithalten solle. Sie wussten, was das bedeutete. Sie versichten sich noch einmal, nach Kräften füreinander einzustehen. Dann hat keiner von uns ihn je wiedergesehen.

Vom 25. Juli bis zum 15. August

Kaum hatten sich die Türen in der Kurfürstenstraße hinter Adam geschlossen, als die Tür auch bei seinen Dienstherrn hörbar ins Schloss fiel. Der Chef der Kulturpolitischen Abteilung, SS-Brigadeführer Prof. Six, der Adam zwischenzeitlich so viel Vertrauen gezeigt hatte, dass er ihm während Hans' Abwesenheit dessen Dirigentengeschäfte übertrug, ließ beide bereits am Tag nach Adams Verhaftung in widerlicher, brutaler Weise fallen. Der andere Chef, der Staatssekretär Keppler, war schon seit seinem Umzug nach Krummhübel noch schwieriger als sonst zu behandeln gewesen. Seine zweite Sekretärin, die sich am 20. Juli im Vorzimmer des Staatssekretärs in der Wilhelmstraße aufhielt, hat Adam durch Nennung von Namen und durch Zeitangaben schwer belastet (nach Werth). Um so bemerkenswerter war es, wie Menschen, die in keiner Weise dazu verpflichtet waren, mit erheblichem Risiko von sich aus versuchten, etwas für ihn zu unternehmen. So weiß Teddy Götz, dass Rudolf Rahn sich entschieden für ihn bei dem gefürchteten Oberhaupt des Reichssicherheitshauptamtes einsetzte. A.C.N. Nambiar, der mir gleich nach Adams Verhaftung einen teilnehmenden Brief nach Imshausen geschrieben hatte, verwandte sich ebenfalls bei Kaltenbrunner für ihn. Als ich Mitte August zum zweiten Mal in Berlin war, lud er mich ein und versuchte in meiner Gegenwart noch einmal, eine umgehende Unterredung mit Kaltenbrunner festzulegen. Aber vergeblich. Es war der Mittag des Verhandlungstages, und es wurde ihm mitgeteilt, er könne erst gegen Ende der Woche Rücksprache nehmen.

Alexander Werth übertraf sich selbst und gab uns den einzigen Trost, den Menschen damals geben konnten: dass alles geschah, was überhaupt zu seiner Rettung geschehen [281] konnte. – Aber von allen diesen hochherzigen Handlungen bleibt diejenige Peter Bielenbergs die unvergesslichste. Mit Werth hatte er einen tollkühnen Plan besprochen, um Adam im letzten Augenblick den Schergen zu entreißen. Zurückgekehrt in das Rüstungswerk, das er damals leitete, galt sein erster Gang dem Waffenarsenal. Und dort wurde er bereits verhaftet. – Als er vernommen wurde und nach Adam befragt, hat er nicht etwa versucht – wie es unter den Umständen das Gebotene schien – die Beziehung zu bagatellisieren. Nein, er stellte mit Nachdruck fest, dass es sich um seinen nahen, seinen besten Freund handelte. Er rechnete, dass es dadurch vielleicht zu weiteren Verhören, zu Gegenüberstellungen kommen könnte. Und jeder Tag, den er dem Freunde gewann, mochte die Rettung bedeuten, denn damals sah es so aus, als stünde das Ende des Krieges unmittelbar bevor. Dafür setzte er Leben und menschenwürdige Existenz aufs Spiel.

Das Schicksal ließ sich nicht mehr aufhalten. Als die Verhandlung vor dem Volksgerichtshof erst auf Sonnabend, den 12. August, dann auf Dienstag, den 15. August festgesetzt wurde, bestand im Grunde keine Hoffnung mehr.

Clarita mit Töchtern 1946 in Caux

Gottlob zeigen Adams letzte Briefe, dass er nicht ahnte, was mit seiner Familie geschah. Am Sonntag, dem 13. August, um sieben Uhr früh wurden die Kinder in Imshausen der Obhut der Großmutter entrissen. Adams Schwester Vera und die treue Haushälterin Elise durften die zweieinhalbjährige Verena und die neunmonatige Clarita bis Kassel begleiten. Es wurde ihnen gesagt, sie brauchten um die Kinder nicht zu sorgen, wenn von unserer Seite nichts unternommen würde. Zweieinhalb Monate waren beide unter den Namen Gretel und Bertha Steinke mit anderen Kindern des gleichen Schicksals in einem NS-Kinderheim in Bad Sachsa, und obwohl wir ihnen auf der Spur waren, hatten wir ihren Verbleib noch nicht erfahren können. Ich war der Verhaftung zunächst dadurch entgangen, dass ich in Berlin war. Am Morgen der Verhandlung [282] teilte mir Werner die Gefahr für mich mit. Werth fügte auf dem Weg zum Kammergericht die Nachricht über die Kinder hinzu. Wie durch ein Wunder gelangte ich in das Gebäude, in dem damals die Volksgerichtshofverhandlung stattfand, hinein und bis in die Mitte des Rundgangs, der rechts und links vor großen Türen endete, die von je zwei SS-Männern bewacht wurden. Als weitaus größeres Wunder aber empfand ich es, dass ich der Verhaftung entging, als eine Angestellte einen SS-Mann auf mich aufmerksam gemacht hatte und ich meinen Personalausweis vorzeigen musste. Durch drei winzige Sätze, die mir wohl eingegeben waren, ließ er sich bewegen, mich hinauszubringen und mir sogar unterwegs noch einen Platz zuzuweisen, von dem aus ich mein Ziel, Adam noch zu sehen und

Hans Bernd von Haeften vor dem Volksgerichtshof, im Hintergrund Adam von Trott

ihn unserer gewiss zu machen, hätte erreichen können. »Wir haben ja für alles Verständnis«, murmelte der Mann. Aber die Frau kam noch einmal dazwischen, und ich musste gehen. Am 16. und 17. war ich dann im eigentlichen Volksgerichtshof. Es war nichts mehr zu verlieren, nachdem die Kinder verschleppt waren, das Todesurteil feststand und Pfarrer Poelchau, zu dem mich wiederum eine Reihe wunderbarer Zusammentreffen noch rechtzeitig geführt hatten, ihn nicht mehr hatte sprechen, auch den Brief nicht mehr hatte übermitteln können und nur erfahren hatte, dass er noch lebte. So versuchte ich nun auf offiziellem Weg, eine Sprecherlaubnis zu erhalten. Sie wurde am Folgetag, dem Donnerstag, durch Staatsanwalt Görisch abschlägig beschieden. Am Abend dieses Tages, als ich eben mit Werner und Curt Bley zu einer Besprechung in unserer Wohnung angekommen war, holte man mich. Curt konnte sich gerade noch rechtzeitig verstecken. Werner bestand darauf, mich bis zum Polizeirevier Schmargendorf zu begleiten, wo die Gestapo mich in Empfang nahm.

Die Verhandlung vorm Volksgerichtshof

Für das, was im Volksgerichtshof am 15. August 1944 vorging, gibt es verschiedene Quellen. Es ist tröstlich zu denken, [283] dass Adam und Hans

Adam von Trott zu Solz vor dem Volksgerichtshof

Haeften am gleichen Tag im gleichen Raum diese Prüfung zu bestehen hatten. Es gibt eine Fotografie, die sie beide in einem Blickwinkel zusammenfasst. Auch der Film, den Goebbels drehen, aber auch selbst stark beschneiden ließ, soll viel von Adam wiedergeben. Einen Teil davon hat man in den Ausschnitten gesehen, die die Amerikaner als Dokumentarfilm durch Deutschland reisen ließen. Fabian von Schlabrendorff, dem die gesamten sichergestellten Filmfragmente schon 1945 von den Amerikanern in buntem Durcheinander vorgeführt wurden, hat mir im März 1946 ausführlich darüber berichtet. Adam sei leichenblass gewesen und sehr schmal. Man habe ihm aber keine Misshandlungen angesehen (die er auch dem Brief vom 15. August zufolge nicht hat erdulden müssen). Was vor allem gewirkt habe, sei seine Haltung gewesen. Er habe kein einziges Mal die Ruhe und Selbstbeherrschung verloren. Sehr langsam habe er geantwortet, und wenn er sprach, habe sein Ausdruck an den des Baseler Fotos erinnert. Die Hände habe er, obwohl ungefesselt immer auf dem Rücken gehalten, aber während des Sprechens habe er sich im Schritt vor und zurück bewegt – eine Ausnahme, die sonst nirgends gestattet worden sei. Bei der Feststellung der Personalien sei Freisler noch verhältnismäßig höflich gewesen, nachher hätte er geschrien. Zum ersten Mal sei das erfolgt, als er gefragt hatte, warum Adam nicht Soldat gewesen sei. Adam habe einige Zeit

Adam von Trott während der Verhandlungen vor dem Volksgerichtshof am 15. August 1944

mit der Antwort gewartet, dann habe er seine nicht ungefährliche Reise nach Amerika im Herbst 1939 genannt. Fürchterliche Verhöhnung Freislers zu seinen »Richterkollegen« sei die Antwort gewesen. Immer wieder habe man ihn nach seinem Verhältnis zu Haeften, zu Yorck und zu Stauffenberg gefragt. Er habe Beratungen zugegeben, eine große Sorge um die Zukunft, die Annahme eines verlorenen Krieges, aber alle Putsch- und Attentatsabsichten strikt geleugnet. Damit löste er eine erneute Verhöhnungswelle aus über den Politiker, der sich um militärische Sachen kümmere, die ihn nichts angingen. Das Urteil habe Freisler in barbarischer Form verkündet, er habe Wendungen gebraucht wie »ehrloser Ehrgeizling« und »Sumpf, der in den Sumpf zurückgestoßen [284] werden« müsste. Adam sei mehrfach in großen Nahaufnahmen gezeigt worden und die eindrucksvollste sei die gewesen, die seine Entgegennahme dieses Urteils festhielt. Er habe unbewegt aus dem Fenster gesehen und nicht einmal mit der Wimper gezuckt. – Adam war damals gerade 35 Jahre alt.

Eine Ergänzung zu diesem Bericht gab Alexander Werth im Herbst 1957. Durch Dr. Mahnke hatte er erfahren, dass Adam aller Wahrscheinlichkeit nach am schwersten und entscheidend belastet wurde durch das Fahrtenbuch des Fahrers von Claus Stauffenberg, der jede Fahrt mit Ziel und Aufenthaltsdauer peinlich genau verzeichnet hatte, wie es die Vorschrift befahl. Wie Werth ihn kannte, hätte er sich sonst noch herausgewunden, wie aus so mancher gefährlichen Situation vorher. Er sei auch erst verhaftet worden, als dieses Buch gefunden und ausgewertet worden war.

Bei dieser Gelegenheit erfuhr ich zuerst von Dr. Horst Mahnke, dem einzigen Mitlebenden, von dem ich weiß, dass er in dieser Verhandlung war. Der stellvertretende Leiter der Personalabteilung Schröder, der wohl in Sorge darüber war, was in diesem Prozess an weiterem das Auswärtige Amt belastenden Material zu Tage treten würde, hatte ihn als persönlichen Referenten von Six und als Hauptsturmführer gebeten, der Verhandlung beizuwohnen. Überdies aber hatte er sich, wie ich von Dr. Werth erfuhr, nach dem 20. Juli rückhaltlos vor die gefährdeten übriggebliebenen Mitarbeiter gestellt, also ein wesentlich anderes Verhalten gezeigt als sein Chef. So war ich sehr dankbar, Dr. Mahnke noch selbst sprechen zu können. Er erinnert nichts mehr über das Fahrtenbuch, wohl aber die Verhandlung selbst und schildert, wie die Atmosphäre, die zunächst vom Elend solcher Schauprozesse erfüllt gewesen sei, sich gewandelt habe mit

dem Augenblick von Adams und Hans' Auftreten. Es sei eine tiefe Stille eingetreten, man hätte es »knistern« hören vor Spannung. Adams Verteidigung sei streng juristisch aufgebaut gewesen, unberührt von Freislers wüstem Schimpfen habe er glasklar und [285] juristisch scharf geschliffen formuliert. Er habe nur die Absicht zu korrigieren, keine Gewaltlösung zugegeben, und eigentlich sei nur die Verbindung zu Stauffenberg sehr belastend gewesen. Dennoch hätte darauf kein Todesurteil fallen dürfen. Dann sei Hans aufgerufen worden, und die Wirkung seiner in leidenschaftlichem Ton vorgetragenen Äußerungen sei mit dem Einschlag einer Bombe zu vergleichen gewesen. Die Art, wie er die Karten auf den Tisch legte, hätte Freisler die Sprache verschlagen. Damit sei der Prozess beendet gewesen. Der tiefe Eindruck sei hinterher unter denen, die dabei waren, noch sehr spürbar gewesen.

Am 11. September erschienen zum zweiten Mal einige Verurteilungen und Vollstreckungsmeldungen, namentlich in den deutschen Zeitungen. Adam war darunter. Es wurde geschrieben, Trott zu Solz habe im Ausland militärische Geheimnisse weitergegeben. Das erschien mir unmöglich. Einmal hätte ein solches Verhalten seine Grundkonzeption vereitelt, wonach doch für die voraussichtlich harten Verhandlungen mit dem Gegner nach gelungenem Umsturzversuch eine gewisse militärische Position unbedingt erforderlich schien. Zum andern hätte ein solches Eingeständnis nicht in die Linie seiner Verteidigung gepasst. Denn er kämpfte doch offensichtlich noch um sein Leben und zahlte dafür den hohen Preis, dass er bis zum Schluss nicht in den offnen Angriff übergehen konnte. Nach meiner Freilassung habe ich Anfang Oktober 1944 die Möglichkeit ergriffen, die Teddy Götz in nimmermüder Hilfsbereitschaft mir verschafft hatte, und ich habe den Offizialverteidiger Hercher aufgesucht. Ich werde den alten Herrn in dem dunklen, künstlich erleuchteten Raum nie vergessen, der – im Beisein seiner Sekretärin – in väterlichem Tonfall auf meine Frage hinsichtlich der Zeitungsbehauptung sagte: »Nein, das haben sie ihm nicht nachweisen können. Das haben sie ihm nicht nachweisen können.« Durch eine Reihe jetzt aufgeklärter Missverständnisse ist in David Astors großartigen Brief an den »Manchester Guardian« vom 4. Juni 1956 die Version hineingerutscht (die [286] dann von deutschen Zeitungen gleich aufgegriffen wurde), als habe er um der Deckung ziviler Freunde willen behauptet, militärische Geheimnisse preisgegeben zu haben. Wie berichtet wurde, hat Adam wahrscheinlich vor Gericht das Schwergewicht der eingestandenen Verbindungen auf den militärischen Sektor verlegt, zumal er den toten Freunden nicht mehr schaden konnte. Auch Freislers Höhnen scheint das anzudeuten. Vom Verrat militärischer Geheimnisse kann deswegen aber keine Rede sein. Das bestätigte auch Dr. Mahnke. Und Alexander Werth, der den Umfang und Inhalt seiner Auslandskontakte damals übersah, sagte, es sei nicht nur unwahrscheinlich, sondern ausgeschlossen.

Zu den letzten elf Tagen

Hans Haeften hat das Urteil nur um wenige Stunden überlebt. Adam aber war nicht auf der Liste der Hingerichteten des 15. August, wie Pfarrer Poelchau erfahren hatte. Und selbst als er elf Tage danach, am 26. August, den gleichen furchtbaren Tod sterben musste wie seine Freunde, als sein Name mit Angabe der genauen Todeszeit im Henkerbuch eingetragen war, auch da glaubten es manche noch nicht.

Diese merkwürdige Hoffnung mag viele Ursachen gehabt haben. Bei den Amtskollegen war sie wohl hervorgerufen durch Berichte von Dr. Mahnke, dessen Chef zusammen mit dem Leiter des Auslandsnachrichtendienstes Schellenberg seit dem Sommer 1943 beabsichtigte, auf eigene Faust Friedensfühler auszustrecken und Himmler dafür zu gewinnen. Für ein solches Vorhaben hofften sie, in Adam und Hans geeignete Helfer zu finden, und so sollen sie über Schellenberg Himmler veranlasst haben, bei Hitler die Aussetzung der Urteilsvollstreckung zu erwirken, was bei diesem einen Tobsuchtsanfall und die Verfügung sofortigen Vollzugs auslöste. Diese Erinnerung Dr. Mahnkes ist nicht ganz mit anderen Daten in Einklang zu bringen, sie beleuchtet aber die damalige Situation, in der das Unwahrscheinlichste nah rückte [287] und das Selbstverständliche unerreichbar war.

Ich kannte diese Hintergründe natürlich nicht, aber zwischen dem 11. und 26. August hielt ich seine Rettung auch noch für möglich. Ich hatte ja erlebt, wie vieler Gefahren er Herr geworden war, und war immer von neuem beeindruckt gewesen, wie von Grund auf zukunftsträchtig und zukunftsfreudig er war – wie hätte ich mir ein »Nachher« ohne ihn vorstellen können? Als aber Pfarrer Poelchau die Todesnachricht in meine Zelle gebracht hatte, wusste ich, dass es endgültig sei. Poelchau formulierte das theologisch: »Das wäre kein Opfer, aus dem eine kräftige Saat keimen könnte, wenn dieser Schlag nur alte, müde Männer getroffen hätte.«

Wir wissen nichts über die elf letzten Tage, als was er selbst in einem Brief an Mutter und Frau vom 26. August darüber sagt und was sich indirekt aus dem Unterschied zwischen dem Brief vom 15. August und denen vom 26. ergibt.

Hat man beim Lesen des ersten Briefes noch das Gefühl, dass er wie in einem Testament noch einige Hauptpunkte zur Sprache bringen will, und spürt man auch, wie er Zensor und Nachwelt noch nicht vergessen kann, ja auch noch praktische Fragen des Alltags erinnert, so fällt das in den Briefen vom Todestag ganz und gar fort. Sie sind erfüllt von einem Frieden, der auch den Schmerz mitträgt, und voll ruhiger, warmer Zuwendung. Auch in ihr ist der Schmerz vorhanden und aufgefangen zugleich. – Es ist nicht mehr die Rede von der Welt – nur durch das Medium der Grüße an die Kinder, die Mutter, die Brüder, die Frau, die Freunde wird man gewahr, dass das Persönlichste und das Allgemeine nun eins geworden sind, so sehr und so selbstverständlich, dass einer, der ihn nicht kannte, nichts von den zurückgelegten Wegstrecken ahnt.

Die Briefe wurden erst im Februar ausgeliefert. Der erste, vom 15. August 1944, enthielt gedrängte Sätze. Vor der Fülle dessen, was er sagen wollte, und unter dem Druck der Zeitnot führte er die kompliziertesten Konstruktionen teilweise [288] nicht richtig durch. Was er vor allem sagen wollte, hat er in den ersten beiden Dritteln gesagt, den Rest lasse ich darum fort. Zu den Sätzen über das Wiederheiraten muss bemerkt werden, dass ich es damals und während langer Jahre für grundsätzlich unmöglich hielt. Wenn Adam eine Bemerkung darüber als Frage aufgefasst hat, so war es ein Missverständnis. Er schrieb:

> Meine geliebte Frau, liebes Claritchen,
> ein freundlicher Beamter hat es mir möglich gemacht, Dir schon heute zu schreiben, obwohl über mein Geschick erst morgen endgültig entschieden sein wird – wie man mich hier überhaupt, bei aller Strenge, ritterlich behandelt hat. – Du wirst gefühlt haben, wie oft und innig meine Gedanken in diesen Wochen bei Dir und den beiden Kleinen gewesen sind – ebenso wie Deine Gedanken und Dein Kummer mir immer sehr gegenwärtig gewesen sind. Auch Mutter, die Brüder und Schwestern und die Freunde nah und fern, von denen Du weißt, dass sie mir am Herzen liegen. Auch die Erinnerung an Imshausen, die Täler und Höhen, den Wald und die Felder, durch die wir gemeinsam gestreift sind – an die Rehe, an all die von Menschenhand unberührten Bewegungen, Geräusche und Gerüche der Natur haben mich immer wieder mit Frieden und Freude erfüllt, wie auch Dir und den Kleinen unsere schöne Heimat immer ihren Trost spenden wird. Wenn immer Du allein oder mit ihnen auf unseren Höhen sein wirst, werden wir uns am nächsten sein. Wie hatte ich mich darauf gefreut, ihnen einmal all diese Wunder selbst zeigen, sie mit ihnen nochmals ganz von neuem zu entdecken! Aber dieses unvergängliche Erbe, die Heimat, wird uns – was immer auch sonst noch kommen mag – in unsern Herzen vereinen. – Aber viel mehr als dies alles haben diese letzten Wochen in mir die Gewissheit einer tiefen und klaren Gemeinsamkeit mit Dir gereift und besiegelt – etwas von Dir bis in alle Einzelheiten des Alltags Gewünschtes (von mir im Drängen des Arbeitens und Kämpfens nie voll Erfülltes) und mit so viel Liebe und auch Verzicht Erstrebtes: So wenig ich Dir von meiner Arbeit und meinem Tun mitteilen konnte, vor der Ewigkeit sind wir eins, so tief verbunden, wie Menschen überhaupt verbunden sein können. Und das hat sich nicht so sehr an jenem Junitag in der Backsteinkirche von Reinbek als in diesen ganzen Jahren ereignet, in denen ich mit immer tieferer Beglückung wahrnahm, wie sehr Deine reine und starke Liebe alles übertraf, was ich an menschlicher Nähe, Liebe oder Freundschaft in meinem Leben erfahren hatte. Du hattest recht, wenn Du dessen von Anfang an vertrauensvoll gewiss warst – aber es wird Dich freuen, nun auch zu wissen,

wie sehr mich das gerade in dieser letzten Zeit stark und froh gemacht hat. Du bist in allen Stunden bei mir gewesen und mit Dir zugleich all das, was unsern Bund besiegelt und gesegnet hat. – Und nachdem ich Dir [289] dies noch einmal sagen durfte, kann ich Dir auch die Frage beantworten, die Du in einem Brief vor einigen Monaten einmal an mich stelltest: So gewiss ich bin, dass nichts in dieser Welt unsern fortbestehenden Bund zerstören oder verwirren kann, so gewiss bin ich doch auch, dass Du Dich in allem, was Du zu tun beschließen magst, ganz und gar frei auf Dein Herz und Dein Gewissen verlassen sollst. Es mag für Dich und die Kleinen einmal besser sein, wenn Du an eine andere, neue Verbindung denkst – später einmal. Du hast meinen vollen, von Herzen kommenden Segen dazu. Ich weiß, dass ich in Euren Herzen immer lebendig bleiben, mit Euch sein darf und auf diesem Wege auch dem, dem Du all das Viele geben könntest, was mir vielleicht versagt sein wird, auch ein Freund des von Dir Auserwählten werden könnte. Aber dies für später einmal, liebe kleine Clarusch. Für heute gäbe es noch so vieles, für das Bogen und Stift und Zeit kaum ausreichen. – Du, vor der wie vor keinem andern Menschen mein Leben, seine Hoffnungen und Antriebe und so manche Unzulänglichkeiten in ihm ausgebreitet liegt, wirst wissen, dass mich am meisten schmerzt, unserm Land die besonderen Kräfte und Erfahrungen, die ich in fast zu einseitiger Konzentration auf seine außenpolitische Behauptung unter den Mächten in mir ausgebildet hatte, nun vielleicht nie mehr dienend zur Verfügung stellen kann. Hier hätte ich wirklich noch helfen und nützen können. Auch meine Gedanken und Vorschläge hierzu hätte ich so gern noch einmal in zusammengefasster Form für andere zur Verfügung gestellt. Aber es wird mir wohl versagt bleiben. Es war alles ein aus der Besinnung und Kraft unserer Heimat, deren tiefe Liebe ich meinem Vater verdanke, aufsteigender Versuch, ihr in allen modernen Wandlungen und Erschwerungen unwandelbar bleibendes Recht und ihren tiefen, unentbehrlichen Beitrag gegen den Übergriff fremder Mächte und Gesinnungen zu erhalten und zu vertreten. Darum bin ich aus der Fremde mit allen ihren Verlockungen und Möglichkeiten immer mit Unruhe und begierig dorthin zurückgeeilt, wo ich mich zu dienen berufen fühlte. Was ich draußen lernte und für Deutschland tun konnte, hätte mir hierbei gewiss sehr geholfen – weil um diese Zeit nur wenigen solche weitverzweigten Möglichkeiten zuteil wurden. So muss ich hoffen, dass auch ohne mich von vielen dieser Verbindungen auch so Verständnis und Hilfe zufließen wird, wenn es einmal wieder nötig und wünschenswert sein sollte. Aber ein Sämann überlässt nicht gerne knospende Saaten anderen zur weiteren Bearbeitung, denn zwischen Saat und Ernte liegen ja noch so viele Stürme …

Für Adam und seine Familie war die politische Betätigung im weitesten Sinne der Prüfstein dafür, ob ein Mensch ernst zu nehmen sei. In einem Oxforder

Referat zwischen 1931 und 1933 heißt es, im Hinblick auf eine bestimmte Epoche: [290]

> Belief, it should rather be said, at this period and for these exceptional men lost entirely the character of a reliable ensurance and was as it undoubtedly should be expressed wholly in the effort of objectively creative activity ...[2] [*Politics and Aesthetics*].

Jetzt war über alles schöpferische Tun und Denken das Todesurteil gefällt worden. Die langen, mühsamen Jahre bewusster Vorbereitung und Vorarbeit würden niemals in fruchtbare Wirksamkeit ausmünden. Der Reichtum seiner Gaben, die er unablässig an diese Zukunft gewandt hatte, würde vernichtet werden, ohne dass er das Bild dieser Welt zu seinem Teil mitgestaltet hätte. Wie hat er diese Prüfung, die wahrhaftig eine Todesangst gewesen sein muss, überstanden?

Man weiß es nicht. Wenn man seine Äußerungen zu Glaubensfragen durch die Jahre verfolgt, möchte man annehmen, dass der Friede ihm nicht im Gefolge einer umstürzenden religiösen Erfahrung geschenkt wurde, sondern dass der längst begonnene Klärungs- und Läuterungsprozess in dieser kurzen Zeit ganz von ihm Besitz ergriff.

Blickt man zurück, so zeigt sich noch einmal die fast undurchdringliche und unübersehbare Fülle dessen, was er in sich und um sich zu klären vorfand. 1934 stand in einem Brief an Diana:

> ... There are so many questions which must be lived before they can be articulated. And sometimes I still believe my life may become an answer to one of them ...[3]

Das war das Thema. Diese Einheit vom Leben und Denken behandelt auch ein Brief an mich aus dem Jahre 1943 (der im übrigen eine spürbare erzieherische Tendenz enthält). Hier erwähnt er auch deutlich die Grenzen der eignen Möglichkeiten, die er erfahren hatte, und wie er eindringlich nach einem neuen Zugang zum Glauben seiner Väter sucht:

> ... Mit dem Zeitgeschehen ist das so eine Sache: allermeistens wird man in den Menschen, die darüber seufzen, ein gut Teil Nicht-fertig-Werdens mit ihren eigenen unmittelbaren Lebensaufgaben feststellen, wofür dann die »böse Zeit« beschuldigt wird. Die Natur, aber auch die eigentliche Wahrheit, ist ja doch »zeit«-los, und in ihnen [291] soll man, wie Du ja auch immer wieder sagst, daheim sein. Und ich glaube, für uns Menschen gibt es keine Wahrheit, die (um nicht verfälscht und schwächlich erlebt zu werden) nicht zugleich von unserm natürlichen Wesen ganz Besitz ergreifen müsste oder – wie Hegel sich wohl einmal ausdrückt – vom Gefühl über das Empfinden und Vorstellen zum Denken

und Wollen aufgestiegen ist. So bewahrt sich das Elementare eines gesegneten Erdreiches auch in Blüte und Frucht und dem, den sie dann damit speist. Und wie mit der »heutigen Zeit«, so ist es mit vielen großen Ideen und Begriffen, denen diese unmittelbare Wahrheit der Existenz fehlt. In ihnen vergibt und erschöpft sich die Seele und lässt ein Gefühl hilfloser Uferlosigkeit zurück, während im Umkreis des Greifbaren und natürlich Bewährten die großen Wahrheiten sich auf einfache und geheimnisvolle Weise spiegeln. Hierin liegt ein guter Teil vielleicht der asiatischen Kunst, den chinesischen Bambusblättern oder der frierenden Kiefer im Winterwind und hier im Westen – die Kraft des empirischen, skeptischen, ja oft auch des sensualistischen Denkens der Angelsachsen und – anders – der Franzosen. Den Deutschen wird die »Idee« immer wieder zur Gefahr, wenn sie auch nicht ohne sie auszukommen versuchen sollten. Wenn Du Bäumlers kleinen Auszug aus Hegels »Ästhetik« liest, wirst Du begreifen, was er aus dem Begriff der »Idee« zu machen versuchte: immerhin eine gedankliche Gestalt, in der die Fülle der abendländischen Geistestradition aufgehoben ist. Aber mir ist dies zeitweilig wohl beinahe zum Verhängnis geworden, denn so »greifbar« ist eben die Wahrheit doch nicht; es muss sich tiefer hervortun und nicht so sehr erarbeitet, als gegeben werden. – Z.Zt bemühe ich mich mit einiger Schwierigkeit um das Johannes-Evangelium; meine Verschlossenheit gegen so vieles davon ist komplex und schwer zu besprechen in Worten – vor allem eine tiefe angeborene und anerzogene Abneigung gegen jede sentimentale Pietisterei – ein besonderes Kreuz, das mir vor allem meine evangelische Schule, kompliziert durch noch vielerlei anderes, mit auf den Lebensweg gab ...
Vielleicht später mehr hierüber ...

Und ein andermal (im Juni oder Juli 1944) heißt es:

Aber in der Frömmigkeit, wie in der Liebe, gibt es ein Extrem der inneren Preisgabe, das ich zutiefst scheue und für pflichtwidrig halte ...

So wenden sich sein Suchen und seine Erwartungen in neuer Weise den Evangelien und dem Alten Testament zu, und gleichzeitig gewinnt die Entwicklung innerhalb der christlichen Kirchen an unmittelbarem Interesse. Zu Helmut Conrad äußerte er 1943 oder 1944, dass seiner Meinung nach die christlichen Kirchen, wenn sie durch diese Prüfungen gegangen wären, [292] eine neue Aussagekraft besitzen würden. Aber nur zwei Jahre vorher, 1941, als er seinem Bruder hinsichtlich dessen bevorstehendem Übertritt zur katholischen Kirche schrieb, sah er nicht, dass sie die Antwort wirklich hätten:

... Deine und Heinrichs Wendung hinsichtlich der Kirche habe ich mir viel durch den Kopf gehen lassen, ohne dass dies jedoch gegenwärtig zu einem ähnlich spontanen und tieferen Gedankengang führen will, wie er Euch bewegt. Gewiss

> ist eines mehr als alles andere notwendig – die Erneuerung aus der Gnade und aus dem Glauben – und, soweit sie dazu hinführen mag, gewiss auch die Kirche. Aber noch begegnet mir diese nicht, wie Ihr sie seht – noch ist sie für mich eine Organisation auf historischem Boden, eher ein politisches Machtgebilde, dessen ehrwürdige und imposante Gestalt mir vor kurzem in Rom in voller Größe vor Augen trat ... Die mächtige Weite und vor allem auch Milde (von der Ficker besonders sprach im Gegensatz zu den Eiferern unserer Konfession) macht sie allerdings zu einem der bleibenden Pole Europas, aber finden wir etwa hier schon den einzigen Pol, um den sich die Zukunft kristallisieren muss, oder stehen uns auf dem, wie mir scheint, eben erst beginnenden Weg auf ihn hin auch noch andere historische Erinnerungen und Kräfte zur Seite?
>
> Ich sehe für die innere Not unseres Volkes noch kein eindeutiges Orientierungsfeld in der äußeren Welt – auch nicht für meine eigene Unsicherheit, so fest auch gewisse Unabdingbarkeiten bisher blieben ...

Diese Spannung ist bis zu den letzten erhalten gebliebenen Briefen vor der Verhaftung nicht gelöst worden. Sie äußerte sich auch in seiner Lektüre, in der ihn Bernanos (»Die Sonne Satans« und das »Tagebuch eines Landpfarrers«) und Claudel (»Der seidene Schuh«) ähnlich faszinierten wie andererseits z. B. Ernst Jünger, von dem er Helmut Conrad gegenüber erwähnte, seine Art zu schreiben müsse eine gute erzieherische Wirkung auf die Jugend haben. Einschränkend dazu hieß es freilich in einem Brief zu meiner Lektüre des Jüngerschen »Arbeiters« 1941:

> ... Es war auch nicht das ideelle, sondern das personale Element, das ich vermisste – wirklich die Erde ohne Himmel – aber nicht den idealistischen, pandämonistischen Himmel, sondern den durch die Person mit der Erde verbundenen Himmel. Erinnerst Du Dich an das chinesische Zeichen – Himmel, Mensch, Erde verbindend – Wang = Kaiser? ... [293]

Anschließend heißt es über Berdiajew:

> ... Berdiajew sagt viel Richtiges, aber zu analytisch, zu historisch, nicht dicht, dringend, spontan genug. Unsere Generation muss anders sprechen und schreiben lernen – aber wer tut es? ...

Bei Jeremias fand er etwas von dieser Sprache:

> Mit großem inneren Gewinn lese ich jetzt Jeremias, *schrieb er im Juni 1944,* und freue mich, in dieser gewaltigen Stimme einen Grundton unseres eigenen Zeiterlebens aufklingen zu hören.

Ich brauche mich nicht um ihn zu sorgen, meinte die alte Emma nach seiner Verhaftung: »Jeden Morgen stellte ich die Bibel wieder ins Regal, und jeden

Morgen lag sie wieder neben seinem Bett.« auch hat er mit Yorcks, Moltke und Fritzi Schulenburg unter Liljes Kanzel in der Lichterfelder Kirche gesessen (Brief vom 4. Dezember 1943 zum Beispiel) und hat später, Pfingsten 1944, zum ersten Mal seit seiner Konfirmation wieder an einer Abendmahlfeier teilgenommen. Und doch fühlt er sich noch nicht als Glied der Kirche, steht die Antwort auf brennende Fragen noch aus, sonst hätte er nicht noch im Juni 1944 geschrieben:

> … Denn »this above all«[4] … ist schon ein tiefes Grundrezept unserer so starken Irreführungen, Illusionen und Enttäuschungen ausgesetzten Generation. Vielleicht strebt sie wirklich – wie Lessing – einer weit gespannten Weltreligion zu, die das Absolute in vielen menschlichen und prophetischen Brechungen ahnen und die Arbeit der Verwirklichung des Absoluten nicht in unserer bestimmten abendländischen, sondern darüber hinaus in einer alle Weltvölker umfassenden Art achten und begreifen soll. Lässt sich unser christlicher Kinderglaube wirklich hierzu ausweiten und auf die ganze Wucht und Intensität unserer heutigen Probleme einschärfen? Fast scheint es mir, als ob das alte China noch ein ganz eigenes wesentliches Scherflein hierzu beitragen könnte. – Hans sagte neulich, »die Kenntnis dessen, was er ›Weltangst‹ nennt, gehe mir ab (darin ganz von Werner sekundiert), und ich meinte, mit Goethe durch geschicktes Ab- und Zutun aus der tollsten Verwirrung noch einen Vers machen zu können.« Hier liegen (vielleicht seit China) wirklich Abgründe …

Er hat es also ausgehalten, offene Fragen offen zu lassen. [294] Noch war die Konstellation nicht da, in der sich die Verwandlung vollziehen konnte von »seinem eigenartigen, noch etwas diffusen und abenteuerlichen Verhältnis zur Welt, aus dem ihm unentbehrlich gewordene Kräfte zuströmen« (gleicher Brief), in ein neues Heimatbewusstsein im Glauben der Väter, das ihn ganz erfüllt und durchdrungen hätte. Er wusste, dass er hier nichts zwingen konnte, dass sich die lösenden Formeln dem intensivsten Bemühen allein nicht erschließen würden.* Das zeigt der Satz, mit dem er diese Überlegungen zu Ende führte:

> … wenn auch alles letzten Endes nicht gewollt und gemacht, sondern geschenkt oder versagt sein wird. Gnade oder Tao.

Oder wie er mir manchmal sagte:

> Alles Beste wird uns geschenkt.

Es ist ihm immer geschenkt worden, genug zu erkennen, um recht handeln und zuversichtlich leben zu können, und um den Tod immer vertrauensvoller einzu-

* Anmerkung von 1985: Dreißig Jahre nach der Niederschrift wird deutlich, dass die obige Interpretation Adam nicht gerecht wird und eher meine damaligen Vorstellungen wiedergibt.

beziehen. Darüber hinaus aber scheinen die Briefe vom Todestag am 26. August 1944, besonders der an seine Mutter, anzudeuten, dass ihm die Gnade einer letzten, Herz und Geist erfüllenden Gewissheit geschenkt wurde.

Er musste mit spitzer Feder auf schäbige, kleine Briefformulare schreiben, und doch sind seine Schriftzüge ebenmäßig und schön wie je. Er schrieb aus Plötzensee:

Liebes Claritchen,

dies ist nun leider wohl das Allerletzte. Hoffentlich hast Du meinen letzten längeren Brief noch bekommen!

Vor allem: Vergib mir für all den tiefen Schmerz, den ich Dir verursachen musste. Sei gewiss: Ich bin in Gedanken auch weiter mit Dir und sterbe in tiefer Zuversicht und Glauben.

Es ist heute ein klarer »Peking-Himmel«, und die Bäume rauschen. Lehre unsere lieben, süßen Kleinen dieses Zeichen und die noch tieferen unseres Gottes dankbar, aber auch tätig und kämpferisch zu verstehen.

Ich liebe Dich sehr. Es bliebe noch so viel zu schreiben – aber es ist keine Zeit mehr [295]

Gott behüte Dich – ich weiß, dass Du Dich nicht unterkriegen lassen und dass Du Dich zu einem Leben durchkämpfen wirst, in dem ich Dir innerlich weiter zur Seite stehe, wenn Du auch anscheinend ganz allein bist. Ich bitte für Deine Kraft – und Du tu es bitte für mich. Ich habe in den letzten Tagen noch das Purgatorio gelesen, auch Maria Stuart und, was mich seltsam stark berührte, den Jürg Jenatsch. Sonst hatte ich solches wenig – aber sehr vieles in mir, was ich in Ruhe bewegen und klarlegen konnte. So sei um mich nicht zu bekümmert – alles ist ja im Grunde klar, wenn auch tief schmerzlich. – Ich wüsste so sehr gern, wie Euch dies alles praktisch getroffen hat. Ob Du nach Reinbek willst oder bleibst. Sie werden wohl alle lieb zu Dir sein, meine geliebte kleine Frau. In meinem andern Brief bat ich um all die vielen Freundesgrüße, die mir am Herzen liegen. Aber Du kennst sie genau und wirst sie ohne mich richtig bestellen.

Ich umarme Dich mit ganzer Seele und weiß, dass Du bei mir bist.

Gott segne Dich und die Kleinen
in unverbrüchlicher Liebe Dein
Adam

Gib Werner und Heini das Vertrauen, das sie in Liebe und Treue zu mir gewiss verdienen werden! Grüß mir Imshausen und seine Berge.

Dein Adam.

Das weithin sichtbare Gedenkkreuz

Liebste Mutter,

so kommt es gottlob doch noch zu einem kurzen Wort an Dich: Du bis mir immer, auch jetzt sehr nah. Ich halte dankbar und fest an dem, was uns je und je verbindet. Gott ist mir in diesen Wochen gnädig gewesen und hat mir frohe, klare Kraft zu allem, fast allem geschenkt – er hat mich auch gelehrt, wo und wie ich fehlte. Ich bitte vor allem auch Dich um Vergebung für allen großen Schmerz und dass ich Dir jetzt noch im Alter diese Stütze nehmen musste.

Sag Werner, dass auch er mir in diesen letzten Wochen besonders nahe rückte und ich die Schritte bis zu unserer inneren Trennung zurücklenken und, hätten wir uns wiedergesehen, eine tiefe, fruchtbare Versöhnung mit ihm gefeiert hätte. Ihm und seinem ritterlichen Schutz, den ich ihn herzlich bitte auch auf ihre innere Eigenart und Freiheit der Lebensweise auszudehnen, anempfehle ich meine geliebte Clarita und die beiden süßen Kleinen, die ich so wenig sah. Steht ihnen in aller Not bei!

Auch Heini bitte ich dies – in Liebe und Dankbarkeit.

Dir noch zuletzt einen dankbaren Herzenskuss und auf Widersehen.

Grüß alle, die sich meiner ohne Zorn erinnern können,

Dein Dich sehr liebender Sohn

Adam

Auch den lieben Heini hätte ich jetzt innerlich bestimmt [296] wiedergefunden und mit mehr Eifer und Sorgfalt der vielen unverdienten Liebe, die mir von Euch allen entgegenkam, gewaltet. Grüß auch von Herzens die besonders liebe Vera und die anderen Schwestern. Auch Marline und die übrige Familie.

In deinen Geist, Herr …

Euer Adam

Anmerkungen

1 Sie wollten auch, dass ich etwas von Adam persönlich erzähle, bzw. etwas von dem, was er in den späten Stunden seines Lebens dachte und fühlte. Ich versuche, Ihnen ein paar Eindrücke zu vermitteln, die sich mir unglaublich deutlich eingeprägt und mir persönlich viel bedeutet haben. Er war ein engagierter Mensch – besonders das letzte Mal, als ich ihn traf, einige Wochen vor seiner Verhaftung. Ich erinnere mich an einen Abend, als er seelisch und körperlich erschöpft war und ich ihn bat, zurück ins Hotel zu gehen und zu schlafen. Er schaute mich an und sagte: »Warum sollte ich schlafen, wenn es so viel zu tun gibt? Und außerdem brauchen alte Menschen nicht so viel Schlaf.« Woraufhin ich logischerweise antwortete: »Aber Du bist erst fünfunddreißig.« »Nein«, sagte Adam, »ich bin mindestens sechzig und ich werde niemals jünger sein – ich glaube, ich habe das getan, was ich in meinem Leben tun sollte, was auch immer von mir erwartet wurde – und ich bin jetzt zum Sterben bereit. Aber es sind noch einige Dinge zu erledigen.« Am Tag, bevor er abreiste, erzählte er mir, dass die Briten und Amerikaner ihn gebeten hätten, nicht nach Deutschland zurückzukehren, da er momentan außerhalb des Landes mehr Gutes tun könnte als in ihm. Dann schüttelte er den Kopf und sagte: »Vielleicht könnte ich – doch das ist jetzt keine Frage mehr für mich, ich habe für mein Land getan, was ich tun konnte, aber ich habe eine Verpflichtung gegenüber denen, die sich der gleichen Sache wie ich verpflichtet fühlen, ich muss mit ihnen teilen, was auch kommen mag. Und da ist Clarita und die Kinder.«

2 »Es sollte eher gesagt werden, dass der Glaube in dieser Zeit und für diese außerordentlichen Männer den Charakter einer verlässlichen Sicherheit verlor. Wie es zweifellos sein sollte, wurde er gänzlich durch die Bemühung um objektive kreative Aktivität ausgedrückt ... (Politik und Ästhetik)«

3 »... Es gibt so viele Fragen, die man leben muss, bevor man sie aussprechen kann, und manchmal glaube ich noch, dass mein Leben eine Antwort auf eine von ihnen werden könnte ...«

4 »dies vor allem« (Anspielung auf einen Buchtitel, vgl. S. 272).

Anhang

Rückblick auf mein Leben mit Adam*

Clarita von Trott zu Solz

Nach mehr als vierzig Jahren sind die Erinnerungen an die dunklen Jahre in Deutschland ungenau geworden. Ich war 26 Jahre alt, als mein Mann von den Nationalsozialisten umgebracht wurde, meine Töchter zweieinhalb Jahre und neun Monate. Jetzt werde ich bald den 70. Geburtstag haben, und meine älteste Enkelin hat gerade ihr Abitur hinter sich. Ich merke, wie etwas in mir die schlimmen Erinnerungen verdrängen möchte. Natürlich gelingt es nicht ganz. Nach den Erfahrungen im Dritten Reich kann diese Erde nie wieder ein verlässlicher Platz werden. Ich ertappe mich auch immer wieder dabei, die Gesichter von Passanten zu betrachten mit der Frage: »Was würdet ihr in einer neuen Diktatur mit mir machen?«

Glücklicherweise aber drängen sich gute Erinnerungen nur zu gern in den Vordergrund. Meine vier Ehejahre – gleichzeitig Kriegsjahre – waren ja trotz allem die glücklichsten Jahre. Trotz der Entbehrungen, trotz der Ängste und Gefahren, trotz der Trauer und trotz des Grauens – waren sie im persönlichen Bereich etwas wie eine nicht endende Wunscherfüllung. In dem langen Leben nach Adams Tod konnte nichts Vergleichbares an die Stelle unserer Zweisamkeit treten. Mein Leben war ungewöhnlich reich als Mutter meiner Töchter und ihrer Familien, durch Freundschaften und den ärztlichen Umgang mit Menschen in psychischer Not. Aber in der Mitte der Existenz blieb Adams Platz leer.

Was hatte ich vor der entscheidenden Begegnung mit Adam im April 1939 von der politischen Lage mitbekommen? Eigentlich muss ich mit dem Erlebnis der Fünfjährigen anfangen, auf dem Höhepunkt der Inflation. Das Geld, das mein Vater mir für eine Süßigkeit geschenkt hatte, war ein paar Stunden später nichts mehr wert, ich bekam nur noch einen Trostbonbon. Es war mir unfasslich, dass so etwas meinem Vater passieren konnte. Aus etwa dieser Zeit erinnere ich auch, dass die Erwachsenen oft mit Sorge von den »Kommunisten« sprachen, eine Bezeichnung, die mir ebenso unverständlich war wie die in gleichem Zusammenhang gebrauchte: »Halbstarke«. Dann erinnere ich Jahre später, gegen Ende der Ära Brüning, den Schock über einen Tumult im Reichstag. Es war eine Direktübertragung aus unserem ersten Radio. Seitdem war die Welt nicht mehr »heil« für mich. Dann folgte bald der 30. Januar 1933 –,

* Geschrieben um 1987

ich war damals Untersekundanerin. Beide Lehrer, die mir etwas bedeutet hatten, gerierten sich von heute auf morgen als Nationalsozialisten. Von jetzt ab musste ich vorsichtig sein, weil jedes unbedachte Wort für mich und die Eltern böse Folgen haben konnte.

Von nun an dröhnten aus den vielen Lautsprechern – es waren jetzt die von den Nazis vorgeschriebenen »Volksempfänger« – die widerwärtigen Stimmen von Hitler und Goebbels. Immer waren es Lügen, Anmaßungen und Drohungen, und ich erinnere die verzweifelte Stimmung, die mich befiel, weil wir einer Verbrecherbande ausgeliefert waren. Mit 21 Jahren zog ich nach Berlin. Dort erlebte ich im November 38 die »Kristallnacht« und wenige Monate danach den Einmarsch deutscher Truppen in die Tschechoslowakei. Es war ein Gefühl, als stürzten wir nun unaufhaltsam und immer schneller in den Abgrund.

Als ich mich mit Adam anzufreunden begann, veränderte sich alles schlagartig für mich. Adam vermittelte mir eine ganz neue Perspektive, und damit gewann ich den Mut, mich seiner Führung anzuvertrauen. Er war unbeugsam entschlossen, den Sturz der unheilvollen Regierung zu betreiben. Und er fand auf diesem Weg Freunde, die meine kühnsten Vorstellungen übertrafen. Es bildete sich ein Kreis junger Männer, die alle ausgeprägte, starke und dabei anziehende Persönlichkeiten waren. Allen war es selbstverständlich, die Eigeninteressen der gemeinsamen Sache unterzuordnen. Wir Ehefrauen nahmen damals oft als eine Art Beobachterinnen an den Beratungen teil. Nie wieder konnte ich später so uneingeschränkt dem Charakter, der Urteilsfähigkeit und Tatkraft einer Gruppe von Menschen vertrauen.

Wie soll man sich die Atmosphäre vorstellen, in der wir lebten? Ich habe es fast vergessen, wie es war, als wir jede Äußerung, natürlich auch die schriftlichen, unter Kontrolle halten mussten, als man alle Besuche bei Gleichgesinnten zu tarnen versuchte. Selbst im Schlafzimmer stülpten wir eine Kaffeemütze über den Telefonapparat, weil man damals überzeugt war, man könne so das Abhören vereiteln. Wir sprachen oft Englisch miteinander, weil unsere Hausangestellte zwar persönlich zuverlässig war – aber ihr nationalsozialistischer Verlobter war es sicher nicht.

Ganz schwierig war es, wenn Adam ein wichtiges aber gefährliches Schriftstück zu Hause bearbeiten musste. Wir hatten kein gutes Versteck in der Wohnung. Deshalb nahm ich es nachts neben mich, zusammen mit Streichhölzern, und hoffte, ich könne die Blätter im Notfall gerade noch ansengen und im WC herunterspülen. Als nach der Evakuierung Berlins durch Frauen und Kinder die Kommunikation sehr schwierig wurde, schlug ich Adam vor, wichtige Nachrichten in Form einer Krankengeschichte mitzuteilen. Wir gaben unseren Freunden Code-Namen: »Kopf«, »Herz«, »Bauch« usw. Dieser kleine Code hat z. B. eine wichtige Etappe der Auseinandersetzungen innerhalb des Freundeskreises festgehalten. Aber nicht nur Feinden gegenüber musste äußerste

Vorsicht walten. Es war schmerzlich, dass man auch den Gleichgesinnten in der Familie keinen Namen nennen und keine Überlegung mitteilen durfte, die nur ahnungsweise den Gedanken an illegale Zusammenhänge geweckt hätte oder beim Weitererzählen hätte Schaden anrichten können. So lebte ich zwischen dem 20. Juli und 11. August 1944 drei Wochen mit der tödlichen Angst, ohne dass ein Mensch in meiner Umgebung etwas davon bemerken durfte, nicht einmal meine Schwiegermutter und meine Schwägerin.

Der Druck von außen war also schlimm. Aber er hob den Druck von innen nicht auf, den Gewissensdruck. Die Zeitung war an jedem Tag voll von Todesanzeigen. In zwei der Adam nächstverwandten Familien kehrten von vier Söhnen drei nicht zurück. Ich empfand eine Art Schuldgefühl, dass wir dagegen noch zusammen waren und nicht solchen körperlichen Strapazen ausgesetzt wie unsere gleichaltrigen Freunde und Verwandten.

Am bedrückendsten aber waren die Nachrichten über Greueltaten in den besetzten Gebieten, die den Freundeskreis erreichten. In Berlin musste man es hilflos geschehen lassen, dass die jüdischen Mitbürger einen gelben Stern tragen mussten und dass sie nacheinander verschwanden. Das ist ja jetzt alles bekannt. Aber wer kann sich heute vorstellen, dass man in eine Lage gerät, in der die selbstverständliche Solidarität oder Hilfeleistung das Leben kosten würde. Mit dem Hitlergruß und Fahnenhissen fing es an: wenn man es mitmachte, verlor man an Selbstachtung, unterließ man es, riskierte man ernste Belästigungen. Und es gipfelte in der Begegnung mit halb verhungerten Menschen mit einem gelben Stern.

All das muss man sich vorstellen können, wenn man eine Ahnung haben will von den Konflikten, in die die Arbeit im Auswärtigen Amt Adam bringen musste. Ständig galt es herauszufinden, was man um der Tarnung oder der illegalen Arbeit wegen mitmachen oder initiieren musste und was man unter allen Umständen umgehen und vermeiden musste. Ich erinnere, dass sie gern »Sand ins Getriebe« streuten, indem z. B. Ressortchefs in Rivalitätskämpfe verwickelt wurden. Oder dass man »Schaum schlug«, indem Propagandafeldzüge entworfen wurden, die nur verblendeten Nazis Eindruck machen konnten.

Wäre Adam nicht so ungewöhnlich einfallsreich gewesen, er hätte sich in dieser Position nicht halten können. Aber er erfasste die Mentalität seiner Chefs so genau und fand intuitiv für jeden die passende Umgangsform, so dass er sie in ihren Entscheidungen beeinflussen konnte. Und vor allem hatte er seinen Freund Alexander Werth zum Mitarbeiter, der mit großem Geschick alle seine Schritte im Auswärtigen Amt abdeckte. Es war eine Gratwanderung. Mehrfach hätte sie schon vor dem 20. Juli fast zum Absturz geführt. Ich denke an das stundenlange Verhör bei der Gestapo, nachdem ein Ehepaar, für das Adam sich aus Gefälligkeit verwendet hatte, spektakulär zu den Alliierten überlief. Die Familien kamen ins KZ, Adam in die schwierigste Lage. Oder ich denke an den

Morgen, an dem ich tatsächlich fürchtete, er könne das Doppelspiel nicht mehr ertragen. Er wollte Bose reinen Wein einschenken. – Nachträglich erschien es mir oft als eine gnädige Fügung, dass er, wenn er schon sein Leben in die Waagschale warf, es zumindest bis zu dem entscheidenden Wurf behalten durfte.

Am 19. Juli schrieb Adam eine Art Abschiedsbrief: »Du wirst in den nächsten Wochen vielleicht lange nichts von mir hören [...] Aber es bleibt das tiefe Vertrauen auf unser gemeinsames Leben, das an zwei so entfernten Polen doch als Teile eines einzigen und unter den gleichen Zeichen gelebt wird. [...] Verzage nie. [...] Es ermöglicht uns ja auch, in einem Umfang den ganzen Ernst, die Weite und Kraft des Daseins und seines Schöpfers zu erleben, wie es vielen Generationen versagt war.« Ich musste den Brief vernichten, aber schrieb mir die unverfänglichen Stellen ab. Wir hörten nach dem 20. Juli noch einige Tage voneinander, ohne dass wir Erklärungen hätten austauschen müssen. Wie konnte man anders als sich wortlos verstehen? Am 28. Juli wollte er auf Urlaub zu uns kommen. Am 25. schickte er die alte treue Haushälterin im Voraus, um sie vor Verhören zu sichern. Am 26. morgens wollte ich ihm ihre Ankunft berichten, aber es hieß: »Der Teilnehmer antwortet nicht.«

Das lähmende Gefühl in den folgenden Wochen kann man nicht beschreiben. Noch lief ich anscheinend frei herum, aber ich konnte diese Freiheit nicht zu Adams Rettung einsetzen. Dass auch die kleinen Töchter direkt gefährdet waren: solche Ungeheuerlichkeit war außerhalb des mir Vorstellbaren. Und doch musste Alex Werth mir sagen, dass man sie in Imshausen abgeholt und mit unbekanntem Ziel fortgebracht hatte, während ich zum zweiten Mal nach Berlin gefahren war. Es war der 15. August 44, Alex zeigte mir den Weg zum Kammergericht, in dem die Volksgerichtshofverhandlung gegen Adam, Hans v. Haeften und einige andere stattfand. Ich brach damals nicht zusammen, aber der Abgrund des Entsetzens, der sich auftat, hat sich nie wieder ganz geschlossen. Ich musste alle Gedanken an die Kinder abriegeln, vermauern – ich konnte mit dem Ereignis nicht anders umgehen. Und ich wollte unbedingt noch einmal Adam begegnen, ihm wenigstens durch einen Blick ein Zeichen unser aller Liebe geben und eine letzte Beruhigung über uns. – Aber in dem Rundgang vor den riesigen Türen zum Verhandlungssaal, aus dem man Freislers brüllende Stimme hörte, entging ich nur durch ein Wunder der Verhaftung. Nun hätte ich untertauchen können. Durch eine Reihe kaum glaublicher Zufälle hatte ich Pfarrer Poelchau sprechen können, ihm einen Abschiedsbrief für Adam gegeben und seinen Rat erhalten, mich der Gefangennahme zu entziehen. Aber ich wusste, dass ich einer Existenz im Untergrund nicht gewachsen wäre. Statt dessen ging ich in den Volksgerichtshof und beantragte jetzt, wo nichts mehr zu verlieren war, eine Sprecherlaubnis. Zwei Tage darauf wurde ich verhaftet. Als die Zellentür hinter mir ins Schloss fiel, fühlte ich mich nach den Wochen ohnmächtiger Angst und Hilflosigkeit fast erleichtert.

Die Zeit im Gefängnis war trotz allem eine gute Zeit. Die Luftangriffe ängstigten mich kaum, obwohl wir ihnen in geschlossenen Zellen ausgeliefert wurden. Die Wanzen und die erbärmliche Ernährung waren vorerst nur unangenehm. Dafür hielt uns Schicksalsgenossinnen in Moabit die Gemeinsamkeit unseres Leides aufrecht. Ich empfand auch stark die Gewissensentlastung dadurch, dass wir eine Art Sühneopfer gebracht hatten. In diesem Zusammenhang waren auch die wöchentlichen Besuche Pfarrer Poelchaus, der Zugang zu uns gefunden hatte, eine Wohltat. Er half uns durch seine so seltene, gleichzeitig tiefe und lebenstüchtige Frömmigkeit und stellte die Brücke nach draußen dar. Durch ihn konnte meine Familie die Verbindung zu mir aufnehmen.

Dann geschah das Erstaunlichste völlig unerwartet: Anfang Oktober waren die Kinder und ich in Imshausen wieder vereint. Wir haben nach dem Krieg unvorstellbar viel Hilfe und Freundschaft erfahren. Aber dass wir »verwitwet und verwaist« waren, ließ sich nicht verleugnen. Viele gute Fügungen und die Liebe und Großzügigkeit meiner Eltern ermöglichten mir dann noch das Studium, auf das Adam mich zuerst hingewiesen hatte: das Studium der Zusammenhänge von Lebenslauf und Krankheit. Ich wurde Ärztin, um anschließend Psychoanalytikerin zu werden. Und so hat Adam recht behalten, wenn er im letzten Brief unmittelbar vor seinem Tod schrieb: »Gott behüte Dich – ich weiß, dass Du Dich nicht unterkriegen lassen und dass Du Dich zu einem Leben durchkämpfen wirst, in dem ich Dir innerlich weiter zur Seite stehe, wenn Du auch anscheinend ganz allein bist. Ich bitte für Deine Kraft – und Du tu es bitte für mich.«

»Zwischengeneration«?*

Adam von Trott zu Solz

Nicht mehr Soldaten des Weltkriegs und noch nicht von Kindesbeinen als Rekruten des neuen Reichs aufgewachsen steht die große Mehrzahl jetzt im Lager zwischen diesen beiden Typen, von denen unsere Gegenwart bestimmt wird. Im Soldatischen ist ihr Stil darum auch oft unsicher, in verhaltene Spannungen befangen und manchmal bis zum lächerlichen Äußeren widerspruchsvoll.

Trotzdem ist diese Generation mehr als bloße Nachhut der einen und Vorhut der anderen großen Heerschar. Sie hat ihren eigenen Kern, der trotz allem Lagerlärm und seinen zeitweiligen Verödungen von Gespräch und Witz ihr ganzes Verhalten kennzeichnet. Reste liberalistischen Geistes? Ich glaube nicht. Schauen wir etwas näher hin.

Diese Leute sind vielleicht länger und härter auf sich selbst gestellt gewesen als manche andere Generation, die den »Sturm und Drang« gleich in der Praxis vorfand. Bei sehr vielen zeigen sich die Entbehrungen des Kriegsendes in Gesicht und Körperbau – bei allen ist die Wirkung der ganzen Nachkriegsjahre unverkennbar. Manche, gewiss, sind da »versackt«; das formlose Vielerlei, in dem sie groß wurden, spricht auch aus ihren Mienen, ihrem hastigen Übereifer, ihrem unsicheren Hin und Her. Auf sie kommt es nicht an, mögen sie auch zu den Griesgrämigen oder aber den Mitläufern gehören.

Denn da gibt es vor allem auch den anderen Typ, hinter dessen Verhaltenheit eine unaufdringliche aber unverkennbare Sicherheit steht. Man findet ihn unter den Ruhigsten und den Lebendigsten, unter allen Temperamenten, die hier aus den verschiedensten Gegenden Deutschlands zusammenkommen. Das Merkwürdige an ihrer Gemeinsamkeit scheint mir eine eigentümliche Ballung von Spott und Ernst in ihrem Wesen.

Und wer wollte ihnen die fast übertriebene Witterung für das Unechte, ihre Skepsis und Spottlust übelnehmen, die während all ihrer Jungenjahre so sehr am Platz war? Wer will verkennen, dass für sie Hohnlachen und Witz geradezu ein Kardinalmittel dazu sein müsste, sich all den Blödsinn vom Leibe zu scheren, der während ihrer Entwicklung von allen Seiten auf sie einströmte?

Durch eben diese spottende Gegenwehr aber blieb in diesen Leuten eine bestimmte Kraftkammer von Ernst unversehrt, bei dem man sie unfehlbar packen

* Vermutlich 1936 im Referendarlager Jüterbog verfasst für den Freund Helmut Conrad, vgl. oben S. 118; maschinenschriftliches Manuskript [Bundesarchiv, Nachlass Trott, N 1416/1]

kann. Das ist kein »Liberalismus«. Was nämlich verfängt bei ihnen ist nichts anderes als der Bannkreis echter, sachgebundener Arbeit. Hier verstummt der Spott und man richtet sich auf den tragenden Zusammenhang. Und wo sie nur dürfen, gehen diese Leute mit einer Härte ans Werk, die sie den Jahrgängen der Front verwandter macht als denen der neu bewegten Jugend.

Für die meisten ist die Lehrzeit, die bald zu Ende gehen soll, schwer genug gewesen – die Frage nach der dann endlich beginnenden eigenen Lebensarbeit ist noch schwerer. Die Anzeichen, dass als Generation für ihren beruflichen Einsatz kaum Platz ist, sind unzweideutig. Es ist allzu billig, diese Sorge noch mit dem Vorwurf der Abseitigkeit im politischen Erleben unserer Jugend zu beschweren, diese »Zwischengeneration« für überflüssig oder gar verdächtig zu halten.

Sie ist keines von beidem, und im Grunde weiß sie das auch. Von jung auf in schlimmen Jahren der Verwirrung hat sie den Glauben an Worte verlernen müssen; sie hat in eigener Arbeit und in der Achtung vor jedwedem ernsthaften Tagewerk ihre tragenden Bindungen finden müssen und wollen. Steht dieser Wille wirklich »zwischen« den Zeiten unseres Volkes? Entsteht nicht aus ihm erst das Werk, das Gesellen und Meister verbindet?

Junger Sozialismus in England*

Adam von Trott zu Solz, Oxford

Das Buch des jungen englischen Sozialisten A.L. Rowse »Politics and the younger generation« (Politik und die jüngere Generation – Faber & Faber, London 1931) sollte auch für den deutschen Leser von allergrößtem Interesse sein. Es gibt einen Querschnitt durch die Hauptfragen der politischen Gegenwart Englands und versucht ihre Lösung aus der Grundhaltung marxistischer Gesellschaftsbetrachtung. Es kommt aus der jüngeren Generation und wendet sich im wesentlichen an diese. Der Verfasser ist Bergarbeitersohn. Trotz seines – in dieser Form wohl nur in England möglichen! – raschen Aufstiegs in die führende intellektuelle Schicht des Landes, die noch immer einen ihrer Hauptstützpunkte in der alten Landesuniversität Oxford hat, ist er der Gedanken- und Bedürfnisrichtung des Proletariates verbunden geblieben. Für die Grundhaltung des Buches ist dieser Umstand entscheidender als die wissenschaftliche Benennung, die ihr etwa gegeben werden könnte; sie bekennt sich verwandt mit den Lebenszielen des auch in Deutschland wohlbekannten D.H. Lawrence; nur dass hier nicht, wie in den Werken des Dichters, für die Anerkennung der künstlerischen und kulturellen, sondern vor allem der politischen Gestaltungskraft der Arbeiterklasse gekämpft wird.

Aber nicht nur an die jüngere Generation der Arbeiterschaft, sondern an die ganz Englands wendet sich Rowse, wenn er von der besonderen Notwendigkeit politischer Gestaltung spricht und neben der besonderen Eignung Englands hierfür in aller Eindringlichkeit auf die Notwendigkeit einer europäischen und weltpolitischen Besinnung der jüngeren Generation verweist, damit sie den moralischen und politischen Trümmerhaufen, den ihr die voraufgehende Generation hinterlassen hat, aus einem gemeinsamen Impuls beseitigt. Auch in England ist es im Grunde nur der Sozialismus, der in den Katastrophen des Weltkrieges Anlass und Ursprung einer gemeinsamen Aufgabe sieht, welche die Anstrengungen der jüngeren Generation in England, Deutschland und Frankreich zum gemeinsamen Vorstoß vereinigen sollte. Dabei fehlt es Rowse auch nicht an grundsätzlichem Verständnis dafür, dass die schwere Gefahr eines von den Siegermächten schwer enttäuschten Deutschlands das Aufgehen alter Saaten gegenseitigen Hasses wieder heraufbeschwören muss. Die unpersönliche Macht wirtschaftlicher Kräfte wird eine gewaltmäßige Auseinandersetzung immer wieder erzwingen, solange diese Kräfte nicht in nationalem Planen und

* Artikel Trotts in der Zeitschrift »Neue Blätter für den Sozialismus«, Heft 2/1933 (Februar) [Bundesarchiv Nachlass Trott N 1416/1]

erst dann wirksamem internationalen Zusammenarbeiten gebändigt werden.

Zwar sind es zunächst die literarischen Elemente, in denen der Verfasser eine positive Solidarität der jüngeren Generation glaubt feststellen zu können – aber er gibt wohl zu verstehen, dass Jean Prévost etwa und Ernst Glaeser nur als erstes Anzeichen für das gelten können, was sich späterhin in bewusster politischer und ökonomischer Zusammenarbeit gestalten muss. Sei es doch im Grunde das gleiche Schicksal, das auf den schöpferischen Kräften der verschiedenen Nationen lastet, wenn es auch die Aufgabe des jungen Sozialisten in jedem Lande ist, zuerst bei sich die notwendigen Pflichten aufzuweisen und zu erfüllen, die ihm die besonderen politischen Gegebenheiten seiner Nation auferlegen.

Auch in England hat die sozialistische Bewegung, und zwar mit den Oktoberwahlen des Jahres 1931 eine schwere Niederlage erlitten. Das Buch von Rowse ist ein Ergebnis der Selbstbesinnung, die heute die englische Arbeiterbewegung in ihren besten Teilen erfasst hat. Es steht außerdem unter dem Eindruck der Weltwirtschaftskrise. Auch dieses schwere Hindernis hat die englische Arbeiterbewegung mit der deutschen gemein. Wäre es nicht an der Zeit, dass die sozialistische Arbeiterbewegung in beiden Ländern Erfahrung und Kampfmittel zur Überwindung gemeinsamer Gefahren lebhafter austauschten, als dies durch die bisher nicht sonderlich schöpferische Internationale gewährleistet wird? Wer diesem Ziel durch eine wirkliche Kenntnis dessen, was die junge sozialistische Generation in England denkt und will, näher kommen möchte, wird in dem Buch von Rowse einen verheißungsvollen Anfang sehen.

Aus Briefen Adam von Trotts an die Ehefrau und Freunde

Adam von Trott war ein großer Briefschreiber. Es folgen ausgewählte Briefstellen, die ein Licht auf Aspekte seines Denkens und Empfindens werfen.

[Skeptische Rückkehr nach Deutschland 1933 und verbleibende Lebens- und Arbeitsmöglichkeiten im Vergleich zu England]

One must not allow oneself to be wasted on small things. – I shan't. Germany is a beautiful country and perhaps even my generation will be rewarded for a time of great effort and pain preceding the attainment of a right political order.[1]
[*Februar 1933*]

I am viewing this return as perhaps the greatest venture in my whole life and though I know it will be half as externally dramatic as people suggest – I am extremely diffident as to the ultimate success.[2]
[*4. August 1933 aus Southampton*]

I shall never be considered one of them by the children[3] – nothing could be more clear and distinct. I am very alone, but not yet desperately so. That may come too, I have very few friends who really trust me and stand by me. You are one of them, bless you. Don't get lost to me in any way.[4]
[*September 1933*]

To anybody who may ask you about my position here you can make it quite clear that I am trying to finish the 3 year period which is conditional to my practising law independently – that I have not and will not enter the children's garden and that so far I am getting along fairly happily.[5]
[*Rotenburg, Amtsgericht, 1934*]

I shall either end all claims to a practical political existence for which I think I was made [...] or I am ending an existence of uncompromising aloofness which is spiritually of great importance to me but which I am ready to sacrifice

1 Brief an die englische Freundin Diana Hubback, Adam von Trott Papers im Archiv des Balliol College, Oxford, Brief T 36 (= 36. Brief von Trott an Hubback)

2 A.a.O., T 80

3 »Children« zwischen Adam und Diana vereinbarter Tarnbegriff für Nazis; »childish« für nationalsozialistisch.

4 T 89

5 T97

if the real chance of a political life is given to me. This is yet uncertain. You cannot as an Englishwoman understand this – especially not the issue on its side, for it is based on something (so it seems to me) essentially different from the kind of indignation that is so lavishly displayed in England over anything that happens in this country. That, I must confess, has gradually pushed me farther and farther away from an attitude of mere criticism and spite – as I fundamentally disclaim the categories on which that English capacity of moral judgement is based. It is based on untold and never fully articulated cruelty of social relationships [,] on the very inhumanity of a system that is at least being contested though as yet not articulately over here. This may sound all too social and vague to you, I will not try to force on you a way of thinking which I believe is naturally alien to you. But sometimes when you want to check my feelings on matters like these, one of these many words might furnish an explanation.[6]
[*9. III. 34, Hanau*]

Time reckoning must be essentially different for you than it is for me – you can afford to plan ahead for a lifetime, while I can reckon for a few months only – but I am determined as ever not to let my little boat go smash in these preparatory stages of the great tide. [...] My real attention belongs to other things all day long and they are vexing and absorbing enough here. I begin to learn truly what it is to live on a revolving social basis. You know the trick of walking on a ball? Metaphorically it involves a basic attitude of mind which is absolutely different from that necessary in a saturated though equally absorbing society as yours. For I believe yours is saturated. [...] But then I want you as an ally in that saturated world – substantial aspects of which I profoundly admire – to my precarious one. [...] It involves a queer interaction of thought and feeling which again may be rather confined to the German in me. For I am one, for whatever happens to this country.[7]
[*Juni 1934*]

[Heimatliebe und Naturerleben]

Did I ever tell you that early autumn in Imshausen always meant something quite special to me? We always have »great winds« then, rather fresh ones. There is a distinct smell of potatoes and of burnt weeds. – it is the time of passion for the stag, this untamed an noblest of animals.[8]

6 T 129 (vgl. S. 97 und 189)
7 T 155
8 T 89

There is a terrific bank of black or rather, smoky gray-blue clouds coming up from the horizon beyond Fulda valley – a glowing red over the Alheimer and a light blue sky over Iba, with moon sickle way above. It grows more and more dramatic – because behind that dark bank there is a bright gray source of light along the horizon – giving it all perspective and spaciousness. – There is a very, very noisy cricket in the grass [...]. The woods in the foreground are quite clear – down in the valley there is a bluish-grey haze over them. The most tender lines far out toward south east rather south – the Trottenwald is very black. Bingo[9] is lying on the top of the hill and looks for rabbits in the poachers' valley – I won't let him get them. [...] The blacksmith is still busy in Iba – do you remember our hearing him, passing through the village in the dusk. Now it is all very silent, only a cricket and a very, very distant train – a big bee came buzzing by very hurriedly – and: the first star straight above, tiny. Imshausen's bell is ringing. [...] Now Solz' two bells. [...] Your moon is very tender, ripe flame with a very slight veil – night is already covering the east – west is so very far and serene.[10]
[*September 1933*]

[Referendar am Amtsgericht]

Most of the day I am working, reading, driving, sleeping – everything except when I am advising peasants and their wives and struggle with their obstinate ignorance of the legal implications of what they have done, do, or will do. The other day a certain tradesman from Bebra described his extreme difficulties to me and started to cry – he was a big man with a big moustache, and had been in the war etc. but now suffers a lot – I had to work with him on behalf of his creditors, it is already four weeks that I am following his fortunes through the papers we accumulate on his affairs – I had tried to put off things etc., but probably his ruin can't be helped. I felt very much ashamed of being asked for advice and protection by someone so very much my superior in the actual struggle of making a living and in age and suffering. I think he saw that, and it comforted him – moreover he saw that I wasn't one of his »childish«[11] enemies – a fact which is very much appreciated by the other members of his community already. But it makes me sick and fed up with the utter ineffectiveness and negligibility of one's reactions. – I wonder whether I will ever live in a friendly world [with] friends again. Oxford is a self-deception in that respect too, and one can never hope to find [it] anywhere but in the very smallest circle. – I have

9 Adams Hund
10 T 92
11 Tarnausdruck für »nationalsozialistisch«, vgl. Anm. 3.

never so clearly and closely observed the gigantic importance of the economic factor in life – so this place is a valuable school for my rather transcending ideas of reform. It will take years to mature them.[12]
[*1934, Rotenburg an der Fulda*]

[Literatureindrücke]

It was very sweet and wise of you to start reading »War and Peace« with me – and what you say about it is true – it seems to have opened a new world of expression to me (you know I am not a very experienced reader of novels) – it is ambitious, yet humble, sceptical yet believing, passionate yet extremely tender [...]. I have never found anything as moving as the reunion of Natasha and Andrej at his wound-bed [...] – or anything more plastic than the wolf's hunt with Nicolaj as the successful huntsman. I don't find the background really »shifting« as you put it; it seems to me truly the real, wide world of nature and its incredible imbalance of joy and of pain for the human beings in it. [...] The beauty of it is that nothing remains abstract, that the small movements of bodies is there and also the most terrific experiences we are capable of. Those parts where he emphasizes his sceptical philosophy of history are weakest. – On the other hand, have you ever read descriptions of battle anything like his? Not even Stendhal is quite like that. The human issue – contentment of doubts – becomes more and more simple and hard toward the end.[13]

T[olstoi] knew that a person's character consisted not so much in his ideas and convictions, but in the whole fabric of his subconscious habits and reactions from which his capacity to experience and his actions spring. Tolstoi is not very »intelligent« in the technical sense, nor does he appreciate intellect (of Napoleon, whom I think he views correctly), but he appreciated as hardly anyone else I have ever come across, those parts of experience against which intellect does not matter. I was startled and rather hurt by his apparent contempt of Germans.[14]
[*November 1934, Rotenburg*]

There volume of Kafka you gave me contains the most amazing work of art. I cannot quite fathom what makes a piece of prose written in his manner so intrinsically convincing and whole. I think it is probably his most conscientious depicting of the smallest items of (very intense) imaginary visions, f.i. the half-conscious motives one attributes to some gesture of another person or

12 T 97
13 T 98
14 T 100

the mechanical connections between some particular physical objects. – The integrity of his vision may also rest in that mystical symbolism which [he] realizes in things like »The Castle« – there is an exclusive singularity about his style which may be difficult for a foreigner to sense.[15]
[*Juni 1935*]

[Innerer Friede und Lebensfreude]

It is a beautiful cloudless sky today – in an hour's time I shall watch a rather harassing trial of which I will tell you later. Somehow with me too the striking beauty of surroundings give me no peace. Nor can it ultimately be found there ever. Love too is not peace, nor melancholy and self-pity. Peace, so it seems to me, is the highest fullest possible complete motion, the unrest participating in all essential flux and thereby losing all sense of relative unrest. This is unclear perhaps but the only ideal which in no sense comprises stagnation – the participation of everything in ourselves with the highest degree of outside things – or rather those which lie in the scope of our individual scope which thereby becomes universal, involves labour and pain. If we throw ourselves into this openly and bravely [,] character and strength grow and a sweeter joy in life. It is a very different and nobler joy than the easy happiness that come[s] to us whenever we ask for them. Every passion that we truly suffer – so at least my experience tells me – is followed by a widening which allows for passions in us that create and master things in life.[16]
[*August 1934*]

[Christliche Renaissance]

I come to the conclusion more and more that only a material renaissance of Christian law and ethics [...] can stem this tide which threatens to devour all we care for. It alone on the other side would give back the emphasis to the individual subject and its dignity which is now being ground into atoms [...]. Christian love can sometimes be very vague and irresponsible and one hates some forms that pretend to represent it. But in its substance it is the impulse which, if anything can, is going to prevent the world from relapsing into complete barbarism.[17]
[*Juni 1936*]

15 T 218
16 T 170
17 T 277

[Verdacht in England]

S[hiela][18] whom I saw for the first time today tells me that there is infinite suspicion spreading about me – nice fools. [...] Pray that we may keep this peace – precarious as it may be, nothing[19] is worse than another wholesale return to collective crime. That is what I am working for now.[20]
[*Juni 1939, London*][21]

[Keine Emigration]

Though I shall listen carefully to the advice you may still send me [...], not to return, I have definitely made up my mind that apart from definite indications of presumable liquidation my place during this coming time is at home. You [...] may be right that my capabilities to do a lot there may be limited, but the urgent need for every single individual with any scope and insight seems to me overwhelmingly on the side of inside work. [...] And having gained a somewhat clearer picture of the world situation over here, I have some confidence that I can get listened to in quarters where such a picture is urgently required but not attainable under present conditions. [...] We are [...] fighting for the formation of a constitution [...] for the life of Europe as a whole, if our individual countries and what we consider worth preserving in them is to survive. In this sense I think we stand on common ground not only with responsible conservatives and socialists in our own, but with the analogous alliance in every other belligerent country. [...] It is ultimately always the same thing – the longing in all essential classes for a »Christian« and progressive European order, conceivable to me still in terms of a »conservative socialism«. [...] Only a vigorous and responsible reformation and reapplication of the Christian tradition can save Europe, and Europe only in common, from this destructive drift.[22]
[*Dezember 1939, New York*]

[Selbstachtung]

Gewiss liegt allzu starkes Selbstgefühl (self-importance) im Mittelpunkt vieler unserer Unzulänglichkeiten – aber es gibt demgegenüber auch die andere, tiefe

18 Die Freundin Shiela Grant Duff
19 Im Brief steht »it is worse«, gemeint ist aber offenbar das Gegenteil, nämlich »nothing is worse«.
20 T 351
21 Auf der zweiten von Trotts beiden England-Reisen im Juni 1939. Auf der ersten hatte er in Cliveden mit dem Außenminister Halifax und in der Downing Street mit Premierminister Chamberlain gesprochen; bei der zweiten besuchte er Studienfreunde in Oxford (u.a. Maurice Bowra und Isaiah Berlin), bei denen er großes Misstrauen zurückließ.
22 Brief an den Freund David Astor, BArch N 1416/2

Gefahr allzugroßer Selbstverachtung, -nichtachtung. [...] Ohne selbstgerecht zu werden und ohne in die dumpfe Verzweiflung, die aus dem Starren auf die eigene Unzulänglichkeit – manchmal überhaupt schon aus dem leichtfertigen Rückgriff auf sie gleichsam als Entschuldigung – entsteht, zu versinken, ist es wohl unsere Aufgabe, in aller metaphysischen Bescheidenheit möglichst ein klares Bild von unserem Sein und Können zu gewinnen und dieses in acht zu behalten. Ohne dieses Element, gerade uns allzuoft fehlende Element einer wachsamen Selbstachtung, wird immer die Gefahr bestehen, unter sich zurückzusinken, sich selbst untreu zu werden, es an der objektiven Continuität unserer Lebenshaltung fehlen zu lassen. Es ist dies nur eine Seite der Arbeit »nach innen«, die Du der anderen voranstellst, aber wohl eine sehr wesentliche.[23]
[*3.2.1944, Berlin*]

[Europa]

Berlin sieht recht verwüstet aus, was durch das trübe Wetter noch unterstrichen wird. Auch aus dem Amt hat es wieder viele an ihrer Habe – m.W. keinen an seinem Leben getroffen. [...] Hans Haeften geht sehr mit dem Gedanken um, zu mir in diese Wohnung zu ziehen. Was meinst Du dazu? In näherer Zukunft werde ich wohl einmal wieder nach Genf müssen. [...] Wir sind übrigens alle zZt besonders ungern von Bln fort, wenn auch hier nicht viel mehr zu versäumen ist. Ich kann übrigens das, was Du von Europa sagst, nicht zugeben: Entweder nämlich ging es schon 1914 unter, oder aber es ist nie untergegangen und ringt (mit an der Spitze der Menschheit) um eine neue adäquate Form der Daseinsbewältigung. Auf die letztere Hypothese habe ich schon immer mein Leben gestellt und die schweren äußeren Zerstörungen erschüttern mich im Innersten nicht.[24]

[»religio«]

Dieser doppelte Ruhetag, vornehmlich in den eigenen vier Wänden verbracht, hat mir sehr gut getan. Zum erstenmal im Jahr sitze ich jetzt oben auf unserer Veranda und sehe, wie sich die kleinen Buchen- und Eichenblätter vor Teddys Haus auffalten, noch tropfenschwer nach dem Frühlingsregen in die Sonne blinkend. Hinter mir Waldhörner, Violinen, Klarinetten und Oboen. Emma in der Küche hantierend, das Abendessen für mich und einen guten Freund bereitend.[25] Die Trauerweide drüben ist schon ganz grün, nur der Ahorn an den

23 Brief an seine Frau Clarita, Privatbesitz Clarita von Trott zu Solz. Der folgende Absatz , hier überschrieben mit »Europa«, stammt aus einem zweiten Brief, der ebenfalls am 3.2.1944 geschrieben wurde.

24 Vgl. S. 295

Straßen ist noch zurückhaltend, damit nicht alle Pracht auf einmal ausbricht. Vor dem Haus, in dem wir damals die chinesische Auktion erlebten – inzwischen von Bomben getroffen – blühen zwei herrliche Magnolienbüsche. [...]

Du bist ja ganz darin mit mir einig, dass wir uns weder überheben noch verhärten dürfen und dass der Grund aus dem dies Schmerzen und Quälen aufsteigt immer auch der unsere ist – wenn uns auch eine gnädige (vielleicht auch wegen unserer geringen Kräfte) schonendere Hand gleichsam in halber Höhe über diesen Abgründen suspendiert hält. Die Innigkeit der Gottesnähe in dem tieferen Leiden, das man wohl immer vermuten soll, wo man nicht mehr versteht, ist vielleicht nicht immer und nicht notwendig eine gleichzeitig verstärkte Beziehung zum Nächsten. Die einzige Antwort, die man sich jedoch selbst in solchem Versagen geben sollte, ist die, an der Klärung und »religio« der eigenen Position weiterzuarbeiten, um so besser erkennen und erkennbar zu werden zu lernen. Mit der »naiven« Frömmigkeit, die dazu oft auf Trägheit wenn nicht sogar Feigheit beruht, ist es hierbei nicht getan.[26]

[*1.5.1944, Berlin*]

Unterdessen war mein Besuch, ein besonders erfreulicher,[27] hier und ist zu Tee und Abendessen geblieben, das unser ganz vortrefflicher, kleiner Hausgeist wunderbar bereitete. Es wäre noch schöner gewesen, wenn Du zum Schluß hättest dabei sein können. Ich habe dann unter grau bewölktem Sommerabendhimmel einen stillen Gang um unseren See gemacht, das Gespräch und Dein und mein Zusammensein mit dankbaren Hoffnungen überdacht. Welche heilsame Prüfung die jetzige Zeit uns auferlegt, wenn wir sie recht verstehen und nutzen. [...] Ich glaube schon, allein dadurch, dass jene Brechung, die unserm Erdteil und Land, unser beider engster Heimat und Familie ureigentümlich ist, in einer unerschütterlichen Klarheit und Einfachheit im kleinen und großen Alltag wirklich lebt, daß – wozu sie ja den nicht unbeachtlichen Mut gehabt hat – jener noch etwas unstete Weltwanderer immer wieder und endgültig heimgeführt wird, sich selbst besser kennen und mit Dir gemeinsam die Weiten besser meistern lernt, die uns ja das Schicksal noch so nahe führen wird. In den Spannungen und fast erdrückenden Gefahren, die das mit sich bringen wird, muß eigentlich über Empfindung und Vorstellung hinaus jeder Nerv vorbereitet, gekannt und unter uns verstanden sein – wenn es auch alles letzten Endes nicht gewollt und gemacht, sondern geschenkt oder versagt sein wird. Gnade oder Tao. –

[*18.6.1944, Berlin*]

25 Clarita von Trott vermutet hier Claus Schenk Graf von Stauffenberg als den neuen Freund, von dem Adam ihr zu Ostern zum erstenmal erzählt hatte.

26 Dieser und der folgende Brief an seine Frau Clarita

27 Stauffenberg (Mitteilung von Clarita von Trott), vgl. S. 297f.

Bemerkungen zum Friedensprogramm der amerikanischen Kirchen

*Adam von Trott zu Solz (November 1943)**

So willkommen uns eine Aussprache über die grundsätzlichen Voraussetzungen eines Friedens schon heute ist, glauben wir doch darauf hinweisen zu müssen, dass eine klare Vorstellung über die realen Bedingungen, unter denen Friedensverhandlungen geführt werden, heute noch nicht möglich ist. Außerdem glauben wir von unseren besonderen nationalen Erfahrungen aus neben den in den 6 Punkten niedergelegten auch noch anderen Gesichtspunkten besondere Aufmerksamkeit zuwenden zu müssen.

1

Mit allen Kräften sollte verhindert werden, dass die Friedensverträge wiederum mit dem Grundstatut der künftigen internationalen Organisation verbunden werden. Während Friedensverträge bekanntlich immer in besonderem Maße die relativen Machtverhältnisse widerspiegeln, sollte das Statut der künftigen internationalen Organisation wirklich auf dem Boden der sittlichen und sachlichen Erfordernisse einer gleichberechtigten Zusammenarbeit der Nationen und Föderationen errichtet werden. In diesem Statut sollte der Machtgedanke dem des Rechts eindeutig untergeordnet werden, d.h. aber u.a., dass der Ausschluss von dieser Organisation nicht nach dem Ermessen einzelner Mächte, z. B. wegen Verdachtsmomenten und dergleichen, erfolgen darf, sondern nur aufgrund eines klar festgestellten Deliktes. Wollte man darum auch nur vorübergehend die etwa in diesem Krieg unterliegenden Nationen von der internationalen Organisation ausschließen, obwohl sie nach Beendigung des Krieges eine legale und aktionsfähige Regierung konstituiert haben, so würde man damit gegen den Rechtsgedanken, der diese Organisation beherrschen muss, zugunsten einer machtpolitischen Erwägung verstoßen, deren Eindringen die Arbeit dieser Organisation wiederum an der Wurzel vergiften müsste. Darum scheinen uns hinsichtlich der Zusammenarbeit mit neutralen und gegenwärtig feindlichen Nationen die Worte »in due course« und »as quickly as possible« auf einen machtpolitisch willkürlichen und nicht objektiv rechtlichen Ausgangs-

* Vierteljahrshefte für Zeitgeschichte 1964 / 3 (Dokumentation: Trott und die Außenpolitik des Widerstandes, Dokument V, S. 318–322). Einleitend dazu schreibt Hans Rothfels (a.a.O. S. 308): »Die Bemerkungen Trotts [...] stellen eine Antwort ergänzender und kommentierender Art auf die ›Political Propositions for Peace‹ dar, die im April 1943 vom ›Federal Council of the Churches of Christ in America‹ veröffentlicht wurden. Vgl oben S. 277–279.

punkt der Neugestaltung hinzudeuten. Die Notwendigkeit von Föderationen im Rahmen der allgemeinen internationalen Organisation wird auch von uns bejaht, zumal für Europa, wie in dem amerikanischen Dokument betont wird. Der rechtliche und politische Aufbau solcher Föderationen muss aber – wie wir meinen –, um dauerhaft zu sein, das Grundprinzip der Selbstverwaltung verwirklichen. Keine europäische Föderation würde von Dauer sein können, die von außen unter direkter oder indirekter Anwendung von Gewalt und Zwang geschaffen wäre. Die europäische Föderation muss das Werk der Beteiligten selbst sein, wenn auch angesichts der gewaltigen Schwierigkeiten während der Übergangszeit unterstützende Maßnahmen von außen, die in echtem Einvernehmen mit den jeweiligen Trägern der Selbstverwaltung erfolgen, zur Herstellung und Erhaltung des Friedens in Europa notwendig sein werden. Eine andersartige Einmischung von außen würde an die Stelle der Selbstverwaltung ein verschleiertes Zwangssystem setzen, das nach kurzer Zeit die gleichen Mängel und Missstände aufweisen würde, wie die sogenannte »Neue Ordnung« des Nationalsozialismus.

2

Auch wir halten die Lösung bestimmter wirtschaftlicher Probleme zur Gewinnung des Friedens für vordringlich wichtig. Dem Ziel der Befreiung der Massen von wirtschaftlicher Not und der Hebung des Lebensstandardes auf breitester Grundlage werden alle Christen grundsätzlich vorbehaltlos zustimmen. Auch kann wohl nicht bezweifelt werden, dass dieses Ziel ohne internationale Abmachungen der Staaten im wirtschaftlichen und finanziellen Bereich nicht erlangt werden kann. Fraglich erscheint es uns jedoch, ob der Freihandel zur Erreichung dieses Zieles in jeder Phase der Entwicklung möglich oder auch nur wahrscheinlich ist. Für das Gebiet des nationalen und internationalen Warenverkehrs scheint uns der Grundgedanke maßgeblich zu sein, dass Ordnung bei einem Maximum von Freiheit angestrebt werden muss. Ordnung sowohl als Freiheit sind auf wirtschaftlichem Gebiet gerade im internationalen Austausch am stärksten durch das Monopol bedroht. Wie schon in der uns vorliegenden britischen Antwort zu diesem Punkt angedeutet wird, muss zur Herstellung eines dauerhaften wirtschaftlichen Friedens seitens der »reichen« Staaten ein kooperativer Abbau ihrer imperialen und privatwirtschaftlichen Monopolstellungen in Angriff genommen werden. Was die Monopolstellung von Staaten anbelangt, so muss ernstlich beachtet werden, dass eine nur formale Aufgabe dieser Monopole keine Lösung des Problems darstellt. So genügt es nicht, dass in formaler Weise die Bodenschätze eines reichen Landes anderen zu gleichen Bedingungen auf dem Markt angeboten werden; die anderen (auch die ärmeren) müssen real in der Lage sein, sie zu erwerben. Dies aber wird nur der Fall sein, wenn sie in entsprechendem Ausmaß nach den betreffenden Ländern exportieren können und wenn sie währungstechnisch hieran nicht gehindert werden. Anderenfalls besteht für die ärmeren Länder eine Situation fort wie die der Arbeiter auf dem Arbeitsmarkt: indem sie zwar formal »freie« Arbeitsverträge abschließen können, real aber abhängig sind und zu Bedingungen arbeiten müssen, die ihnen oft nicht einen gerechten Anteil am Reichtum der Nation gewähren. Wie dieser Zustand zu sozialen, so muss jener notwendig zu internationalen Erschütterungen führen. Den imperialen Gebietsmonopolen muss nach unserer Auffassung aus bevölkerungspolitischen Gründen zur Herstellung eines gerechten und dauerhaften Friedens eindringliche Aufmerksamkeit zugewendet werden. Die Kolonisation von schwachbesiedelten Räumen könnte viel zur Entlastung des Bevölkerungsdruckes auf internationalem Gebiet, etwa in Ostasien, beitragen. Wir glauben darum, dass die künftige internationale Organisation im Stande sein muss, nationalen wie privatkapitalistischen Monopolen als einem entscheidenden Hindernis für die wirtschaftliche und finanzielle Befriedung der Welt entgegenzutreten.

3
Vorkehrungen, durch die bestehende Verträge den eintretenden Veränderungen der Weltentwicklung angepasst werden, bilden auch nach unserer Auffassung ein dringlichstes Erfordernis zukünftiger Friedenssicherung. Entscheidend erscheint uns jedoch hierbei die Frage, von welcher Autorität die erforderliche Änderung von Verträgen ausgehen soll. Eine Instanz, die mit der erforderlichen Autorität ausgestattet ist, eine Veränderung von Verträgen zu sanktionieren, kann, wie wir meinen, ohne eine wesentliche und allgemeine Einschränkung der Souveränität der beteiligten nationalen Regierungen nicht gebildet werden. Hierüber kann gegenwärtig wohl noch nichts Endgültiges gesagt werden, außer dass die Entwicklung, insbesondere in Europa, die Unzulänglichkeit des souveränen Nationalstaates als letzter internationaler Instanz erweist und auf größere Zusammenfassung der einzelnen Völker hindrängt.

4
Wie schon eingangs betont, halten auch wir die Wiederaufrichtung echter Selbstverwaltung für eine grundlegende Voraussetzung politischer und internationaler Gesundung. Besonders in Mittel- und Osteuropa aber lässt sich das Problem der Autonomie nicht ohne Einschränkung der Staatssouveränität lösen. Eine solche war schon in den Minderheitsverträgen von 1918 vorgesehen. Hinsichtlich der Minderheiten erscheint auch die Errichtung einer uninteressierten richterlichen Instanz nicht undurchführbar. Ihre Autorität müsste sich auf fest umschriebenes »Minderheitenrecht« bzw. Recht der »Volksgruppen« stützen. Auf diesem Gebiet ist in den zum Teil misslungenen Experimenten des Völkerbundes immerhin einige Vorarbeit geleistet worden. Nur krankte dieser Lösungsversuch an

seiner rationalistischen Abstraktion, die auf die mannigfaltige soziologische Wirklichkeit der Volksgruppen nicht einging. So darf sich die Autonomie der »nationalen Minderheiten«, das heißt der sprachlich-kulturell selbständigen Volksgruppen nicht allein auf solche beziehen, die in geschlossenen Gebieten wohnen, sondern auch auf solche Volksgruppen, die aus zerstreut lebenden, aber in kulturellem Zusammenhang stehenden Einzelpersonen und Gruppen sich zusammensetzen. Neben der territorialen Autonomie muss also auch eine personale Autonomie, beruhend auf einem Kataster der betreffenden Volksgruppen vorgesehen werden. Das Ziel eines solchen Minderheitenrechts muss u. E. die vollkommene Gleichberechtigung der Volksgruppen auf dem Gebiet der Erziehung, des Unterrichts, der Rechtspflege und vor allem der kirchlichen Einrichtungen zum Gegenstand haben. Gelingt es, diese Forderung der kulturellen Autonomie mit dem Ziel einer europäischen Zusammenarbeit – besonders in den völkisch gemischten Siedlungsgebieten Europas – zu verwirklichen, so würde damit eines der besonders für die europäische Friedenssicherung vitalsten Probleme seiner Lösung zugeführt werden können.

5

Eine Internationale Organisation, die den Grad der Rüstungen unter allgemeine Anordnungen stellen und die hierbei nur auf die moralische Unterstützung der Menschheit angewiesen sein sollte, ist nach den Erfahrungen des 20. Jahrhunderts kaum vorstellbar, es sei denn, dass eine allgemeine Bußfertigkeit nach den furchtbaren Erfahrungen und nach der Strafe dieses Krieges und seiner voraussichtlichen Folgen die Vergötterung der politischen Staatsmacht zurückdrängt und damit auch die tatsächliche Einschränkung der Staatssouveränität zum Ziel einer überwiegenden Mehrheit oder führender Gruppen der Menschheit macht. Ohne die Einschränkung der staatlichen Souveränität durch eine wirksame internationale Instanz wird sich immer wieder ein Missbrauch der bewaffneten Staatsmacht ergeben. Die Frage der Entwaffnung oder Nichtentwaffnung besiegter Nationen mag vornehmlich als Frage der Friedensverträge und nicht des Statuts der künftigen internationalen Organisation betrachtet werden, dennoch müsste eine einseitige Entwaffnung der besiegten Nationen die schwersten Rückwirkungen auf das Funktionieren der Internationalen Organisationen mitsichbringen. Es würden auf diese Weise Nationen zweiter Klasse geschaffen werden, deren gleichberechtigte Beteiligung an der Internationalen Organisation wenigstens auf einem wichtigen Gebiet praktisch ausgeschlossen würde. Im Falle der Internationalisierung der Streitkräfte wären sie an diesen nicht beteiligt, und alle hierauf bezüglichen Bestimmungen des internationalen Statuts würden auf sie keine Anwendung finden. Dies aber müsste den Rechtscharakter der Organisation wenigstens in den Augen dieser so benachteiligten Völker diskreditieren – damit aber zugleich das Fundament einer wesentlichen gesinnungsmäßigen Gleichheit zerstören. Eine internationale Zusammenarbeit, die gleich zu Beginn mit dem Misstrauen gegen ganze Völker belastet wird, kann nicht von Dauer sein und würde der inneren Voraussetzung für eine freudige und konstruktive Zusammenarbeit entbehren. Grundsätzlich glauben wir an dieser Stelle betonen zu müssen, dass man die negativen Mittel der Friedenssicherung durch Weltpolizei und Rüstungsbeschränkung in ihrer Bedeutung nicht überschätzen darf, in ihrer Bedeutung für die Friedenssicherung stehen sie, wie wir meinen, auf lange Sicht weit hinter den positiven Mitteln zurück, die die ständige Betätigung praktischer und konstruktiver Zusammenarbeit zwischen den Nationen darbietet.

6
Die Christen aller Länder werden sich die Forderung nach religiöser und geistiger Freiheit zu eigen machen. Man wird aber hinzufügen müssen, dass das Maß dieser Freiheit praktisch um so größer sein wird, je mehr das persönliche und öffentliche Leben in Wirklichkeit christlich begründet und gestaltet wird. Die eigentliche Bedrohung dieser Freiheit liegt wohl darin, dass die innere Gestaltungskraft den modernen Hindernissen einer christlichen Existenz nicht gewachsen ist. Wird doch diese, wie die ganze Neuzeit beweist, nicht schon durch ihre formale Proklamierung gewährleistet und auch nicht durch Erziehung zu Idealismus und Rationalismus allein erreicht. Die gewaltige Diskrepanz zwischen der grundsätzlichen christlichen Forderung und dem Maß ihrer irdischen Verwirklichung sollte uns wohl auch bei der künftigen internationalen Zusammenarbeit und ihrer allmählichen, schrittweisen praktischen Verwirklichung immer warnend und anfeuernd vor Augen stehen. Nur Personen, die diese Diskrepanz wirklich ernst nehmen, bieten eine Gewähr, dass nicht christliche Begründungen zu sehr anderen Zielen, z.B. imperialistischen, missbraucht werden. Reiner Idealismus auf dem Gebiete der internationalen Zusammenarbeit birgt die große Gefahr, gegebene Wirklichkeiten nationaler, geschichtlicher, geographischer, kultureller und konfessioneller Art zu übersehen und zu vergewaltigen. Wir dürfen nicht so sehr von einem Wunschbild aus, sondern in Demut und ehrlichem Streben nach christlicher Sachgerechtigkeit die schwere Aufgabe unserer Generation zu erfüllen suchen. Eine nur rationalistische Erziehung hat uns verführt, sowohl die menschliche Natur wie den sozialen Tatbestand der Massenexistenz und die Dämonien zu verkennen, denen die Vermassung der Menschen freie Bahn verschafft hat. Den wesentlichsten und unmittelbaren Beitrag zur Friedensgestaltung von christlicher Seite sehen wir in der Bekämpfung dieser Dämonien, in der Überwindung der Massenexistenz durch eine christliche soziale Ordnung und vor allem in der Formung und Begegnung christlicher Persönlichkeiten.

The View from Geneva*

*W.A. Visser 't Hooft, Geneva***

I AM GLAD TO FIND that at last the question why the revolt against Hitler was ignored is becoming the subject of public discussion. For I believe that several aspects of that question have not yet been sufficiently clarified.

There are two reasons why I am specially interested in this discussion. The first is that from 1940 to 1944 I was in constant touch with representatives of the German opposition. Many of these men came to visit us in Geneva because they considered the World Council of Churches a useful channel for contacts with the outside world. Adam von Trott was one of the most regular visitors. I believe that he made no fewer than seven visits to Geneva between 1940 and 1944.

The second reason is that I transmitted several times messages from the German resistance to Great Britain and America. The most important of these messages was the document drawn up by Adam von Trott for the British Government which I brought to London in April 1942. I gave his memorandum personally to Sir Stafford Cripps and asked him to submit it to the Prime Minister.

I believe therefore that I can throw some light on the issues which have come up in the discussion between Mr. David Astor and Mr. Christopher Sykes (*Encounter*, December 1968, June and July 1969).

One of these issues is: when did Adam von Trott become an active member of the opposition? I must answer that as soon as I heard in 1940 about the formation of opposition groups his name was included among those who were actively involved. And this was no surprise to me. I had known Adam since his student days. I had met him from time to time in the 1930s. In 1936 I described my meeting with him in Kassel in a letter to my wife and concluded: »You know where he stood and he has not changed.« And when he came to Geneva in 1940 I found that he was more determined than ever to resist National Socialism and that he was now engaged in the formation of centres of resistance.

The next issue is in how far the German opposition counted on foreign help to succeed in their plans to overthrow the Hitler régime. It seems to me quite clear that they counted very strongly on such help. Even Dietrich Bonhoeffer whose motivation was so purely religious, realised that (as he put it in a memorandum in the drafting of which I collaborated and which I transmitted to William Paton in 1941) »the question must be faced whether a German

* Aus: *Encounter*, September 1969, S. 92–94.

** Willem A. Visser 't Hooft (* 1900, † 1985) war Generalsekretär des Weltrates der Kirchen in Genf und Autor zahlreicher theologischer Werke.

government which makes a complete break with Hitler and all he stands for, can hope to get such terms of peace that it has some chance to survive.« Adam von Trott felt the same way. It was hard enough to get the generals to take action. They could only be convinced if it could be shown that there was a real possibility that their action could lead to a tolerable solution for the country.

THAT IS WHY Adam von Trott was so terribly disappointed when I had to tell him on my return from London that the answer which I brought from London was not the one he had hoped for. When I had visited Sir Stafford for the second time he had told me that Mr. Churchill had read the document, written in the margin »very encouraging«, but did not want to give a reply. Sir Stafford explained that Germany would first have to be defeated. There should be a clear demonstration that National Socialism could not be tolerated. But after the defeat Germany would get fair treatment. This was the official reaction or lack of reaction. Some unofficial views were somewhat more encouraging, R.H.S. Crossman and A.D. Lindsay both made the point that if the German opposition would really succeed in overthrowing Hitler a new situation would be created and new possibilities might arise.

But the answer which I had to take back to Geneva and to report to von Trott was essentially negative. The British government was not willing to give any encouragement to the German resistance and not even ready to enter into any dialogue with it. I have not forgotten that summer night in my garden in Geneva when I was trying to find words to encourage Adam who was near despair.

IT SEEMS TO ME that the non-reaction of the British government was really determined by three considerations.

The first was the fear of creating the impression that Great Britain and the U.S.A. were working for a separate peace behind the back of the U.S.S.R.

Dr. A.D. Lindsay said in a discussion on the Trott memorandum that it would be »indecent« to allow the Germans to drive a wedge between the Western Allies and the Russians. And it should perhaps not be forgotten that Rudolf Hess had just arrived in Scotland with very crude ideas about a common alliance against Russia.

The second reason was purely the very general conviction that Germany could only be purged by a complete military defeat. This point came up in practically every conversation in Britain about the Trott memorandum.

I am less certain about the third reason. This may well have been the experience of 1939 at the Hague and at Venlo in Holland. It will be recalled that two British intelligence officers held solemn discussions with Walter Schellenberg, believing that the latter was a representative of the opposition though in fact he was chief of the foreign branch of the Nazi intelligence service.

It is unlikely that that incident had been forgotten by 1942. And the various rumours circulating about von Trott could easily have led to the conclusion that his approach was just an attempt to repeat the »Venlo incident«.

WERE THESE good reasons? Were they a sufficient justification for the refusal to give any real encouragement to the opposition in Germany? I believe that these reasons were indeed strong, but that they did not justify a purely negative attitude. It seems to me that imaginative statesmanship could have found a way to encourage the German opposition without giving up the principles underlying allied policy. Would it not have been possible to say:

> We cannot negotiate with you. We do not know whether you deserve to be taken seriously. We do not want to create the suspicion that we are interested in a separate peace. But we are perfectly willing to tell you what our plans are for the future of Europe. In that Europe there will be a place for a Germany which will have broken with National Socialism. We intend to achieve military victory. But if a complete change comes in Germany it may not be necessary to continue the war. In that case a new situation will be created. We will judge a new government by its acts and if it takes a constructive line we will surely be ready to offer it conditions of peace which will allow Germany to survive and to have its normal place among the nations.

I believe that such language would have made a very great deal of difference to the men of the German opposition.

In order to show that these are not simply reflections arrived at twenty-five years after the events concerned I may perhaps quote from a letter which I wrote to Mr. Allan Dulles in Berne after having had another conversation with Adam in January 1943. I said:

> Thus the question to be faced in political warfare seems to be this one: are the United Nations willing to say to the opposition (in Germany): if you succeed in overthrowing Hitler and if you then prove by your acts (punishment of Nazi-leaders and Nazi-criminals, liberation of occupied territory, restoration of stolen goods, instauration of a régime which respects the rights of man, participation in economic and social reconstruction) that you have wholly broken with national socialism and militarism, we will be ready to discuss peace-terms with you. As long as that is not clearly and definitely said the process of development of an anti-Western, anti-liberal complex is likely to go on. And as long as that is not said, large groups in Germany who are psychologically prepared to join the opposition, will remain hesitant and wonder whether after all Hitler is not a lesser evil than total military defeat.

How must we understand Adam von Trott's attitude? Should we consider him as a man whose mind was divided between a typical German nationalism and an attachment to the Western liberal democratic world? I do not think so. He was certainly a patriot in that he loved his country, but he had nothing to do with the traditional German nationalism with its narrowness and its reactionary content. Adam belonged to a new world which cannot be adequately described in the old terms. He was a visionary and it is not surprising that a man of the older generation, Ulrich von Hassell, spoke of his »theoretical-illusionistic conception of the world« (von Hassel, *Vom anderen Deutschland*, p. 215). Adam thought in international categories. For him the war was a civil war within Western civilisation. His tremendous disappointment was that those in England and America whom he considered as his allies in this war did not accept him as a comrade-in-arms. Did they not understand that men all over the world were involved in the same predicament? National Socialism was a judgment upon our whole modern civilisation. It had to be overcome not by a simple return to the liberal-democratic Western tradition but by a radical and revolutionary reform of society. Margaret Boveri puts it very clearly: »The *Kreisauer Kreis* (to which Trott belonged) did not want to go back to Weimar, nor to go forward to Bonn (if something like Bonn could have been imagined at that time)...«

It seems to me that this fundamental aspect of Trott's philosophy has not received sufficient emphasis in Mr. Sykes' biography from which I have learned much. If Adam was often so critical of British and American policies this was not so much due to a national reaction as to his conviction that the Western nations did not understand the depth of the crisis of our whole civilisation and tried to apply outworn methods to unprecedented situations. He really belonged to that wider European resistance movement which was dreaming of the great renewal of Europe through radical social reform and new federal structures. The task to build that kind of Europe is still before us.

Register*

* Ein besonderer Dank gilt Frau Dr. Benigna von Krusenstjern, die für dieses Register die Schreibweise zahlreicher Namen geklärt und fehlende Vornamen ergänzt hat.